Hans Schwarz

Bäume pflanzen für das Reich Gottes

Mein Leben – erzählt

Freimund-Verlag

Bibliografische Information der Deutschen Nationalbibliothek
Die Deutsche Nationalbibliothek verzeichnet diese Publikation in der Deutschen Nationalbibliografie; detaillierte bibliografische Daten sind im Internet über http://dnb.d-nb.de abrufbar.

Hans Schwarz:
Bäume pflanzen für das Reich Gottes
Mein Leben – erzählt
ISBN 978 3 86540 125 0

© Freimund-Verlag, Neuendettelsau 2014
www.freimund-verlag.de

Die amerikanischen Originalausgabe erschien 2009 bei The Edwin Mellen Press. Titel: The theological autobiography of Hans Schwarz: a multi-cultural and multi-denominational Christian ministry, © Copyright beim Autor
Die deutsche Ausgabe wurde vom Autor übersetzt sowie stark überarbeitet und ergänzt.

Das Werk einschließlich aller seiner Teile ist urheberrechtlich geschützt. Jede Verwertung außerhalb der engen Grenzen des Urheberrechtsgesetzes ist ohne vorherige schriftliche Zustimmung des Verlags unzulässig und strafbar. Das gilt insbesondere für Vervielfältigungen, Übersetzungen, Mikroverfilmung und die Einspeicherung und Verarbeitung in digitalen Systemen.

Umschlaggestaltung: Freimund-Verlag
Titelbild: Bilder privat
Gesamtherstellung: Freimund-Verlag, Neuendettelsau

Hans Schwarz

Bäume pflanzen für das Reich Gottes

Mein Leben – erzählt

Inhalt

Vorwort   7

Kapitel I
Weichen werden gestellt

1. Aufwachsen im Nachkriegsdeutschland   9
2. Religiöse Prägung durch den CVJM   17
3. Religionslehrer nicht aus Leidenschaft   24
4. Die Wende zur Theologie   32
5. Ein ruhiges Jahr am Predigerseminar   44
6. Eine ökumenische und internationale Erfahrung   53
7. Zwischenspiel als Vikar   59

Kapitel II
Beginn einer akademischen Laufbahn in den USA

1. Als Neuling am ELTS   65
2. Der Anfang als Buchautor   74
3. Gesamtkirchliche Aufgaben   82
4. Theologie als Funktion der Kirche   86
5. Mein erstes Freijahr – Als theologischer Lehrer in Deutschland und Italien   92
6. Entdecken einer neuen Welt   98
7. Unsicherheit und Übergang   112
8. Eine unglückliche Konsolidierung   125
9. Horizonterweiterungen   131

Kapitel III
Lehren in Deutschland und Osteuropa

1. Eine neue Herausforderung an der Universität Regensburg   141
2. Ein Blick in die Ferne   149

3. Das Etablieren der lutherischen Theologie an der
   Universität Regensburg 158
4. Die Entdeckung der Orthodoxie 175
5. Ausweitung auf andere orthodoxe Kirchen 191
6. Einschluss des nicht-orthodoxen Osteuropas 195

Kapitel IV
Dienst an der einen Kirche

1. Die asiatische Herausforderung 203
2. Erinnerung an meine amerikanischen Wurzeln 226
3. Theologie als Funktion für Kirche und
   Gesellschaft 231
4. Ausbildung zukünftiger Führungskräfte für die
   weltweite Kirche 247
5. Schreiben für einen schon engen Markt 266
6. Heimkehr nach Regensburg 277

Bilder aus dem Leben von Hans Schwarz 303

Buchveröffentlichungen von Hans Schwarz 322

Vorwort

Erst wenn ein Leben abgeschlossen ist, kann man es überblicken. Aber dann ist es zu spät, eine Autobiographie zu verfassen. Somit ist auch diese Autobiographie bruchstückhaft. Zudem kann man nicht alles schreiben, denn dazu würde weder der Platz noch die Zeit reichen. Man muss Abstriche machen. Wichtig jedoch ist es, dass man einen Eindruck vermittelt, vom eigenen Leben und vom Umfeld, in dem dieses Leben gelebt wurde und noch gelebt wird. Somit möchte diese Biographie als Zeitzeugnis verstanden werden. Aber sie möchte auch als Zeugnis in einem anderen Sinn verstanden werden: Das Motto dieser Autobiographie, *Bäume pflanzen für das Reich Gottes*, soll an die Worte des Apostels Paulus erinnern: „Denn unser keiner lebt sich selber … Leben wir, so leben wir dem Herrn; Darum: wir leben oder sterben, so sind wir des Herrn" (Röm 14,7f.). Leben ist nur sinnvoll, wenn es auch für andere gelebt wird und wenn dieses Leben-für-andere aus dem Glauben an den kommt, der für uns auf Erden gelebt hat, Jesus Christus.

Das Motto dieses Buches hat aber noch einen anderen Grund: Als ich mich einmal mit meinem guten Freund und Kollegen Bernhard Gajek von der Germanistik unserer Universität unterhielt, erzählte ich ihm, dass wieder einmal ein asiatischer Doktorand bei mir demnächst seine Arbeit abschließen würde. Darauf erwiderte er: „Wenn man zukünftige akademische Lehrer ausbildet, dann pflanzt man Bäume, die viele Jahre Früchte tragen." Das war eine sehr gute Bemerkung, denn wir haben unser Leben nicht einfach für uns, sondern es ist eine Gabe, für die wir Verantwortung vor Gott und dem Nächsten tragen. Deswegen schärfte uns der Reformator Martin Luther ein: „Verflucht sei das Leben, das einer allein für sich selbst lebt und nicht seinem Nächsten. Wiederum gesegnet sei das Leben, in dem einer nicht sich, sondern seinem Nächsten lebt."[1]

An vielen Orten dieser Welt besteht ein Mangel an gut ausgebildeten Theologen. Bei der Ausbildung dieser jungen Menschen zu

---

[1] Martin Luther, *Sommerpostille* (1526), in *WA* 10.1.2.240, 13-15, in einer Predigt über Joh 10,12-16.

helfen, ist eine sehr schöne und dankbare Aufgabe. Man sieht, wie sie heranwachsen und allmählich zum Wachstum der Institution beitragen, der sie dienen.

Ehe man jedoch andere in ihrer Ausbildung begleiten und fördern kann, muss man selbst wachsen. In den Geisteswissenschaften, zu denen die Theologie gehört, dauert dieser Wachstumsprozess oft sehr lange. Es gibt so viel Wissen, das man sich aneignen muss, denn die Geisteswissenschaften haben eine lange Geschichte, die es zu berücksichtigen gilt. In den Naturwissenschaften ist dies anders, denn ihre Geschichte ist viel kürzer. Deshalb kommen die Durchbrüche in den Naturwissenschaften, etwa bei Einstein oder Heisenberg sehr früh im Leben, während die wichtigen Werke in den Geisteswissenschaften viel später verfasst werden. Trotzdem werden in beiden Disziplinen die Weichen sehr früh gestellt. Das gilt auch für mein eigenes Leben. Darum beginne ich diese Autobiographie auch mit den Weichenstellungen meiner Jugend.

Doch möchte ich mich zuerst bei all denen bedanken, die mich auf meinem Lebensweg und auch bei diesem Rückblick beeinflusst und gefördert haben – bei Lehrern, Kollegen, Studierenden und Kirchenleuten, aber vor allem bei meiner Familie und hier besonders meiner Frau Hildegard. Sie musste viel Zeit von mir entbehren und hat viele Gäste beherbergt und verköstigt.

Ich danke dem Freimund-Verlag, dass er meine Biographie in der deutschen Übersetzung herausbringt und besonders der Lektorin Frau Ulrike Zellfelder, die die Drucklegung kompetent betreute.

Allen, die zu dieser Lektüre greifen, wünsche ich gute Impulse für ihre eigene Lebensgestaltung.

Hans Schwarz

Kapitel I
Weichen werden gestellt

Unser Sohn Hans schrieb einmal in einem Schulaufsatz: „Meine Noten hätten besser sein können. Aber es war für mich viel interessanter von den Orten zu träumen, an denen mein Vater Vorträge hielt, statt mich für die Schule vorzubereiten."

Obwohl ich während meines Leben weit in der Welt herumgekommen bin, denn ich habe fast 600 Vorträge in mehr als zwanzig Ländern gehalten, bin ich doch zuallererst ein Bürger der Bundesrepublik Deutschland, wo ich heute auch lebe. Doch meine zweite Heimat sind die USA, wo ich vierzehn Jahre hauptamtlich lehrte und danach zwei Jahrzehnte lang jedes zweite Jahr eine Gastprofessur wahrnahm. Daneben liegen meine Interessen in der theologischen Ausbildung und in den Kirchen Asiens und Osteuropas. Aber damit eile ich der Geschichte voraus, denn ich wurde kurz vor dem Zweiten Weltkrieg geboren. Als ich aufwuchs, war auch in Westdeutschland die große Frage nicht, wohin man reist, sondern wie man schlechthin überleben kann.

1. Aufwachsen im Nachkriegsdeutschland

Meine Geschichte ist in Deutschland nicht ungewöhnlich. Ich wurde 1939 geboren – sechs Monate bevor Hitler mit seinem Überfall auf Polen den Zweiten Weltkrieg anzettelte. In diesem Jahr wurden mehr Geburten in Deutschland registriert als in irgendeinem anderen Jahr im 20. Jahrhundert. Wahrscheinlich ahnten die jungen Paare, dass sich etwas am Horizont zusammenbraute, und sie wollten noch eigene Nachkommen haben, ehe sich das ferne Donnergrollen in einem fürchterlichen Gewitter entlud. Meine Mutter zum Beispiel hatte sechs Geschwister, was für die damalige Zeit nicht ungewöhnlich war, und vier davon waren 1939 schon verheiratet. Jedes dieser Paare hatte 1939 Nachwuchs, wobei sie jeweils einen Buben bekamen. Adolf Hitler hätte diese Produktivität sicher begrüßt, noch dazu wenn es Jungen waren, denn er brauchte für seine Kriegsvorhaben zukünftige Soldaten.

Mein Vater Johann Schwarz (geb. 1913) hatte etwas mehr Glück als die meisten Männer seines Alters, denn da sein Vater Konrad Schwarz (geb. 1880) im ersten Weltkrieg gefallen war und er der einzige Sohn seines Vaters war, durfte er nicht im unmittelbaren Kampf eingesetzt werden. So wurde er zwar 1940 zum Militär eingezogen, diente aber zunächst bei der Nachrichtenabteilung. Da Hitlers Frankreichfeldzug schnell beendet war, waren die acht Wochen, die mein Vater dort verbrachte, für ihn wie eine Bildungsreise. Man kann das aus seinem Tagebuch entnehmen, das er bei allen Einsätzen führte. Zuerst machte er sich Notizen und dann wurde der Text ins Reine geschrieben und mit Fotos versehen. Er besichtigte die verschiedenen Städte, wie etwa Soissons oder Paris, wobei ihn Paris natürlich sehr beeindruckte. Er verglich die Landschaft Frankreichs mit der, die er von zu Hause kannte. So schrieb er: „Die Landschaft gleicht hier fast der unserer Heimat. Nur flacher ist es hier. Gerste, Weizen, Hafer, Kartoffel, Wein, Obst, wenig Roggen, sehr viel Luzerne." Aber er bemerkte durchaus auch etwas vom Grauen des Krieges, als er am 22.6.40 schrieb: „Endlose, schnurgerade Straßen, zerstörte Dörfer, bei Tagesgrauen Heldenfriedhöfe mit abertausenden von weißen Kreuzen [vom 1. Weltkrieg]." Mit seinen 27 Jahren war er niemals vorher aus Deutschland herausgekommen und deshalb hat ihn alles sehr beeindruckt, was er sah.

Nach einem kurzen Heimaturlaub bei seinen Eltern und seiner Frau Babette, die er 1937 geheiratet hatte, musste er bei einem weiteren Abenteuer Hitlers mitmachen und durch die damalige Tschechoslowakei, Oberschlesien und Polen nach Russland ziehen. Anfangs war es eine Bildungsreise wie in Frankreich. Er konnte beobachten, wie die Leute dort lebten, und die Städte und Dörfer besichtigen. Doch bald kam er näher an die unheimliche Wirklichkeit des Krieges. Im Januar 1942 hatte mein Vater noch einen kurzen Heimaturlaub, um seine Frau und seinen einzigen Sohn zu besuchen. Am 21. Oktober des gleichen Jahres bekam meine Mutter dann von dem Hauptmann seiner Kompanie einen ominösen Brief, in dem es hieß: „Zu meinem aufrichtigen Bedauern muss ich Ihnen heute leider die tieftraurige Mitteilung machen, dass Ihr Mann, Gefreiter Johann Schwarz, am 14.10.42 bei den über eine Woche anhaltenden Abwehrkämpfen in einem Dorf des nördlichen Kaukasus den Heldentod gefunden hat." Die Ankunft dieses Briefes war auch die einzige Erinnerung, die mir an meinen Vater blieb, denn sie hat sich tief in mein Gedächtnis eingegraben. Meine Mutter (geb. 1915) war mit 27 Jahren zur Witwe geworden. Meinen Vater hatte damit das gleiche Schicksal getroffen wie seinen Vater, der im Alter von 36 Jahren 1916 bei der Schlacht um Verdun gefallen war. Beide Witwen teilten nicht nur das gleiche Schicksal, sondern hatten auch eine ähnliche Zukunft. Die Mutter meines Vaters, Anna Schwarz (geb. 1882), eine geborene Lämmermann, konnte nach dem 1. Weltkrieg glücklicherweise wieder heiraten, den Kriegsveteranen Johann List (geb. 1890), der aus dem Krieg mit einem Schulterdurchschuss, einem steifen und verkürzten Bein und geplatzten Trommelfellen heimkam. Meine Mutter heiratete nach dem Krieg Heinrich Brechtelsbauer (geb. 1913), der nur für drei Monate eine militärische Grundausbildung bekam, da er bei der Deutschen Reichsbahn arbeitete und deshalb für den direkten Kriegseinsatz unabkömmlich war. Die Armee benötigte die Reichsbahn, um Nachschub an die Front zu bringen. Dennoch war sein Einsatz nicht ungefährlich, denn die Züge waren oft das Angriffsziel feindlicher Flugzeuge. Obwohl ihn sein Dienst bis nach Weißrussland brachte, überlebte er den Krieg ohne jede Verletzung. Auch für ihn war sein Einsatz mehr ein Bildungsurlaub, denn er konnte neue Länder sehen und beobachten, wie dort die Menschen lebten. Er berichtete: „Es waren meist nur Frauen da, denn die Männer dienten im russischen Militär oder waren als Partisanen in den Untergrund abgetaucht."

Meine Mutter war 1946 kaum verheiratet, als mein Stiefvater – für mich war er mein richtiger Vater und ich habe ihn niemals als Stiefvater bezeichnet – einen Arbeitsunfall hatte, der ihm leicht das Leben hätte kosten können. Ich erinnere mich noch, wie ich ihn im

Krankenhaus in Röthenbach bei Nürnberg besuchte, der Stadt, auf deren Bahnhof sich der Unfall ereignete. Damals gab es noch so wenige Autos, dass eine Überführung in sein Heimatkrankenhaus unmöglich war. Mein Vater hatte als Schaffner auf Güterzügen gearbeitet. Als er auf das hölzerne Trittbrett des letzten Wagens aufsprang, brach das morsche Trittbrett durch und mein Vater kam unter das Rad des letzten Wagens, das ihm dann sein Bein unterhalb des Knies durchtrennte. Dabei hatte er noch Glück im Unglück, denn wäre es nicht der letzte Wagen gewesen, hätten ihn die Räder wahrscheinlich immer tiefer auf die Gleise hineingezogen und ihn zermalmt. So hatten wir also zwei Invaliden in unserer Großfamilie: meinen Großvater mit seinem steifen Bein und meinen Vater mit einer Unterschenkelprothese, die er bald nach seinem Unfall angemessen bekam. Aber trotzdem waren wir noch gut dran, was ich merkte, sobald ich in die Schule kam. Die Hälfte meiner Klassenkameraden hatte gar keinen Vater. Sie waren Halbwaisen, denn ihre Väter waren im Krieg umgekommen. Dies war der schreckliche Blutzoll, den besonders die deutschen Männer dem kriegerischen Wahnsinn Hitlers entrichten mussten.

Wie berichtet, war meine einzige Erinnerung an meinen eigenen Vater die Ankunft der Benachrichtigung von seinem Tod. Ich erinnere mich noch genau, wie mein Großvater damals nüchtern sagte: „Nun müssen wir eben ohne ihn auskommen." In der Tat hätte man ihn dringend zu Hause benötigt, denn meine Großeltern hatten einen kleinen Bauernhof in Schwabach, einem Städtchen von damals 15 000 Einwohnern, das südlich von Nürnberg gelegen durch die Schwabacher Artikel, einer Vorform des Augsburgischen Bekenntnisses manchen Lutheranern bekannt ist. Aber Schwabach ist auch als Stadt des Blattgoldes bekannt, denn einst hörte man an allen Ecken der Stadt das Schlagen des Blattgoldes. Selbst heute sind noch vier Betriebe mit dem Herstellen des Blattgoldes beschäftigt, mehr als in jeder anderen Stadt. Da meine Großeltern viel Gemüse anbauten, wären zwei weitere Arbeitshände in unserer Großfamilie sehr nützlich gewesen, zumal die meiste Arbeit ohne maschinelle Hilfe geschehen musste. Solch eine Großfamilie mit einer Küche, in der alle unter einem Dach wohnen, ist heute die Ausnahme, war aber nach dem Krieg noch üblich. Als meine Eltern heirateten, war es selbstverständlich, dass sie bei den Eltern meines Vaters wohnten und sich sozusagen als Hilfskräfte für Haus und Garten zur Verfügung stellten. Die Mutter meines Vaters erklärte sofort ihrer Schwiegertochter, dass sie selbst keine schwere Arbeit verrichten und auch nicht kochen konnte. Dies fiel dann meiner Mutter zu. Als mein Vater tot war, musste meine Mutter dann noch mehr Arbeit in Haus, Garten und auf den Feldern verrichten.

Glücklicherweise wurde Schwabach nur einmal von einem Bombenangriff heimgesucht. Da dies zu Beginn des Krieges geschah, konnten die meisten Häuser bald wieder aufgebaut werden. Wenn meine Familie draußen auf den Feldern arbeitete, suchten wir im Straßengraben Deckung, wenn feindliche Flieger über uns hinwegzogen. Waren wir aber daheim, liefen wir beim Heulen der Sirenen zum Luftschutzkeller, der einige Hundert Meter von unserem Haus entfernt war. Unser eigenes Haus hatte nur einen kleinen Keller, der kaum einer Bombe standgehalten hätte. Trotzdem hob mein Großvater am Ende der hölzernen Kellertreppe eine kleine Mulde aus, die er wegen der Furcht vor Brandbomben mit Wasser füllte.

Meine Erinnerungen an das Kriegsende sind etwas deutlicher. Die Amerikaner besetzten unsere Stadt und nahmen ohne um Erlaubnis zu fragen unsere Wohnküche in Beschlag. Sie funktionierten sie zu einem Kommunikationszentrum um, wobei Drähte durch das offene Fenster in alle Richtungen gingen. Wir waren aber besser dran als die Leute, die wirklich schöne Häuser hatten und diese innerhalb von ein paar Stunden verlassen mussten. Die Amerikaner besetzten manche Häuser jahrelang und hausten darin wie die Vandalen. Damit machten sich die Befreier bei der Bevölkerung nicht besonders beliebt. Trotzdem waren alle froh, dass der Krieg endlich beendet war – an einen deutschen Sieg hatten die meisten schon lange nicht mehr geglaubt – und die amerikanischen Soldaten behandelten uns zumeist gut. Wir waren allerdings erstaunt, wie verschwenderisch sie mit den Lebensmitteln umgingen. Sie warfen ganz Laibe von Weißbrot weg und auch wohlschmeckende Würste.

Solches Brot war uns unbekannt, denn Weizen- oder Maismehl gab es nach dem Krieg für uns nicht. Das Brot, das man mit Lebensmittelmarken kaufen konnte, war meistens aus dem gebacken, was beim Mahlprozess übrig blieb, oft sogar noch unter Zufügung von Sägespänen. Auch Würste waren eine seltene Delikatesse. Niemand hatte damals Übergewicht und es wurde nichts Essbares weggeworfen. Auch gab es kein Verfallsdatum für Lebensmittel und wenn es ein solches gegeben hätte, hätte niemand darauf geachtet, denn jeder war froh, überhaupt etwas zum Essen zu bekommen. Alles war streng rationiert und man erhielt Marken, die zum Kauf von Lebensmitteln und anderen notwendigen Dingen des täglichen Lebens berechtigten. Die Anzahl und Art der Marken hing vom jeweiligen Alter und der Beschäftigung ab. Da wir eine kleine Landwirtschaft hatten, wurden wir als „Selbstversorger" deklariert und waren von den meisten Marken ausgeschlossen. Trotzdem lebten wir besser als viele andere, denn wir hatten unseren eigenen Gemüsegarten und dazu Hühner und zwei oder drei Schweine. Aber selbst die Schweine wurden gezählt und wir durften keinesfalls mehr als ein Schwein pro Jahr für den eigenen Verzehr schlachten, während die anderen abgeliefert werden mussten.

Da in den größeren Städten die meisten Häuser und Wohnungen durch die Fliegerangriffe der Alliierten zerstört oder zumindest beschädigt waren (und zudem 15 Millionen Flüchtlinge aus den ehemaligen deutschen Siedlungsgebieten Osteuropas nach Deutschland hereinströmten) wurde der Wohnraum streng rationiert. Die Regierung inspizierte jede Wohnung und zählte die Räume und die Menschen, die darin wohnten. Bei uns stellten sie fest, dass wir ein Zimmer zu viel hatten. Es spielte keine Rolle, dass dieses Zimmer nur zugänglich war, indem man durch das Schlafzimmer meiner Großeltern ging. Ein junges Ehepaar wurde in dieses Zimmer eingewiesen und wir mussten mit ihnen unser Bad und unsere Küche teilen. Nachdem sie nach sechs Monaten eine andere Bleibe gefunden hatten, wurde uns Walter Fischer, ein junger Mann, zugewiesen. Er war kaum zwanzig Jahre alt und war durch die Flüchtlingswirren von seiner Mutter getrennt worden, während sein Vater im Krieg vermisst war. Der junge Mann war aus Böhmen und hatte nichts mitnehmen können, als was er auf dem Leib trug. Meine Eltern freundeten sich bald mit ihm an. Er war Schreiner und wenn er abends von der Arbeit zurückkam, gaben ihm meine Eltern öfters einige Salzkartoffeln und Quark, was für ihn eine besondere Delikatesse bedeutete. Heute würde man das kaum als Festessen bezeichnen, aber damals war man für jeden Bissen dankbar, den man bekommen konnte.

Manche Menschen gingen in ihrer Verzweiflung so weit, Kartoffeln von den Äckern zu stehlen. Sogar das Gras auf den Wiesen war nicht mehr sicher, denn viele Menschen mähten es mit einer Sichel ab, wenn die Straßengräben kein Gras mehr hergaben, um damit einen Hasen zu füttern, den sie in ihrer Küche oder auf dem Balkon hielten, um ihn für ein Festessen heranzuziehen. Natürlich war auch das Heizmaterial knapp. Kohle war streng rationiert und viele Leute gingen in die Wälder und lasen jeden Zweig auf, der auf dem Boden lag, und sammelten die Zapfen der Tannen und Fichten ein. Trotz strenger Kontrolle, wurden von frierenden Menschen auch ganze Bäume gefällt und gestohlen. Der Boden der Wälder war wie leergefegt.

Als ich im Herbst 1945 in die erste Klasse kam, wurden auch wir gebeten, etwas Holz oder Braunkohle mitzubringen, damit unser Ofen im Klassenzimmer geheizt werden konnte. Da Schreibpapier kaum aufzutreiben war, hatte jeder von uns eine Schiefertafel, auf der wir mit einem Griffel schrieben. Eine Schulbibliothek gab es nicht und erst im Gymnasium hatten wir in unserem Klassenzimmer einen kleinen Schrank, aus dem wir uns Lesematerial ausleihen konnten. Da ich in der Schule bald großen Spaß am Lesen hatte, gab mir meine Lehrerin viele ihrer eigenen Bücher zum Lesen, so dass ich meinem Interesse am Lesen nachgehen konnte. Nicht einmal im Gymnasium hatte unsere Schule eine eigene Turnhalle. Während der Sportstunden spielten wir im Schulhof. Regnete es oder war das Wetter zu kalt, fiel der Sport bis in die Mitte meiner Gymnasialzeit aus oder der Sportlehrer las uns im Klassenzimmer Geschichten vor. Da es auch wenige Klassenzimmer gab und einige davon als Unterkünfte für Flüchtlinge dienen mussten, wanderten wir in diesen ersten Nachkriegsjahren oft von einer Schule zur anderen.

Da es in den Geschäften keine Kleidung zu kaufen gab, war es für meine Mutter schwierig, einen schnell heranwachsenden Jungen zu bekleiden. Wochenlang liefen wir im Sommer barfuß. Und wenn das Wetter kühler wurde, trugen wir Sandalen mit Holzsohlen, etwas, das heute undenkbar wäre. Auch diese „Holzklapperer" waren nur schwer zu bekommen. Schuhe und Stoffe für Kleidung konnten nur durch Tauschgeschäfte auf dem Schwarzmarkt ergattert werden. Die anerkannte Währung auf dem Schwarzmarkt waren amerikanische Zigaretten. Ich weiß nicht mehr, wie meine Mutter die Zigaretten bekam, aber es gelang ihr irgendwie und so bekam sie Stoff, aus dem sie mir Hosen und Hemden nähte. Da wir auch ein Schaf hatten, lernte sie sogar spinnen und strickte aus der Wolle für den wachsenden Jungen Pullover und Strümpfe. Auch Spielzeug war während dieser ersten Nachkriegsjahre nicht zu bekommen. Aber ich konnte im Hof unseres Hauses spielen und schnitzte mit einem Küchenmesser Spielzeug aus Rinde. Meine Lieblingsspielzeuge waren aus Rinde geschnitzte Schiffe, die ich mit Kanonen bestückte, wozu abgebrannte Streichhölzer dienten. Diese Boote fuhren auf einem kleinen Teich, den ich aus Erde geformt und mit Wasser gefüllt hatte.

1949 bekam ich einen Bruder, worüber ich mich sehr freute, auch wenn mir das Aufpassen auf ihn anfangs überhaupt nicht gefiel. Die Wirtschaft hatte sich mit der Einführung der Deutschen Mark beträchtlich verbessert und über Nacht waren die Schaufenster plötzlich mit allerlei Waren gefüllt, die wir jahrelang nicht gesehen hatten. So kaufte ich zu Weihnachten immer wieder von meinem Taschengeld für meinen Bruder Spielzeug, das ich gerne gehabt hätte, als ich in seinem Alter war. Das war eine späte, aber willkommene Kompensation und ich war froh, dass wenigstens er die Dinge haben konnte, die ich niemals bekam. Ich war nicht einsam gewesen, bevor mein Bruder Alfred geboren wurde, denn in der Nachbarschaft gab es einige Jungen meines Alters. Aber wenn sie zu unserem Haus kamen und mich fragten, ob ich mit ihnen draußen spielen würde, dann dauerte es nicht lange, ehe ich zu ihnen sagte: „Wollen wir nicht hineingehen, damit ich euch etwas vorlesen kann?" Bald entschuldigten sie sich und gingen nach Hause, denn sie waren zum Spielen gekommen und nicht, um etwas vorgelesen zu bekommen. Dies zeigte schon, welch eine wichtige Rolle Bücher in meinem Leben spielten.

Aber es gibt noch eine andere wichtige Facette, in meinem Leben, die erwähnt werden muss: mein Interesse an religiösen Themen.

2. Religiöse Prägung durch den CVJM

Da ich in Mittelfranken geboren wurde, war es fast selbstverständlich, dass wir durch Geburt, aber nicht so sehr aus Überzeugung, protestantisch waren. Das hieß für uns, dass wir nicht katholisch waren, aber auch nicht viel mehr. Es gab in Schwabach noch eine kleine Gruppe von Reformierten, die von den Hugenotten abstammten, die sich nach ihrer Vertreibung aus Frankreich in der 2. Hälfte des 17. Jahrhunderts in den markgräflichen Gebieten Frankens ansiedeln durften. So gab es bei uns auch eine „Franzosenkirche", die 1687 mit Erlaubnis des Markgrafen von Ansbach erbaut worden war und in der bis zum Ende des 19. Jahrhunderts sogar Gottesdienste auf Französisch gehalten wurden. Einige Gässchen in unmittelbarer Nachbarschaft der Kirche tragen bis heute französische Namen. Reformiert waren wir aber auch nicht. Aber waren wir lutherisch? Ich glaube, das wusste keiner in unserer Familie, denn als ich für die Schule meine Konfessionszugehörigkeit angeben musste, meinte meine Familie, wir seien eben Protestanten.

Unsere Großfamilie, das heißt meine Eltern und Großeltern, gingen zweimal im Jahr zum Abendmahl und am Abend vorher zum Beichtgottesdienst. Ob sie auch sonst zum Gottesdienst gingen, weiß ich nicht. Die Haltung meiner Großmutter zur Religion war pragmatisch: „Wenn's nicht hilft, schadet's auch nicht." Trotz dieser distanzierten Haltung gegenüber der Kirche hat sich tief in mein Gedächtnis eingeprägt, dass ich neben meiner Großmutter saß, die mir aus einem Buch biblische Geschichten vorlas, welche mit schwarz-weißen Bildern illustriert waren. Ich kann mich noch gut an ein Bild erinnern, auf dem Menschen in den Fluten ertranken, während sich einige an Baumwipfeln festklammerten und andere auf einen hohen Berg flüchteten. Es musste die Erzählung von der Sintflut gewesen sein, die sich so in mein Gedächtnis eingrub. Während meiner frühen Kindheitsjahre, also während und kurz nach dem Krieg, gab es in den Läden keine Kinderbücher zu kaufen. Dieses Buch meiner Großmutter mit biblischen Geschichten war also eines der wenigen Bücher in unserem Haus, das man Kindern vorlesen konnte.

In den ersten Nachkriegsjahren gab es auch nicht viele Tätigkeiten, an denen Kinder teilnehmen konnten. Ich erinnere mich, dass mich jemand zu einem Sportverein mitnehmen wollte. Aber in der Turnhalle waren noch die Fenster zerbrochen und es gab auch keine Geräte. Einige Male war ich dort und dann blieb ich wieder zu Hause. Aber es gab noch eine andere Möglichkeit, die verheißungsvoller war. Samstagnachmittags gab es für Kinder Jugendstunden des CVJM. Im Hof des kirchlichen Heims spielten wir zuerst Indiaca, eine Art von Federball, das von zwei Mannschaften mit bloßen Händen gespielt wurde. Nach etwa einer Stunde gingen wir in einen Versammlungsraum und uns wurde ein Kapitel einer aufregenden Geschichte vorgelesen, während wir – wir waren etwa zwanzig Jungen, Mädchen gab es damals noch nicht im CVJM – mit offenen Augen und Ohren zuhörten. Der Nachmittag schloss mit einer biblischen Geschichte und Gebet. Da nur ganz wenige von uns Bücher besaßen, kamen wir Samstag für Samstag, um zu hören, wie die Geschichte weiterging. Da der Gruppenleiter, Herr Hensel, ein körperlich starker Mann war, beeindruckte er uns Kinder natürlich. Mich faszinierte der persönliche Glaube von Herrn Hensel, den er in den Gruppennachmittagen ausstrahlte.

Als Herr Hensel nach einigen Jahren als hauptamtlicher Katechet Religionsunterricht in der Schule erteilte, wurden die Gruppennachmittage von einem jungen Mann geleitet. Er bereitete sich im Missionsseminar in Neuendettelsau auf die Missionsarbeit in

Papua-Neuguinea vor. Das war für mich natürlich faszinierend und ich dachte, dass Gott mich vielleicht auch in diese Richtung führen könnte. Missionar zu werden erschien mir attraktiv, aber ich war doch etwas beunruhigt, als ich hörte, dass man so viele Fremdsprachen lernen musste; nicht nur Latein, Griechisch und Hebräisch, sondern auch Pidgin oder Suaheli und zusätzlich noch etwa Kote, Sprachen von denen ich bisher überhaupt nichts gehört hatte. Meine Gesundheit war während meiner Jugend auch nicht besonders gut. Meine Mandeln waren ständig entzündet und in der ersten Klasse war ich so oft krank, dass meine Lehrerin sogar zu uns nach Hause kam, um mich zu unterrichten. So musste ich schweren Herzens erkennen, dass die äußere Mission doch nichts für mich war. Trotzdem war ein Anfang gemacht, der durch den Kindergottesdienst verstärkt wurde, den ich sonntäglich besuchte.

Jeden Sonntag gab es in unserer großen lutherischen Stadtkirche um 9 Uhr 30 den regulären Gottesdienst und dann von elf bis zwölf Uhr den Kindergottesdienst. Wir begannen den Gottesdienst gemeinsam, um danach, nach Altersgruppen getrennt, durch einen „Lehrer" in einer biblischen Geschichte unterrichtet zu werden. Der Schluss wurde wieder gemeinsam begangen und schließlich wurde der *Jugendfreund* ausgeteilt. Dies war ein Blättchen von vier Seiten, das gewöhnlich eine Geschichte enthielt und ein Bilderrätsel. Da es kaum Lesematerial gab, verschlang ich natürlich jede Ausgabe des *Jugendfreunds*. Die Kindergottesdienste waren gut besucht, denn die Mütter waren froh, dass die Kinder unter guter Beaufsichtigung aus dem Haus waren und sie in Ruhe das Mittagessen zubereiten konnten. – Sonntags zum Essen zu gehen, war in der Nachkriegszeit unbekannt, denn es gab kaum Lokale, wo man etwas bekam.

Die Mütter dachten sich wahrscheinlich auch, dass es nichts schaden konnte, wenn die Kinder etwas über den christlichen Glauben erfuhren. Ich bin mir sicher, dass dies auch die Einstellung meiner Eltern war. Da wir in einer Kleinstadt von etwa 25 000 Einwohnern lebten, konnte ich bequem in zehn Minuten zur Kirche gehen. Da damals praktisch niemand ein Auto besaß, gab es fast keinen Verkehr und die Eltern konnten ohne Bedenken ihre Kinder zur Kirche schicken. Ich habe diese Gottesdienste sehr genossen, zudem wir in Pfarrer Wolf einen ausgezeichneten Jugendpfarrer hatten. Nachdem ich mit 14 Jahren konfirmiert worden war, begann ich selbst eine Gruppe im Kindergottesdienst zu unterrichten. Indem ich regelmäßig im Kindergottesdienst unterrichtete und im CVJM an den wöchentlichen Bibelabenden teilnahm, wurde mir bald klar, welche Richtung mein Leben nehmen sollte.

Als ich in das Gymnasium kam, redeten wir unsere Lehrer mit Herr oder Frau Professor an. Als unsere Biologielehrerin, Frau Professor Malley, uns eines Tages in der vierten Klasse – die Jahrgangsstufen in den weiterführenden Schulen wurde wieder von eins an gezählt – fragte, was wir einmal werden wollen, hatte niemand den Mut, die Hand zu heben. Nur ich war dumm genug und sagte: „Ich will Pfarrer werden". Aber das sollte sich nicht so leicht verwirklichen lassen. In der Grundschule war ich einer der Besten. Für das Gymnasium musste man noch Schulgeld zahlen und nur wenige aus unserer Klasse machte die Aufnahmeprüfung, auf die uns unser Klassenlehrer, Herr Hagel, vorbereitete. So kamen wir wöchentlich zweimal in seinem Wohnzimmer zusammen und wurden entsprechend unterwiesen. Da er von unseren Eltern dafür ein kleines Entgelt bekam, war das natürlich ein zusätzliches Einkommen, was zur damaligen Zeit sicher willkommen war. Alle von uns bestanden die Aufnahmeprüfung für das Gymnasium.

Nun war ich mit zehn Jahren im Gymnasium und musste Englisch als erste Fremdsprache erlernen. Unglücklicherweise hatten wir in den ersten beiden Jahren Professor Schuricht als Englischlehrer. Er war als Lehrer so schlecht, dass er schließlich wegen pädagogischer Unfähigkeit in den vorzeitigen Ruhestand versetzt wurde. Wir waren allerdings seine Opfer. Einer seiner „Intelligenzprüfungen" bestand darin, zu fragen, ob jemand wüsste, wo Wissmeier wäre, der Zeitungskiosk um die Ecke. Dann schickte er einen von uns dorthin, um für ihn die Zeitung zu holen. Einmal schickte er mich sogar heim, um für seine Frau einen Blumenstrauß zu holen. Das Einzige, was wir von ihm lernten, war, wie man das „th" ausspricht. Er demonstrierte uns das hingebungsvoll mit einem kleinen

Religiöse Prägung durch den CVJM

Spiegel. Wegen seiner gedrungenen, ovalen Statur nannten wir ihn „Mops."

Dies war meine erste Begegnung mit einer Fremdsprache. Weder meine Eltern noch meine Großeltern konnten Englisch, denn sie hatten nur den Hauptschulabschluss und so bekam ich von zu Hause keine Hilfe. Als wir endlich nach zwei Jahren mit Professor Sandrock einen tüchtigen Englischlehrer bekamen, gingen meine Noten in Englisch in den Keller. Aber mit Hilfe eines guten Nachhilfeunterrichts über den Sommer waren meine Noten in Englisch in der damaligen fünften Klasse so gut, dass meine Englischlehrerin kaum glauben konnte, dass ich das Jahr zuvor wegen meines miserablen Englisch und einiger anderer Fächer beinahe das Klassenziel nicht erreicht hätte.

Aber für diese positive Veränderung gab es wahrscheinlich noch einen anderen Grund. Vom vorhergehenden Schuljahr her war unsere Klasse sehr geschrumpft, da die meisten Französisch als zweite Fremdsprache wählten. So wurden die Wenigen unter uns, die Latein wählten, mit einer anderen Klasse zusammengewürfelt. Trotzdem waren wir eine verhältnismäßig kleine Klasse von weniger als zwanzig Schülern und die Lehrer konnten sich auf ihren Unterricht konzentrieren, statt eine Horde von uninteressierten Fünfzehnjährigen bändigen zu müssen. Unsere neue Englischlehrerin, Frau Edeltraut Schratz, war eine junge und attraktive Dame, die an unserem Gymnasium ihr Referendariat ableistete. Wir Jungen liebten sie und wollten sie natürlich nicht enttäuschen. Da unser Klassenzimmer genau gegenüber der Treppe lag, stand immer einer von uns Schmiere, um uns anzukündigen, wann sie vom Lehrerzimmer die Treppe herabkam und ob sie heute eine „neue Karosserie" trug.

Nur ein Jahr später fing ich selbst an, Nachhilfeunterricht zu geben; zuerst in Englisch und dann auch in Latein. Von meinem ersten selbst erarbeiteten Taschengeld kaufte ich mir eine achtbändige Goethe-Ausgabe und eine fünfbändige Schiller-Ausgabe. Letztere habe ich von der ersten bis zur letzten Seite durchgelesen und die markantesten Zitate herausgeschrieben und auswendig gelernt. Bei den meisten Nachhilfeschülern war ich froh, wenn sie wieder aufhörten, denn sie waren in der Regel einfach faul. Aber es gab eine Ausnahme: Fritz-Karl Hagel, der ironischerweise einer der Söhne meines Lehrers aus der Grundschule war. Er brauchte eigentlich keinen Nachhilfeunterricht. Er wollte nur sehr gute Noten bekommen und so machte die Arbeit mit ihm wirklich Spaß. Ich arbeitete mit ihm mehrere Jahre und wir hatten eine schöne Zeit miteinander, denn er war immer gut vorbereitet.

Obwohl ich mich so verbesserte, dass ich einer der Besten in meiner Klasse im Englischen war, war mein eigentliches Lieblingsfach ein ganz anderes, nämlich Chemie. Helmut König, einer meiner Klassenkameraden, und ich entwickelten eine echte Vorliebe für dieses Fach. Er war auch der, mit dem ich mehr Jahre im selben Klassenverband verbrachte als mit jedem anderen, denn jedes Jahr wurde unsere Klasse nach den entsprechenden Notwendigkeiten anders zusammengesetzt. Helmut und ich führten gewöhnlich unsere Experimente möglichst schnell durch und trieben dann Schabernack, da die anderen Schüler weit länger brauchten, um zu den richtigen Ergebnissen zu gelangen. Es half uns natürlich, dass wir zu Hause jeweils ein kleines Laboratorium hatten. Zunächst machte ich meine chemischen Experimente in unserem Bad, da es dort sowohl Wasser- als auch Gasanschluss gab. Als die Schwefelsäure die Emaille-Beschichtung unserer Badewanne anfraß, entschieden meine Eltern, dass das Bad kein Labor war und ich bekam mein eigenes kleines Zimmer zum Experimentieren mit Wasser- und Gasanschluss.

Meine endgültige Liebe zur Chemie entwickelte sich, als wir in der Schule von der anorganischen zur organischen Chemie übergingen, denn die chemischen Formeln wurden komplizierter und die Experimente faszinierender. Ich bekam sogar einen „Giftschein", um Zyankali und Arsen zu kaufen. Natürlich war die Idee dahinter nicht jemanden zu töten, sondern um verschiedene organische Verbindungen herzustellen. Sogar explosive Stoffe, wie Nitroglyzerin, wurden ohne Probleme im Labor zu Hause hergestellt.

Während meiner Jahre auf dem Gymnasium war ich weiterhin im CVJM aktiv. Aber an einem Punkt kollidierten die Ansichten des

CVJM mit der Realität des Gymnasiums. Mit 18 Jahren sollten alle Jungen im Gymnasium den Tanzkurs besuchen, während die Mädchen dies schon mit 16 Jahren machten. Aber im CVJM wurde mir gesagt, dass Tanzen Sünde sei – ebenso wie das Rauchen. Deshalb hatte ich kein Interesse am Tanzkurs. Doch meine Mutter dachte anders und so nahm ich am Tanzkurs teil, was zu heißen Diskussionen im CVJM führte. Aber ich glaube nicht, dass mir der Tanzkurs religiös oder in irgendeiner anderen Weise geschadet hat. Ich blieb weiterhin ein treues Mitglied des CVJM, aber hatte noch die Chemie als meine zweite Liebe.

Als ich 1958 Abitur machte, gingen alle davon aus, dass ich Theologie studieren würde, nur ich war mir dessen nicht sicher. Ehe ich Abitur machte, besuchte ich an der Universität Erlangen jemanden, der in Chemie promovierte, und der führte mich in eine Vorlesung über theoretische Chemie. Was mich aber von der Chemie wegbrachte, war mein Chemielehrer, Professor Anton Schmitt, den wir aus Zuneigung „Toni" nannten. Er forderte viel von uns und Helmut König und ich schätzten ihn sehr. Als er mein Dilemma bezüglich meines Studiums nach dem Abitur sah, sagte er: „Wenn Sie Chemie studieren, werden Sie früher oder später mit philosophischen Problemen konfrontiert." Wenn das also der Fall ist, warum sollte ich dann nicht gleich Theologie studieren? Aber trotzdem war ich noch unentschlossen. So sollten meine Abiturnoten in Chemie und Religion den Ausschlag geben. Aber ich bekam in beiden Fächern eine Eins. Ich konnte mir nicht vorstellen, in einer riesigen Firma wie BASF mit Tausenden von Mitarbeitern zu arbeiten. Stattdessen faszinierte mich eher die Grundlagenforschung – aber würde ich jemals dazu kommen?

So fing ich mein Studium im Wintersemester 1958/59 in Erlangen an und wählte zögernd Theologie und Englisch. Der Grund dafür war einfach: Wie erwähnt, waren meine Eltern protestantisch, aber nicht so religiös, dass sie unbedingt einen Pfarrer in der Familie haben wollten. Um sie nicht zu sehr herauszufordern, entschloss ich mich Religionslehrer am Gymnasium zu werden mit den Fächern evangelische Religionslehre und Englisch.

3. Religionslehrer nicht aus Leidenschaft

Die Universität war für mich eine neue Welt. Weder Eltern noch Großeltern noch Cousinen oder Cousins hatten je das Abitur gemacht, geschweige denn studiert. Während es heute fast selbstverständlich ist zu studieren oder zumindest mit dem Abitur abzuschließen, war das nach dem Krieg die große Ausnahme. In Erlangen kannten wir uns alle als Erstsemester in der Anglistik, denn wir waren kaum mehr als zwanzig. Nur einige Jahre später wurde die Literaturvorlesung in Anglistik im größten Hörsaal der Universität abgehalten und selbst dieser konnte die Studierenden kaum fassen. Ich fing also noch an, ehe die Universität zu einer Massenuniversität wurde. Trotzdem bedeutete die Universität eine ungeheure Umstellung für mich. Die Geschwindigkeit, mit der ein Stoff präsentiert wurde, war unvergleichlich schneller als im Gymnasium. Ich war darauf überhaupt nicht vorbereitet. Einige Semester lang belegte ich viel mehr Veranstaltungen, als ich bewältigen konnte, und musste dann die Hälfte davon aufgeben, denn die Menge an Information erschlug mich fast. Zudem hatte ich in der Schule nur Latein und Englisch als Fremdsprachen. Aber für das Studium der Evangelischen Religionslehre benötigte man auch Griechisch. So musste ich wenigstens zwei Semester Griechisch lernen und dann das Graecum bestehen. Das war für mich eine äußerst schwierige Angelegenheit, denn Griechisch war für mich unverständlich, sowohl was die Grammatik als auch die Vokabeln betraf.

Mein Studium wurde auch dadurch erschwert, dass ich die ersten beiden Semester von Schwabach nach Erlangen pendelte, was eine jeweils einstündige Bahnfahrt und einen halbstündigen Fußweg nötig machte. So war ich jeden Tag mindestens drei Stunden unterwegs, kam abends todmüde nach Hause und sollte mich dann noch auf den nächsten Tag vorbereiten. Oft bin ich über den griechischen Vokabeln eingeschlafen. So wundert es nicht, dass ich keine Probleme mit meinem Körpergewicht hatte. – Das Mittagessen in der Mensa war auch gewöhnungsbedürftig. Während heute das Essen in der Mensa dem in einem Restaurant gleichkommt, schmeckten damals die Kartoffeln, um nur ein Beispiel zu nennen, eher wie Seife, so dass ich Reis bevorzugte. Fleisch gab es nur in kleinsten Portionen, außer man kaufte sich eine Portion Huhn, was für mich natürlich zu teuer war. Meine Eltern hatten mich gelehrt, sparsam zu sein. Ich erinnere mich noch an eine Episode aus den ersten Jahren meiner Gymnasialzeit. Auf dem Heimweg musste ich immer den Marktplatz überqueren, wo an einem Marktstand Orangen verlockend angeboten wurden. Einige Male kaufte ich eine Orange für zehn Pfennige, wobei ich nicht wusste, dass der Besitzer des Standes dies meinen Eltern berichten würde. Man kann sich kaum vorstellen, was für ein Donnerwetter zu Hause über mich hereinbrach, da ich so unnötig Geld verschwendete. Glücklicherweise bekam ich während meines Studiums ein Stipendium. Trotzdem wollte ich über das absolut Lebensnotwendige hinaus kein Geld ausgeben.

Mit großer Anstrengung schaffte ich schließlich kurz vor Weihnachten 1959 das Graecum. Ich war so stolz, dass ich mein Zeugnis zu Hause unter den Weihnachtsbaum legte. Damals hatte ich noch keine Ahnung, dass ein Jahr später die Regierung beschloss, man müsste für das Anglistikstudium zwei Semester Französisch vorweisen. Da die Romanistik auf diese Änderung noch nicht vorbereitet war, bekamen wir die nötigen Scheine relativ leicht. Im Gymnasium wollte ich in der damals siebten Klasse Französisch als Wahlfach nehmen. Da ich jedoch der Einzige war, der Französisch lernen wollte, entschied unser Anstaltsleiter, dass er für mich allein diesen Kurs nicht abhalten lassen konnte. Was ich also damals nicht lernen konnte, musste ich an der Universität nachholen. Ich erinnere mich noch, wie wir nach nur drei Semesterwochenstunden Französisch einen Konversationskurs in dieser Sprache hatten und wie schwierig das für uns war. Aber unsere Lehrerin, Frau Dr. Zöbelein, war großzügig und sie gab uns den benötigten Schein anstandslos.

Als ich mich im Sommersemester 1959 immer noch mit Griechisch abmühte, ereignete sich etwas Seltsames. Obwohl ich erst im zweiten Studiensemester war, besuchte ich bei Wilhelm Maurer (1900–1982) seine Vorlesung in Dogmengeschichte. Da Maurer selbst keine Kinder hatte, war er an den Studierenden besonders interessiert. So bemerkte er auch den bleichen, groß gewachsenen, aber sehr hager aussehenden Studenten, der seine Vorlesung besuchte. Er fragte mich nach der Vorlesung, ob mit mir alles in Ordnung sei. So erzählte ich ihm, dass ich jeden Tag von Schwabach nach Erlangen fuhr. Als er das hörte, bot er mir an, dass ich im Heim des Martin-Luther-Bundes wohnen könne, dessen Ephorus er war. Ich entgegnete, dass dies schlecht möglich sei, denn ich war in Schwabach für die Bibelstunden im CVJM verantwortlich.

Seine schlichte Antwort lautete: „Sie haben jetzt die Aufgabe zu studieren. Wenn der CVJM in Schwabach so von Ihnen abhängt, dass er nicht ohne Sie überleben kann, dann muss er eben seine Pforten schließen."

Nun, der CVJM überlebte ohne mich und für mich tat sich wiederum eine ganz neue Welt auf. Im Martin-Luther-Bund gab es damals nur 15 Theologiestudenten, von denen die Hälfte aus Deutschland stammte und die andere Hälfte aus anderen Ländern, wie etwa den USA. Zimmer und Frühstück waren kostenlos. Während der Woche mussten wir uns um 7 Uhr morgens zur Mette einfinden. Danach gab es Frühstück. Die Komplet abends um 22 Uhr war freiwillig. Einmal pro Woche studierten wir mit Professor Maurer die Bekenntnisschriften und alle zwei Wochen gab es einen theologischen Abend, bei dem entweder ein Gast einen Vortrag hielt oder wir mit unserem Studienleiter, Herrn Scheen, über ein Thema diskutierten. Die meisten von uns rebellierten gegen so viel Liturgie, aber die fünf Semester, die ich dort wohnte, haben mich nachhaltig geprägt. Liturgie ist mir immer noch sehr wichtig. Dasselbe trifft für das Tischgebet zu. Bei uns zu Hause gab es kein Tischgebet, aber ich lernte dies im Martin-Luther-Bund, wofür ich heute noch dankbar bin. Da ich nicht mehr von zu Hause nach Erlangen pendeln musste, konnte ich mich viel leichter auf mein Studium konzentrieren und das erste Mal in meinem Leben war ich nun Teil einer richtigen Lebensgemeinschaft.

Da wir eine sehr kleine Gruppe waren, gab es regelmäßig lange Diskussionen über theologische Probleme, persönliche Angelegenheiten und über das Leben im Allgemeinen. Es entwickelten sich

Freundschaften, die ein ganzes Leben hielten. Einer meiner Mitstudenten war Wolfgang Günther von der Hannoverschen Landeskirche. Als ich meinen 60. Geburtstag feierte, lud ich ihn ein, den Festvortrag zu halten. Er hatte eine bewundernswerte Laufbahn und wurde schließlich Direktor des Missionskollegs in Hermannsburg. Wir hatten damals lange diskutiert, ob er diese Stelle annehmen oder im Gemeindedienst bleiben sollte. Aber sein Herz schlug und schlägt noch immer für die Mission außerhalb Deutschlands. Nach seinem Theologiestudium promovierte er bei Wilhelm Maurer über ein Thema aus der Mission und entwickelte so seine Liebe für die weltweite Ausbreitung des Evangeliums. Wie das in Norddeutschland oft der Fall ist, kam er nicht aus einer kirchlichen Familie, aber Wilhelm Maurer und der Martin-Luther-Bund hatten großen Einfluss auf ihn.

Ein anderer, lebenslanger Freund war Winfried Schiffner (1939–2010) aus dem niederbayerischen Straubing. Zuerst war er Gemeindepfarrer in Oberfranken. Als wir ihn einmal besuchen wollten und uns in einem Gasthaus nach dem Pfarrhaus erkundigten, wurde uns sogleich gesagt, der Pfarrer sei nicht da; ein Zeichen, dass die Leute im Ort noch wussten, wann der Pfarrer zu erreichen war. Später wurde er Religionslehrer an seinem Geburtsort und mehr als einmal berichteten frühere Schülerinnen von ihm, die jetzt bei mir studierten, wie beliebt er war. Er war noch bei der akademischen Feier zu meinem 65. Geburtstag zugegen, hatte aber bald darauf einen Herzinfarkt, dann einen Schlaganfall, der ihn halbseitig lähmte, bis er 2010, von seiner Frau liebevoll umsorgt, heimgehen durfte. Einen Abguss des „Auferstandenen" nach einem holzgeschnitzten Original seines Vaters schenkte er mir einige Jahre vor seinem Tod als Erinnerung an unsere gemeinsame Zeit im Martin-Luther-Bund.

Es war nicht nur die lutherische Theologie, die uns im Martin-Luther-Bund prägte. Wir hatten auch ein gesellschaftliches Leben, wie etwa den Frühjahrs- und den Wintertanz, zu dem wir eine Tanzdame einladen durften, denn sonst war kein Damenbesuch erlaubt. Neben Wilhelm Maurer hatten wir den schon erwähnten Studienleiter, der darauf achtete, dass alles gut ablief, ob Mette oder Komplet oder die Studienabende, und der uns auch bei Problemen des Studiums gelegentlich half. Dazu hatten wir noch eine Hausdame, die für die gesellschaftlichen Belange zuständig war. Die Studenten wählten einen Senior und einen Konsenior, die etwa für die Sitzordnung der Tanzabende zuständig waren und auch für die entsprechenden Einladungen an Gäste. Es mussten immer einige Professoren zu diesen Abenden eingeladen werden, die mit dem Martin-Luther-Bund enger verbunden waren, und natürlich benötigten wir auch eine Tanzdame für die Abende. Am einfachsten war es, sich mit der Studentengemeinde anzufreunden, denn dort waren die meisten Mitglieder Studentinnen. In der Theologie gab es kaum Studentinnen, denn in den 50er Jahren ordinierten die Kirchen in Deutschland noch keine Frauen. So brachte Wolfgang Günther eine attraktive Pharmaziestudentin mit und wir beobachteten neugierig und etwas belustigt die beginnende Freundschaft mit Inge, die zu einer lebenslangen Ehe führen sollte. Auch für sie war der Anfang nicht einfach, denn Inges Eltern wollten nicht unbedingt einen angehenden Pfarrer als Schwiegersohn.

Der andere, der nach langem Zögern seine zukünftige Frau fand, war Winfried. Damit ihm ja keiner in die Quere kam, wurde sie von ihm eifersüchtig beschützt. Damals hatte er noch keine Ahnung, dass sie für fast sieben Jahre an das Bett gebunden zum Pflegefall werden würde, bis sie endlich sterben durfte. Doch fand er dann wieder eine neue Frau, die ihn dann, wie erwähnt, einige Jahre im Rollstuhl pflegen durfte.

Aber in unserem jugendlichen Elan waren wir noch nicht mit diesen tragischen Seiten des Lebens konfrontiert. Wir liebten unser Leben im MaLuBu, wie wir das Haus nannten, und hatten auch unseren Spaß miteinander. Da Wolfgang oft abends lange mit Inge wegblieb, wollten wir ihn daran erinnern, dass doch der MaLuBu sein Zuhause war. An einem warmen Sommerabend, als er wieder nicht zu Hause war, entfernten wir aus seinem Zimmer – die Zimmer waren natürlich niemals verschlossen – alle Bettsachen und transportierten sie auf ein flaches Blechdach außerhalb unseres gemeinsamen Waschraums, das nur durch ein Fenster zugänglich war. Dort fügten wir Matratze, Bettdecke, Kopfkissen usw. einschließlich seines Schlafanzugs wieder als Bett zusammen und harrten der Dinge, die da kommen sollten. Als er heimkam, fand er nur sein Bettgestell in seinem Zimmer vor. Durch das Fenster im Waschraum erblickte er endlich sein Bett und entschied sich, dort draußen zu schlafen. Ich weiß nicht, ob er oder wir mehr Angst hatten. Denn wäre er vom Dach gerollt, wäre es doch unsere Schuld gewesen. Doch glücklicherweise ging alles gut aus.

Wir waren eine ziemlich eng verbundene Gemeinschaft und brauchten deshalb weder Studentenverbindungen noch hatten wir viel für sie übrig. Doch einer unter uns war eine Ausnahme. Er stammte aus dem Rheinland und hatte sich dort einer Verbindung angeschlossen. Er erzählte uns sogar voller Stolz, dass er dort das Biertrinken gelernt hätte. Für uns aus Bayern, die wir geradezu mit dem Gerstensaft aufwuchsen, war dies natürlich überhaupt kein Grund, sich einer Verbindung anzuschließen. Als er eines Abends mit seinen Bundesbrüdern im Verbindungshaus ein Fest feierte, entfernten wir den Mittelteil seiner dreiteiligen Matratze und stellten stattdessen einen großen Eimer voll Wasser darunter. Als er todmüde nach Mitternacht nach Hause kam und sich nichtsahnend ins Bett legen wollte, war er in Nullkommanichts wieder aus dem Bett, denn sein Hinterteil war tropfend nass.

Auch unser Studienleiter entkam nicht unseren Lausbubenstreichen. Die wissenschaftlichen Abende waren nicht unsere Favoriten, denn für uns waren sie langweilig und zudem hielten sie uns von unserer eigenen Arbeit ab. Da wieder einmal kein Gastreferent zugegen war, hielt unser Studienleiter selbst den Abend. Wie üblich saßen wir um den großen, langen Tisch in der Mitte der Bibliothek. Während der Adventszeit lag ein Adventkranz auf dem viereckigen Tisch, der hinter dem Stuhl des Studienleiters stand. An diesem Abend hatten Wolfgang und ich an der Vorhangschiene unserer hohen Fenster eine feste Schnur befestigt, die von dort zu dem Adventskranz ging und von da über die Schiene der Leiter unserer raumhohen Bücherwand bis zur anderen Seite des langen Tisches. Wir beide saßen weit entfernt von unserem Studienleiter an eben dieser anderen Seite. Wenn einer von uns an der Schnur zog, erhob sich der Adventskranz langsam und blieb hinter unserem Studienleiter so in der Luft stehen, dass er gleichsam wie ein Heiligenschein über seinem Kopf schwebte. Die anderen Studenten wussten davon nichts. Als sie dann plötzlich den schwebenden Adventskranz sahen, konnten sie kaum das Kichern unterdrücken. Herr Scheen hatte keine Ahnung, was für sie so lustig war und reagierte ärgerlich auf ihr kindisches Kichern. Um einen ernsthaften wissenschaftlichen Abend war es dann geschehen.

Ein anderes Mal hatten wir Ähnliches mit der großen Standuhr gemacht, die an der anderen Seite der Bibliothek stand. Wir waren wieder zu einem wissenschaftlichen Abend versammelt. Kaum waren zehn Minuten vorüber, ertönte das Schlagwerk der Uhr, um die achte Stunde anzuzeigen. Dies war nicht ungewöhnlich, denn die Uhr hielt nie korrekt die Zeit ein. Doch kaum eine Viertelstunde darauf erklang das Schlagwerk wieder und dieses Mal gleich zwanzig Mal. Es ging eine leichte Unruhe durch die Anwesenden. Schon nach fünf Minuten fing die Uhr wieder zu schlagen an. Als der Studienleiter irritiert aufstand, verstummte sofort das Schlagwerk. Kaum hatte er sich gesetzt, fing die Uhr wieder mit ihrem dröhnenden Bass an. Verärgert erhob sich Herr Scheen und brachte das Pendel zum Stehen. Kaum saß er, fing das Spektakel von neuem an. Die Uhr verstummte erst, nachdem er ihr alle Gewichte ausgehängt hatte. Was war geschehen? Ohne es den anderen zu erzählen, hatten wir am Läutwerk einen Faden angebracht und ihn über die Schiene an der Bücherwand bis zum Ende des Tisches gespannt. Mit einem leichten Zug konnten wir das Läutwerk beliebig lange in Gang setzen. Mit der Aufmerksamkeit was es beim wissenschaftlichen Abend wieder einmal vorbei.

Im vierten Studiensemester lernte ich Hebräisch. Ich benötigte zwar diese Sprache nicht für mein Studium als zukünftiger Religionslehrer, aber mir gefiel es einfach nicht, dass ich das Alte Testament nicht im Originaltext lesen konnte und auf Übersetzungen angewiesen war, ohne den tatsächlichen Text zu kennen. Da die hebräischen Buchstaben uns sehr fremd vorkamen, schlug jemand vor, ich sollte das hebräische Alphabet in den Semesterferien lernen. Das war ein guter Rat und irgendwie war Hebräisch für mich viel leichter als Griechisch. Vielleicht lag es auch an dem Auswendiglernen der verschiedenen Verbformen, denn Auswendiglernen war mir schon immer leichtgefallen. So schaffte ich das Hebraicum am Ende des Sommersemesters ohne Schwierigkeiten.

Im gleichen Semester hatte ich meine letzte Veranstaltung in Französisch, ein Seminar in Altenglisch sowie eines im Neuen Testament über den Römerbrief mit Gerhard Friedrich (1908–1986), dem Herausgeber des *Theologischen Wörterbuchs zum Neuen Testament*. Ich hatte absichtlich ein Seminar über den Römerbrief gewählt, denn ich dachte, dass ich diesen wichtigen Brief des Apostels Paulus kennen lernen sollte. Ich schrieb eine Seminararbeit von fast 60 Seiten zum Thema „Ist der Römerbrief eine kurzgefasste Dogmatik?". Das Seminar war sehr enttäuschend, denn wir kamen niemals zum eigentlichen Inhalt des Briefes, sondern debattierten hin und her, ob dies ein tatsächlicher Brief sei oder nur eine kurze systematische Darstellung der paulinischen Theologie.

Ich hätte durch das vorhergehende Semester gewarnt sein sollen, denn da hatte ich Friedrichs Vorlesung über das Johannesevangelium belegt. Auch hier kam er über die ersten Kapitel nicht hinaus. Er führte eine Meinung nach der anderen an und nach vielem Hin und Her entschloss er sich, nicht der Meinung von Nummer 12 sondern der von Nummer 12b zu folgen. Er hatte auch immense Probleme, sich die Namen der Studierenden zu merken. Wenn er mich zum Beispiel im Seminar aufrief, denn kam er bis zu „Herr Schwar" und fragte dann: „Wie heißen Sie?" Als er mich am Ende des Semesters fragte, ob ich bei ihm promovieren wolle, lehnte ich höflich mit der Bemerkung ab, ich hätte mich schon zu etwas Wichtigerem entschlossen.

Zwar waren für mich neutestamentliche Studien faszinierend, aber nicht unter Friedrich, sondern unter dem jungen Privatdozenten Siegfried Schulz, der später auf einen Lehrstuhl in Zürich berufen wurde, wo er bis zu seiner Emeritierung bleiben sollte. Mit größtem Interesse belegte ich all seine Veranstaltungen, die er in Erlangen anbot; einschließlich eines Proseminars, in dem er äußerst anspruchsvoll war. Aber ich war mit seiner Strenge sehr zufrieden, denn dadurch wurde ich wirklich in die exegetischen Methoden eingeführt. Auf meiner Proseminararbeit, eine Exegese von Mt 13,47-50, schrieb er als Beurteilung: „Eine sehr fleißige, methodisch eigenständige und klar gegliederte Arbeit. In jeder Hinsicht sehr gut (1)." Dies war die einzige Arbeit in meinem ganzen Leben, bei der ich eine Nacht durcharbeitete, um den Abgabetermin nicht zu versäumen. Auch das war mir eine Lehre, denn von da an plante ich meine Arbeit immer so, dass ich niemals in Zeitnot kam. Ich lernte, wann ich etwas zu tun hatte und wie lange ich dazu brauchte. Aber dies war erst mein zweites Semester.

Da ich das Schreibmaschinenschreiben nicht beherrschte – Computer gab es damals noch nicht –, musste ich die 31 Seiten mit der Hand schreiben. Dies veranlasste mich, mir eine Schreibmaschine zu kaufen und mir in den folgenden Semesterferien das Schreibmaschinenschreiben beizubringen. Ich war von Siegfried Schulz so fasziniert, dass ich ihm nach Zürich folgen wollte, um mein Studium bei ihm fortzuführen. Da er einen anderen hervorragenden Neutestamentler, Hans Conzelmann (1915–1989), empfahl, der in Göttingen lehrte, verfolgte ich den einfacheren Weg. Zürich hätte bedeutet, dass ich in die Schweiz hätte wechseln müssen, wohingegen Göttingen in Norddeutschland lag. Aber bevor ich nach Göttingen wechselte, hatte sich eine entscheidende Änderung in meinem Leben ergeben.

4. Die Wende zur Theologie

Am Ende meines fünften Semesters hatte ich alle Scheine in Anglistik erworben, die ich für die Anmeldung zum Staatsexamen benötigte und hatte auch das Philosophicum mit Ach und Krach gemeistert. Beim Letzteren wurde ich von Wilhelm Kamlah (1905–1976) geprüft, gegen den Rudolf Bultmann (1884–1976) den bekannten oder auch berüchtigten Aufsatz „Neues Testament und Mythologie" schrieb. Kamlah hatte nämlich 1940 in seinem Buch *Christentum und Selbstbehauptung,* die These vertreten, dass man ein christliches Existenzverständnis auch ohne Christus erreichen könne. Wenn man den Unterschied zwischen authentischem und nichtauthentischem Selbstverständnis kennt, könne man vom einem zum anderen auch ohne Christus gelangen. Bultmann antwortete darauf mit seinem berühmten Aufsatz und erwiderte dagegen, dass man alles Mögliche entmythologisieren könne und tatsächlich auch entmythologisieren müsse, aber nicht die Tatsache, dass Gott für uns am Kreuz in entscheidender Weise gehandelt hat. Ohne das Kreuz Christi gibt es keine Erlösung.

Aber als mich Kamlah prüfte, war mir diese Auseinandersetzung noch unbekannt, doch bemerkte ich immer mehr, dass ich mich der Theologie widmen wollte, statt irgendeinem anderen Gebiet.

Da ich spät mit den klassischen Sprachen vertraut wurde und Griechisch erst auf der Universität lernte, befürchtete ich, dass ich niemals diese Sprachen so beherrschen würde, um mich auf das Neue Testament zu spezialisieren. Zudem führte die Beschäftigung mit dem Neuen Testament immer zu theologischen Ergebnissen, die einer systematischen Durchdringung bedurften. Deshalb entschied ich mich, die Anglistik hinter mir zu lassen und nur noch Theologie zu studieren mit dem Ziel, Professor in systematischer Theologie zu werden. Wer sich im deutschen Universitätssystem auskennt, würde solch eine Entscheidung eines Studenten im fünften Semester ziemlich naiv finden. Wenn mich heute jemand mit dieser Absicht kontaktieren würde, würde ich ihm oder ihr strikt davon abraten.

Im Gegensatz etwa zu den USA gibt es im deutschen Universitätssystem verhältnismäßig wenige Stellen für Professoren und deshalb ist es sehr riskant, den Beruf eines Hochschullehrers anzustreben. Während es im Mittelbau zahlreiche Stellen gibt, ist die Zahl der Professoren gering. So kommen an der Universität Regensburg auf die mehr als 20 000 Studierenden weniger als 300 Professoren. An der Universität von Princeton, einer Elite-Universität in den USA, gibt es im Vergleich für die 6000 Studierenden etwa 1300 Professoren. Im Gegensatz zu anderen Ländern gibt es in Deutschland auch keine Beförderung innerhalb einer Universität. Um eine Professur zu bekommen, muss man einen Ruf von einer anderen Universität bekommen. Da man sich neben der Promotion in der Regel auch habilitieren muss, bekommt man solch einen Ruf meist erst, wenn man schon vierzig Jahre alt ist. Die meisten bekommen allerdings überhaupt keine Professur. Wenn man aber erst im fünften Semester ist, macht man sich über die akademische Wirklichkeit keine Gedanken – man ist naiv optimistisch.

Im gleichen Semester, in dem ich Hebräisch lernte, besuchte ich bei Walter Künneth (1901–1997) ein Seminar über „Die Wunderfrage in dem Schriftzeugnis und in der neueren Theologie". Ich verfasste darin eine Seminararbeit über „Wunder und Naturgesetz (bei Karl Heim)". Diese Arbeit war für mich richtungsweisend. Karl Heim (1884–1958), der fast sein ganzes Leben an der Universität Tübingen lehrte, brachte die zwei Disziplinen, die für mich seit meiner Gymnasialzeit äußerst wichtig waren, nämlich Theologie und Naturwissenschaft, in beispielhafter Weise zusammen. Ehe ich nach Göttingen ging, fragte ich im darauffolgenden Semester Walter Künneth, ob ich bei ihm eine Doktorarbeit über Karl Heim schreiben könne. Da Künneth sich sehr heftig gegen Bultmanns Entmythologisierungsprogramm wehrte, wollte ich Heim und Bultmann in ihrem Verständnis der Wunder miteinander vergleichen.

Da ich im Sommersemester 1961 nach Göttingen ging, fing ich mit meiner Dissertation überhaupt nicht an, denn diese kurze Göttinger Zeit war für mich in ganz anderer Weise wichtig. Ich war das erste Mal in meinem Leben für eine längere Zeit weiter von zu Hause weg. Dort in Göttingen war ich ein Exot, denn die Studierenden kamen fast ausschließlich aus Norddeutschland.

Mit Burkhard Heim, der ebenfalls Theologie studierte und aus Hessen kam, teilte ich in Göttingen ein Zimmer in der so genannten Schwedenbaracke. Diesen einfachen Holzbau hatte nach dem Krieg ein schwedischer Wohltäter errichten lassen, um etwa einem Dutzend deutscher Studenten ein Dach über dem Kopf zu verschaffen.

Unsere Zimmer waren äußerst spartanisch. Wir teilten uns einen Tisch, an dem genau zwei Stühle nebeneinander Platz hatten. Links und rechts vom Tisch war Raum für je ein einfaches Bett, an dessen Fußende ein Holzschrank stand. Ein Bücherregal mit zwei Fächern war über dem Tisch angebracht. Die Holzwand zum Nachbarzimmer war etwa zwei Zentimeter dick, so dass wir strikte Regeln bezüglich des Lärms hatten. Verhielt sich der Nachbar zu laut, klopfte man einmal an die Wand, was bedeutete: „Bitte das Reden zu einem Flüstern reduzieren." Ein zweites Klopfen bedeutete, dass der Nachbar 50 Pfennige in die Gemeinschaftskasse zahlen musste. Die Strafe wurde vom Senior eingesammelt und am Semesterende für eine Party verwendet. Natürlich hatte niemand von uns ein Radio oder andere Unterhaltungsgeräte auf dem Zimmer. Auch gab es keinen Fernseher in der Baracke. Für uns alle waren zwei Toiletten vorhanden sowie zwei Duschen und eine kleine Küche.

Mein Zimmergenosse finanzierte sein Studium – wir mussten ja noch Studiengebühren zahlen – durch Nachtwachen in der Herz-Thorax-Abteilung der Universitätsklinik. Dies hatte zur Folge, dass er gewöhnlich schlief, während ich Vorlesungen besuchte oder in der Bibliothek arbeitete, während ich dann abends ungestört auf meinem Zimmer arbeiten konnte. So gab es trotz des engen Raumes keine Missstimmungen zwischen uns beiden und wir hatten ein gutes Verhältnis, das weit über die Göttinger Zeit hinausging. Obwohl er aus einer Akademiker-Familie kam – sein Vater war Arzt gewesen und im Zweiten Weltkrieg gefallen –, hatte er große Zweifel an seinen akademischen Fähigkeiten. Er informierte nicht einmal seine verwitwete Mutter, als er sich zum landeskirchlichen Examen anmeldete, denn er befürchtete, er würde durchfallen, was natürlich nicht der Fall war. Er wurde ein tüchtiger Pfarrer und veröffentlichte später das Buch *Liturgische Entwürfe für jeden Sonn- und Feiertag des Kirchenjahres*. Dieses Buch wurde zu einer gern benutzten Hilfe für viele Pfarrer und ich benutze seine Gebete noch heute als Anregung für den Gottesdienst.

Als ich Künneth erzählte, dass ich nach Göttingen gehen wollte, empfahl er mir, Veranstaltungen bei Wolfgang Trillhaas (1903–1995) zu besuchen, einem lutherischen Systematiker, der ursprünglich aus Erlangen kam. Ich nahm an seinem Seminar über die

Schmalkaldischen Artikel teil, aber mit einer gehörigen Portion Angst. Trillhaas war ein Choleriker und man wusste niemals, wann er explodieren würde. Einmal machte einer der Studenten eine Bemerkung und Trillhaas schrie sofort zurück: „Wenn Sie das sagen, dann können wir mit unserem Seminar aufhören!" Niemand von uns wusste, was ihn so gereizt hatte. Aber er war ein sehr gelehrter Mensch und hatte besonderes Interesse an der Philosophie. Als ich Hermann Zeltner (1903–1975), einen Philosophieprofessor in Erlangen, meine Erfahrung mit Trillhaas erzählte, meinte er: „Ja, diese Zornesausbrüche haben manche Freundschaft zerstört. Ich bin der einzige Kollege, mit dem er niemals Streit hatte."

Der Professor, auf den ich wirklich gespannt war, war Hans Conzelmann. Er hielt eine Vorlesung über den 1. Korintherbrief. Ich war sehr überrascht, dass er niemals den griechischen Text in der Vorlesung übersetzte, sondern ihn immer von einer vorher ausgearbeiteten Übersetzung ablas. Im Gegensatz zu meiner Erfahrung mit Friedrich legte er den gesamten Korintherbrief aus, wobei er ständig bissige Bemerkungen über die gegenwärtige Kirche machte. Diese Einstellung ließ mich zu ihm auf Distanz gehen.

Mit Walter Zimmerli (1907–1983) und seiner Vorlesung über den so genannten zweiten Jesaja machte ich genau die gegenteilige Erfahrung. Er konnte uns wirklich diese Kapitel des Jesaja-Buches nahebringen. Ich kann ihn immer noch hören, wie er die deutsche Übersetzung der „ebed Jahwe" oder Gottesknecht-Sprüche von Jesaja 40,1ff. vortrug. Dies hat mich sehr berührt. Als ich ihn bat, mir ein Antestat zu geben, das heißt mein Studienbuch zu unterschreiben, als Nachweis, dass ich auch bei ihm gehört hatte, bemerkte er, dass ich kein Volltheologe war, sondern noch Anglistik studierte. Mitfühlend fragte er: „Haben Sie denn in meiner Vorlesung überhaupt etwas verstanden?" Als ihm versicherte, dass ich Hebräisch konnte, war er beruhigt.

Einen anderen Professor, den ich sehr gerne gehört hätte, war Joachim Jeremias (1900–1979). Unglücklicherweise hatte er damals ein Freisemester. Es wäre für mich zu viel gewesen, noch ein Semester zu bleiben, nur um ihn zu hören, denn ich wollte nach Erlangen zurück, um meine Dissertation zu schreiben. So sah ich ihn nur einmal in einem Gottesdienst. Erst viele Jahre später begegnete ich ihm persönlich auf einem Theologenkongress, nachdem er gerade den ersten Band seiner *Neutestamentlichen Theologie* veröffentlicht hatte. Wie wahrscheinlich viele vor mir fragte ich ihn nach dem zweiten Band und bekam nur ein gütiges Lächeln als Antwort. Ich wusste ja nicht, dass er in seinen Vorlesungen auch niemals über den ersten Band hinausgegangen war.

In der Homiletik, der Predigtlehre, hatte ich in Göttingen die größte Enttäuschung. Da ein Homiletik-Seminar von einem Superintendenten mit Namen Meyer angeboten wurde, dachte ich, Homiletik von einem Praktiker wäre bestimmt besser als von einem Professor. Zu meiner Verwunderung wurden nur exegetische Fragen diskutiert, während er niemals dazu kam, uns zu erklären, wie man eine Predigt ausarbeitet oder sie predigt.

Trotzdem hielt ich die Predigt, die ich im Seminar über Lukas 15,1-10 ausgearbeitet hatte, in einer Dorfkirche nördlich von Göttingen. Während ich den Zug dorthin nahm, kam Burkhard Heim mit seinem Motorrad angefahren. Die Organistin sagte mir, dass die Gemeinde die Lieder nicht singen konnte, die ich ausgewählt hatte: „Meine Gemeinde kann nur bestimmte Lieder singen." Die Frau des Pfarrers erzählte mir aber, dass es in Wirklichkeit die Organistin war, die nur bestimmte Lieder spielen konnte.

Zwei andere Dinge erweiterten meinen Horizont bei meinem Studium in Göttingen: Da ich in Norddeutschland war, besuchte ich die Universitäten Münster und Marburg. Die erstere Stadt beeindruckte mich nur wegen ihrer schönen Architektur und dem Aa-See.

In Marburg begegnete ich dem Neutestamentler Ernst Fuchs (1903–1983), der um 7 Uhr morgens las und fünfzehn Minuten vorher eine Andacht hielt. Danach wurde die Tür geöffnet und die später Angekommenen konnten eintreten. Ich hätte es niemals für möglich gehalten, dass er ein solch frommer Mann war, denn seine Vorlesung bezeugte das Gegenteil. Er griff in ihr die Kirche und seine Kollegen hart an.

Da die Studenten in der Schwedenbaracke verschiedene Fächer studierten, gab es dort kaum ein gemeinsames Leben. So sah ich mich nach einer Gruppe um, der ich mich anschließen konnte, und entdeckte die Studentenmission (SMD). Sie traf sich regelmäßig zu einem Mittagsgebet und veranstaltete zusätzlich auf den Zimmern von Studierenden Bibelstudien. Die Erfahrung mit der SMD war für mich sehr bereichernd und als ich nach Erlangen zurückkam, suchte ich dort nach der SMD und wurde ein treues Mitglied, solange ich dort studierte. In Erlangen machte ich mit der Anglistik weiter, aber auf sehr kleiner Flamme, denn mein Interesse hatte sich zur Theologie hin verlagert.

Ich nahm auch an einigen Veranstaltungen bei Zeltner in der Philosophie teil, etwa über Husserl und Heidegger, und regelmäßig bei Hans-Joachim Schoeps (1909–1980) in der Religions- und Geistesgeschichte. Durch meine Verbindung mit Zeltner besuchte ich 1962 in Münster mit ihm den 7. Deutschen Kongress für Philosophie. Alle wichtigen deutschen Philosophen der damaligen Zeit waren dort versammelt, wie Hans Blumenberg (1920–1996), den wir Jahrzehnte später in unserem kleinen Studienkreis in Regensburg lasen, und Ludwig Landgrebe (1902–1991), den ich später bei unseren Tagungen der *Deutsch Skandinavischen Gesellschaft für Religionsphilosophie* traf. Aber am meisten beeindruckte mich Karl Löwith (1897–1973) aus Heidelberg, der auch den Eröffnungsvortrag über „Fortschritt als Verhängnis" hielt. Sein zuerst 1949 auf Englisch und 1961 auf Deutsch erschienenes Buch *Weltgeschichte und Heilsgeschehen* hat mich nachdrücklich beeinflusst.

Doch war ich erstaunt, wie angeblich berühmte Professoren sich durch einen Packen von Manuskriptblättern durchwühlten, um dann einen Stegreifvortrag zu halten, der wenig anregend war.

Am Ende des Seminars von Zeltner über Phänomenologie kam dann die damals noch obligatorische Seminareinladung, das heißt der Professor lud alle Teilnehmenden zu einem gemütlichen Zusammensein ein. Jeder machte das anders. Walter Künneth bewirtete uns im Gemeindezentrum der Neustädter Kirche mit Kaffee und Kuchen. Zeltner hingegen lud uns in ein Restaurant ein und

Die Wende zur Theologie

es gab ein richtiges Abendessen. Friedrich wiederum bat uns in sein Haus zu Kaffee und Kuchen und es gab dann auch Tafelmusik. Diese Zusammenkünfte machten es möglich, dass wir die Professoren aus einer ganz anderen Perspektive kennen lernten und sie über Dinge befragen konnten, wofür im Seminar keine Gelegenheit war. Da wir in der Anglistik sehr viele Studierende waren, gab es dort keine Seminareinladungen.

Hans-Joachim Schoeps war einer der Professoren, dessen Veranstaltungen viele Theologiestudenten besuchten. Er war in vielerlei Hinsicht eine bewundernswerte Gestalt. Er war Jude und der größte Teil seiner Familie war im Dritten Reich umgebracht worden. Er mochte uns Theologiestudenten und es war immer eine beträchtliche Anzahl von uns in seinen Veranstaltungen. Er hatte eine besondere Vorliebe für das Deutschland des 19. Jahrhunderts und das kaiserliche Preußen. Dieses gab der jüdischen Bevölkerung beträchtliche Freiheit im akademischen Raum, aber auch auf anderen Gebieten. Albert Einstein (1879–1955) wurde etwa 1913 nach Berlin berufen und Max Reinhart (1873–1943) wurde 1905 zum Leiter des Deutschen Theaters in Berlin ernannt, um nur zwei wichtige Vertreter des Judentums zu nennen. In seinem Seminar rauchte Schoeps immer eine dicke Zigarre, die aber nur selten Rauch von sich gab, denn gewöhnlich kaute er nur auf ihr herum. Wenn zwei Drittel davon tüchtig durchgekaut waren, war die Seminarsitzung zu Ende. Sein Seminarraum lag im fünften Stock des Philosophiegebäudes im Institut für Religions- und Geistesgeschichte. Gleich daneben stand das Gebäude der Theologischen Fakultät, das aber nur drei Stockwerke hatte. Da wir also auf dieses Gebäude hinabsehen konnten, zeigte Professor Schoeps eines Tages auf dieses Gebäude und sagte: „Ihr Theologen seid bessere Menschen." Welch eine bemerkenswerte Aussage über christliche Theologen durch einen Vertreter des jüdischen Glaubens!

Ich erinnere mich auch an einen Vortrag, den er vor der evangelischen Studentengemeinde hielt. Als er nach seinem Verständnis des christlichen Glaubens gefragt wurde, sagte er uns, dass er nicht an einen Messias glauben konnte, der gekommen war, aber noch nicht völlig hier war. Für ihn gab es kein Sowohl-als-auch, sondern nur ein Entweder-oder. Dann gestand er aber: „Wenn es den jüdischen Glaube nicht gäbe, wäre ich sicher ein Christ."

Aber nun zurück zu meiner Promotion. Für viele von uns war Künneth das Urbild der orthodoxen Theologie. Während ich keinen Professor kannte, der ihn an theologischer Klarheit übertraf, waren seine pädagogischen Fähigkeiten weniger entwickelt. In seinen Vorlesungen wandte er sich selten den Studenten zu, sondern redete gewöhnlich zum Fenster gewandt, das sich rechts von ihm befand. In seinen Seminaren entschied er sich, dass jeweils ein Student für die Sitzung von 90 Minuten zuständig war, indem er seine Seminararbeit vorlas, was mindestens eine Stunde dauerte. Da die Arbeiten spezialisiert waren, gab es kaum eine Diskussion des Vorgetragenen. Künneth kam nur für eine Stunde pro Woche in das Seminargebäude, nämlich zu seiner Sprechstunde. Als Erster besuchte die Sprechstunde sein Assistent, der mit ihm unter anderem die Seminararbeiten durchsprach. Die restlichen dreißig Minuten waren für alle anderen gedacht, die Künneth sprechen wollten. Seine Vorlesungen fanden viermal pro Woche von 9-10 Uhr im so genannten Kollegiengebäude statt.

Als Künneth viele Jahre später zum Dekan gewählt wurde, ein Amt, das man damals nur jeweils für ein Jahr innehatte, beklagte er sich mit vollem Ernst bei mir, dass er jede Woche „zwei volle Stunden, zwei volle Stunden" im Dekanat zubringen musste, um dort seines Amtes als Dekan zu walten. Nach seinem Dafürhalten war das viel zu viel Zeit, die er mit solchem Verwaltungskram verschwendete. Künneth arbeitete gewöhnlich zu Hause. Wenn es das Wetter erlaubte, saß er im Garten an einem Tisch hinter seinem Haus, so dass ihn niemand störte. Auch als sein Doktorand sah ich wenig von ihm. Aber das war für mich kein Problem, denn selbst wenn ich die Gelegenheit gehabt hätte, ihn zu sprechen, hätte ich nicht gewusst, was ich ihn fragen sollte. Während ich an meiner Arbeit schrieb, habe ich mit ihm höchstens zwei bis drei Mal kurz über meine Arbeit gesprochen. Das erste Mal geschah dies, als ich ihm „den ersten Band" meiner Arbeit gab.

Meine Überlegung war, dass eine Dissertation so wichtig wäre, dass sie mehr als einen Band umfassen sollte. Aber Künneth hatte eine andere Meinung. Er sagte mir, dass eine Arbeit nicht mehr als etwas über 200 Seiten umfassen sollte. So fing ich wieder an und reduzierte meinen Wortschwall gewaltig. Da Künneth wenig auf die Studenten zuging, auch auf die, die an einer Dissertation schrieben, konnte er ihre akademischen Fähigkeiten oft nicht korrekt einschätzen. Viele fragten ihn nach einem Thema für eine Arbeit, aber nur wenige schlossen bei ihm eine Dissertation ab.

Eine Promotion war damals (und ist heute noch häufig) eine sehr private Angelegenheit zwischen einem Professor und dem Doktoranden, bis die Arbeit abgeschlossen und im Dekanat abgegeben ist. Die Theologieprofessoren hatten gewöhnlich kein Interesse an solchen Arbeiten, außer man fragte sie um ihre Meinung. So war die Beendigung einer Arbeit meist die Ausnahme. Die meisten Arbeiten wurden früher oder später abgebrochen. Wenn nach der beendigten Arbeit noch das Rigorosum folgte, war dies mehr oder weniger nur noch Formsache. War die Arbeit angenommen und positiv bewertet, war der Doktorgrad gleichsam schon gesichert.

Da zwischen Künneth und seinen Studenten wenig Kontakt bestand, hatte er kaum jemanden, der später zu einer akademischen Karriere kam. Als ich in Erlangen studierte, war Hans Schulze die rühmliche Ausnahme. Er wurde Künneths Assistent und spezialisierte sich auf Sozialethik. Schulze war sehr wortgewandt und es fehlte ihm nicht an Selbstvertrauen, so dass selbst Künneth ihn durchschaute. Ich erinnere mich an eine Seminarsitzung, in der Schulze wieder einmal der große Experte war. Plötzlich fragte ihn Künneth: „Herr Schulze, wissen Sie das wirklich oder ist das nur eine Ihrer Theorien?"

Aber damit konnte man Hans Schulze nicht einschüchtern. Er habilitierte sich bei Künneth und sobald er Privatdozent war, verleugnete er seinen einstigen Herrn ähnlich wie Petrus, denn nach seinem Dafürhalten, konnte ihm solch ein konservativer Lehrer für die akademische Laufbahn nur hinderlich sein. Aber dies sollte ihm auch nicht helfen. Er blieb in Erlangen und starb leider ein paar

Jahre später noch vor seinem sechzigsten Geburtstag. Der einzige deutsche Student Künneths außer mir, der eine Professur bekam, war Ulrich Browarzik, der 1972 als Professor für systematische Theologie an die Universität Wuppertal berufen wurde. Als ich ihn später bei einer Tagung traf und ihn nach seinen Beziehungen zu Künneth fragte, gestand er mir, dass Künneth für ihn zu konservativ war und er über seine Erlanger Tage hinaus wenig Kontakt mit ihm hatte.

Ich war offenbar der Einzige, der weiterhin mit ihm einen regelmäßigen und engen Kontakt pflegte. Nachdem ich meine Lehrtätigkeit begann, war der jährliche Besuch bei Künneths eine Selbstverständlichkeit. Aber selbst da konnte man sagen: „The same procedure as last year" oder „Dasselbe Ritual wie im letzten Jahr": Wir wurden immer für 16 Uhr 30 zu Kaffee und Kuchen eingeladen. Ich saß immer im gleichen Ledersessel in dem kleinen Esszimmer und der Nachmitttag klang immer mit einer Flasche Wein aus, von der ich das meiste trinken musste. Während seiner letzten Lebensjahre musste ich sogar in den Keller steigen und die Flasche selbst holen und öffnen.

Während dieser jährlichen Besuche war Künneth völlig anders, als man ihn von seinen Vorlesungen und Seminaren kannte. Er war an allem interessiert, einschließlich Familie, Theologie und den Ereignissen in der Welt. Besonders freute er sich über die Bilder, die ich mitbrachte, und wenn ich ihm dabei erzählte, wo ich das vergangene Jahr gewesen war. Ich erinnere mich noch an den letzten Besuch bei ihm, nur ein paar Monate vor seinem Tod: Er konnte nicht mehr die Treppen heruntersteigen und so traf ich ihn in seinem winzigen Arbeitszimmer, wie immer korrekt angezogen mit einer Fliege auf dem Hemd. Sein letzter Wunsch an mich war: „Bleiben Sie jung, bleiben Sie jung!"

Als ich meine Dissertation schrieb, war Künneth noch bei Kräften. Nachdem ich im Februar 1963 mein neuntes Semester abgeschlossen hatte, reichte ich im Dekanat meine Dissertation ein und hörte nichts mehr davon. Das Sommersemester begann und ich besuchte wieder Künneths Seminar, das über Vernunft und Glaube ging. Wir diskutierten Karl Jaspers (1883–1969) und Paul Tillich (1886–1965). Das Semester ging zu Ende und ich hatte immer noch kein Wort von Künneth über meine Arbeit. Am Ende des Semesters fand die übliche Seminareinladung statt. Ich überwand meine Zurückhaltung und fragte ihn, nachdem mehr als fünf Monate vergangen waren, seitdem ich die Arbeit eingereicht hatte, ob er Zeit gehabt hätte, sie zu lesen, und ob sie akzeptabel sei. Mit einem überraschten Gesichtsausdruck antwortete er: „Natürlich, sie ist ausgezeichnet!" Wie hätte ich wissen sollen, dass sie ausgezeichnet war? Nun war ich mir wenigstens sicher, dass sie kein Misserfolg war. Trotzdem betrachte ich diese Arbeit als eine meiner Jugendsünden, denn sie war viel zu polemisch gegenüber Bultmann. Diese Polemik und Künneth als mein Doktorvater gaben mir sofort den „Geruch" eines Ultrakonservativen.

Dies war nicht die Position, die ich vertreten wollte. Tatsächlich wollte ich die Klarheit Künneths mit der Weite von Paul Althaus (1888–1966) verbinden, der damals ein hochangesehener Emeritus in der systematischen Theologie in Erlangen war. Künneth hat immer seine Theologie in thesenhafter Weise vorgetragen. Für mich war es jedoch viel wichtiger, den Menschen zu zeigen, wie ich zu bestimmten Folgerungen kam. Im Gegensatz zu Künneth erlaubte ich den Studierenden in meinen Seminaren nicht, lange Referate vorzutragen. Ich sage ihnen auch heute noch, dass das Lesen zu Hause geschieht und im Seminar diskutieren wir, was sie zu Hause gelesen haben. Gewöhnlich hatte ich mit dieser Methode Erfolg und wir hatten in fast all den über einhundert Seminaren, die ich hielt, lebendige Diskussionen.

Ich kann mich nur an ein Seminar erinnern, wo sich die Studierenden stumm wie Fische verhielten. Dies war ein Seminar in Regensburg über ein Thema aus der Ökologie. Als ich sie verzweifelt fragte, ob sie denn überhaupt kein Interesse an diesem Thema hätten, war die entwaffnende Antwort: „Was sollen wir denn sagen. Es ist ja alles so trostlos." Diesen Eindruck wollte ich bestimmt nicht bei den Studierenden erzeugen. Doch nun konnte ich versuchen, ihnen zu zeigen, dass wir uns nicht dem Luxus der Verzweiflung hingeben können, sondern nach Lösungen suchen müssen. Damit haben mich also die positiven wie die negativen Impulse, die ich von Künneth empfing, entscheidend in meiner Laufbahn als akademischer Lehrer und als Autor beeinflusst. Das sollte ein Doktorvater auch eigentlich tun.

Als ich im Oktober 1997 am Gurukul Theological Seminary and Research Center in Chennai, Südindien, einige Vorträge hielt, bekam ich einen Telefonanruf, dass Künneth verstorben sei. Seine Witwe wollte, dass ich die Beerdigung hielt. Selbst wenn ich meine Vortragsreise durch Indien sofort abgebrochen hätte, wäre ich zu spät gekommen, um die Beerdigung zu halten. So musste ich mit Bedauern absagen und verfasste gleichzeitig einen Nachruf, den ich meinem Assistenten David Ratke zufaxte, der zusammen mit meiner Frau die Beerdigung besuchte und diesen Nachruf am Grab vortrug. Wie es sich für diesen Kämpfer um die orthodoxe lutherische Theologie schickte, wurde er im Alter von 97 Jahren am 31. Oktober 1997 bestattet.

5. Ein ruhiges Jahr am Predigerseminar in Nürnberg

Nachdem ich meine Dissertation abgegeben hatte und sie beurteilt worden war, musste ich immer noch mein theologisches Studium abschließen. Dieses erste theologische Examen wurde von der Evangelisch-Lutherischen Kirche Bayerns abgenommen, also nicht von der Universität. Damals bereitete man sich meist ein Jahr lang auf das Examen vor. Da ich mit zehn Semestern abschließen wollte, meine Dissertation im Februar eingereicht hatte und das landeskirchliche Examen im September stattfand, hatte ich ungefähr sechs Monate Zeit für die Vorbereitung. Zudem musste ich mit der Note „gut" abschließen, denn nur dann war das Rigorosum in drei Fächern, ansonsten in fünf. Um ein gutes Examen zu machen, fertigte ich einen Wochenplan für die Vorbereitung in den Fächern an, die im Examen geprüft wurden, und hielt mich eisern daran. Von

Montag bis Freitag begann ich um 8 Uhr morgens mit der Arbeit, hatte mittags zwei Stunden Pause, abends nochmals eine Stunde und arbeitete so bis 8 Uhr abends. Die längste Einheit, die ich für ein Fach einplante, waren zwei Stunden für Kirchengeschichte. Am Samstag lernte ich nur bis Mittag, während der Nachmittag und der Abend für die Fächer frei blieben, die zusätzlicher Aufmerksamkeit bedurften. Sonntag war frei. Damals lebte ich im Werner-Elert-Heim, ein Wohnheim für Theologiestudenten, das gleich neben dem theologischen Seminargebäude lag und nach dem Erlanger Theologen Werner Elert (1885–1954) benannt war. Es war ein gemütlicher und ruhiger Ort. Abends übte ich mich manchmal im Garten etwas Kugelstoßen, damit ich körperlich nicht ganz unbeweglich wurde.

Für jedes Gebiet wählte ich einige wenige Bücher aus, denn ich dachte, es wäre besser, wenn ich ein oder zwei Bücher gut kannte, statt viele nur oberflächlich. Damals beklagte ich oft, es sei unfair, dass wir all die verschiedenen Gebiete der Theologie beherrschen müssten, während sich die Professoren auf ein Gebiet konzentrieren konnten. Im Rückblick fand ich diese Zeit aber sehr nützlich. Wenigstens einmal im Leben musste ich ein Überblickswissen über das ganze Gebiet der Theologie besitzen. Auf dieser Grundlage konnte man später seine Spezialinteressen aufbauen. Da ich eine gute Gesamtnote erreichen wollte, spezialisierte ich mich nicht auf einem Gebiet zum Nachteil eines anderen. Ich habe das bis heute so gehalten, denn ich bin überzeugt, dass die systematische Theologie ein solch großes Gebiet ist, dass es von fast allen anderen Gebieten Impulse empfängt. Wenn ich bei der Vorbereitung ein Gebiet bemerkte, in dem ich noch wenig zu Hause war, dann wurde das sofort mein Spezialgebiet.

Nur eine Sache war etwas ungewöhnlich bei meiner Vorbereitung: Ich legte mich gewöhnlich auf mein Bett und schloss die Augen, wenn ich etwas auswendig lernte. Ich erzählte das dem Leiter der Landeskirchlichen Prüfungskommission, Herrn Oberkirchenrat Lic. Schmitt, als wir am Ende des gesamten Examens ein Abschlussessen mit den Prüfern hatten. Er schüttelte nur ungläubig den Kopf und sagte: „Ich weiß, dass man im Sitzen lernen kann, man kann auch stehen oder hin- und hergehen, aber man kann sich beim Lernen nicht hinlegen." Nun, es hat bei mir geholfen, denn ich merkte, dass ich durch das Liegen völlig entspannt war und mich am besten konzentrieren konnte.

Im September 1963 unterzog ich mich der Tortur des einwöchigen schriftlichen Examens in Ansbach, der ehemaligen markgräflichen Residenzstadt. Wir waren etwas mehr als fünfzig Examenskandidaten und mussten uns für die Prüfung in einem Hotel einmieten. Nach der Morgenandacht begannen die Klausuren. Morgens hatten wir vierstündige Prüfungen im Neuen und Alten Testament, der Kirchengeschichte und der Dogmatik. Nachmittags kamen die dreistündigen in Ethik und Dogmengeschichte und die zweieinhalbstündige Klausur in Kirchenrecht. In jeder dieser Prüfungen stand nur ein Thema zur Wahl. Schließlich mussten wir auch zeigen, dass wir predigen konnten, und mussten einen Teil unserer Predigt „aufsagen", die wir zuvor eingereicht hatten. Dazu versammelten wir uns in der riesigen St. Gumbertuskirche. Jeder von uns stieg auf die Kanzel, während die Prüfer uns gegenüber in einem Balkon saßen. Der Kandidat begann seine Predigt und mit einem „Danke" wurde das Fenster des Balkons geschlossen und der Auftritt war vorbei. Der Nächste kam an die Reihe. Wir mussten auch unsere Fähigkeiten beim Religionsunterricht beweisen, wozu wir mit einer Schulklasse einen Teil einer Religionsstunde halten mussten, deren Entwurf wir ebenfalls vorher eingereicht hatten. Jeder kann sich vorstellen, wie ausgepumpt wir am Ende der Woche waren.

Ein paar Wochen später trafen wir uns wieder in Ansbach und hatten zwei Tage mündliches Examen. Dabei wurden die Fächer Neues und Altes Testament, Dogmatik, Ethik, Kirchengeschichte, Dogmengeschichte, Kirchenrecht, Pädagogik und Philosophie geprüft. Einige Begebenheiten sind mir im Gedächtnis haften geblieben. Bei der mündlichen Prüfung waren wir immer in Fünfer-Gruppen zusammengefasst. Der Prüfer begann mit einem Kandidaten und ging dann zum nächsten über usw., bis die ganze Gruppe geprüft war. Wer am Ende saß, musste ziemlich lange warten, bis er an die Reihe kam; so schien es zumindest. In einer der Prüfungen waren die Kandidaten, die vor mir an der Reihe waren, nicht besonders gut vorbereitet. Ich wurde zunehmend unruhig und murmelte etwas vor mich hin. Der Kandidat neben mir drehte sich zu mir um und sagte: „Sind Sie ruhig, Sie kommen auch noch dran."

Insgesamt hatte ich viel Glück. In der Klausur zum Neuen Testament mussten wir den Text übersetzen und erklären, den ich als Predigttext in meinem Homiletik-Seminar in Göttingen zu bearbeiten hatte. So konnte ich bei der Exegese sogar Kommentare zitieren. Ähnliches Glück hatte ich bei der mündlichen Prüfung in Dogmengeschichte. Jeder weiß, wie schwer es ist, die verschiedenen Positionen zu erklären, die 451 auf dem Konzil von Chalcedon vertreten wurden. Während der Mittagspause sah ich mir diese Epoche noch einmal in meinem Lehrbuch an, da die erste Prüfung am Nachmittag in Dogmengeschichte war. Als wir den Raum betreten hatten und ich als Erster zur Prüfung anstand, fragte mich der Prüfer: „Können Sie mir die verschiedenen Positionen in den christologischen Streitigkeiten des fünften Jahrhunderts darlegen?" So brauchte ich keine Sekunde zum Überlegen und fing an zu erzählen. Sogar der Prüfer war überrascht. Als die Prüfung in Kirchengeschichte folgte, hörte ich, wie er diesen Prüfer am Ende fragte – alle Prüfer waren Universitätsprofessoren oder hatten höhere Positionen in der Kirche inne –: „War er bei Ihnen ebenso gut wie bei mir?"

Das Alte Testament war mein schwächstes Gebiet und ausgerechnet da musste im Mündlichen Georg Fohrer (1915–2002) prüfen. Er war vorher an der Universität Wien gewesen und hatte gerade einen Ruf nach Erlangen angenommen. Seine erste Heldentat in Erlangen war, dass er alle Prüflinge beim Hebraicum durchfallen ließ. Und nun hatte ich ihn im Mündlichen! Mir schwante Übles. Er forderte mich auf, Amos 5,15 zu übersetzen. Wie erwähnt, hatte ich Hebräisch in einem kurzen Sommersemester gelernt und war sicher nicht gut im Hebräischen. Zu meinem Erstaunen wusste ich ein Wort nach dem anderen bis zum Wort *ulai* (dt.: vielleicht). Ich war überrascht, dass solch ein einfacher Satz im Alten Testament stand, wie ich ihn von Fohrer zum Übersetzen bekam.

Ich schnitt im Examen ziemlich gut ab. Mein Zeugnis war von Landesbischof Hermann Dietzfelbinger (1908–1984) der Evangelisch-Lutherischen Kirche in Bayern unterzeichnet und beinhaltete folgende Beurteilung: „Die durchweg sehr erfreulichen Kenntnisse des Kandidaten sind auf dem historischen Gebiet am besten ausgereift. Aber auch sonst wird die gründliche Art, mit der er den Dingen nachforscht, sicher noch zu vielen fruchtbaren Erkenntnissen führen." Ich fand diese Beurteilung ziemlich treffend.

Ein Ereignis bei der mündlichen Prüfung war jedoch schon ein Vorbote von dem, was mich mein ganzes Leben begleitet. In Kirchengeschichte wurde ich nach dem Leben von Papst Gregor VII (ca. 1020–1085) gefragt. Während ich diesen Teil der Kirchengeschichte entfaltete, kam ich plötzlich zu einer Person, an deren Namen ich mich nicht erinnern konnte. So fragte ich einfach die Prüfungskommission: „Und nun tat ... Wer war das?" Nach verblüfftem Schweigen nannte mir einer der Mitglieder der Kommission einen Namen, worauf ich erwiderte: „Nein, es war der Andere." Nach nochmaligem kurzen Schweigen nannten sie mir einen anderen Namen, worauf ich antwortete: „Ja, der war es" und in meinen Ausführungen fortfuhr. Das Ergebnis war deshalb ein „fast vorzüglich" statt einem glatten „vorzüglich." Aber es zeigte mir, dass ich mich an alles bei einer Person erinnern kann, außer an den Namen. Das ist mir bis heute eine Hypothek geblieben. Man kann mich über jemanden nach allem fragen, nur nicht nach dem Namen!

Da mein kirchliches Examen ziemlich gut ausfiel, wurde ich im Dezember 1963 im Rigorosum nur in drei Fächern geprüft. Eine Stunde prüfte Walter Künneth, während die anderen beiden Prüfer, Wilhelm Maurer in Kirchengeschichte und Ethelbert Stauffer (1902–1979) im Neuen Testament, je eine halbe Stunde hatten. Ich hatte am meisten Angst vor der Stunde mit Künneth. Er war mit seinen theologischen Aussagen sehr genau, aber wenn er Fragen stellte, musste man immer raten, was er eigentlich wollte. Trotzdem ging die Stunde mit ihm schnell herum. Nach einer kurzen Pause waren die beiden anderen Prüfer dran. Im Neuen Testament hatte ich den Jakobusbrief und Jakobus, den Herrenbruder, als Thema ausgewählt. Um Fehler bei der Übersetzung des Jakobusbriefes zu vermeiden, hatte ich einfach die deutsche Übersetzung auswendig gelernt. Stauffer war, wie immer, sehr gütig. Obwohl ich einige der Antworten auf seine Fragen nicht wusste, stellte er die Fragen so, dass man die richtige Antwort daraus erschließen konnte. Dann kam Kirchengeschichte mit Maurer. Die Vorbereitung war schwierig gewesen, denn Maurer war bis kurz zuvor im Krankenhaus gelegen. Als ich ihn endlich besuchen und fragen konnte, ob er mich über die frühchristlichen Apologeten prüfen wollte, fügte er hinzu: „einschließlich Augustin". So las ich einen Apologeten nach dem anderen durch.

Obwohl ich Maurer ziemlich gut kannte, wusste ich nicht, dass sein Prüfungsstil mehr einer Inquisition glich als einem Rigorosum. Seine Absicht war, den Prüfling so lange auszufragen, bis er nichts mehr wusste. Wenn ich etwa bei der Antwort auf eine Frage noch Weiteres ausführen wollte, unterbrach er mich mit der Bemerkung: „Wir werden darauf zurückkommen, wenn Sie nichts mehr wissen." Dies war, gelinde gesagt, grausam. Doch ich überlebte auch das.

Als ich ihn ein paar Tage später im Martin-Luther-Bund sah und zu ihm sagte: „Als Sie bei der ersten Frage den Unterschied zwischen den Apologeten des 17. Jahrhunderts und den der frühen Kirche wissen wollten, dachte ich, ich versinke im Erdboden." Mit seiner hohen Fistelstimme erwiderte er: „Das habe ich überhaupt nicht bemerkt." Ich überlebte das Ganze und erhielt sowohl für die Arbeit wie für das Rigorosum „summa cum laude", also die Bestnote.

Zu der Zeit war ich schon im Predigerseminar in Nürnberg. Es gab damals nur Vikare und keine Vikarinnen. Wir sollten ledig sein und verbrachten nach dem Examen ein Jahr im Predigerseminar. Mit Friedrich Gunsenheimer war zwar einer unter uns, der schon verheiratet war. Da dies aber gegen die Regeln verstieß, musste er auch ein Jahr allein im Predigerseminar zubringen und war entsprechend sauer über diese Zumutung. Als ich mit dem Zug von Nürnberg nach Erlangen zum Rigorosum fuhr, baten mich meine Mitvikare, sie von dort anzurufen und ihnen mitzuteilen, wie das Rigorosum ausgefallen war. Nach der Prüfung benutzte ich das erste öffentliche Telefon, das ich fand, um ihnen mitzuteilen: „Ich habe mit summa bestanden und werde zum Abendessen einen Kasten Bier spendieren." Die zwei Diakonissen, die wie üblich das Abendessen für uns zubereitet hatten, waren über meine Entscheidung nicht sehr erfreut. Sie hatten nichts gegen das Bier. Aber sie hatten schon den Tee vorbereitet, den sie jetzt wegschütten konnten.

Ich fuhr also mit dem Zug von Erlangen nach Nürnberg zurück und nachdem ich den Bahnsteig verlassen hatte, wen sah ich in der Eingangshalle? Alle meine Mitvikare standen Ehrenspalier mit unserem Rektor, Siegfried Wolf, an der Spitze. Einer der Vikare schlug den großen Gong, mit dem die Mahlzeiten oder die Morgenandacht normalerweise angekündigt wurden. Unser Rektor begrüßte mich mit einem Handschlag und unter dem Dröhnen des Gongs marschierten wir zu seinem Wagen, der vor dem Bahnhofsgebäude geparkt war. Ich musste in seinem Auto mitfahren – mit einem Doktorgewand und einem Doktorhut, die sie mitgebracht hatten. Akademische Gewänder waren damals schon nicht mehr in Gebrauch. Unser Rektor fuhr mich zur Straßenbahnhaltestelle beim Predigerseminar, denn meine Kollegen benutzten die Straßenbahn. Als sie ankamen, brachte einer von ihnen eine mit Stroh gepolsterte Schubkarre, in der ich Platz nehmen musste, um zum Seminar gefahren zu werden. Dort wurde ich von unserem Senior Gerhart Herrmann examiniert. Die Fragen waren so unbeantwortbar, dass ich keine der Antworten wusste. Trotzdem wurde ich ins Seminar eingelassen und dann gingen wir zum Speisesaal. Ich erinnere mich immer noch gerne an die gemeinsame Zeit im Predigerseminar unter der Führung unseres von uns gewählten Seniors. Während dieses Jahres konnte ich all die theologische Literatur lesen, zu deren Lektüre mir vorher die Zeit fehlte.

Der schönste Abschnitt war jedoch ein vierwöchiges Praktikum in Pappenheim unter Dekan Rudolf Schwarz, der aber mit mir nicht verwandt war. In Pappenheim wurde ich in die gemeindliche Praxis eingeführt, da ich während der Passionszeit und Ostern dort war. Als wir am Gründonnerstag Gottesdienst feierten, dachte ich, mir würden die Arme abbrechen, denn die lange Schlange von Kommunikanten schien nicht zu enden und der Kelch war ungewohnt schwer. Fast der ganze Ort schien zum Abendmahl gekommen zu sein.

Ich wohnte in Pappenheim im Heim der Evangelischen Landjugend. Dies war sehr schön für mich, denn so konnte ich an den Mahlzeiten der Mitarbeiter teilnehmen. Eines Sonntags kam eine Gruppe Konfirmanden mit ihrem Pfarrer zu einer Freizeit. Irgendwie hatte der Pfarrer die Vorstellung, es gäbe im Heim nicht nur Unterkunft und Verpflegung, sondern auch ein fertiges Programm für seine Gruppe. Er kam also völlig unvorbereitet nach Pappenheim. Doch hatte ich schon das Programm einiger Gruppen beobachtet und versuchte jetzt ein Programm für die Gruppe aufzustellen. Es klappte erstaunlich gut. Da ich am nächsten Tag predigen musste, war ich froh, dass ich die Predigt schon vorbereitet hatte, ein Anlass, der mir wieder einschärfte, nichts auf die letzte Minute zu verschieben, denn man weiß niemals, was noch kommen kann.

Ein anderes Ereignis war für uns etwas belustigend. Der Landesjugendpfarrer Reinhard von Loewenich besuchte das Heim kurz nach Ostern und schaute sehnsuchtsvoll auf die schön dekorierten Ostereier. Als er fragte, ob er einige mitnehmen könnte, sagte die Leiterin Frau von Lips: „Natürlich können Sie ein paar mitnehmen." So steckte er zwei in seine Anzugstasche. Nachher bemerkte eine der Mitarbeiterinnen: „Ich bin gespannt, ob er über diese Eier froh sein wird, denn sie sind noch roh." Darauf brach ein allgemeines Gelächter aus.

Im Predigerseminar hatten wir mit unserem Rektor oder dem Studienleiter jeden Morgen Unterricht, während die Nachmittage und Abende frei waren. Dies war die ideale Gelegenheit, den eigenen Interessen nachzugehen. Da wir wenig sonstige Verpflichtungen hatten, halfen einige von uns, die Bibliothek neu zu ordnen. Viele der Bücher waren einfach nicht mehr nützlich für ein Predigerseminar. Zu unserem Erstaunen entdeckten wir plötzlich einige Originaldrucke aus dem 16. Jahrhundert von Martin Luther, wobei die Deckblätter schön handkoloriert waren.

Später hörten wir, dass es zwar bekannt war, dass diese Drucke existierten, aber niemand hätte zu jener Zeit genau gewusst, wo sie sich befanden.

Eine unserer regelmäßigen Aufgaben war das eigene Unterrichten. Jeder von uns musste zwei Stunden in der Woche in einer Klasse Religionsunterricht erteilen. Meine Klasse bestand aus Viertklässlern, die den Unterrichtsstoff förmlich aufsaugten. Es machte mir großen Spaß, sie zu unterrichten. Als ich eine Lehrprobe halten musste, bei der meine Mitvikare und der Rektor zuhörten, waren sie erstaunt, als die Kinder fragten, ob sie noch einmal eine solche kleine Probearbeit schreiben dürften, wie sie es in der vorhergehenden Stunde getan hatten.

Durch das Predigerseminar entstand eine lebenslange Freundschaft mit seinem Rektor Dr. Siegfried Wolf. Als er später das Personalreferat der Landeskirche übernahm, besuchte ich ihn mehrere Male, als ich schon in den USA lehrte. Als er in den Ruhestand ging, wurde sein Studienleiter im Predigerseminar, Horst Birkhölzer, im Münchner Landeskirchenamt sein Nachfolger. Was die Theologie betraf, war er nach unserem Dafürhalten ziemlich liberal und genau das Gegenteil von Rektor Wolf. Wir hatten viele angeregte Diskussionen mit ihm. Aber unsere theologischen Meinungsverschiedenheiten gingen niemals in das Persönliche über. Wir respektierten ihn und trotz unserer Meinungsverschiedenheiten schätzten wir einander. Seine offene und direkte Art änderte sich auch nicht, als er nach München in die Kirchenleitung berufen wurde.

Damals begann ich mit meiner Habilitation. Ich hatte bei Künneth bemerkt, dass seine Kenntnis der Theologiegeschichte nicht weit über das 19. Jahrhundert zurückreichte. Ich meinte aber, dass das für jemanden nicht genügte, der sich mit systematischer Theologie befasste. Deshalb entschied ich mich, zur Reformationszeit zurückzugehen und begann über Luthers Verständnis der natürlichen Welt zu arbeiten. Zu der Zeit war aber in Deutschland die existenziale Interpretation des christlichen Glaubens in Mode. Rudolf Bultmann hatte Martin Heideggers existenziale Analyse für die Theologie hoffähig gemacht. So wurde auch Martin Luther (1483–1546) oft in enger existenzialer Begrifflichkeit interpretiert.

Natürlich war für Luther der christliche Glaube eine existenzielle Angelegenheit, doch war er kein Existenzialist. Um dies darzulegen, wollte ich zeigen, wie Luther die natürliche Welt und Gottes Wirken in ihr verstand. In gewisser Weise ergab sich dieses Projekt aus meinem Interesse an der Verbindung zwischen Theologie und den Naturwissenschaften. Doch damals war in Deutschland kaum jemand an diesem Dialog wirklich interessiert. Die einzige Person, die sich hier engagierte, war Karl Heim, der aber 1958 starb, just in dem Jahr, in dem ich in Erlangen zu studieren begann. Aber es gab in Chicago Paul Tillich, der mit seiner „Methode der Korrelation" buchstäblich alle Gebiete mit der Theologie verbinden konnte. Ich bewarb mich deshalb um ein Stipendium des Weltkirchenrates, um nach Chicago zu gehen und bei Tillich zu studieren. Das Auswahlkomitee bezweifelte aber, dass mir jemand wie Tillich, der schon in seinen siebziger Jahren war, noch die nötige Anleitung geben konnte. Deshalb schickten sie mich im Herbst 1964, am Ende meiner Zeit im Predigerseminar, mit einem Fulbright Reisestipendium versehen nicht zu Tillich nach Chicago, sondern an die *Graduate School of Theology* nach Oberlin, Ohio, als Stipendiat des Weltkirchenrates.

6. Eine ökumenische und internationale Erfahrung

Im *Oberlin College* fühlte ich mich wie ein Fisch auf dem Trockenen. Bisher war meine theologische Welt ganz lutherisch und ganz deutsch gewesen. An der *Graduate School of Theology*, die damals noch Teil von *Oberlin College* war, gab es nur zwei lutherische Studenten, Hans Scherer, dessen Name auf seine deutschen Wurzeln hinwies, und mich. Zum ersten Mal entdeckte ich, dass Lutheraner auch eine Minderheit sein können. Aber es gab wenigstens noch einen lutherischen Kirchengeschichtler, Richard C. Wolf. Aber als ich ihn um Rat für meine Lutherstudien fragte, meinte er, ich wüsste in dieser Hinsicht mehr als er. Aber es gab wenigsten an der Graduate School die *Weimarana,* die Gesamtausgabe von Luthers Werken.

Ich begann sie zu lesen und exzerpierte sie auf hunderten von Indexkarten. So lernte ich Luther kennen und viele Sekundärliteratur über Luther zu meinem Thema. Obwohl die meisten Bücher über Fernleihe bestellt werden mussten, waren die Mitarbeiter der Bibliothek sehr großzügig und hilfsbereit und bestellten, was immer ich brauchte oder wollte.

Als Dekan Roger Hazelton (1919–1988) entdeckte, dass ich sehr enttäuscht war, in Oberlin zu landen, statt an der *Divinity School* der *University of Chicago* bei Tillich zu studieren, ermöglichte er mir, eine Woche bei Tillich zu verbringen, wofür Oberlin die Unkosten trug. Ich war natürlich hocherfreut, diesem berühmten Theologen persönlich zu begegnen. Ich fand ihn äußerst bescheiden und ohne Starallüren. Zwei Dinge überraschten mich allerdings: Er war nicht mehr in Kontakt mit der deutschen Theologie und kannte zum Beispiel nicht einmal Paul Althaus. Zudem, wie ich später auch von anderen hörte, war er kein fleißiger Leser. Als ich ihn besuchte, fragte er mich: „Können Sie mir sagen, was dieser Pannenberg will? Er hatte neben mir sein Büro und gab mir dieses kleine Büchlein *Offenbarung als Geschichte*. Aber ich hatte keine Zeit, es zu lesen." Wie Wilhelm Pauck (1901–1981) später in seiner Biographie über Tillich erwähnte, hatte Tillich lieber seine Kollegen ausgefragt, als ihre Veröffentlichungen zu lesen.[2] Auch bedrückte Tillich in diesen letzten Jahren seines Lebens die Zukunft der Theologie. „Was wird geschehen, wenn Bultmann, Barth, Brunner und ich nicht mehr da sind?", fragte er sich.

In der Tat war mit diesen wegweisenden Gestalten der Theologie eine neue Zeit angebrochen. Aber andere Theologen, wie Jürgen Moltmann und Wolfhart Pannenberg, nahmen ihre Plätze ein.

Man hatte mir schon vor meinem Besuch in Chicago erzählt, dass Tillich durch seinen Besuch in Japan viel universalistischer geworden sei. Aber ich wollte das von ihm selbst hören und so fragte ich ihn, ob es einen zweifachen Ausgang der Geschichte gäbe. Ruhig erwiderte er: „Können Sie sich vorstellen, dass so höfliche Leute wie

---

2 Vgl. Wilhelm & Marion Pauck, *Paul Tillich. His Life & Thought*. Bd. 1: *Life* (New York 1976), 185 und 189.

die Japaner, nur weil sie keine Christen sind, in der ewigen Verdammnis enden werden?" Dies war nicht die sorgfältig durchdachte Antwort, die ich von solch einem berühmten Theologen erwartet hätte. Ein Lächeln kann trügerisch sein und es trägt sicher nicht zur Erlösung bei.

Was mich bei Tillich jedoch beeindruckte, war neben der schon erwähnten Bescheidenheit sein sieben-Tage-Terminkalender; und er war ja schon in seinen siebziger Jahren! Als er mich zu einem Seminar mit Psychiatern mitnahm, war er so besorgt, dass jemand etwas einwenden würde, wenn er mich als einen Postdoktoranden mitbrächte, so dass er mir einschärfte: „Wenn Sie jemand fragt, wer Sie sind, dann sagen Sie einfach, Sie wären ein Gastprofessor aus Deutschland." Als ob jemand sich darum sorgte, wen der berühmte Tillich zu dem Seminar mitbrachte. Natürlich hat mich niemand gefragt.

Tillich schleppte mich zu jeder Veranstaltung, die er in dieser Woche hatte. Ich nahm es ihm nicht ab, als er mir gestand, er hätte niemals richtig Englisch gelernt, denn er sei schon in seinen Vierzigern gewesen, als er ohne ein Wort Englisch zu können, in die USA kam. Als ich ihn jedoch bei einem öffentlichen Vortrag hörte, verstand ich, was er meinte. Er hatte einen sehr starken Akzent. Diese Begegnung verstärkte mein Interesse an seiner Theologie, die über die Jahre zunahm.

Während meines zweiten Semesters in Oberlin ermöglichte es Dekan Hazelton, dass ich ein Seminar über Theologie und Naturwissenschaften abhielt. Dies war für mich eine wertvolle Erfahrung, denn sie zeigte mir, wie wenig ich wusste und wie schwer es war, sich auch nur für eine zweistündige Seminarsitzung vorzubereiten.

Sehr bereichernd war auch meine Bekanntschaft mit J. Robert Nelson (1920–2004), dem Systematiker in Oberlin. Er war sehr mit der Ökumene beschäftigt und hatte bei Karl Barth (1886–1968) und Emil Brunner (1889–1966) studiert. Da ich aus Erlangen kam, der Bastion lutherischer Theologie, hatte ich wenig für die dialektische Theologie übrig und noch weniger für Karl Barth. Durch Robert Nelson lernte ich jedoch Barths Theologie zu schätzen und bis heute mag ich besonders die frühe Theologie Karl Barths. Obwohl vieles, was der junge Barth avancierte, etwas zu spitz formuliert war, öffnete Nelson mir wenigstens die Augen dafür, dass es neben der lutherischen Theologie auch noch etwas anderes gab. Wir waren bis zu seinem Tod freundschaftlich verbunden. Und als er einmal meinen jährlichen Weihnachtsrundbrief nicht erhielt, kam von ihm eine Notiz, ob mir etwas fehle. Die Freundschaft wurde später mit seiner Frau Patricia aufrechterhalten.

Mitten im akademischen Jahr kündigte die Hausmutter eines Studentenheims des Colleges. John Purves, der Dean of Men des Colleges war und zugleich Theologie studierte, fragte mich, ob ich an dieser Stelle einer „Hausmutter" Interesse hätte. Natürlich war ich interessiert! Dies verschaffte mir ein zusätzliches Einkommen zu den zwanzig Dollar, die ich pro Monat als Stipendium bekam. Doch war die neue Stelle auch etwas gewöhnungsbedürftig, denn alle Heime, ob für Studenten oder Studentinnen – diese waren damals noch in getrennten Häusern untergebracht – wurden von einer Hausmutter betreut und ich war der einzige „Hausvater". Aber die schon etwas älteren Damen tolerierten mich problemlos und ich war sozusagen der Hahn im Korb. Meine neue Stelle bedeutete auch, dass ich aus meinem Zimmer in der *School of Theology*, dem so genannten Quadrangle (Viereck), ausziehen musste und in Burton Hall, dem Studentenheim, für das ich zuständig war, ein Apartment bekam. John half mir sogar meine Utensilien herüberzubringen. Als ich ihm sagte, es wäre schön, wenn ich einen Kasten Bier hätte, fuhr er mit mir zum Firelands Country Store, wo wir einen Kasten Bier von der Marke Rolling Rock kauften. Nachdem wir zurückkamen, war die Frage, wie wir den Kasten in mein Apartment bekämen. Das Städtchen Oberlin und das College waren eine trockene Zone, das heißt, man konnte dort nur Dünnbier kaufen. Und im College waren alkoholische Getränke sowieso nicht erlaubt. Ich sagte, es sei einfach, den Kasten in meine Wohnung zu bringen, denn ich würde eine Decke holen und den Kasten darin einwickeln. Als ich mit der Decke zurückkam, trug John aber schon offen den Bierkasten zu meiner Wohnung. Regeln sind dazu da, dass sie eingehalten werden, und sie sind auch nötig. Aber man braucht sie nicht immer zu beachten. Das lernte ich zumindest hier von dem Dekan, der für die Einhaltung dieser Alkoholregel verantwortlich war.

Nun besaß ich ein Schlafzimmer, ein Wohnzimmer und ein eigenes Bad. Ich hatte auch eine Putzfrau, die jeden Morgen kam, um meine Wohnung sauber zu machen. Sie entfernte dann aus meinem Papierkorb die Bierflasche, die ich am Abend vorher geleert hatte. Eines Morgens fragte sie mich: „Dr. Schwarz, sind Sie krank?" „Gewiss nicht", antwortete ich, „aber warum fragen Sie?" „Weil keine leere Bierflasche im Papierkorb steht", war ihre Antwort. Das war leicht zu erklären, denn der Bierkasten war leer.

Bei den Mahlzeiten wurde noch sehr auf Etikette geachtet. Die Jungen mussten eine Krawatte tragen, wenn sie zu dem Speisesaal kamen, in dem Jungen und Mädchen aßen. Sobald jedoch das Essen vorbei war, wurden die Krawatten heruntergerissen. Mein Dienst als Hausmutter gab mir auch einen Einblick in das amerikanische College-Leben und in die Streiche, die die Studierenden einander spielten, wie etwa die berühmten „Unterhöschen-Raubzüge", bei denen die Jungen die Heime der Mädchen überfielen und ihre Unterwäsche stahlen. Wenn sie dabei ertappt wurden, wurden sie von den Mädchen geduscht und anschließend gepudert.

Mein Aufenthalt in Oberlin führte mich auch in das kirchliche Leben Amerikas ein. Die einzige lutherische Gemeinde in Oberlin gehörte zur Missouri-Synode. Da ich von meinen Mitstudenten in Erlangen hörte, dass die Missouri-Synode erzkonservativ sei und man dort nicht zum Gottesdienst gehen sollte, ging ich sonntags zu der *Christ Episcopal Church*, denn ich meinte, sie sei das, was meiner Gemeinde zu Hause am nächsten kam. Als ich vom lutherischen Frauenkreis eingeladen wurde, einen Vortrag über Deutschland zu halten, dachte ich, es sei eine nette Geste, wenigstens als Dankeschön dort einmal den Gottesdienst zu besuchen. Zu meiner Überraschung entdeckte ich, dass er fast genauso ablief, wie ich es von zu Hause gewohnt war. Von da an besuchte ich dort regelmäßig den Gottesdienst und fühlte mich richtig zu Hause – sowohl mit den Gemeindegliedern als auch mit dem Pfarrer Bob Martin. Er bat mich sogar, ihn zu vertreten, als er in den Sommerurlaub ging, was ich natürlich gerne tat. Er und seine Frau fragten mich auch, ob ich einmal ein typisch deutsches Essen zubereiten könnte. Obwohl ich kein Gourmetkoch bin, gelang es mir, Wiener Schnitzel, Kartoffelsalat und Kopfsalat zuzubereiten, wozu es natürlich Bier gab. Wir alle genossen das Essen.

Gegen Ende meines Aufenthalts in Oberlin entschloss ich mich, meine Laufbahn als akademischer Lehrer in den USA zu beginnen. Dies würde meinen Horizont erweitern und könnte vielleicht für die lutherische Kirche dort nützlich sein. Mein Plan wurde dadurch bestärkt, dass jetzt eine junge Dame in mein Leben trat, May Brown, eine Studentin des Konservatoriums am College mit Hauptfach Orgel, die auch die Organistin der lutherischen Gemeinde war. Ich begann meinen Bewerbungsprozess, indem ich einen Brief an die *American Lutheran Church* schrieb, die ihr Hauptquartier in Minneapolis, Minnesota, hatte. Einige Zeit darauf empfing ich eine Einladung zu einem Interview von Dr. Stewart Herman (1909–2006), dem damaligen Präsidenten der *Lutheran School of Theology in Chicago*. Er war freundlich und an mir interessiert. Aber er sagte mir, sie hätten erst Philip Hefner berufen und würden höchstwahrscheinlich in nächster Zeit keinen weiteren Systematiker benötigen.

Gerade als ich in dem Büro von Präsident Herman saß, erreichte ihn ein Telefonanruf aus Columbus. Präsident Ed Fendt (1904–1979) vom *Evangelical Lutheran Theological Seminary* fragte Herman, ob „dieser Deutsche", er meinte mich, noch in Chicago sei. Er solle ihn sofort nach Columbus hinunterschicken, falls er ihn nicht selbst bräuchte. Wahrscheinlich hatte Dr. Fendt aus Minneapolis gehört, dass ein junger Mann aus Deutschland an einem lutherischen Seminar in den USA lehren möchte. Da ich mit den lutherischen Seminaren in den USA nicht vertraut war, wusste ich nicht einmal, dass es in Columbus ein Seminar gab, in dem Theologiestudenten zu Pastoren ausgebildet wurden. So nahm ich den Greyhound Bus, fuhr nach Columbus und sprach mit Dr. Fendt, dem Präsidenten des *Evangelical Luthern Theological Seminary*, das später *Lutheran Theological Seminary* genannt wurde und jetzt *Trinity Lutheran*

Seminary heißt. Er sagte mir, er bräuchte mich nicht für die nächsten zwei Jahre, aber dann benötigten sie jemanden, der neben Gene Brand systematische Theologie lehren konnte, da die Studentenzahl zunahm. Das war genau, wonach ich suchte, denn mein Studentenvisum erlaubte es mir nicht, innerhalb von zwei Jahren in die USA zurückzukehren, um dort zu lehren. So war es besser, zunächst in Deutschland an meiner Habilitation weiterzuarbeiten und auch etwas mehr praktische Gemeindeerfahrung zu bekommen.

7. Zwischenspiel als Vikar in Erlangen-Bruck

Im September 1965 begann ich meine Arbeit als Vikar an St. Peter und Paul in Erlangen-Bruck, einer Vorstadt von Erlangen. Die Kirche hatte mich dorthin geschickt, denn man wusste, dass ich an meiner Habilitation arbeiten wollte. Dies war ein ausgezeichneter Ort, denn so konnte ich in meiner Freizeit die Universitätsbibliothek benutzen. Die Kirche selbst war ein schöner Sandsteinbau, dessen Inneres im barocken Glanz erstrahlte und anzeigte, dass dieser Ort einmal zur reichen Handelsstadt Nürnberg gehörte. Vom Kirchturm aus hatte man einen wunderbaren Blick auf Erlangen und die Umgebung. Gleich hinter der Kirche floss die Regnitz träge vorbei, um dann später in den Main zu münden. Ich hatte eine großzügige Wohnung in dem aus Sandstein erbauten Mesnerhaus gleich neben der Kirche. Über mir wohnte die Mesnerfamilie Kröhn. Frau Kröhn, eine herzensgute Frau, bemutterte mich und so bekam ich einmal in der Woche Sauerkraut und Würste. Pfarrer Kaeppel, unter dem ich arbeitete, kam aus einer langen Tradition von Pfarrern und war sichtbar stolz auf seinen langen Stammbaum von Pastoren. Er führte seine Wurzeln auf Salzburger Exulanten zurück, die wegen ihres Festhaltens am lutherischen Glauben vom Gebiet des Fürstbischofs von Salzburg vertrieben worden waren. Im Zug der Gegenreformation mussten etwa 20 000 Lutheraner entweder zum Katholizismus zurückkehren oder im Winter 1731 das Land, ihre kleinen Kinder und ihr meistes Hab und Gut verlassen. – Man hoffte, dass man die kleinen Kinder zum Katholizismus umziehen konnte. – Ähnlich wie die Hugenotten, ließen sich viele Exulanten in Franken nieder. König Friedrich Wilhelm I lud sie im Februar 1732 ein, nach Preußen zu kommen, wo sie bis nach Litauen zogen. Einige gingen auch nach Nordamerika, wo sich die „Salzburger" in Georgia und South Carolina niederließen.

Da Pfarrer Kaeppel wusste, dass ich bald wieder gehen würde, um voll an meiner Habilitation zu arbeiten, war er sehr darauf bedacht, die Gemeindearbeit ja nicht auszuweiten. Es gab ein Neubaugebiet, wo ich, wie er mir sagte, „meine Energie bei Hausbesuchen verwenden konnte". Er hat es sogar fertiggebracht, mich an Weihnachten nach Hause zu schicken mit der Bemerkung, dass dies wahrscheinlich mein letztes Weihnachten sein würde, welches ich bei meinen Eltern verbringen könnte. Darüber hinaus hätte die Kirchenleitung erwähnt, man solle den Heiligen Abend nicht auf Kosten des Weihnachtsfestes betonen. Doch beklagte sich Frau Kröhn, am Heiligen Abend kämen so viele Leute, dass nicht einmal alle in der Kirche einen Stehplatz fänden und deshalb einige wieder nach Hause gingen. Mein Vorschlag, ich würde einen zweiten Gottesdienst halten, wurde mit der Bemerkung abgelehnt: „Ich weiß nicht, ob Sie nächstes Jahr noch hier sind, und dann habe ich zwei Gottesdienste zu halten."

Meine Verantwortung als Vikar beinhaltete gelegentlichen Predigtdienst und einige Taufen und Beerdigungen. Eine Taufe blieb mir besonders in Erinnerung. Ein junges Paar wollte sein Kind getauft haben. Wir führten ein ausführliches Taufgespräch, bei dem ich ihnen genau die Bedeutung der Taufe erklärte. Sie hörten geduldig zu. Als ich sie am Ende fragte, ob sie noch Fragen hätten, fragte die junge Mutter: „Darf man das Kind vor der Taufe im Kinderwagen ausfahren?" Ich war überrascht. Was die Mutter beunruhigte, hatte nichts mit dem zu tun, was ich gesagt hatte, sondern es war reiner Aberglaube. Ich hatte gehört, dass Neugeborene nicht allein in einem Zimmer schlafen sollten, sondern immer im gleichen Raum wie die Mutter, damit die Dämonen und die bösen Geister dem Kind keinen Schaden zufügen konnten. Die junge Mutter war also beunruhigt, ihr Baby könnte diesen bösen Mächten ausgeliefert sein, wenn sie mit ihm das Haus verließ, ohne dass es getauft wäre. Ich erklärte ihr, dass Gottes Obhut nicht von der Taufe abhängt, sondern dass das Kind durch die Taufe in die Bundesgemeinschaft eingegliedert wird, die Gott mit uns geschlossen hat.

Ein anderes erwähnenswertes Ereignis war das Begräbnis einer ziemlich jungen unverheirateten Mutter, die Selbstmord begangen hatte. Bei der Beerdigung war eine ziemlich große Zahl von Menschen zugegen, wahrscheinlich auch um zu hören, was ich bei solch einer Begebenheit sagen würde. Würde ich die junge Frau wegen ihres Selbstmordes verdammen oder ihn sogar als göttliche Strafe für sie als ledige Mutter interpretieren?

Im Predigerseminar war ich schon mit einem Selbstmord konfrontiert worden. Einer meiner Mitvikare litt unter schweren Depressionen. Da er suizidgefährdet war, begab er sich in die Obhut einer psychiatrischen Anstalt. Als er wieder entlassen wurde, ging unser Rektor mit ihm zum Psychiater, da er befürchtete, die Suizidgefährdung sei noch nicht vorbei. Der Psychiater jedoch meinte, es bestünde keine unmittelbare Gefahr. Die darauffolgende Nacht sprang der junge Mann vom Fenster des vierten Stockes und war sofort tot. Was für ein Schock für unsere Gemeinschaft! Jede Sicherheitsmaßnahme war ergriffen worden und doch verschlang die Finsternis dieses junge Leben. Ich erinnere mich noch wie heute, wie seine zukünftige Braut am Grab fassungslos weinte.

Wer war ich, der eine ledige Mutter wegen ihres Selbstmordes verdammte? Hatte nicht Jesus selbst den Pharisäern und Schriftgelehrten gesagt: „Wer unter euch ohne Sünde ist, der werfe den ersten Stein auf sie" (Joh 8,7), als sie eine Frau beim Ehebruch ertappt hatten. Nein, meine erste Pflicht war, auf eine verborgene Seite in Gott hinzuweisen, die wir nicht ergründen können. Dann musste ich Gottes Gnade aufzeigen, die sich sogar auf die erstreckt, die nach unserer Ansicht völlig falsch gehandelt haben. Und schließlich erinnerte ich uns alle daran, dass wir nicht wissen, wann unsere Stunde des Todes kommen wird.

Ich erteilte auch in einer achten Klasse der Hauptschule für zwei

Stunden pro Woche Religionsunterricht. Es war üblich, mit einem Lied zu beginnen. Da ich leider nicht singen kann, musste immer jemand in der Klasse für mich anstimmen. Das war kein großes Problem, denn es fand sich immer jemand für diese Aufgabe. Doch die Mädchen in dieser Klasse wollten mit mir im Unterricht flirten. Da ich nicht drauf einging, verstanden sie bald, dass dies keinen Sinn machte und konzentrierten sich auf ihre Arbeit. Viel später hörte ich, dass ihr Klassenlehrer das Jahr zuvor eines Tages mit Tränen in den Augen zum Rektor kam und ausrief: „Wenn ich noch einmal in diese Klasse muss, werde ich mich umbringen!" Es ist erstaunlich, wie sich die Mentalität junger Menschen in nur einem Jahr verändert, denn ich hatte mit ihnen keine Schwierigkeiten.

Später musste ich allerdings diese Klasse für eine siebte eintauschen, was auch für mich eine Herausforderung darstellte. Ganz gleich, was ich sagte, sie hörten nicht zu. Nur Gruppenarbeit schien ihnen zu gefallen. Aber man kann das nicht immer machen. Ein Mädchen war besonders aggressiv, indem sie sogar Mitschüler im Unterricht mit dem Lineal auf den Kopf schlug. Ich dachte, das Beste, um sie wieder auf das rechte Gleis zu bringen, sei ein Besuch bei ihren Eltern. So besuchte ich diese. Als ich jedoch von ihrer Mutter hörte: „Ach, unser Mädchen ist ja so nett, die stellt bestimmt nichts an", da wusste ich, dass von dort keine Hilfe zu erwarten war. Das einzig Positive war, dass ich nicht das ganze Schuljahr mit dieser Klasse zubringen musste. Ich hatte mich um ein Stipendium beworben, um mich ganz meiner Habilitation zu widmen und so konnte ich nach einigen Monaten diese herausfordernde Tätigkeit aufgeben. – Für mich ist es nach diesen Erfahrungen nicht verwunderlich, dass viele Lehrer das so genannte Burnout-Syndrom haben. – Aber ich hatte kein schlechtes Gefühl, denn ich hörte später, dass mein Nachfolger, auch ein junger Vikar, die Klasse überhaupt nicht bändigen konnte, so dass der reguläre Klassenlehrer während der Religionsstunden im Klassenzimmer bleiben musste, damit die Klasse nicht völlig außer Kontrolle geriet. Außer dieser herausfordernden Erfahrung waren die sechs kurzen und völlig erfreulichen Monate in Erlangen-Bruck ohne größere Vorkommnisse.

Im März 1966 bekam ich von der Deutschen Forschungsgemeinschaft ein Habilitationsstipendium. Die Bayerische Landeskirche beurlaubte mich und so konnte ich Erlangen verlassen und musste selbst nach einer Wohnung suchen, die ich schließlich in Alterlangen fand. Nun konnte ich praktisch alle Bände der *Weimarana* durchkämmen und weitere Hunderte von Indexkarten mit Exzerpten aus dieser Gesamtausgabe von Luthers Werken anfertigen. Es war großartig, sich jeden Tag nur auf Luther zu konzentrieren, ohne durch etwas Anderes gestört zu werden. Mitten in meinen Studien wurde ich in Alterlangen zusammen mit zwei anderen Vikaren zum kirchlichen Amt in der Lutherischen Kirche in Bayern ordiniert.

Noch ehe die Habilitation vollendet war, zogen wir im August 1967 nach Columbus, Ohio, wo ich meine akademische Laufbahn begann. Wenn ich sagte „wir", dann muss ich hinzufügen, dass ich ein paar Monate vorher meine Braut May Brown aus der Zeit in Oberlin geheiratet hatte. May zog mit mir in das schöne Apartment im siebten Stock des Hochhauses in Alterlangen ein, das eine schöne Aussicht auf den Wald hatte. Als ich dort noch allein lebte, wunderte ich mich oft über die Anonymität eines Lebens in einem Apartment. Ich kannte niemanden dort, weder meine Nachbarn zur Rechten noch zur Linken, noch sprach ich mit jemandem ein Wort. Wenn mir etwas zugestoßen wäre, hätte niemand davon erfahren, weder meine Eltern noch sonst jemand, denn ich fuhr oft wochenlang nicht nach Hause, da ich meine Arbeit nicht unterbrechen wollte. Im Gegensatz dazu war das Seminargebäude der theologischen Fakultät der Ort, wo sich Freundschaften entwickelten, die viele Jahre überdauerten. Als Doktoranden und Habilitanden hatten wir einen Schlüssel zu dem Gebäude und konnten kommen und gehen, wann wir wollten. Es war eine großartige und sorgenlose Zeit, in der wir nur mit unseren Studien beschäftigt waren.

Aber dann kam der Umzug in die USA. Da ich zuerst nur einen Einjahresvertrag als *Instructor* hatte, vergleichbar mit einem hauptamtlichen Lehrbeauftragten, nahmen wir nur ein paar Koffer mit und natürlich den Volkswagen, den uns mein Großvater zur Hochzeit geschenkt hatte. Wir transportierten all unsere Möbel zu meinen Eltern. Erst später, als mein Vertrag unbefristet verlängert wurde, verschifften wir einige Bücherregale und meine Bücher nach Columbus, Ohio.

Kapitel II
Beginn einer akademischen Laufbahn in den USA

Mein erster Lehrauftrag in Oberlin gab mir schon einen Vorgeschmack, wie anspruchsvoll diese Aufgabe sein kann. Mit einem vollen Lehrdeputat in Columbus war es nicht anders. Zudem war Columbus eine völlig neue Umgebung und ich musste in einer Sprache unterrichten, die nicht meine Muttersprache war. Zudem waren meine Kollegen, die Verwaltung und die Studenten in Columbus nicht an einen Ausländer gewöhnt. Aber vom ersten Tag an wurde ich herzlich aufgenommen und wir gewöhnten uns bald aneinander: sie an das neueste und jüngste Mitglied der Fakultät und ich an eine völlig neue Umgebung. So begann für mich ein neuer Lebensabschnitt.

1. Als Neuling am ELTS

An einem Samstagnachmittag spät im August 1967 stand ich auf dem Parkplatz des *Evangelical Lutheran Theological Seminary* (*ELTS*) in Columbus, Ohio, und betrachtete das mächtige rote Backsteingebäude, das vor mir stand. Es war das Hauptgebäude des Seminars. Wie würde es mir wohl in der darauffolgenden Woche ergehen, wenn das Semester begann. Ein junger Mann gesellte sich zu mir und fragte: „Sind Sie neu?" „Ja", sagte ich, „und ich bin gespannt, wie das hier wohl werden wird." „Ich auch", meinte der junge Mann. Am folgenden Montag betrat ich den Vorlesungsraum B und derselbe junge Mann saß in der ersten Reihe dieser Erstsemester. Er war natürlich sehr überrascht, mich vorne zu sehen. Er hatte am Samstag vorher keine Ahnung, dass der Mensch neben ihm sein Professor sein würde. Obwohl es damals nur selten Spätberufene gab, war es nicht ungewöhnlich, dass Studenten älter waren als ich. Ich war bei weitem der jüngste in der Fakultät, und als ich vierzehn Jahre später nach Regensburg ging, war nur der Kirchengeschichtler Don Huber jünger als ich. Aber Wilhelm Maurer sagte einmal zu mir: „Jugend ist ein Laster, das sich mit jedem neuen Tag bessert."

Ich begann in Columbus als *Instructor* mit einem Jahresgehalt von $ 8.000. Selbst 1967 war das nicht viel, aber genug, um anständig leben zu können. Ein glücklicher Umstand verhalf uns dazu, dass wir das voll möblierte Haus von Dr. Norman Menter mieten konnten. Er war im Ruhestand nach Columbus gezogen, nachdem er Distriktspräsident der *ALC* (*The American Lutheran Church*) gewesen war, hatte aber dann für ein Jahr eine Stelle in Minneapolis angenommen. So benötigten wir nicht mehr als die Koffer, die wir aus Deutschland mitgebracht hatten. Es wäre auch wenig sinnvoll gewesen, zu viel aus Deutschland mitzubringen, denn ich wusste ja nicht, ob mein Einjahresvertrag verlängert werden würde. Dr. Fendt muss aber mit mir zufrieden gewesen sein, denn nach dem einen Jahr wurde ich zum Assistenzprofessor befördert.

Ich war immer noch Mitglied der Evang.-Luth. Kirche in Bayern, sollte aber jetzt in den Pfarrerstand der *ALC* aufgenommen werden, denn das Seminar in Columbus gehörte zu dieser Kirche. Dies sollte, wie üblich, durch ein Kolloquium geschehen. Ich empfand dies für mich als seltsam, denn ich musste meine Studenten – die ersten Studentinnen kamen erst Ende der 60er Jahre ins Seminar – beurteilen, ob sie sich als zukünftige Pfarrer für die *ALC* eignen würden, während mich andere examinieren würden, ob ich in den Pfarrerstand der *ALC* aufgenommen werden konnte. Aber es ging alles „seinen Gang". Als ich die Beschlüsse der Ohio-Synode der *ALC* durchsah, die im Frühsommer 1968 tagte, las ich dort, dass ich durch ein Kolloquium in den Pfarrerstand der *ALC* aufgenommen worden war. Ein Kolloquium, so schloss ich, konnte also auch in Abwesenheit durchgeführt werden und so wurde ich Mitglied dieser Kirche, ohne dass ich auf Tauglichkeit geprüft worden wäre.

In einem Brief vom 16. September 1968 schrieb mir der Distriktspräsident des Ohio-Distrikts der *ALC*: „Lieber Bruder Schwarz:

Heute Morgen bekam ich einen Brief von Dr. Schiotz [der Präsident der *ALC*], in dem er sagte, dass er den Sekretär der Kirche bat, Ihren Namen dem Pfarrerstand der *American Lutheran Church* hinzuzufügen. Sie werden offiziell in die Kirche im Juni 1969 aufgenommen, wenn die Ohio-Synode tagt. Ein besonders herzliches Willkommen zum Pfarrerstand der *American Lutheran Church* und besonders zum Ohio-Distrikt." Nun war ich ein richtiges Mitglied der *American Lutheran Church*. Aber ich sagte mich nicht von der Kirche in Bayern los. Obwohl ich nicht mehr in ihrem Dienst stand, wurde ich immer noch in ihrem Pfarrerstand geführt, aber als Glied einer anderen Kirche in einem anderen Land.

In den USA konnte ich meine Freundschaft mit zwei Kollegen erneuern, die auch zur gleichen Zeit wie ich bei Walter Künneth in Erlangen promoviert hatten, Bill Weiblen (1919–2004), der Präsident des *Wartburg Theological Seminary* in Dubuque, Iowa, und Richard Trost, der eine Gemeinde im gleichen Staat hatte. Obwohl beide beträchtlich älter waren als ich, hatten sie gleichzeitig mit mir an Themen gearbeitet, die mit dem meinigen verwandt waren. Wann immer wir uns trafen, hatten wir gute Gespräche. Gene Brand, der mein Kollege in der systematischen Theologie in Columbus war, bevor er nach New York an das *Lutheran Council USA* ging, um am neuen Gesangbuch, *Lutheran Book of Worship*, zu arbeiten, hatte eine Schwester, die mit Richard Trost verheiratet war. Da einer meiner Assistenten in Regensburg, Craig Nessan, Professor und später Academic Dean am *Wartburg Seminary* wurde, gab es eine neue Verbindung zu Wartburg. Als Craig mich 1995 zu einem Vortrag nach Dubuque einlud, war es wunderbar, Bill Weiblen wiederzutreffen, der damals schon 76 Jahre alt und etwas gebrechlich war. Es gab dort niemanden, mit dem er über „die alten Zeiten" reden konnte, weshalb unser Gespräch, wie mir Craig versicherte, besonders erfreulich für Bill Weiblen war.

Fakultät und Studenten in Columbus waren ausgesprochen nett. Ich liebte die Offenheit der Studenten, ihren Sinn für Humor und dass sie es auch ertrugen, dass ich immer meine Veranstaltungen um 8 Uhr morgens ansetzte. Dieser frühe Start ermöglichte es mir, beinahe den ganzen Tag in der Bibliothek zu verbringen. Wenn man mit der Lehre beginnt, hat man nichts, auf das man zurückgreifen kann, und so muss man buchstäblich von der Hand in den Mund leben. Bei mir kam noch erschwerend hinzu, dass die Unterrichtssprache Englisch war. Trotz meines Studiums der Anglistik war Englisch nicht meine Muttersprache. Es war immer einigermaßen beruhigend, wenn ich einige Stunden im Voraus präpariert war. Ich schrieb meine Vorlesungen niemals Satz für Satz aus, sondern machte mir nur Stichpunkte. Dies half jedoch den Studenten, denn ich musste langsamer sprechen, um mich auf den Inhalt meiner Vorlesungen zu konzentrieren. Es ermöglichte mir aber auch, meine Notizen mit Bemerkungen zu ergänzen, was bei einem wortwörtlichen Manuskript viel schwerer gewesen wäre. Bei Predigten war es jedoch umgekehrt. Ich habe bis jetzt immer textgemäße Predigten verfasst, denn ich bin überzeugt, dass der Pfarrer den biblischen Text predigen soll und nicht irgendwelche Ideen, die ihm oder ihr vorschweben. Ich schrieb deshalb die Predigt Wort für Wort aus und korrigierte sie sorgfältig. Erst als ich nach Regensburg ging, begann ich, mir für die Predigt nur einige Notizen zu machen, niemals mehr als eine Schreibmaschinenseite, wohingegen ich den Schluss immer wortwörtlich ausschrieb. Dies erlaubt mir, mit den Gemeindemitgliedern Augenkontakt zu halten und die Predigt auch spontaner zu gestalten. Doch bin ich immer noch davon überzeugt, dass eine Predigt sorgfältig ausgearbeitet werden soll und die Worte sollen sorgsam ausgewählt werden. Aber durch die Jahre lernte ich, dass dies auch mit Notizen geschehen kann. Man muss dann diese nur mehrmals durchgehen, so dass der Text sitzt und von den Notizen herkommt.

Da Dr. Fendt ein eingefleischter Junggeselle war und wir nur eine Fakultät von Männern waren, betrachtete er uns als seine Jungen und behandelte uns auch entsprechend. Das gab uns einen Zusammenhalt, den man in anderen Fakultäten nicht fand. Wo immer wir hinkamen, traten wir als eine Gruppe auf und erfreuten uns einer ausgezeichneten Kameradschaft. In seinen späten Jahren kam es bei Fakultätssitzungen oft zu keiner einzigen Abstimmung. Er „informierte" uns mehr oder weniger über die Entscheidungen, die er getroffen hatte und über die Richtung, die wir verfolgten. Eine der großen Anlässe, bei der unsere Fakultät als Gruppe zusammenkam, war die jährliche Pfarrerfreizeit über *Labor Day*, dem Tag der Arbeit, der in den USA am ersten Wochenende im September gefeiert wird, im *Lakeside Methodist Camp* am Erie-See bei Sandusky, Ohio. An dem Wochenende veranstalten wir zunächst einige Vorträge für unsere Pfarrer aus Ohio und Michigan und dann hatte die Fakultät ihre eigene Arbeitssitzung.

Im Wintersemester 1971/72 hielt ich meine Antrittsvorlesung zum Thema: „Die Aufgabe der systematischen Theologie im Zeitalter der Ökumene."[3] Meine Kollegen in Columbus hatten mich mit offenen Armen empfangen, aber sie hatten wenig Ahnung, was systematische Theologie war. Ich fühlte mich besonders zu der intensiv arbeitenden biblischen Abteilung hingezogen. Ron Hals und Ralph Doermann lehrten Altes Testament und Merl Hoops und Ted Liefeld Neues Testament. Die systematische Theologie, die sie durch Dr. Fendt kannten, bestand hauptsächlich darin, dass die christlichen Prinzipien nach Philip Bachmann (1864–1933) weiter verbreitet wurden, ein Erlanger Theologe, der an der Wende vom 19. zum 20. Jahrhundert gelebt hatte. Als Dr. Fendt in den Ruhestand ging, gab er mir Philip Bachmanns *Grundlinien der Systematischen Theologie zum Gebrauche bei Vorlesungen* (Leipzig: A. Deichert, 1908). Er erzählte mir, dass er dieses Buch benutzte, da sein Exemplar das Einzige weit und breit war. So konnte er es als Vorlesungstext benutzen, ohne sich dem Vorwurf des Plagiats auszusetzen. Ich bin überzeugt, dass die systematische Theologie, wenn sie glaubwürdig sein soll, sich ihrer biblischen Grundlage vergewissern muss, ebenso wie sie aufzeigen muss, wie sich diese durch die Jahrhunderte weiterentwickelte, ehe sie mit Folgerungen kommt, wie dies für heute wichtig ist. Statt mit bestimmten philosophischen oder theologischen Voraussetzungen zu beginnen und diese dann auf die

---

3 Hans Schwarz, „The Task of Systematic Theology in an Ecumenical Age", *The Lutheran Quarterly* (1971), 23: 74-81.

Gegenwart zu beziehen, muss die systematische Theologie vom biblischen Fundament aus die Linien zum Heute ausziehen, eine Theologie also von unten und nicht von oben.

Zu Beginn meiner Antrittsvorlesung erwähnte ich einige Missverständnisse der systematischen Theologie, dass sie etwa apodiktisch sei, nicht auf exegetische Einsichten höre und konfessionelle Gräben ziehe. Dann wandte ich mich der eigentlichen Aufgabe der systematischen Theologie zu: 1. Sie muss „den auf Gott gerichteten christlichen Glauben widerspiegeln, wie er sich in den biblischen Schriften dokumentiert und über die Jahrhunderte bezeugt wurde; 2. Sie muss bereit sein, den Glauben für die heutigen Menschen zugänglich und aussagbar zu machen; und 3. muss sie die Folgerungen aufzeigen, die sich aus unserem Glauben ergeben im Blick auf Gott und den Menschen."[4] So hat die systematische Theologie die Aufgabe der Rückbesinnung, des Dialogs und der Entscheidung. Ich erklärte: „Die systematische Theologie muss sich daran erinnern, dass wir nicht zeitgleich mit den ersten Christen leben."[5] Deshalb benötigt sie die Hilfe anderer theologischer Fächer, wie der Kirchen- und Dogmengeschichte, um Einsicht in die historischen Prozesse zu erhalten und an dem Dialog mit vergangenen Generationen teilzuhaben. Das heißt, dass die anderen Fächer keine Hilfswissenschaften sind, wie Karl Barth dachte. Sie stehen auf der gleichen Ebene wie die systematische Theologie und Systematiker müssen mit ihnen auf dieser Ebene kommunizieren.

Weiterhin „kann die systematische Theologie sich nicht auf eine Bewahrung der Überlieferung beschränken, von der Paulus spricht, die uns übergeben und anvertraut wurde, und auf eine Indoktrinierung der nächsten Generation mit dieser Tradition."[6] Wir müssen ein dogmatisches System und dessen Angemessenheit immer an der biblischen Reflexion von Gottes Selbstoffenbarung in Jesus Christus messen. Aber wir können nicht bei einer reinen Reflexion stehen bleiben, sondern müssen auch mit der Welt im Gespräch stehen. Ich

---

4 Schwarz, „The Task", 75.
5 Schwarz, „The Task", 76.
6 Schwarz, „The Task", 76-77.

wies darauf hin, dass „eine richtige systematische Theologie auch apologetisch sein muss", selbst wenn die Apologetik oft einen schlechten Ruf hatte.[7] Das heißt, sie muss mit ihrer Botschaft auf die gegenwärtige Lage reagieren. Um dies zu erreichen, muss sie die genaue Situation erkennen, in der sich die Menschen befinden, dieses Umfeld erhellen, einen Anknüpfungspunkt errichten und Antworten auf die Fragen der Gegenwart geben.

Schließlich kommt die Aufgabe der Entscheidung. Theologen können sich nicht dem entziehen, was sie untersuchen. Deshalb ist die grundlegende Haltung von Theologen, dass sie sich an das gebunden wissen, was sie untersuchen. Ich schloss meinen Vortrag mit einem Hinweis auf die ökumenische Ausrichtung der systematischen Theologie. Da die systematische Theologie darauf besteht, dass die einzige Grundlage aller *Lehraussagen* das ursprüngliche Evangelium von Gottes Selbstoffenbarung in Jesus Christus ist, „ist es die edelste Aufgabe der systematischen Theologie, die gesamte Kirche und auch alle Konfessionen an diese gemeinsame Grundlage zu erinnern"[8].

Meine Kollegen in der biblischen Abteilung erkannten bald, dass ich ihr Arbeitsgebiet ernst nahm, und so wurde ich zu ihrer wöchentlichen Lektüresitzung eingeladen, in der sie wichtige alt- oder neutestamentliche Literatur lasen und diskutierten. Diese Gruppe bestand aus fünf Personen, dem Alttestamentler Herbert Leupold (1891–1972), der schon im Ruhestand war und noch sehr geschätzt wurde, sowie den Kollegen Ron Hals, Ralph Doermann und Merl Hoops, zu denen ich mich dann gesellte. Viele der Bücher, die wir besprachen, hätte ich allein nicht so sorgfältig gelesen, wie etwa Walther Zimmerli, *Der Mensch und seine Hoffnung im Alten Testament* (Göttingen, 1968). Andererseits lasen meine Kollegen auch Veröffentlichungen aus der systematischen Theologie. *Offenbarung als Geschichte,* herausgegeben von Wolfhart Pannenberg, war damals in einer sehr schlechten englischen Übersetzung

---

7 Schwarz, „The Task", 78.
8 Schwarz, „The Task", 81.

erschienen. Jedes Mal, wenn wir über eine Aussage stolperten, die keinen Sinn zu machen schien, zog ich das deutsche Original heraus und erklärte, was Pannenberg und sein Freundeskreis eigentlich sagen wollten.

Eine andere erfreuliche Facette in meinen Jahren in Columbus war die Begegnung mit anderen Theologen, zunächst in der *Ohio Academy of Religion,* deren jährliche Tagungen an verschiedenen Orten in Ohio stattfanden. Die Kollegen der *Cleveland State University* waren hier klar in der Mehrzahl mit Fred Holck, Lee Gibbs und Andrew Burgess. Aber ich erinnere mich auch gerne an Harold Foshey von der *Marietta State University* und Paul Knitter von *St. Xavier* in Cincinnati. Mit Knitter entwickelte sich eine langjährige Freundschaft, da er an der Evangelischen Fakultät in Marburg promoviert hatte und mir gerne seine damaligen Erfahrungen mitteilte. Er hatte als erster Katholik von dort einen Doktorgrad bekommen. Ich freute mich besonders, dass ich 2002 in Toronto, Kanada, bei seiner Verabschiedung in den Ruhestand während der Jahrestagung der *American Academy of Religion* anwesend sein konnte. Ein anderer Kollege der *Ohio Academy of Religion* war David Griffin, der damals an der *University of Dayton* lehrte und später Direktor des Instituts für Prozesstheologie in Claremont, Kalifornien wurde. Auch wir begegneten uns später noch öfters.

Eine andere akademische Verbindung, die damals begann, hat mich bis heute in den Bann gehalten: die Teilnahme an den Tagungen der *American Academy of Religion.* Als ich anfangs Tagungen der Sektion des Mittleren Westens besuchte, wunderten sich Kollegen, was ich als Lutheraner dort verloren hätte. Einige fragten mich im Spaß, ob ich meine Bibel dabeihätte. Sie waren nicht daran gewöhnt, dass ein Kollege aus einem theologischen Seminar an ihren Tagungen teilnahm, v.a. wenn es sich um einen Lutheraner handelte. Aber bald bemerkten sie, dass Lutheraner auch ernsthaft Theologie betreiben konnten.

1970 hielt ich das erste Mal einen Vortrag auf einer Jahrestagung der *American Academy of Religion (AAR),* die damals in New York stattfand. Der Vortrag fand in der Sektion Ethik statt über „Die theologischen Probleme der Genetik". Ralph Burhoe (1911–1997) veröffentlichte den Vortrag im selben Jahr in *Zygon*.[9] Seitdem habe ich zahlreiche Vorträge in Sektionen der *AAR* gehalten und bin besonders aktiv in der Arbeitsgruppe für die Theologie im 19. Jahrhundert (*Nineteenth Century Theology Group*).

Wie so oft in meinem Leben war es ein glücklicher Zufall, dass ich zu dieser Arbeitsgruppe stieß, oder, wie ich als Christ sagen würde, es war göttliche Fügung. Philip Hefner und Carl Braaten, beide von der *Lutheran School of Theology in Chicago*, hatten mich eingeladen, 1975 für die Tagung der Gruppe einen Vortrag mit dem Titel „Die Bedeutung des evolutionären Denkens für den deutschen Protestantismus im 19. Jahrhundert" auszuarbeiten.[10] Mein Beitrag wurde positiv aufgenommen und ich fand die Gruppe anregend und für mich bereichernd. Ich habe dort viel von meinen Kollegen und Kolleginnen gelernt und bin der Gruppe bis heute treu geblieben. Obwohl eine Gruppe in der *AAR* nur zehn Jahre bestehen darf, haben wir diese Klippe umschifft und sind die älteste noch bestehende Gruppe in der *AAR*. Mehrmals war ich im Leitungsgremium dieser Gruppe und konnte so öfters Anstöße für die zu bearbeitenden Themen geben.

Claude Welch (1922–2009) von der *Graduate Theological Union* (*GTU*) in Berkeley, Kalifornien, war der geistige Vater dieser Gruppe. Deswegen werden unsere Beiträge auch in der Bibliothek der *GTU* aufbewahrt.

---

9 Hans Schwarz, „Theological Implications of Modern Biogenetics", *Zygon* (1970), 5:247-68. Damals beachtete man die Genetik in der Theologie kaum. Doch war ich schon in meiner Zeit im Predigerseminar von den Vorträgen auf dem Ciba-Symposium 1962 in London fasziniert, die auf Deutsch mit dem Titel *Das Umstrittene Experiment: Der Mensch. Siebenundzwanzig Wissenschaftler diskutieren die Elemente einer biologischen Revolution*, übers. v. Klaus Prost (München 1966) erschienen.
10 Hans Schwarz, „The Significance of Evolutionary Thought for American Protestant Theology: Late Nineteenth Century Resolutions and Twentieth Century Problems", *Zygon* (1981) 16:261-84.

2. Der Anfang als Buchautor

1970 hatte ich bei der Jahrestagung der *AAR* eine entscheidende Begegnung. Als die Tagung sich dem Ende zuneigte und die Besucher etwas mehr Zeit hatten, miteinander zu reden, traf ich zufällig Roland Seboldt, der damals für die Buchveröffentlichungen von Augsburg Publishing House zuständig war. Dies war der Verlag unserer Kirche, der neben einem bescheidenen wissenschaftlichen Buchprogramm hauptsächlich populäre kirchliche Schriften, aber auch alle möglichen Dinge vertrieb, die man in der Kirche benötigte – von Abendmahlskelchen und Paramenten bis hin zu Talaren für Mesner und Geistliche. Wie es so bei Menschen ist, die für die Veröffentlichung von Büchern zuständig sind, fragte er mich sofort, woran ich arbeite, nachdem er bemerkt hatte, dass ich ein Lutheraner aus Columbus, Ohio, war. Ich gab ihm zur Antwort: „Ich arbeite an einem Buchmanuskript zur Eschatologie. Aber Augsburg hat ja in der wissenschaftlichen Theologie kaum etwas anzubieten."

Eine meiner Schwächen war schon immer, dass ich grundsätzlich ausspreche, was ich denke, sei es opportun oder nicht. Mehr als einmal hat mir das geschadet. Aber dieses Mal war es zu meinem Vorteil, denn Roland Seboldt entgegnete: „Ja, das stimmt. Aber ich möchte das ändern. Warum schicken Sie mir nicht Ihr Manuskript?"

Roland Sebboldt war damals neu bei Augsburg und ich hatte erst eine sehr ernüchternde Begegnung einige Monate vorher mit seinem Vorgänger gehabt. Bei einer Begegnung in Columbus hatte ich ihm erzählt, dass ich an einem Buchmanuskript zur Eschatologie saß, das heißt, der Lehre von den letzten Dingen wie Auferstehung, Endgericht und Himmel, welches das erste von fünf Bänden zur systematischen Theologie sein sollte. Ich hatte diese Idee von Karl Heim, der auch ein mehrbändiges Hauptwerk geschrieben hatte. Aber er lächelte nur, nahm mein Vorhaben nicht ernst und wechselte das Thema. Um mein Englisch zu verbessern, das im Stil nach immer noch sehr deutsch klang, gab ich das Manuskript meinem geschätzten Kollegen Ron Hals, der es sorgfältig durchsah und mit seiner üblichen Ehrlichkeit reagierte: „Hans, in allem Ernst, während ich nichts gegen den Inhalt sagen will, ist das Englische nicht das, was Amerikaner lesen wollen. Ich glaube nicht, dass man das Manuskript veröffentlichen kann."

Doch Roland Seboldt prüfte das Manuskript ernsthaft und veröffentlichte es. Auch er wollte sichergehen, dass es ein anständiges Manuskript war, und befragte deshalb andere. Hier sind einige der Vorabbesprechungen: Mein ehemaliger Lehrer aus der Zeit in Oberlin, J. Robert Nelson, schrieb: „Prof. Schwarz breitete seine Arme aus und umfasste viele verschiedene Arten der Interpretation der Eschatologie, um sie in diesen vortrefflichen Buch zu beschreiben und zu analysieren. Da er zunächst in Deutschland zu Hause war, dann in der angelsächsischen Theologie, konnte er eine ungewöhnliche Fülle von Material zusammentragen. ... Weil er so viele Personen und Fragestellungen in einem Buch von normaler Länge darbietet, muss er es dem Leser überlassen, bei jedem nach mehr Material nachzufragen. Aber das könnte ein Vorzug statt ein Fehler dieses Buches sein, denn es regt zum Nachdenken an, was in unseren Tagen der christliche Glaube von uns erfordert, wenn er gute Botschaft für andere sein soll."

Philip Hefner, mit dem ich in guter Freundschaft durch sein Engagement mit *Zygon* verbunden war – lange Jahre war er der Herausgeber dieser Zeitschrift –, schrieb: „Ich begrüße das Buch von Professor Schwarz als einen der ersten und gewiss den sorgfältigsten Überblick und der Analyse des gegenwärtigen Bemühens um die Zukunft – wie dieses Anliegen heute in der christlichen Gemeinschaft und ihrer Theologie gepflegt wird. Die Sorgfalt, mit der Schwarz ihr Anliegen und dessen Bezug zu den biblischen und historischen Quellen des christlichen Glaubens verfolgt, macht dieses Buch hilfreich und eine Pflichtlektüre für Theologiestudenten und für jeden, der wissen möchte, was die allgemeinen Folgen dieses Bemühens um die Zukunft für die christliche Gemeinschaft bedeuten."

Besonders beeindruckte mich die Bemerkung von Joseph Sittler (1904–1987), der damals noch an der *Divinity School* der *University of Chicago* lehrte. Er schrieb abschließend: „Die *American Lutheran Church* würde durch die Veröffentlichung dieser Arbeit Gewinn ziehen, denn diese Arbeit zeigt einen wirklich ökumenischen Geist, einen gut ausgebildeten Gelehrten, der ungehindert arbeitet! Er *besitzt* Tradition und ehrt sie. Er öffnet sich dem sachlich denkenden Werk anderer, die nicht von seiner Tradition herkommen, und ehrt sie für ihre Arbeit. Diese Qualität *sollte* die lutherische theologische Ausbildung auszeichnen. Dieses Buch würde bedeuten, dass wir dazu bereit sind."

Ich war besonders erfreut, dass George Tavard (1922–2007), der damals an der *Methodist Theological School* in Deleware, Ohio, lehrte, einige Anfragen aus römisch-katholischer Sicht erhob, und dann damit schloss: „Ich finde diesen Band äußerst interessant und wichtig. Deshalb möchte ich einige mögliche Kritikpunkte vorwegnehmen. Ein oder zwei zusätzliche Seiten jener kritischen Passagen würden leicht die von mir angesprochenen Punkte klären."

Ich war immer dankbar, wenn mir jemand augenscheinliche Fehler oder Unklarheiten aufzeigte, die ich gemacht hatte. Kritik wurde von mir immer ernst genommen und war nicht der Anlass zu einer Selbstrechtfertigung nach dem Motto: „Ein Professor macht keinen Fehler." – Obwohl ich immer der Meinung war, dass ich nicht nur Lutheraner von Geburt, sondern auch aus Überzeugung war, hatte ich niemals das Bedürfnis, mich nur an Lutheraner zu wenden. Theologie hat einen viel weiteren Horizont und das Evangelium, das ein Theologe in Schrift und Rede verkündet, soll an alle Konfessionen und die ganze Welt ergehen. Die Freundschaft mit George Tavard bis an sein Lebensende war besonders hilfreich, mich in andere Traditionen einzufühlen, was nicht nur hier zutraf, sondern auch bei meinem zweiten Buch, das bald folgen sollte, *The Search for God* (Das Suchen nach Gott).

Meine Eschatologie, *On the Way to the Future* (Auf dem Weg zur Zukunft) wurde von den Lesern sehr gut aufgenommen. Dabei hat sicher eine Empfehlung von Martin Marty auf der Umschlagsrückseite geholfen. Aber es gab noch einen anderen Grund dafür. Sehr wenige Theologen haben es gewagt, sich mit den so genannten „letzten Dingen" zu befassen, mit Auferstehung, Jüngstem Gericht, Himmel und Hölle und so umstrittenen Sachen wie Fegefeuer und die mögliche Erlösung aller Menschen. Wenn man darüber schrieb, war dies meist von einem fundamentalistischen Standpunkt aus oder, wie Jürgen Moltmann es lange Zeit getan hatte, man sprach von der Eschatologie, ohne eigentlich die letzten Dinge zu berühren. Ich wollte jedoch zur eigentlichen Eschatologie kommen, ohne eine fundamentalistische Haltung einzunehmen.

So kam es 1972 zu meiner ersten englischsprachigen Buchveröffentlichung. Sieben Jahre später erschien eine überarbeitete Fassung, dann eine deutsche Ausgabe (*Jenseits von Utopie und Resignation. Einführung in die christliche Eschatologie*, Wuppertal 1991), schließlich eine vollständig überarbeitete und erweiterte englische Ausgabe (*Eschatology*, 2000) und letztendlich sogar eine kurze, populär geschriebene deutsche Fassung (*Die christliche Hoffnung. Grundkurs Eschatologie*, Göttingen 2002).

Warum fing ich aber mit der Eschatologie an? Das war wieder eine meiner seltsamen Ideen. Weder Thomas von Aquin (ca. 1224–1274) noch Karl Barth hatten ihre systematische Theologie vollendet. Sie starben, noch ehe sie zum tatsächlichen Ende ihrer theologischen Überlegungen gekommen waren, also zur Eschatologie. Ich wollte nicht ihr Schicksal teilen und begann deshalb mit dem Gebiet, das die meisten Systematiker bis zum Ende aufheben. Zudem war die erste Pflichtveranstaltung, die ich im Wintersemester 1967/68 in Columbus abzuhalten hatte, eine vierstündige Vorlesung über Eschatologie für den letzten Jahrgang. Allmählich formten sich die Notizen, die ich für die Vorlesung benutzte, zu einem Buchmanuskript. Über die Jahre sind alle meine längeren Buchmanuskripte auf diese Weise entstanden. Die einzige Ausnahme war *The Last Two Hundred Years. Theology in a Global Context* (2005; *Theologie im globalen Kontext. Die letzten zweihundert Jahre,* Bad Liebenzell 2006). Doch habe ich in meinen Doktorandenseminaren in Regensburg die verschiedenen Aspekte und Gestalten des 19. und 20. Jahrhunderts so oft behandelt, dass man sagen könnte, auch dieses Buch entstand aus meiner Lehrerfahrung.

Beginn einer akademischen Laufbahn in den USA

Die Lehre führte mich immer zum Schreiben. Dasselbe bemerkte ich auch bei vielen anderen Kollegen. Sobald sie mit der Lehre aufhören, kommt kein größeres Werk mehr aus ihrer Feder. Roland Seboldt veröffentlichte mehrere meiner Bücher und uns verband eine lebenslange Freundschaft. Wir besuchten uns gegenseitig in Regensburg und Minneapolis bis zu seinen letzten Lebensjahren. Ich erinnere mich noch gut, wie er bei einer Jahrestagung der *AAR* in größter Niedergeschlagenheit neben mir saß, denn die beiden lutherischen Verlagshäuser Augsburg Publishing House und Fortress Press sollten im Zuge der Vereinigung der *American Lutheran Church* und der *Lutheran Church of America* miteinander fusionieren. Der Leiter der Buchabteilung bei Augsburg sollte entlassen werden, während der andere von Fortress für die Bücher im neuen Verlag zuständig sein sollte, denn Fortress war angeblich der renommiertere Buchverlag. Aber Harold Rast, der für die Bücher bei Fortress zuständig war, hatte so viel Charakter, dass er Roland Seboldt nicht herausdrängen wollte. Deshalb ging auch er und gründete seinen eigenen Verlag, *Trinity Press International*. Roland hatte Glück, dass er zu *HarperCollins* in San Francisco kam, um für diesen Verlag noch einige Jahre zu arbeiten, bis er in den Ruhestand ging. Freundschaft war für mich niemals eine Eintagsfliege, sondern ich pflegte sie, wie etwa bei J. Robert Nelson, dem ich bis zu seinem Tod die Treue hielt.

Ein interessantes Ereignis, das mich völlig überraschend während meiner Jahre in Columbus traf, war eine Einladung zu der 11. Nobel-Konferenz 1975, einer Tagung, die jährlich im *Gustavus Adolphus College* in St. Peter, Minnesota, stattfindet. Siebenundzwanzig Nobelpreisträger und sieben Theologen nahmen an dieser Konferenz teil. Darunter waren die Nobelpreisträger Sir John Eccles (1903–1997), Polycarp Kusch (1911–1993) und Glenn Seaborg (1912–1999) sowie der Theologe Langdon Gilkey (1919–2004) von der *Divinity School* der *University of Chicago*. Er hielt einen Plenarvortrag mit dem Thema der Tagung: „The Future of Science" (Die Zukunft der Naturwissenschaften). Die Einladung zu dieser Tagung kam für mich völlig überraschend. Meine Frau und ich sowie unsere beiden Kinder Hans und Krista und meine Eltern, die uns aus Deutschland besuchten, waren im Westen Amerikas auf Urlaub, als ich die Einladung erhielt. Wahrscheinlich konnte irgendeiner der eingeladenen Theologen nicht kommen und deshalb wurde ich kurzfristig eingeladen. Natürlich nahm ich die Einladung an und die Veranstalter flogen sie mich von Salt Lake City nach Minneapolis, damit ich an der Tagung teilnehmen konnte – St. Peter ist nur eine gute Autostunde von Minneapolis entfernt – und danach wieder nach Billings, Montana, zurück, wo ich wieder mit meiner Familie zusammentraf.

Die unerwartete Unterbrechung unseres Urlaubs war für mich sehr lohnend. Außer bei einem Empfang im Weißen Haus in Washington hatte es noch niemals eine größere Versammlung von Nobelpreisträgern gegeben als bei dieser Tagung. Diese herausragenden Forscher zu sehen und zu hören und mit ihnen zu reden, war schon selbst eine Belohnung. Besonders beeindruckte mich Walter Brattain (1902–1987), der einzige Nobelpreisträger, der an einem College lehrte (Whitman College in Walla Walla, Washington) und nicht in einer Universität. Er erzählte uns Theologen genau, wie seine Forschungsgruppe und eine deutsche miteinander wetteiferten, den Transistor zu entwickeln, und wie seine Gruppe um Haaresbreite gewonnen hatte. Für diesen Erfolg empfing er den Nobelpreis. Ein anderer Preisträger, der mich wegen seiner engen Bekanntschaft mit dem deutschen Physiker Werner Heisenberg (1901–1976) faszinierte, war der Italiener Emilio Segré (1905–1989). Er versuchte mich davon zu überzeugen, dass Heisenberg nicht so reserviert dem Dritten Reich gegenübergestanden hatte, wie er später behauptete. Jahre später las ich Segrés Buch, *From X-Rays to Quarks. Modern Physics and Their Discoveries* (San Francisco 1980; Von den Röntgenstrahlen zu den Quarks. Die moderne Physik und ihre Entdeckungen) mit großen Interesse und Gewinn.

Bei der Tagung hielt John Eccles seinen grundlegenden Vortrag über die Funktion des Gehirns, wobei er sich dafür aussprach, zwischen dem Gehirn und dem sich selbst bewussten Geist zu unterscheiden.[11] Die übereinstimmende Meinung seiner Kollegen war damals, dass seine Behauptung zwar falsch sei, aber es sei dennoch eine interessante Idee. Ich lernte auf dieser Tagung, dass Naturwissenschaftler keineswegs objektiv und neutral sind. Sie können auch sehr voreingenommen sein.

Jeden Abend trafen wir sechs Theologen, die eingeladen waren, um mit den Nobelpreisträgern ins Gespräch zu kommen, uns im Haus des Studentenpfarrers und besprachen, was tagsüber vorgefallen war. Wir, das waren Ian Barbour vom *Carleton College*, der später den Tempelton Preis bekam, der höher dotiert ist als ein Nobelpreis, und dem der Dialog zwischen Theologie und den Naturwissenschaften sehr viel zu verdanken hat, John Cobb, Jr., von der *Claremont School of Theology* aus Südkalifornien, der ständig die Vorzüge der Prozess-Theologie für den Dialog mit den Naturwissenschaften anpries, Langdon Gilkey von der *University of Chicago*, und William Dean vom *Gustavus Adolphus College*, der Gastinstitution, der Paul Tillichs letzter Assistent in Chicago gewesen war, schließlich noch Van Austin Harvey von der *Stanford University*, der sich vom Fundamentalisten zum Agnostiker entwickelt hatte, und schließlich meine Person. Mit einigen von ihnen ergaben sich für mich langjährige Freundschaften.

John Cobb und ich haben uns viele Male bei den Jahrestagungen der *AAR* getroffen. Als ich ihn in den 80er Jahren einmal in Claremont besuchte und ihn fragte, was es denn in der amerikanischen Theologie Neues gab, antwortete er in seiner aufrichtigen Bescheidenheit: „Hans, das weißt Du ja besser als ich." Ähnlich wie Tillich war Cobb ein bescheidener und höchst aufmerksamer Gastgeber. Er lud mich und meine Frau zu jeder Möglichkeit ein, die sich während unseres kurzen Aufenthaltes damals in Claremont bot.

Ich war so froh, dass ich ihn 1998 nach Columbia, South Carolina, zu einem Vortrag einladen konnte, als ich dort wieder für ein Semester als Gastprofessor am *Lutheran Theological Southern Semi-*

---

11 John C. Eccles, „The Brain-Mind Problem as a Frontier of Science", in Timothy C. L. Robinson, Hg., *The Future of Science. 1975 Nobel Conference* (New York 1977), 73-89.

nary lehrte. Ich habe immer Cobbs sanfte, aber bestimmte Art bewundert, mit der er seine Argumente vortrug, auch wenn ich der Prozess-Theologie gegenüber kritisch eingestellt blieb.

Auch Ian Barbour bin ich seitdem oftmals begegnet. Eines Tages bekam ich sogar einen Telefonanruf von ihm in Regensburg, denn er wollte wissen, ob Vandenhoeck & Ruprecht in Göttingen ein guter Verlag sei, da dieser seine Gifford-Vorlesungen in deutscher Übersetzung herausbringen wollte, die er 1989–1991 in Schottland gehalten hatte. Natürlich konnte ich ihm versichern, dass dies einer der besten theologischen Verlage in Deutschland sei.

Bei Langdon Gilkey bemerkte ich sofort, warum er als Doktorvater so beliebt war. Als ich dem Ruf nach Deutschland gefolgt war, fragte er mich bei einer *AAR*-Tagung: „Hans, fühlst Du Dich in Deutschland wirklich wohl?" Er war wahrscheinlich überrascht, dass ich noch die Tagungen der *AAR* besuchte. Er kümmerte sich wirklich um andere Menschen, was bei Professoren nicht immer der Fall ist.

Bei Van Harvey war ich erstaunt, als ich, wie erwähnt, herausfand, dass er in seiner Jugend fundamentalistische Flugblätter verteilt hatte. Man konnte eine fundamentalistische Einstellung bei ihm jetzt beim besten Willen nicht mehr entdecken. Ähnlich wie der Religionsphilosoph John Hick, den ich bei einer anderen Tagung in England kennen lernte und von dem ich nur in Erinnerung habe, dass er bei Gesprächen unter dem Tisch wunderbare Karikaturen von seinen Kollegen zeichnen konnte, schwenkte er vom Fundamentalismus zum Skeptizismus über.

Insgesamt war für mich diese Tagung eine erinnerungswerte und lohnende Angelegenheit. Sie blieb mir auch deswegen im Gedächtnis haften, da die Eröffnung in einem Eishockeyring stattfand, der zwar überdacht, aber ohne schützende Wände war. Für einige der älteren Nobelpreisträger, die aus dem warmen Florida heraufgekommen waren und keinen Mantel dabeihatten, war diese spätherbstliche Atmosphäre völlig ungewohnt. Sie froren erbärmlich. Die weiteren Veranstaltungen fanden aber in wärmeren und geschützten Räumen statt.

3. Gesamtkirchliche Aufgaben

Wenn man in einem kirchlichen Seminar lehrt, wird man oft zu gesamtkirchlichen Aufgaben herangezogen. Da war zunächst einmal die *Faith and Order Commission* (Kommission für Glaube und Kirchenverfassung) des *National Council of Churches* (Nationalen Kirchenrates). Präsident Kent Knutson von unserer *ALC* entsandte Paul Sponheim vom *Luther Seminary* in St. Paul und mich als die zwei Delegierten unserer Kirche zu dieser Kommission. Ich war dort von 1972 an tätig, bis ich 1981 Columbus verließ. In dieser Kommission begegnete ich Vertretern einer Vielzahl von Konfessionen, von den Schwendenborgianern bis zu Vertretern der *Church of God of Anderson, Indiana*, den Südlichen Baptisten oder den Episkopalen. Der begeisternde Direktor der Kommission war Dr. Jorge Lara-Braud (1931–2008), der seinem Aussehen und seiner Sprache nach aus Lateinamerika stammte und uns immer wieder an unsere Bedeutung für das *National Council* erinnerte, denn wir waren die einzige Gruppe im *National Council*, die sich mit Theologie befasste. Alle anderen Gruppen waren mit sozialen oder strukturellen Fragen beschäftigt.

Zwei Vertreter aus der Kommission sind mir besonders im Gedächtnis haften geblieben: zunächst Justo González, ein unermüdlicher Autor und anerkannter Kirchengeschichtler. Wegen seiner kubanischen Abstammung hatte er großes Interesse an sozialer Gerechtigkeit. Es war für mich eine wunderbare Überraschung, ihn viele Jahre danach wiederzutreffen, als ich als Gastprofessor am *Lutheran Theological Southern Seminary* lehrte. Er hielt dort einen Vortrag und war dynamisch und nett wie immer. So konnten wir uns über die Zeit am *Council* unterhalten und was aus diesem und jenem Mitglied geworden war. – Das andere Mitglied, an das ich mich gerne erinnere, war Schwester Ann Patrick Ware, eine römisch-katholische Nonne, die sich immer mehr emanzipierte und sich unglücklicherweise auch von ihrer von Männern dominierten Kirche entfremdete. Wir wussten alle, wie sehr allergisch sie auf Stereotypen reagierte. Bei einer Tagung packten wir sie bei diesem Schwachpunkt. Als sie etwas verspätet zur Tagung erschien, verabredeten wir, dass wir vorschlagen würden, sie solle das Protokoll führen. Dies war ihrer Meinung nach eine dienende Rolle, die oft den Frauen zugedacht war. Wir hatten allerdings schon vorher jemanden aus unseren Reihen dazu bestimmt, das Protokoll der Sitzung zu schreiben. Als sie hereinkam und die erste Sitzungsperiode begann, schlug einer von uns mit ernster Miene vor, dass Schwester Ann das Protokoll schreiben solle. Wie erwartet, kam von ihr wie aus der Pistole geschossen ein lautes „Nein! Sie brauchen dafür doch wohl keine Frau!" Wir brachen in lautes Gelächter aus, denn genau diese Reaktion hatten wir von ihr erwartet.

Eine andere wichtige Aufgabe war für mich, am *ALC Hymnal Review Committee* des *Lutheran Book of Worship* teilzunehmen, dem Ausschuss, der unser neues Gesangbuch zu überprüfen hatte. Der Ausschuss setzte sich vorwiegend aus Laien zusammen, dann zwei Professoren (Gerhard Forde [1927–2005] vom *Luther Seminary* und ich), Kirchenmusikern und Vernon Mohr, dem Distriktspräsidenten aus unserem Texas-Distrikt. Die Leitung hatte Omar Bonderud, Vizepräsident unseres Augsburg Publishing House. Wir gingen alle liturgischen Texte durch und sangen sogar alle Lieder. Wir wollten sichergehen, dass die Lieder singbar waren und ihr Text dem christlichen Glauben entsprach. Vernon Mohr hatte eine ausgesprochene Abneigung gegen Lieder mit vielen Strophen. Er betonte immer, der Gottesdienst würde zu lange dauern, wenn alle Verse gesungen würden. Er dachte niemals daran, dass dies vielleicht dadurch ausgeglichen werden konnte, dass man die Predigt kürzte. So stimmte er gegen jedes Lied, das mehr als vier Strophen hatte. Wenn er das einmal vergaß, erinnerten wir ihn pflichtschuldigst daran, und dann erhob er sofort seinen Arm für ein Nein-Votum.

Wir wollten mehr zeitgenössische Lieder und baten deshalb die innerlutherische Kommission für den Gottesdienst, uns mehr zeitgenössische Lieder zur Auswahl zu geben. Schließlich bekamen wir, wonach wir gefragt hatten. Als wir jedoch sahen, wie wenig Tiefgang diese Lieder hatten, verstanden wir, warum uns die Kommission nur sehr zögerlich solche Lieder zur Verfügung gestellt hatte. Viele dieser modernen Lieder waren einfach nichtssagend. Sie beinhalteten keine Botschaft und hatten oft keine singbare Melodie. So nahmen wir nur einige wenige zeitgenössische Lieder auf, wie „Lift High the Cross" (Tragt das Kreuz hoch erhaben) und „Earth and All Stars" (Die Erde und alle Sterne).

Eines unserer großen Probleme war die „kurze Ordnung für Sündenbekenntnis und Absolution" (*Brief Order for Confession and Forgiveness*). Es war die Idee der Kommission unter der Leitung von Gene Brand, dass man nicht am Beginn jedes Gottesdienstes ein Sündenbekenntnis und eine Absolution benötigte. Sie wollten diese Ordnung nur einmal drucken und nicht am Beginn jeder der drei verschiedenen Gottesdienstordnungen. Aber wir bestanden darauf, dass sie an den Beginn jedes Gottesdienstes gehörte. Deshalb wurde die Ordnung für Sündenbekenntnis und Absolution an den Beginn jedes Gottesdienstes gestellt. Damals in den 70er Jahren stand die Sünde nicht sehr hoch im Kurs. Es war für uns auch sehr schwierig auszudrücken, dass der Mensch sich nicht selbst erlösen konnte. Schließlich hatte Gerhard Forde die richtige Formulierung gefunden und schlug vor: „Wir bekennen, dass wir von der Sünde umschlungen sind und uns nicht selbst befreien können." Bezüglich der Absolution war die Befürchtung, dass sich die Ordinierten zu weit von den Laien entfernten. Deshalb gab es eine allgemeinere Absolution als Alternative, bei der die Erklärung der Vergebung nicht durch die Ordinierten verkündet wurde.

Ein ganz anderes Problem begegnete uns im Apostolischen Glaubensbekenntnis. Dort heißt es traditionell, Christus ist „niedergefahren zur Hölle". Im Griechischen steht für „Hölle" „Hades" und im Lateinischen „inferos". Keine dieser Begriffe heißt im modernen Sinn des Wortes „Hölle", also der Ort oder die Dimension der ewigen Qual oder der ewigen Ferne von Gott. Er könnte eher die Bedeutung von Fegefeuer haben, wie in der römisch-katholischen Tradition, oder einfach ein „Ort", an dem die Verstorbenen auf die Auferstehung am Ende der Tage warten. Der Ausdruck „Hölle" zielt also in die falsche Richtung. Deshalb wird dieser Ausdruck jetzt meist übersetzt mit Christus ist „hinabgestiegen in das Reich des

Todes". Aber die Missouri-Synode bestand auf „niedergefahren zur Hölle". Sie verlangten von uns ein Nachgeben, da sie sonst nicht bei dem neuen Gesangbuch mitmachen würden. Da wir dieses lutherische Gemeinschaftsprojekt nicht gefährden wollten, gaben wir nach und „gaben Missouri die Hölle", wie einige sagten. Aber im letzten Moment trennte sich die Missouri-Synode doch von uns und brachte ihr eigenes Gesangbuch heraus. Trotzdem waren wir überzeugt, dass es ein gutes Gesangbuch war, das wir in seiner Entstehung begleiteten. In der Tat kam es bei den Gemeinden gut an.

Eine Aufgabe, wenn auch von kurzer Dauer, war die Teilnahme an der Tagung des Weltkirchenrates zu *Faith, Science, and the Future* (Glaube, Wissenschaft und die Zukunft), die in Boston am *Massachusetts Institute of Technology* (*MIT*) vom 12.-24. Juli 1979 stattfand. Ich war einer der zwei Seminarprofessoren der *ALC*, die daran teilnehmen durften. Der andere war Ted Peters. Ursprünglich sollten keine *ALC*-Professoren daran teilnehmen, auch wenn ihr Interessengebiet das Gespräch zwischen Theologie und den Naturwissenschaften war, sondern nur Pastoren und Laien. Glücklicherweise konnten wir das ändern. Ich traf dort auch einige deutsche Kollegen, unter ihnen den Ethiker Trutz Rendtorff von der Universität München und Klaus Koch, den Alttestamentler von der Universität Hamburg. Während alle Vertreter der verschiedenen Konfessionen in Studentenwohnheimen wohnten, bestand die sowjetische orthodoxe Delegation darauf, in Hotelzimmern zu übernachten. Der Weltkirchenrat gab nach und sie wurden im nahegelegenen Sheraton Hotel untergebracht. Die orthodoxe Delegation war eine interessante Gruppe. Bei jeder Abstimmung beobachteten sie einander sorgfältig und stimmten immer als Block einstimmig ab. Eine eigene Meinung zu haben, war in der Sowjetunion verboten und hier war die orthodoxe Delegation keine Ausnahme.

Eine eigene Meinung zu haben, war auch nicht das, was die Leiter der Konferenz wollten. Einige von uns wussten, dass es am *MIT* einen Kernreaktor gab und dass gleichzeitig auch Leute am *MIT* an einem Fusionsprojekt arbeiteten. Sie wollten nicht nur Energie durch Kernspaltung erzeugen, wie in den konventionellen Atomreaktoren, sondern wollten herausfinden, ob man wie in der Sonne durch Kernfusion Energie gewinnen kann. Wir dachten, statt einfach über die zukünftige Energieversorgung Theorien aufzustellen, könnten wir doch aus erster Hand erfahren, welche Möglichkeiten es in Bezug auf die Energiebeschaffung gäbe. So schlugen wir vor, die beiden *MIT*-Projekte zu besuchen. Da aber solch ein Besuch von den Leitern der Konferenz nicht geplant war, durften wir nicht einmal durch eine Ansage bekannt machen, dass solch ein Besuch möglich wäre. Durch Mundpropaganda konnten wir jedoch ungefähr 20 Leute zusammenbringen, um den Kernreaktor und das Fusionsprojekt auf dem Campus zu besuchen. Der Leiter der Abteilung, die am Kernreaktor arbeitete, gab uns bereitwillig eine Führung. Zu unserer großen Überraschung sagte er uns, dass er sich ursprünglich mit der Solarenergie befasst hatte. Als wir ihn fragten, warum er von der Solarenergie zur Nuklearenergie übergewechselt war, ob Fusion oder Kernspaltung, antwortete er: „Solarenergie kann niemals die konventionelle Energie ersetzen, die wir jetzt benutzen. Als Ersatz kann nur die Kernenergie dienen. Sogar die Energie, die man aus Kernfusion hoffentlich einmal gewinnt, kann nur im Zusammenspiel mit der Spaltung funktionieren." Der Tenor der Konferenz war, dass die Kernenergie, ganz gleich in welcher Form, immer zu Unglücken führen würde und deshalb völlig verboten werden sollte.

4. Theologie als Funktion der Kirche

In Columbus lernte ich, was Theologie bedeutet. Sowohl Karl Barth als auch Paul Tillich hatten betont, was ich auch dort entdeckte: Die Theologie ist eine Funktion der Kirche und kein individualistisches Hobby von Gelehrten. Dies wurde durch die täglichen Gottesdienste am Seminar deutlich. Ed Fendt hatte eine sehr wirkungsvolle Art, wie er eine fast hundertprozentige Teilnahme an den Gottesdiensten erreichte. Er legte eine Pflichtveranstaltung vor den Gottesdienst und eine danach und ließ während der Gottesdienste die Bibliothek schließen. Unter der Führung von Stan Schneider in

Homiletik, Ron Hals, Altes Testament, und Merl Hoops, Neues Testament, sowie mir in der Systematik evaluierten wir die Predigten der Studenten, die in diesen täglichen Gottesdiensten gehalten wurden. Ich war sicher oft etwas zu streng mit den Studenten. Aber sie predigen zu hören und ihren Predigtstil zu analysieren, zeigte auch mir etwas davon, wie ich selbst predigen sollte. Während die Predigten der Studenten automatisch für die spätere Analyse in ihrem Homiletikkurs auf Video aufgezeichnet wurden, zeichnete man die Predigten der Professoren nicht auf. Ich bestand aber immer darauf, auf Video aufgenommen zu werden, denn ich wollte sehen, welche Eigenheiten ich entwickelt hatte. Sich auf Video selbst zu sehen, kann sehr ernüchternd sein, wie ich oft feststellen musste! Als ich nach Deutschland zurückkehrte, vermisste ich die täglichen Gottesdienste und das geistliche Leben, das durch das gemeinsame Singen, Beten und Hören auf Gottes Wort gefördert wurde, wie es sich auf das tägliche Leben bezieht.

Mein kirchliches Leben erschöpfte sich aber nicht mit den Gottesdiensten im Seminar. *Redeemer Lutheran Church* an James Road, wo ich immer noch Mitglied bin und wo auch Merl Hoops und Ron Hals ihre Mitgliedschaft haben, war mein kirchliches Zuhause. Wir wählten *Redeemer*, da diese Kirche uns am nächsten lag und wir zu Fuß hingehen konnten. Ich war niemals dafür, mich nach einer Kirche umzusehen, die mir passte. Es war selbstverständlich für uns Seminarprofessoren, dass wir reihum bei der Sonntagsschule der Erwachsenen Dienst taten. – Der Frühgottesdienst war von 8:30 h bis 9:30 h; von 9:45 h bis 10:45 h war Sonntagsschule, denn in den USA gibt es keinen Religionsunterricht in der Schule, und von 11 h bis 12 h der Spätgottesdienst. – Ich habe in der Sonntagschule meine Manuskripte ausprobiert, die später in Buchform erschienen, wie zum Beispiel *On the Way to the Future, Our Cosmic Journey* und *The Search for God* (Auf dem Weg zur Zukunft, Unsere kosmische Reise und Die Suche nach Gott). Die Reaktion von anderen auf das, was ich gesagt oder geschrieben hatte, war mir immer äußerst wichtig. Ich weiß nicht, ob ich immer hörte, was jemand kritisch anmerkte, aber ich versuchte wenigstens auf die Person zu hören.

Neben der Sonntagsschule war ich viele Jahre im Stewardship-Komitee tätig. Stewardship oder kirchliche Haushalterschaft ist für mich das Rückgrat jedes Gemeindelebens, denn auch die Kirche braucht Geld, um funktionieren zu können. Um das jährliche Budget allen Mitgliedern der Redeemer-Gemeinde nahezubringen und um von ihnen eine Zusicherung zu bekommen, wie viel sie geben wollten, schlug ich vor, dass wir alle Mitglieder der Gemeinde besuchten. Die unmittelbare Reaktion war: „Nein! Wir haben nicht genügend Freiwillige, die solch ein Besuchsprogramm durchführen." Ich gab mich nicht geschlagen und wandte ein: „Lasst es uns doch wenigstens versuchen. Es dürfte sehr einfach sein. Wenn wir all die Gemeindemitglieder fragen, die in unserer Gemeinde an Komitees arbeiten, und sie in Zweiergruppen aussenden, dann braucht jedes Paar nicht mehr als sechs Besuche bei den anderen Gemeindemitgliedern zu machen." – In den Gemeinden in den USA gibt es viele Komitees, wie etwa für Finanzen, Kirchenmusik, Bau- und Reparaturmaßnahmen usw. – Ich dachte, so etwas wäre möglich. Aber dann kam der nächste Einwand: „Denkst du wirklich, dass jedes Komitee-Mitglied in solch einem Besuchsteam sein möchte?" Wiederum gab ich nicht auf und antwortete: „Lasst uns sehen, was wir erreichen." Ich hatte eine sehr einfache Methode: Zuerst fragte ich persönlich die Komitee-Mitglieder, von denen ich bestimmt wusste, dass sie mir kein Nein als Antwort geben würden. Nachdem ich etwa zehn von ihnen so auf meine Seite gebracht hatte, rief ich die anderen an. Ich erzählte jedem, dass wir alle Mitglieder der Gemeinde besuchen wollten, um sie über unser Gemeindebudget zu informieren. Dann sagte ich: „Bisher haben alle Komitee-Mitglieder gesagt, dass sie mitmachen wollen." Dann kam mein entscheidender Satz: „Ich bin sicher, dass Sie auch mitmachen wollen." Niemand wollte dann der Erste sein, der mir ein Nein gab, und so haben alle Komitee-Mitglieder ohne Ausnahme mitgemacht – oder besser gesagt, sie wurden dazu animiert mitzumachen.

Wir bekamen zwar nur wenig mehr finanzielle Zusagen als gewöhnlich, aber zumindest wussten jetzt alle Mitglieder von unserem Haushaltsplan und dass die Mission unserer Gemeinde von ihnen abhing. Ich tat mich für meine Besuche mit Hilda Kautz vom Stewardship-Komitee zusammen. Da sie sehr offen auf alle Leute zugeht, musste ich nicht viel reden. Aber die Besuche waren für mich eine ausgezeichnete Gelegenheit, einige unserer Mitglieder in ihrer häuslichen Umgebung kennen zu lernen. Als dann das nächste Jahr kam und ich im Stewardship-Komitee fragte, was wir mit unserem Budget machen sollten, war die sofortige Antwort: „Wir müssen unsere Mitglieder besuchen." Das Eis war gebrochen und diese Besuche waren schon etwas Natürliches geworden. So war es für mich nicht überraschend, dass ich 1979 zum Präsidenten unserer Gemeinde gewählt wurde. In dieser Funktion tat ich nichts Außergewöhnliches. Aber ich habe mich nicht gescheut, unsere Gemeinde mit so genannten Tempelansprachen (*temple talks*) zu konfrontieren, wenn der Durchhänger am Gottesdienstbesuch im Sommer zeigte, dass wir mit unseren Finanzen ein beträchtliches Defizit hatten. Ich sagte der Gemeinde, wie viel wir jeden Sonntag brauchen, um das Defizit auszugleichen, und was das im Prozentsatz für jedes Gemeindemitglied bedeutete. Ich fand, dass es niemals schadet, den Menschen sehr direkt die Wahrheit zu sagen. Oft bringt das die Ergebnisse, die man sich wünscht.

Da meine Frau die Kirchenorganistin einer *United Church of Christ* Gemeinde (*UCC: St. John's on Mount Street*), eine unierte Kirche) war, besuchte ich am Sonntagmorgen gewöhnlich mit den Kindern allein den Gottesdienst in *Redeemer*. Als die Kinder noch sehr klein waren, saßen wir ganz hinten in der Kirche, so dass ich schnell hinausgehen konnte, wenn die Kinder zu unruhig wurden. Ich erinnere mich noch an eine Episode, als unser kleiner Sohn Hans mit seinen unbändigen zwei Jahren nicht aufhören wollte zu reden. Ich steckte den Schnuller in seinen Mund, um so die Quelle des Lärms zu verstopfen. Doch nahm er sofort den Schnuller aus seinen Mund und steckte ihn in meinen. Die Organistin, die das beobachtet hatte, konnte sich vor Lachen fast nicht mehr zurückhalten.

Als die Kinder etwas älter waren, saßen wir immer in der ersten Reihe, so dass sie beobachten konnten, was im Gottesdienst vor sich ging. Als das Abendmahl ausgeteilt wurde, mussten sie immer allein sitzen bleiben, denn damals war das Segnen der Kinder, die noch nicht alt genug für den Abendmahlsempfang waren, noch unbekannt. Als ich einmal vom Abendmahl zurückkam, sagte die kleine Krista: „Ich möchte auch einen *Lifesaver*." – *Lifesaver* (Lebensretter) waren runde, weiße Bonbons, die wie ein Rettungsring in der Mitte ein Loch hatten. – Wahrscheinlich hat sie die weißen Hostien gesehen, die ausgeteilt wurden, und für sie sahen sie aus wie *Lifesaver*. Aber die Theologie hinter ihrer unschuldigen Bemerkung war erstaunlich. Das Abendmahl ist ein Lebensretter. Ich erinnere mich, als mir ein Student sagte, nach dem das wöchentliche Abendmahl in unserem Seminar eingeführt wurde: „Besonders wir brauchen das wöchentliche Abendmahl." Eine andere Bemerkungen unserer Tochter Krista zeigte ihr frühes Interesse an der Gleichheit der Geschlechter, als sie fragte: „Warum sagen wir immer A-men und nicht A-women?"

Während meiner 14 Jahre in *Redeemer* hatten wir nur zwei Pastoren, Bob Menter, der Sohn von Dr. Norman Menter, in dessen Haus wir anfangs lebten, als wir nach Columbus kamen, und Robert Kelley. Beide waren ganz verschiedene Persönlichkeiten. Bob Mentor war sehr unbekümmert und doch ein Mensch, den die anderen Menschen am Herzen lagen. Seine lässige Haltung wurde mir deutlich, als ich bemerkte, dass das Verzeichnis der Gemeindemitglieder völlig veraltet war. Ich erinnere mich, in welch peinliche Lage ich kam, als ich jemanden im Namen des Stewardship-Komitees anrufen wollte. Ich rief das Haus eines Mitglieds unserer Gemeinde an und die Frau beantwortete den Anruf. Als ich sagte, ich möchte mit ihrem Mann sprechen, antwortete sie: „Es tut mir leid, er ist vor zwei Jahren gestorben." Mit vereinten Kräften haben wir dann aber schnell das Gemeindeverzeichnis wieder auf den neuesten Stand gebracht.

Robert Kelley war genau das Gegenteil. Er war zurückhaltend und sehr sorgfältig in seiner Arbeit. Aber es gab etwas, das ich nicht verstand. Als ich vom Stewardship-Komitee aus vorschlug, dass er Kinderpredigten einführen sollte, antwortete er: „Ich kann mit Kindern nicht umgehen." Dabei hatten er und seine Frau Marlene selbst zwei Kinder. – Wir haben dann die Kinderpredigten einmal im Monat selbst gehalten, denn bei diesen hörten die Erwachsenen immer besonders gut zu.

Der berühmte deutsche Prediger und Theologe Helmut Thielicke sagte mir auch einmal: „Ich kann mich wirklich nicht mit jungen Kindern abgeben." Doch auch er und seine Frau hatten vier eigene Kinder, obwohl die damals schon lange erwachsen waren. Ich glaube immer noch nicht, dass diese Antwort stimmte, und auch bei Pastor Kelley bin ich mir nicht sicher. Er konnte sich schon mit kleinen Kindern abgeben, aber er war eben sehr zögerlich, dies zu tun.

Als Helmut Thielicke (1908–1986) zu Vorträgen in Columbus weilte, luden wir ihn und seine Frau zu uns nach Hause zum Abendessen ein. Wir hatten unserem Sohn erklärt, dass der berühmte deutsche Professor Thielicke kommen würde. Sobald der damals sechs Jahre alte Hans ihn sah, rannte er aus der Haustüre und die Einfahrt hinunter, umfasste Helmut Thielickes Beine und rief: „Professor Thielicke!" Der Widerstand gegen kleine Kinder schwand bei dem berühmten Professor und er entschuldigte sich über die Maßen, dass er kein Geschenk für den kleinen Hans mitgebracht hatte. Er vergaß das aber nicht und sobald er wieder zu Hause in Hamburg war, sandte er für Hans ein Bilderbuch mit dem Titel *Fisch ist Fisch*. Unser Sohn erinnert sich bis heute immer noch gerne an dieses Buch.

Als Hans alt genug war um, um die Kerzen am Altar vor dem Gottesdienst anzuzünden und sie nach dem Gottesdienst wieder auszulöschen – ein Dienst für Jugendliche in vielen amerikanischen Kirchen –, erklärte ihm Pastor Kelley, wie wichtig diese Position war. Ich hatte oft den Eindruck, dass für Hans Pastor Kelley an erster Stelle stand, dann Gott und dann nach einer großen Lücke erst wir, seine Eltern. Ich wollte diese Rangordnung nicht verändern. Als Pastor Kelley Bischof des südöstlichen Distrikts von Ohio der *ELCA* (*Evangelical Lutheran Church of America*) wurde, die aus einem Zusammenschluss der *ALC* und der *LCA* (*Lutheran Church of America*) entstand, besuchte er Hans sogar in Deutschland, als er nach Frankfurt zu einer Tagung musste. Hans arbeitete damals im nahe gelegenen Wiesbaden. Er wollte wissen, ob es noch eine Möglichkeit für Hans gab, den Beruf eines Pfarrers zu ergreifen. So wuchsen unsere Kinder gleichsam in der Kirche auf. Und als für mich 1981 die Zeit kam, Columbus auf Wiedersehen zu sagen, war es für uns am schwierigsten, die Gemeinde und die Leute dort zu verlassen, die zu einem wichtigen Teil in meinem Leben geworden waren. Aber damit eile ich der Geschichte voraus.

5. Mein erstes Freijahr – Als theologischer Lehrer in Deutschland und Italien

Im Mai 1970 kündigte unser Präsident Dr. Fendt während der Sitzung des Verwaltungsrates (*Board of Regents*) unseres Seminars an, dass er „am 30. Juni 1971 oder einen Datum bald danach, was davon abhängt, wann ein Nachfolger, der noch gefunden werden muss, sein Amt übernehmen kann," in den Ruhestand gehen werde. Dr. Fendt hatte mir gesagt, dass er sicherstellen wollte, dass ich verbeamtet würde, während er noch Präsident war. Deshalb bekam ich im Frühjahr 1971 *tenure*, das heißt, ich wurde verbeamtet und zum außerordentlichen Professor (*associate professor*) ernannt. Ich bekam nun ein Freijahr und konnte dieses für 1973/1974 planen. Ich war sehr froh, dass ich dafür den Schiotz-Fellowship-Preis der *Aid Association for Lutherans* (*AAL*) bekam, um finanziell einen Teil meines Freijahres abzusichern. Da William Streng von Wartburg der andere Empfänger des Schiotz-Preises war, fand die Preisverleihung am Seminar in Dubuque, Iowa, statt, wo das *Wartburg Seminary* liegt, an dem Streng lehrte. Die *AAL* flogen meine Frau und mich von Columbus nach Dubuque nur für diesen Tag zur Preisverleihung.

Wie erwähnt, hatte ich in Oberlin J. Robert Nelson kennen gelernt, eine der großen Gestalten der ökumenischen Bewegung. Er hatte jede Vollversammlung des Weltkirchenrates besucht, von seiner Gründung 1948 in Amsterdam bis zu der achten Generalversammlung 1998 in Harare, Zimbabwe. Durch Nelsons Initiative wurde ich als erster Lutheraner eingeladen, als Gastprofessor im Sommersemester 1974 an der päpstlichen Gregorianischen Universität in Rom zu lehren.

Das Wintersemester 1973/74 verbrachte ich als Gastprofessor an der Augustana, der kirchlichen Hochschule in Neuendettelsau, wo ich Professor Wilhelm Andersen (1911–1980) vertrat, der ein Forschungsfreisemester hatte. Ich habe diese Gelegenheit sehr geschätzt, an einer kirchlichen Hochschule in Deutschland zu lehren, denn ich hatte so die Möglichkeit, deutsche Studenten kennen zu lernen und die Kollegen in der verhältnismäßig kleinen Fakultät. Besonders der Kirchengeschichtler Wilhelm Friedrich Kantzenbach war mir zugetan. Obwohl er bei weitem der profilierteste Autor an der Fakultät war, hatte er immer Zeit, sich mit mir zu unterhalten. Dann lehrte dort auch der Neutestamentler August Strobel (1930–2006), den ich noch aus meinen Erlanger Tagen kannte. Er war mit archäologischen Ausgrabungen in Palästina beschäftigt und bekam später die Stelle des Direktors des *Deutschen Evangelischen Instituts für Altertumswissenschaft des Heiligen Landes* (1984–1994). Es entwickelte sich zwischen uns eine Freundschaft, da wir uns in der Theologie sehr ähnlich waren. Schließlich war dort auch Helmut Angermeyer in der praktischen Theologie, ein Kollege, mit dem sich eine Freundschaft entwickelte, die bis zu seinem Tod 1992 währte. Nachdem wir in die USA zurückkehrten, besuchten wir ihn jedes Jahr.

Da Neuendettelsau nur eine Autobahnausfahrt von meiner Heimatstadt Schwabach entfernt war, konnte unsere Familie dort in dem Apartment wohnen, in dem wir normalerweise unseren Sommer in Deutschland verbrachten, also ein sehr angenehmes Arrangement.

In Rom war das jedoch ganz anders. Wie konnten wir für eine Familie mit zwei kleinen Kindern eine Bleibe finden? Ich verließ mich auf meinen Kollegen Jan Witte an der *Gregoriana*, der als Niederländer ein Experte für reformierte Theologie war. Erstaunlicherweise glückte es ihm, uns ein wunderbar ausgestattetes Apartment zu besorgen, sogar mit einem offenen Kamin. Es lag an der Via Nomentana genau gegenüber der Villa Torlonia, dem ehemaligen

Palast des faschistischen Diktators Benito Mussolini (1883–1945). Wir zahlten immer pünktlich unsere Miete an den Vermittler, um am Ende unseres Aufenthalts herauszufinden, dass der tatsächliche Besitzer des Apartments von dem Vermittler nicht einen Pfennig bekommen hatte, sondern dieser das ganze Geld für sich behalten hatte. Trotzdem war es eine wunderbare Wohnung. Das große Apartment ermöglichte es uns auch, Kollegen der Fakultät von der *Gregoriana* zum Essen einzuladen und die vielen Gäste zu beherbergen, die uns besuchten, um sich Rom anzusehen.

Wenn Gäste kamen, erwarteten sie natürlich von uns, dass wir uns als Fremdenführer betätigten. Jedes Mal führten wir die Gäste neben den obligatorischen Orten zu anderen Sehenswürdigkeiten, so dass auch wir auf diese Weise die interessantesten Orte in Rom und Umgebung besichtigen konnten. Da ich von der *Gregoriana* einen Fakultätsausweis besaß, war der Eintritt in den meisten Museen kostenlos, außer in denen des Vatikans. Die *Gregoriana* mit zwei Fakultäten, eine in Kirchengeschichte und die andere in der eigentlichen Theologie, war ein wunderbarer Ort, an dem ich lehren und arbeiten durfte. Ich nahm von unserem Apartment bis zur Stadtmitte den Bus, ging an der berühmten Fontana di Trevi vorbei und war dann schon an der *Gregoriana*. Da ich immer eine Aktentasche trug, galt ich als Einheimischer und wurde im Gegensatz zu vielen Touristen niemals bestohlen.

Ehe ich nach Rom ging, besuchte ich Bischof Dietzfelbinger in München und unterrichtete ihn über meine Gastprofessur in Rom. Bei dem Gespräch gab er mir folgenden Rat: „Sagen Sie ihnen einfach, was sie als Lutheraner glauben, und machen Sie keine Ausflüchte." Dies war ein sehr guter Rat, denn alle meine Studenten in meinem Seminar an der *Gregoriana* waren überzeugte Katholiken. Aber keiner von ihnen war ein Zelot, d.h. ein 200-prozentiger Vertreter des Katholizismus. Ich fühlte mich bei ihnen richtig zu Hause. Dasselbe galt auch für die Fakultät, wenigstens für die Kollegen der Fakultät, denen ich begegnete.

René Latourelle, der damalige Dekan der theologischen Fakultät, gestand mir einmal, wie wenig Geld sie hatten. Sie konnten kaum die Kosten für die Universität bezahlen. Ich schlug vor, dass sie Paul VI., der damals Papst war und an ihrer Universität studiert hatte, um einen Zuschuss bitten sollten, so dass sie das Defizit ausgleichen konnten. Seine unmittelbare Antwort jedoch war: „Wir würden eher verhungern, als so abhängig zu werden!" Sowohl die Fakultät als auch die Studenten, die ich traf, waren ihrer Kirche zugetan, aber nicht in einer unkritischen Weise. Jan Witte erzählte mir einmal, dass er sich mit einem Kollegen von der *Gregoriana* über das lutherische Verständnis des Abendmahls unterhielt. Als Jan Witte bemerkte, dass dieser Kollege sehr skeptisch war, was die Lutheranern tatsächlich feierten, fragte ihn Jan Witte: „Meinen Sie, dass sich dort nichts ereignet?" „Ja", war die Antwort des Kollegen, „es ist alles nur Theater." Damit war unser Gespräch beendet, sagte mir Jan Witte. Es macht keinen Sinn mit solch einem Kollegen zu reden, selbst wenn er an der gleichen Fakultät lehrt.

Ich werde auch niemals vergessen, wie einige meiner Studenten freiwillig auf unsere Kinder Acht gaben, so dass wir die päpstliche Messe am Ostersonntagmorgen in vorderster Reihe auf dem Petersplatz miterleben konnten. Ich erinnere mich auch, wie unsere Kinder „Ringel, Ringel, Reihe" mit Bischof Maloney spielten, der damals dem *American College* vorstand, das als Studentenwohnheim und Seminar für die amerikanischen Theologiestudenten diente.

Meine Studenten waren sehr pragmatisch. Als ich sie fragte, wie sie mit den Aussagen des Papstes zur Familienplanung leben konnten, sagten sie: „Das ist kein Problem." Als sie meine Überraschung bemerkten, erklärten sie: „Der Papst ist ein Italiener und diese übertreiben immer. So können wir 50 Prozent, von dem, was er sagt, abziehen. Dann spricht er Italienisch und wir verstehen Italienisch nicht so gut, so dass wir wiederum 50 Prozent abziehen können. Und mit dem Rest können wir bequem leben."

Ich hatte nicht nur Studierende aus den USA in meinem Seminar, sondern von praktisch überall aus der Welt, von den Fidschi-Inseln bis Großbritannien. Besonders bemerkenswert war eine Nonne, die Englisch mit einer vollkommen indischen Intonation sprach, aber aus Großbritannien war. Als ich die Nonne, eine Gynäkologin, fragte, wie sie zu diesem indischen Akzent kam, erklärte sie mir, dass sie die meiste Zeit ihres Lebens in Indien verbracht hätte. Bei einer Seminarsitzung sagte sie mir, dass sie die restlichen Sitzungen nicht mehr besuchen könne, denn sie hatte die Aufforderung bekommen, nach Großbritannien zu gehen. Ordensangehörige haben sehr wenig Umzugsgepäck, wenn sie versetzt werden. Sie packen einfach ihren kleinen Koffer und dann sind sie reisefertig.

Dies traf auch für die jesuitische Fakultät an der *Gregoriana* zu. Jan Witte hatte nur ein Zimmer für sich, das ihm als Wohn-, Schlaf- und Arbeitszimmer diente. Ein Vorhang verbarg sein Bett, das in einer Ecke des Zimmers stand. Dann hatte er einen Schreibtisch und ein Bücherregal mit vier Brettern voller Büchern. „Die auf den beiden oberen Brettern", so erklärte er mir, „sind aus der Bibliothek der *Gregoriana* und die zwei auf den unteren sind aus den Niederlanden. Nach meinem Tod werden sie an ihre ursprünglichen Plätze zurückkommen." Jan Witte trug immer einen schwarzen Anzug, der sehr mitgenommen aussah. Dies war nicht überraschend, denn an der *Gregoriana* bekamen die Professoren keinen Gehalt. Für ihren Unterhalt und für alles Lebensnotwendige wurde gesorgt, aber nicht für Extras. So erzählte mir der Dekan, dass er zwar ein Dienstzimmer bekam, aber erst nach einem Jahr die Erlaubnis, dass er für dieses Zimmer von seinen Honoraren, die er für seine Bücher bekam, Möbel anschaffen durfte. Auch wenn er seine Eltern in Kanada besuchte, zahlte die Universität nur den Flug, alles andere mussten seine Eltern begleichen.

Jozef Vercruysse, der Nachfolger von Jan Witte, war etwas moderner als dieser und besaß ein mit Batterien betriebenes Radio. Doch gestand er mir, dass es sehr teuer sei, diese Batterien zu ersetzen. Dies war kein Wunder, wenn man kein Gehalt bekam. Trotzdem ist diese eine der berühmtesten Universitäten der katholischen Kirche mit einer ausgezeichneten Fakultät.

Als ich einmal Dr. Jorge Laura-Brad von der strengen Einhaltung des absoluten Armutsideals an dieser jesuitischen Universität erzählte, antwortete er: „Was für eine Freiheit haben diese Menschen! Man kann ihnen nichts wegnehmen." In der Tat, wir Professoren, die ein Gehalt empfangen und Familie, Kinder und Hobbys haben, müssen so oft Kompromisse eingehen. Auf der anderen Seite haben wir auch mehr ein Gefühl dafür, wie das Leben in der Welt wirklich ist. Als Jan Witte mich fragte, wie viel ich für meinen VW bezahlt hatte, nannte ich ihm den Preis. Aber das ging völlig an ihm vorbei, denn er hatte kein wirkliches Verständnis für Geld.

Schade, dass dieses Sommersemester so kurz war und mein Freijahr sich dem Ende näherte. Ich wurde an dieses Ende durch den Besuch von Fred Meuser erinnert, der Dr. Fendt als Präsident unseres Seminars nachfolgte. Er wollte mich über die Veränderungen informieren, die während meiner Abwesenheit von Columbus dort stattgefunden hatten. Ich holte Fred Meuser von Flughafen ab und fuhr dann die Via Nomentana entlang und von da in eine Tiefgarage in unserer Nähe. Fred Meuser rief bei meinen Fahrkünsten halb belustig, halb ängstlich aus: „Du bist ein richtiger Cowboy!" Um mit den italienischen und besonders mit dem römischen Verkehr mithalten zu können, musste man schon ganz anders als in den USA fahren. Trotzdem muss ich sagen, dass der Verkehr in Rom niemals gefährlich war. Sogar als Fußgänger hatte man immer eine gute Chance, die Straße zu überqueren. Die Autos kurvten einfach um einen herum.

Die Erfahrungen in Rom hatten uns verwöhnt. Ich hatte eine ausgezeichnete Gruppe von Studenten. Jan Witte schrieb in einem Brief, bevor wir nach Rom kamen: „Ihr Kurs ist jetzt schon ein Erfolg. Sie haben über 40 Studenten (normalerweise werden sich noch einige später einschreiben). Für einen Kurs in Englisch ist das außergewöhnlich." Da einige Studenten wussten, dass ich Deutscher war, dachten sie, ich würde auf Deutsch lehren. Einige deutsche Studenten kamen auch zur ersten Sitzung des Seminars. Als sie jedoch merkten, dass ich auf Englisch lehrte, blieben sie weg. Aber wir hatten immer noch eine wunderbare Gruppe. Als Seminartext benutzte ich mein neues Buchmanuskript, *The Search for God* (Die Suche nach Gott), und bekam von den Teilnehmern einige wertvolle Hinweise für die Verbesserung des Textes.

Ähnlich wie am Seminar in Columbus, veranstalteten wir eine Seminareinladung, indem wir die Studierenden in Zehnergruppen in unser Apartment einluden und sie mit einem warmen Abendessen und Getränken versorgten. Als wir eine Gruppe von Fakultätsmitgliedern zu uns einluden, waren sie sehr überrascht, als sie hörten, dass auch Nonnen unserer Seminareinladung gefolgt waren. Die Kollegen von der *Gregoriana* gingen davon aus, dass Nonnen ihr Kloster nur für den Unterricht verlassen durften. Vielleicht dachten die Nonnen, dass die Einladung bei Professor Schwarz vergleichbar war mit Unterricht, und hatten deshalb kein Problem, die Einladung anzunehmen. Wie erwähnt, wurden wir auch mehrere Male in das *American College* eingeladen und wir hatten dabei immer eine großartige Zeit der Freundschaft und des theologischen Austausches.

In Rom besuchte ich natürlich auch die Gottesdienste in unserer deutschen lutherischen Kirche und ich predigte dort mehrere Male. Ich wurde auch eingeladen, als Gast die Tagung der Synode der lutherischen Kirche in Italien zu besuchen, als sie in Venedig tagte. Während der Tagung bemerkte ich, dass diese sehr von den Deutschen dominiert wurde, die in Norditalien lebten. Die ganze Tagung verlief auf Deutsch, und wenn jemand Italienisch sprach, wurde sofort verlangt, dass dies übersetzt wurde. Mir taten die Italiener dort wirklich leid.

6. Entdecken einer neuen Welt

Die Jahre 1973/74 waren auch die Jahre der ersten arabischen Ölkrise, als die Organisation Erdöl exportierender Länder (OPEC) die Erdölförderung um 5 % reduzierte und der Ölpreis von drei Dollar pro Barrel im Jahre 1973 auf zwölf Dollar im Jahre 1974 anstieg. Heute ist das für uns ein unglaublich niedriger Preis. Zu der Zeit aber war niemand gewohnt, solch einen „hohen" Preis zu zahlen. Deshalb wurden verschiedene Maßnahmen ergriffen, um Öl zu sparen. Im November und Dezember 1973 durften zum Beispiel an

Sonntagen in Deutschland nur in Notfällen Autos auf der Straße fahren. Da die Autos von den Straßen weg waren, konnten die Menschen am Sonntagnachmittag auf der Autobahn spazieren gehen und sich bei langsamem Tempo vergnügen. Als wir nach Italien kamen, durften an einem Sonntag nur Autos fahren, deren Kennzeichen mit einer geraden Zahl endete, während am folgenden Sonntag nur die mit einer ungeraden Zahl fahren durften. Dies bedeutete, dass nur die Hälfte der Autos auf der Straße war. Da wir jedoch ein ausländisches Autokennzeichen hatten, gab es für uns keine Beschränkung. Deshalb hatten wir kein Problem mit dem Verkehr am Sonntag, denn es gab keine Verkehrsstaus. Aber allzu schnell war das Semester in Rom zu Ende und wir gingen für den Rest des Freijahres nach Deutschland zurück. Ich hatte jedoch noch ein anderes interessantes Abenteuer geplant, nämlich meine erste Vortragsreise nach Asien.

Als ich in Oberlin war, freundete ich mich mit einem Filipino namens Nathanael D. Canlas an. Er konnte aber den Erwartungen in Oberlin nicht genügen und ging deshalb mitten im akademischen Jahr nach Hause zurück. Trotzdem blieben wir über die Jahre hinaus in Kontakt. Er war Pfarrer der methodistischen Gemeinde San Fernando, Pampanga, nördlich von Manila in den Philippinen. Er berichtete mir öfters, dass seine Gemeinde das Geld für sein Gehalt nicht aufbringen konnte, denn die Leute waren so arm. Wir unterstützten ihn regelmäßig finanziell und sandten ihm jeden Monat einen Scheck. In den USA oder in Deutschland kann man sich kaum vorstellen, dass eine Gemeinde nicht die Mittel hat, ihren Pfarrer regelmäßig zu bezahlen. War das nur vorgetäuscht, um von mir Geld zu bekommen, oder war das wirklich wahr? In meinem Freijahr konnte ich ihn besuchen und herausfinden, wie die Bedingungen dort wirklich waren. Ich hatte nicht an der Ehrlichkeit von Nathanael gezweifelt, aber trotzdem waren bei mir noch einige Fragen offen.

Da ich keine Erfahrung in der so genannten Dritten Welt und mit den wirtschaftlichen Bedingungen dort hatte, flogen meine Frau und ich im Sommer 1973 für zwei Wochen nach Zentralafrika, d.h.

nach Ruanda und Zaire, noch bevor ich mit meinem Lehraufenthalt in Neuendettelsau begann, um mich mit der so genannten Dritten Welt bekannt zu machen. Wir wollten sehen, was es mit der Dritten Welt auf sich hat, ehe wir Nel in den Philippinen besuchten. Wir hatten auch meine Schwiegermutter eingeladen, uns nach Zentralafrika zu begleiten. Wir landeten in Nairobi und wurden in einem Touristencamp untergebracht. Am nächsten Morgen begegneten wir dem Tour-Manager und fragten, wo die anderen Mitglieder der Gruppe waren. Er antwortete: „Sie sind die Gruppe." Da es damals ein ziemlich neues Unterfangen für Touristen war, von Deutschland aus Zentralafrika zu bereisen, bestand die Tour wirklich nur aus uns dreien. Für uns war das natürlich ideal. Von Nairobi sollten wir nach Entebbe in Uganda weiterfliegen. Doch wegen Idi Amins Diktatur in Uganda waren es uns nur erlaubt in Entebbe zu landen, aber wir durften das Flugzeug nicht verlassen. So flogen wir weiter nach Kigali, Ruanda, und von dort fuhren wir mit dem Auto durch Ruanda nach Zaire entlang dem Ruwenzori-Gebirge. Wir fuhren insgesamt etwa 1600 km auf Straßen, die fast nur aus Schlaglöchern bestanden. Als wir losfuhren, hatten wir neue Stoßdämpfer an unserem VW-Bus, aber der Fahrer musste sie nach unserer Fahrt wieder ersetzen.

Zuerst fuhren wir durch Ruanda, eines der kleinsten und ärmsten Länder Afrikas. Im Juni 1973 hatte dort eine Revolution stattgefunden und seitdem hatte das Land eine Militärdiktatur. Der Präsident, Juvenal Habyarimana, beendete den Stammeskrieg zwischen der Bahutu-Mehrheit (85 % der Bevölkerung) und der Watusi-Minderheit (15 %) – ein Krieg, in dem zahllose Watussis ihre Häuser und oft ihr Leben verloren. Als der Präsident 1994 ermordet wurde, begann wieder ein Vergeltungs-Genozid, in dem ungefähr 1 Million Watussis und moderate Bahutus getötet wurden.

Nach Ruanda verbrachten wir die meiste Zeit in der Kivu-Provinz von Zaire, das früher Kongo hieß. Beide Länder waren einst belgische Kolonien gewesen und deshalb sind die katholischen Missionen dort ziemlich einflussreich. Doch gab es auch viele andere Gruppen, unter denen die Sieben-Tags-Adventisten besonders zahlreich waren. Es war für mich eine neue Erfahrung, in einem französisch sprechenden Territorium zu sein, in dem kaum jemand Englisch sprechen oder verstehen konnte.

Sogar in den Städten lebten die meisten Menschen in aus Stecken erbauten Hütten, die Wände mit Lehm verstärkt und das Dach aus dicken Lagen von trockenen Blättern. Unser Fahrer sagte uns, dass Präsident Mobutu den Menschen versprochen hätte, dass sie bald in Häusern leben würden, die genauso schön wären, wie die der ehemaligen weißen Siedler. Aber unser afrikanischer Fahrer war realistisch genug, dies nur als einen politischen Traum zu bezeichnen. Das Kochen geschah vor dem Haus mit einem Topf auf offenen Holzkohle- oder Holzfeuer und manchmal unter einem Blätterdach zum Schutz vor Regen oder der heißen Sonne. Sogar unserem Fahrer, der wegen seiner Stellung als Chauffeur zu den besser gestellten Afrikanern zählte, war es zu teuer, in Läden einzukaufen. Wie die meisten anderen deckte seine Familie ihren täglichen Bedarf (hauptsächlich Bananen, Süßkartoffeln und Maniok, aber kein Fleisch) mit dem eigenen Feld oder auf dem Markt. Elektrizität war nur etwas für die Bewohner der Städte, denen es finanziell besser ging. Die meisten jedoch waren schon froh, eine Öllampe für den Abend zu haben oder einfach ein Holzfeuer in ihrem Haus ohne Schornstein als Licht und Heizung. Morgens und abends war es gewöhnlich kühl, da diese Region gebirgig war und zwischen 2000 und 2500 m hoch lag.

Eines Tages, irgendwo im Urwald, war unsere Straße aufgerissen und einige Stämme waren quer über die Fahrbahn gelegt, damit jedes Fahrzeug anhalten musste. Einige nicht sehr freundliche Typen informierten uns, dass wir nicht weiterfahren konnten. Unser Fahrer, der gleichzeitig unser Dolmetscher und Fremdenführer war, verhandelte mit den Männern. Sie guckten uns durch die Fenster des Autos an, besonders mich, und nach einigen Verhandlungen entfernten sie die Stämme und warfen einige Bretter über den Graben, den sie ausgehoben hatten. Wir konnten weiterfahren. Als ich den Fahrer fragte, was er zu ihnen gesagt hätte, sagte er, er hätte ihnen erzählt, ich sei der Leibarzt von Präsident Mobutu und sie sollten sich sputen, die Straße in Ordnung zu bringen, denn sonst würden sie die Konsequenzen zu spüren bekommen.

Wir waren auf dieser Straße keine zehn Kilometer gefahren, als die Kupplung unseres Autos riss. Unser Fahrer hielt einige Lastwagen an, die in die andere Richtung fuhren, und bat sie um Hilfe. Endlich bekam er einen Rat: „Versuche in den ersten Gang zu schalten und starte dann den Motor." Mit einem großen Ruck wurden wir vorwärts geworfen, das Auto setzte sich in Bewegung und wir konnten den Rest unserer 50 km Fahrt im ersten Gang bewältigen. Mit wenig Wind, hoher Luftfeuchtigkeit und einer starken Sonne entwickelte sich bald ein süßlicher Geruch, denn wir hatten Fleisch geladen, natürlich ohne Kühlboxen oder anderen westlichen Luxus. Wegen der Verzögerung fing es wirklich an zu riechen.

Am Abend erreichten wir endlich den Ort, an dem wir übernachten sollten. Nachdem wir unsere Zimmer bezogen hatten, wurden wir bald darauf zum Abendessen gerufen. Aber keiner von uns hatte wirklich Hunger. Unsere Mägen verkrampften sich. Obwohl die Ladefläche unseres VW-Busses sauber gewaschen wurde, hielt sich der süßliche Geruch noch tagelang.

Was mich als Neuling in der Dritten Welt am meisten überraschte, waren die viele Kinder, die überall einfach aus dem Nichts aufzutauchen schienen, und der Mangel an mechanischen Geräten. Die Felder wurden mit der Hacke bearbeitet, oft diente ein Stück Eisen als Ersatz für einen Hammer und die Körner wurden in einem Mörser aus Stein durch Stampfen zu Mehl verarbeitet. Unser Fahrer erzählte uns mehr als einmal: „Nichts wird hier weggeworfen und alles kann gebraucht werden." Für mich war die Frage, wie jemals die riesige Kluft zwischen unserer mechanisierten und industrialisierten Gesellschaft und der Gesellschaft hier überbrückt werden könne. Obwohl wir sehr viele Tiere in der Wildnis sahen, die wir in unseren Ländern nur im Zoo zu Gesicht bekommen, kehrte ich ziemlich niedergedrückt nach Hause zurück. Ich war einfach ohne Antwort, wie dieser riesige Graben zwischen unserer Welt und ihrer zugeschüttet werden kann. Trotzdem waren die Menschen, denen wir begegneten, freundlich, höflich und hilfsbereit.

Dieser zweiwöchige Aufenthalt in Zentralafrika gab mir einen Einblick, was es heißt, zur Dritten Welt zu gehören. Die Menschen dort sind nicht faul. Normalerweise arbeiten sie sehr hart. Aber trotzdem leben sie in einer Armut, die man sich bei uns kaum vorstellen kann. Auf dem Markt konnte man zum Beispiel sogar gebrauchte Flaschen kaufen. Nichts wird hier weggeworfen. Aber die Frage, die ich nicht unterdrücken konnte, war: Wie kann man diesen Menschen helfen? Materielle und finanzielle Hilfe ist gewiss notwendig. Dies bedeutet völlige Unterstützung mit nichtmilitärischer Auslandshilfe und durch unsere Missionsprogramme.

Als ich meine Eindrücke Georg Friedrich Vicedom (1903–1974), den Emeritus für Missionswissenschaft in Neuendettelsau, mitteilte, öffnete er meine Augen für einen ganz anderen Aspekt. „Die Dritte Welt ist ein klassisches Beispiel, wie unsere westlichen Ideen der Demokratie sich falsch ausgewirkt haben", gab er zu bedenken. „Die ehemaligen Kolonialherren erlaubten es diesen Menschen nicht und lehrten sie auch nicht, wie man verantwortliche und weitreichende Entscheidungen für sich selbst trifft und was notwendig ist, diesen großen Schritt vorwärts zu tun." Dann fügte Professor Vicedom hinzu: „Was sie brauchen, ist eine völlig neue geistliche Umerziehung." Wenn die sozialen und politischen Einstellungen dieser Menschen nicht durch das Evangelium geformt werden, ein Evangelium, das auch zu großen Teilen unsere westliche Einstellung bestimmt, dann verlängert die materielle Hilfe nur das Leiden und ist deshalb weitgehend nutzlos. Deshalb dürfen die Missionsprogramme nicht zu Wohlfahrtsunternehmungen verkommen, sondern sollen ein Mittel sein, um Körper und Geist zu formen.

Die Erfahrungen in Afrika bereiteten mich sehr gut für unsere vierwöchige Reise nach Asien im Juni und Juli 1974 vor. Meine Frau und ich flogen von Frankfurt über Bangkok nach Hongkong und hatten dort unsere erste ernüchternde Erfahrung: Wir kamen am Flughafen in Hongkong an, aber niemand war da, um uns zu empfangen. Glücklicherweise war eines der Telefonbücher in Englisch. Ich suchte die entsprechende Telefonnummer heraus und rief das *Chang Chi College* der *Chinese University of Hongkong* an. Als sie bemerkten, dass ich schon auf dem Flughafen war, kam die erstaunte Antwort: „Sie sind schon da? Wir haben nichts von Ihnen gehört, aber bald wird jemand am Flughafen sein, um Sie zu empfangen." Nachdem die Planung für die Vortragsreise abgeschlossen war, sandte ich von Rom aus an die verschiedenen Vortragsorte in Asien eine Nachricht, wann wir dort eintreffen würden. Die italienische Post war damals noch langsamer als heute und so war am ersten Ort, nämlich in Hongkong, meine Nachricht noch nicht angekommen. Deshalb war es eine meiner ersten Aufgaben während meiner freien Zeit, von Hongkong aus all die anderen Institutionen anzuschreiben, um ihnen mitzuteilen, wann ich ankommen würde.

Da mein Plan zum Teil mit Hilfe des *United Board for Higher Education in Asia* (Amt für höhere Ausbildung in Asien) des Nationalen Kirchenrates in New York erstellt worden war, waren die Orte, die ich besuchte, nicht alle lutherisch. Als jedoch die Kollegen des *Lutheran Theological Seminary* in Shatin (Hongkong) hörten, dass ein echter Lutheraner aus den USA hier war, luden sie mich zumindest zum Abendessen ein – mehr war wegen meines vollen Vortragsplans nicht möglich. Von da an war dieses Seminar immer in meine Vortragsreisen einbezogen.

Der nächste Ort unserer Reise war das *Japan Lutheran Theological College/Seminary* und das *Union Theological Seminary* in Tokio. Am lutherischen Seminar wurden wir von dem bekannten Kirchengeschichtler Yoshikazu Tokuzen empfangen und von Yoshiro Ishida, dessen Frau aus Ohio stammt. Wir fühlten uns bei ihnen sofort zu Hause. Viele Jahre später lehrte Professor Yoshiro Ishida als Gastprofessor an unserem *Trinity Seminary* in Columbus und oft hörte ich von ihm: „Das Lehren wäre so schön, wenn wir nur die Studenten loswerden könnten." Er war ein Original.

An einem Sonntag war ich eingeladen, in einer lutherischen Kirche in Tokio zu predigen. Wie es dort der Brauch ist, zieht man die Schuhe aus, bevor man das Gotteshaus betritt, und zieht Filzpantoffeln an. Als ich auf der Kanzel stand und predigte, spielte ich mit einem meiner Pantoffeln und er fiel beinahe auf dem Fußboden unten im Kirchenraum. Ich konnte ihn gerade noch mit meinen

Zehenspitzen erreichen, um ihn zurückzuholen. Wäre der Pantoffel heruntergefallen, hätte zwar niemand eine Miene verzogen, aber ich hätte mich sehr blamiert.

Als wir am Flugsteig auf unseren Flug von Tokio nach Seoul, Korea, warteten, kam mir der Mann, der mir gegenüber saß, irgendwie bekannt vor. Ich fasste Mut, stand auf und ging zu ihm hin und fragte: „Sind Sie nicht J. O. Preus?" Dies war der berühmt-berüchtigte Präsident der *Lutheran Church – Missouri Synod,* unter dem die Fakultät des Concordia Seminars in St. Louis, abgesehen von einigen wenigen Mitgliedern, auszog, um 1974 *Seminex,* das Seminar im Exil zu gründen. In der Tat, es war J. O. Preus (1920–1994), der auf seinem Weg war, die lutherische Kirche in Korea zu besuchen. Es entwickelte sich ein sehr freundliches Gespräch, denn er konnte ein wirklicher Gentleman sein. Als ich erwähnte, dass ein ehemaliger Missouri-Mann, Walter Bouman (1927–2005), jetzt an unserem Seminar in Columbus lehrte, bemerkte er: „Ja, ich kenne den, der muss noch erwachsen werden." Nicht nur ich, sondern auch andere Kollegen an unserem Seminar hatten immer wieder Probleme mit ihm. Deshalb verstand ich sehr gut, wovon J. O. Preus redete. Aber ich wollte dieses Gespräch nicht weiter fortführen.

Da ich die Eindrücke von dieser Vortragsreise niedergeschrieben habe, möchte ich jetzt diesen Bericht wiedergeben: Mein Reiseplan führte mich zu zehn theologischen Seminaren und Hochschulen in Hongkong, Japan, Korea sowie zu einer Gemeinde auf den Philippinen. Ich hatte insgesamt 21 Vorträge, Predigten und wissenschaftliche Diskussionen. Die Themen reichten von der Ökologie bis zu Lutherstudien und dem Verhältnis zwischen Theologie und den Naturwissenschaften. Einige der Themen wurden mir von den Institutionen gestellt und deshalb von mir eigens für diese Reise vorbereitet, während andere aus Vorträgen früherer Zeit stammten.

Wenn ich meine Eindrücke von den Kirchen und der Theologie an den Orten, die ich besuchte, zusammenfassen sollte, würde ich sie als sehr positiv bewerten. Die Kirchen zeugen von einer großen Lebendigkeit und Zuversicht, die oft im Westen nicht vorhanden ist. Zum Beispiel wird in Hongkong die Unterrichtssprache langsam von Kantonesisch auf Mandarin umgestellt. Mir wurde dazu folgende Erklärung gegeben: „Mandarin ist die Sprache auf dem Festland in China. Niemand weiß, wann wir die Grenze wieder leicht überqueren können. Wenn wir aber Mandarin verstehen, dann sind wir zumindest für unsere Arbeit auf dem Festland vorbereitet."

Oder nehmen wir das Beispiel der Missouri-Synode in Südkorea. Sie wollen nicht die Bemühungen anderer christlicher Konfessionen nachahmen, sondern einfach dort arbeiten, wo es noch Lücken gibt. So bieten sie Korrespondenzkurse und Radioprogramme in Chinesisch, Japanisch und Russisch an. Als ich fragte, ob sie Nachricht hätten, dass ihre Programme in China und Russland empfangen werden – damals waren China und Russland im Bezug auf den christlichen Glauben noch völlig von der Außenwelt abgeschottet –, sagten sie: „Nein, aber wir sind sicher, dass jemand zuhört."

Die Bestände der meisten theologischen Bibliotheken, die wir sahen, waren sehr bescheiden. Theologische Literatur auf Deutsch war fast unbekannt und sogar Bücher auf Englisch waren nicht sehr zahlreich. Aber ich bemerkte in vielen Ländern eine beträchtliche Anzahl von Büchern in der Landessprache, besonders Chinesisch und Japanisch. Die Anschaffung ausländischer Bücher wird oft dadurch behindert, dass sie dort viel mehr kosten als an ihrem Ursprungsort. Ein allgemeines Defizit in den meisten Bibliotheken gibt es an Zeitschriften. Während *Christianity Today* und *Christian Century* weit verbreitet waren, sind viele andere wichtige Zeitschriften unbekannt. Leider konnte ich keine Lehrveranstaltung der Lehrkräfte vor Ort besuchen. Von der Durchsicht der Vorlesungsverzeichnisse her würde ich sagen, dass nur die Hälfte der Fakultäts-Mitglieder promoviert war, und ich bemerkte auch eine beträchtliche Fluktuation unter den Lehrenden. Letzteres ist einerseits auf die Missionare zurückzuführen, die nach Hause zurückkehren, und auf Einheimische, die mit anderen regionalen Aufgaben betraut werden. Letzteres scheint manche Fakultäten ungebührlich zu belasten und führt dort zu Engpässen in der Lehre.

Die Ausbildung geschah an vielen Orten auf hohem Niveau. Zum Beispiel konnte ich mich an der *Graduate School* der *Yonsei Univer-*

sity in Seoul, Korea, einen ganzen Nachmittag mit Studierenden über Luthers Theologie unterhalten. Das Erstaunliche dabei war, dass keiner der Studenten oder auch ihrer Lehrer ein Lutheraner war. Trotzdem waren die Studenten sehr daran interessiert, mehr über den *deus absconditus* und den *deus revelatus* (d.h. den verborgenen Gott und den offenbarten Gott), über die Lehre von den zwei Reichen und andere lutherische Lehren zu erfahren. Zu diesem hohen Niveau in der Ausbildung kam eine tiefe christliche Überzeugung. Wenn ich das vereinfacht sagen darf, so scheint ihr christlicher Glaube mehr vom Herzen zu kommen, während er im Westen oft vom Kopf her kommt.

Mir wurde oft gesagt, dass die Zeit der alten Missionsarbeit vorbei sei. Trotzdem bestätigten mir die Einheimischen, dass die Missionare immer noch willkommen waren, um ihre Erfahrungen mitzuteilen. „Missionare geben uns eine Außenansicht von uns selbst", sagte jemand, „und das hilft uns, die Gefahr des Nationalismus zu vermeiden, die genauso schlecht ist wie die des Imperialismus." Besonders in Japan bemerkte ich, dass die Missionare dringend benötigt wurden, denn dort gab es einen Mangel an Pastoren. An vielen Orten jedoch sah ich die Diskrepanz zwischen dem hohen Lebensstandard der Missionare und dem der Einheimischen. Zum Beispiel fuhr an einer der theologischen Ausbildungsstätten der einheimische Dekan ein Motorrad, während der Missionar an der Fakultät den Missionsbus fuhr. „Mit etwas Diplomatie und gutem Willen", versicherte mir der Missionar, „können wir immer unangenehme Situationen vermeiden. Denn unser Bus wird auch für viele Funktionen der Schule benutzt."

Missionare scheinen immer noch für viele Jahre in den Seminaren als Lehrer gebraucht zu werden. An einem einzigen Ort bemerkte ich, dass die Missionare sich selbst als Chefs verstanden, während die Einheimischen folglich ziemlich unsicher waren. Aber an allen anderen Orten begegnete ich selbstsicheren, kompetenten und positiven einheimischen Führungskräften. Wir entdeckten einen gesunden Nationalismus, der die einheimische Sprache in den Ländern betonte, die wir besuchten. Das hieß zum Beispiel, dass auf den Philippinen langsam das Englische durch die Nationalsprache Tagalog ersetzt wird oder durch andere einheimische Sprachen. Wie es ein Missionar ausdrückte: „Vor fünf Jahren war das Englisch der meisten Menschen besser, als es jetzt ist." Dies schafft natürlich eine neue, große Herausforderung für die Kirchen im internationalen Dialog.

Als wir von einem Land zum anderen reisten, bemerkten wir, dass es eine große Vereinfachung ist, einfach vom „fernen Osten" zu sprechen. Zum Beispiel entdeckten wir in Tokio eine völlige Teilnahmslosigkeit von Seiten der Studenten. Während die Fakultät uns äußerst herzlich aufnahm und alle Professoren meinem Vortrag zuhörten, kam keiner der Studierenden auf uns zu. Ihre Anwesenheit bei den Vorträgen war äußerst lässig. Sie kamen in den Vortragsraum bis zu einer Stunde nach Beginn des Vortrags (die Fakultät hatte sowieso darauf bestanden, eine halbe Stunde später anfangen, um die Studenten nicht in Verlegenheit zu bringen). Die Fakultätsmitglieder führten das Verhalten der Studenten zum Teil auf die Studentenunruhen zurück, die in Tokio einige Jahre vorher stattgefunden hatten. Zuvor waren die Studenten sehr aktiv und enthusiastisch in ihren Studien, aber diese Unruhen brachten dann bei ihnen eine Periode der Teilnahmslosigkeit mit sich.

Im kaum 800 km entfernten Seoul trafen wir ganz andere Studenten: aufgeweckt, aufmerksam und begierig, etwas zu lernen. An der *Yonsei Universität* zum Beispiel herrschte fast eine militärische Disziplin. Die Vorträge starteten auf die Minute genau zu der angegebenen Zeit und die, die zu spät kamen, mussten durch die offenen Fenster zuhören, denn die Türen wurden einige Minuten nach Beginn des Vortrags zugesperrt. Auch das kirchliche Leben war in Japan und Korea ganz unterschiedlich. Während in Japan das Christentum einen sehr langsamen, aber stetigen Fortschritt zu verzeichnen hatte, nahm die Anzahl der Christen in Korea viermal so schnell zu wie die Gesamtbevölkerung. In Japan waren die Kirchen von der Straße her oft hinter Sträuchern verborgen, so dass man nicht sehen konnte, wer zur Kirche ging. In Korea dagegen läuteten die Kirchenglocken zum täglichen Gebet um 4:00 Uhr in der Frühe.

Dies zeigt, dass man über das Christentum in Asien nicht im Allgemeinen reden kann.

Einer der Höhepunkte unserer Reise war unser Aufenthalt bei meinem Freund Nathanael D. Canlas. Sein katholischer Kollege hatte zu Recht vorgeschlagen, dass er uns im Pfarrhaus und nicht in einem Hotel unterbringen sollte, wenn wir wirklich seine Arbeit kennen lernen wollten. So lebten wir im Pfarrhaus ohne fließendes Wasser, schliefen auf Matten, statt auf Matratzen, und unser Essen wurde im Freien auf einem Herd gekocht, da Propangas zu teuer war. Nathanael (Nel) nahm uns auch zu einigen *Barrios* (Dörfern) mit, in denen er zusätzlich zu seiner eigenen Kirche Predigtstationen hatte. Wir waren von der Gastfreundschaft und Freundlichkeit der Leute überwältigt. Sogar in den einfachsten Behausungen hatten sie etwas für uns zum Essen und zum Trinken vorbereitet. Sie hatten sogar Eis aus der Stadt mitgebracht, um unsere Getränke zu kühlen. Wir waren auch erstaunt, wie viele Laienmitarbeiter Nel mobilisieren konnte. Besonders die jungen Leute schienen sich zur Kirche zu halten. In den Gesprächen mit den Pastoren bemerkten wir die ungeheuren Schwierigkeiten, die die evangelische Kirche in dieser jungen Nation hat. Wie es jemand ausdrückte: „Die Gemeinden brauchen gute Pastoren, aber können keine bekommen, denn sie können sie nicht bezahlen." Unser Freund hatte eine größere Gemeinde und deshalb bekam er $ 80.00 pro Monat. Das war mehr, als die meisten Filipinos verdienten, da 70 % der Familien auf den Philippinen ein jährliches Einkommen von weniger als $ 400.00 hatten. Aber man muss auch bedenken, dass ein Pastor eine höhere Ausbildung hat als die meisten anderen Menschen und dass der Pfarrer keinen Acker hat, auf dessen Erträge er zurückgreifen kann, wie die meisten in den ländlichen Gegenden.

Als Nel seinen Abschluss am College machte, schalt ihn sein Betreuer, da er ein Angebot einer Elektrizitätsfirma für eine Stelle ausschlug und stattdessen ein theologisches Seminar besuchte. Auf den Pastoren ruht ein großer finanzieller Druck und man fragt sich, ob in solchen Ländern, in denen das Einkommen pro Kopf so niedrig ist wie auf den Philippinen, ein Dienst in zwei Berufen, also einem zweiten Beruf neben dem Pfarrdienst, nicht die Regel sein sollte.

Wie niedrig die Bezahlung auch heute noch ist, mag folgendes Beispiel verdeutlichen: 2010 war ich wieder zu Vorträgen am *Theological College* der *Central Philippine University*. Wie üblich, musste ich von Fakultätsmitgliedern zum Abendessen ausgeführt werden. Als wir zurück fuhren, bat eine Kollegin, das Auto der Universität möge halten, sie möchte ein gegrilltes Huhn kaufen, da ihr Mann heute Geburtstag hätte. Als wir auf sie warteten, fragte ich, wie viel so ein Huhn kostete. Nachdem mir der Preis genannt wurde, gab ich der Kollegin das Geld dafür. Am nächsten Tag bekam ich einen wunderschönen Dankesbrief, denn, wie sie schrieb, jetzt hatte sie auch Geld, um für Ihren Mann zum Geburtstag etwas Eiscreme zu kaufen. Mit so einem engen Budget leben Fakultätsmitglieder auch noch heute.

Besonders auf den Philippinen bemerkten wir, wie schlimm sich die Ölkrise auf die jüngeren Nationen auswirkte. Düngemittelkosten waren fast genauso hoch wie in Deutschland, das Benzin kostete etwas weniger, aber der Preis für Zement hatte sich seit dem letzten Jahr vervierfacht. So war es mit vielen anderen Kosten. Reis war so teuer geworden, dass sich ihn viele Menschen nicht mehr leisten konnten und nur Bruchreis aßen. Die Bewässerungspumpen für die Reisfelder waren außer Betrieb, da das Benzin zu teuer war, um sie zu betreiben. Mit anderen Worten, wir im Westen beschweren uns über die hohen Preise, aber zahlen sie trotzdem. In den jüngeren Nationen jedoch konnte man sich nur beklagen, aber man hatte nicht das Geld, um die gestiegenen Preise zu bezahlen. Wir bemerkten, dass das auch zu einem anderen Problem führte, nämlich das Überangebot an jungen Leuten mit College Abschluss. Da es nicht genügend Stellen gab, die eine höhere Ausbildung erforderten, waren zum Beispiel in Manila Rechtsanwälte gezwungen, als Taxifahrer ihren Lebensunterhalt zu verdienen. Junge Ärzte und Krankenschwestern gingen in großer Zahl nach Europa oder Nordamerika, um dort eine Anstellung zu finden. Natürlich ist das nicht der lukrativste Export für eine Nation, so dass die Regierung einen strengen Blick auf die Institutionen für höhere Bildung warf und sogar einige von ihnen schließen wollte.

Nun einige wenige Worte über die nichtchristlichen Religionen: In Japan waren Schintoismus und Buddhismus kaum von religiöser Bedeutung. Sie bestimmten die Riten für Hochzeiten und Begräbnisse, aber die meisten Menschen betrachteten sich als Agnostiker. In Korea waren Schamanismus und Buddhismus immer noch gesellschaftliche Kräfte, obwohl sie langsam an Einfluss verloren. Man konnte immer noch Wahrsager auf den Straßen sehen. In Thailand waren die großen Tempel sehr gut in Stand gehalten und wurden von vielen Menschen besucht. Doch sagte unser buddhistischer Führer: „Junge Menschen sind zu sehr mit ihren Jobs beschäftigt, um die Tempel zu besuchen. Sie brauchen die Mönche hauptsächlich für Hochzeiten und Begräbnisse." Obwohl ein christlicher Pastor im Westen dies auch sagen könnte, bemerkten wir zugleich, dass viele junge Leute in den Tempeln beteten und Opfer darbrachten. Wir waren besonders von der erstaunlich synkretistischen Natur des Buddhismus überrascht. Ein buddhistischer Priester informierte uns sofort: „Natürlich beten wir keine Götzen an oder verehren Götter. Wir beten zu Buddha, um uns an seine Wohltaten zu erinnern." Während der Priester betonte, dass es viele Wege zum Heil gebe, zögerte er keinen Augenblick, um zu sagen, dass die, die das letztendliche Ziel nicht erreichten, einfach zugrunde gehen würden. Für sie gibt es keine Hoffnung. Der Gebrauch von phallischen Symbolen, um Fruchtbarkeit zu fördern, schien ebenso ein Teil der buddhistischen Praxis zu sein wie Wahrsagerei, Buddhas Hilfe für Heilung zu erflehen oder die „Tempelapotheke" zu benutzen. In Japan und auch in Thailand bemerkten wir, dass Mischehen sehr häufig vorkommen. Ein Priester in Bangkok, mit dem wir uns ziemlich gut verstanden, fand nichts Anstößiges daran, dass seine Frau eine Protestantin war. Es gibt nach buddhistischem Verständnis viele Wege zum Heil.

Die Reise brachte für mich eine große Fülle an neuen Eindrücken und Kontakten. Ich kam mit der Überzeugung nach Hause, dass das Christentum in diesem Teil der Welt sehr gut positioniert ist und dass die Probleme, obwohl sie von Ort zu Ort verschieden sind, mit unseren vergleichbar sind. Ich hoffte auch, dass die vielen Freundschaften, die wir geschlossen hatten, die Trennung von Raum und Zeit überdauerten. Dies waren meine Gedanken 1974 auf meiner ersten ausgedehnten Vortragsreise nach Asien.

Über die Jahre wollte ich niemals einfach Orte besuchen, so dass ich sagen konnte, ich sei auch dort gewesen, oder um Institutionen zu besuchen, die viele andere Kollegen auch besuchten. Ich wollte mit meiner Gegenwart und meinen Vorträge an diesen Orten etwas zur theologischen Ausbildung beitragen. So ging ich auch bewusst dorthin, wo andere oft nicht hin wollten, da es dort nicht komfortabel genug war, oder an Stätten, die von westlichen Theologen noch nicht entdeckt waren. Auch wollte ich kein einmaliger Besucher sein. So entwickelte sich zum Beispiel eine lebenslange Freundschaft mit Johnny Gumban, dem Dekan des Theologischen Colleges der *Central Philippine University* in Iloilo, die von 1980 bis zu seinem Tod im Jahre 2000 dauerte. Wir hielten auch den Kontakt aufrecht, als er und seine Frau Edna an die *Boston University* in Boston, USA, ging, wo er seinen *Doctor of Ministry* machte, ein akademischer Grad für eine praktische Ausbildung. Auf Grund unserer Freundschaft sandte er später Limuel Equina, einen philippinischen Pastor, nach Regensburg, um bei mir zu promovieren.

7. Unsicherheit und Übergang

Nach einem wunderbaren Freijahr war ich noch nicht lange in Columbus, Ohio, zurück, als mich die graue und raue Wirklichkeit wieder einholte. Unter der Präsidentschaft von Dr. Fendt war die ganze Verwaltung im Büro des Präsidenten verankert und mit seiner Sekretärin Evelyn Schmitt. Schließlich bekamen wir eine Fakultätssekretärin, Phyllis Dawson, die unsere Korrespondenz auf der Schreibmaschine schrieb und uns mit anderen schriftlichen Dingen für die Lehre versorgte. Als 1972 Fred Meuser der Nachfolger von Dr. Fendt wurde, gab es viele Veränderungen. Evelyn Schmitt ging in den Ruhestand und Phyllis Dawson wurde die Sekretärin des Präsidenten. Fred Meuser berief auch Jim Bergquist als akademischen Dekan. Dieser wurde sofort für seine Bekanntmachungen an die Fakultät berühmt. Gewöhnlich brauchte er drei Versuche, bis der Inhalt der Notiz endlich korrekt war und an alle Fakultätsmitglieder ging. Wir schätzten Jim nicht nur für seine fröhlich muntere Art, sondern auch dafür, dass er unseren Blick erweiterte. Er hatte für den *Theological Extension Fund* (*TEF*, eine Organisation für theologische Ausbildung in der Dritten Welt) gearbeitet und kannte deshalb fast jede wichtige Person und theologische Institution in der so genannten Dritten Welt. Unter anderem begann er mit Fakultätsseminaren. In einem der ersten lasen wir von dem damals sehr einflussreichen brasilianischen Pädagogen Paolo Freire (1921–1997) *Die Pädagogik der Unterdrückten*. Bis dahin war für uns die Befreiungstheologie einfach unbekannt gewesen.

Die Fakultät beschäftigte auch Walt Wietzkes Ansinnen, dass sich die Fakultäten in den theologischen Seminaren der *ALC* ernsthaft mit der Idee von zeitlich befristeten Berufungen von Professoren auseinandersetzen sollten. Walt Wietzke war als neuer Direktor für theologische Ausbildung der *ALC* gewählt worden. Wir mochten einander, denn er sagte immer geradeheraus, was er dachte, und war sehr dynamisch, während er an mir meine deutsche theologische Ausbildung schätzte. Sein Sohn Wally und seine Frau wohnten sogar für ein Jahr in unserem Apartment in Schwabach, denn nach seinem Vater und seinem eigenen Willen wollte er seine theologischen Studien in Erlangen fortführen. Aber manchmal hatte Walt seltsame Ideen und eine davon war die von den zeitlich befristeten Berufungen. Er meinte damit, dass ein Professor an einem kirchlichen Seminar nicht für immer im akademischen Rahmen bleiben sollte, denn so könnte er den Kontakt zur gemeindlichen Wirklichkeit verlieren. Er sollte vielmehr zwischen der gemeindlichen Praxis als Pastor und der pastoralen Ausbildung im Seminar hin und her pendeln. Ich war nicht der Einzige, der diesem Vorschlag mit gemischten Gefühlen entgegensah. Ich war überzeugt, dass dieses Ansinnen den akademischen Stand eines Professors an einem Seminar beträchtlich schwächen würde, denn er würde ja immer wieder für einige Zeit aus dem akademischen Betrieb herausgenommen.

Ich hatte die Fakultätssitzung versäumt, in der diese zeitlich begrenzten Berufungen diskutiert worden waren. Deshalb schrieb ich am 21. Oktober 1974 eine Notiz an die Fakultät, in der ich meine Meinung ausdrückte. Ich sagte, dass „ein Übergang zu einem System von zeitlich befristeten Berufungen unklug sei." Dann verdeutlichte ich meine Meinung mit folgenden Hinweisen:

> In der notwendigen und ständigen Evaluierung der Fakultätsmitglieder sollten folgende Punkte beachtet werden:
> 1. Inwieweit wird die Lehre der Fakultätsmitglieder durch wissenschaftliche Tätigkeiten unterstützt und bereichert (z.B. Tätigkeit in wissenschaftlichen Gesellschaften, Verfassen und Veröffentlichen wissenschaftlicher Arbeiten)?
> 2. Inwieweit unterstützt die Weise, in der ein Fakultätsmitglied sein Freijahr verbringt, seine entsprechende Funktion als Lehrender?
> 3. Inwieweit gibt es einen Bezug zwischen der wissenschaftlichen Leistung und der Beförderung und Vergütung?

Ich hatte mehr als einmal bemerkt, dass die Professoren an den theologischen Seminaren sehr selten in wissenschaftlichen Gesellschaften wie der *Society of Biblical Literature* (Gesellschaft für biblische Literatur) und der *American Academy of Religion* (amerikanischen Akademie für Religion) vertreten waren. War ein Fakultätsmitglied bei einer der Tagungen anwesend, dann gewöhnlich nicht, um einen Vortrag zu halten, sondern nur, um die Tagung zu besuchen.

Im selben Monat beschäftigte sich unsere Fakultät mit einer Entschließung der *ALC/LCA Konsultation über theologische Ausbildung,* die die Ausarbeitung „einer Studie der Zusammenarbeit zwischen den theologischen Ausbildungsstätten in Ohio" beinhaltete. *ELTS* in Columbus, das Seminar der *ALC* und die *Hama School of Theology* in Springfield Ohio, dem Seminar der *LCA*, waren nur etwas über 60 km voneinander entfernt. Wir wurden gebeten, dass ein besonderes Studienkomitee eingerichtet würde, um die beste Zusammenarbeit auszuloten, die zwischen den beiden Ausbildungsstätten möglich wäre. Bis zum Dezember des folgenden Jahres sollten die Empfehlungen vorliegen. Fred Meuser war überzeugt, dass eine gemeinsame theologische Ausbildung früher oder später dazu führen würde, dass die beiden Kirchen (*LCA* und *ALC*) sich ebenfalls zusammenschließen würden. Mit dieser Idee lag er richtig, denn ein paar Jahre, nachdem die beiden Seminare zusammengelegt worden waren, fusionierten auch die beiden Kirchen zur gegenwärtigen *ELCA*, der *Evangelical Lutheran Church in America*.

Ehe unser *ELTS* mit der Idee einer Konsolidierung der theologischen Ausbildung in Ohio Fortschritte machte, fragte mich im Frühjahr 1976 das Lutherische Seminar in Mt. Airy (Philadelphia, Pennsylvania), ob ich an die dortige Fakultät kommen möchte. Meine Frau und ich besuchten das Seminar und die Fakultät in Philadelphia. Alles sah sehr eindrucksvoll aus, obwohl meine Frau beträchtliche Bedenken hatte, nach Philadelphia zu ziehen. Ich war auch unentschlossen bezüglich dieser möglichen Veränderung, und als ich eine offizielle Einladung des damaligen Interimspräsidenten von Mt. Airy, dem bekannten Neutestamentler John Reumann (1927–2008), bekam, um dort im Rahmen des Berufungsprozesses einen Vortrag zu halten, lehnte ich die Einladung ab und schrieb:

> Es wäre in der Tat eine Freude, als Nachfolger von Dr. William Lazareth neben so guten Fakultätsmitgliedern wie Ihnen und Dr. Gerhard Krodel zu dienen. Indem ich sorgfältig Ihren Brief und das Vorlesungsverzeichnis durchgelesen hatte, das Sie mir dankenswerterweise mitschickten, entdeckte ich viele Einzelheiten, die attraktiv und verheißungsvoll klangen. Aber je sorgfältiger ich sie durchsah, desto mehr entdeckte ich, dass ich ein gutes lutherisches Seminar mit einem anderen verglich. Mit anderen Worten, die Frage, die ich mir von Anfang an hätte stellen sollen, tauchte immer deutlicher auf: „Warum sollte ich von einem lutherischen Seminar zu einem anderen gehen?"

Beginn einer akademischen Laufbahn in den USA

Deshalb lehnte ich die Einladung zu einem Interview ab, obwohl mich der damalige akademische Dekan, Gerhard Krodel (1926–2005), sehr bedrängte, nach Philadelphia zu kommen. Ich denke, wenn ich ja gesagt hätte, dann hätte er mit seinem Plan Erfolg gehabt, mich als Nachfolger von Bill Lazareth (1928–2008) zu bekommen, welcher von Philadelphia zum Weltkirchenrat nach Genf ging, um dort als Direktor der Kommission für Glaube und Kirchenverfassung zu arbeiten.

Die Situation wurde noch komplizierter, als ich im Frühjahr 1976 eine Einladung des Rektors der Augusta Hochschule in Neuendettelsau bekam, um mich dort für eine Professur in der systematischen Theologie zu bewerben. Der dortige Systematiker und Rektor Wilhelm Andersen, den ich 1973/74 ein Semester vertrat, war in den Ruhestand verabschiedet worden und die Fakultät wollte mich gerne als Kollegen haben.

Sie flogen mich nach Deutschland und baten mich, einen Vortrag nach Wahl zu halten. Alles sah sehr gut aus. Ich verstand mich mit den dortigen Kollegen ausgezeichnet und wäre sehr gerne in diese ideale und idyllische Gegend gekommen. Doch war ich mir nicht sicher, ob ich den Rest meines Lebens in einem verhältnismäßig kleinen Ort wie Neuendettelsau zubringen wollte, wo alles Kirche und Theologie ist. Der Neutestamentler August Strobel war damals Rektor und versuchte mich zum Kommen zu überreden und ebenso Helmut Angermeier in der praktischen Theologie. Aber das Risiko war einfach zu groß. Als sie mein Zögern bemerkten, das ich nicht verbarg – ich weiß noch gut, wie ich bei Angermeiers zu Hause war und das ganze Für-und-wider eines Wechsels nach Neuendettelsau darlegte – wählten sie jemand anderen, ohne dass ich das bedauerte. Sie votierten für Joachim Track, der damals Privatdozent an der Universität Erlangen war. Es war von vornherein klar, dass er Nachfolger seines Mentors Winfried Joest (1914–1995) in Erlangen würde, wenn dieser in den Ruhestand ging. – Joest war sogar zum Vortrag von Joachim Track nach Neuendettelsau angereist.

Als dann der Zeitpunkt der Emeritierung von Joest kam, erzählte mir Angermeier, dass Track schon seinen Studenten mitteilte, er würde nach Erlangen gehen. Aber es wurde nichts aus dem gewünschten Wechsel und Track musste dann seinen Studenten sagen, dass Neuendettelsau doch kein so schlechter Platz sei und er dort bleiben würde. In der Tat blieb er bis zu seiner Pensionierung 2005. Als ich die Fakultätssitzung in Columbus betrat und den Kollegen mitteilte, dass ich bleiben würde, applaudierten alle. Ich bekam nun eine studentische Hilfskraft, die mir beim Überprüfen der Anmerkungen und Zitate meiner Manuskripte half. Bis dahin hatte ich alles selbst machen müssen und natürlich hatte ich immer noch meine Sekretärin Phyllis Schaaf, die Frau meines lieben Kollegen Jim Schaaf zu bezahlen, die meine Manuskripte schrieb.

Ich hatte viel mehr Möglichkeiten am *LTS* in Columbus, als ich an diesen anderen Orten gehabt hätte, um mich weiterzubilden. Da war die Zusammenarbeit mit der *methodistischen Hochschule für Theologie* in Delaware, Ohio, und den *Päpstlichen College Josephinum* in Worthington, einer Vorort von Columbus. Besonders erfreulich war die Zusammenarbeit mit den katholischen Kollegen und der konfessionell gemischte Studentenkörper.

Ich erinnere mich sehr gerne an die Freundschaft mit Fred Jelly (1927–2000), der damals Dekan am *Josephinum* war. Als ich nach Regensburg ging, besuchte er mich dort im Juni 1987 und war hocherfreut, als ich für ihn arrangierte, dass er bei einer Messe in derselben Kirchen konzelebrieren konnte, in der der bekannte Dominikaner Albertus Magnus (ca. 1200–1280) in Regensburg gepredigt hatte. Diese Kirche wird heute einfach Dominikanerkirche genannt. Da eine Schwester von Fred eine dominikanische Nonne war, hatte er strikte Anweisungen, bei seinem Besuch in Regensburg so viele Fotos wie möglich zu machen, denn die Dominikanerinnen in den USA kamen ursprünglich aus dem Kloster Heilig Kreuz in Regensburg. Er war erstaunt, dass der Freiraum der Nonnen – zu der Zeit wenigstens (1987) – auf das Klostergelände beschränkt war. Wenn sie einen Gang in die Stadt machen wollten, musste das immer auf dem kürzesten Weg geschehen. Deshalb konnten sie seine Fragen nach verschiedenen Sehenswürdigkeiten in der Stadt nicht beantworten.

Ein anderes, sehr interessantes Unternehmen waren für mich die medizinethischen Seminare an der *Ohio State University*, die von der medizinischen Fakultät (*School of Medicine*) und der Kommission für interprofessionelle Ausbildung und Praxis (*Commission on Interprofessional Education and Practice*) veranstaltet wurden. Diese Seminare befassten sich mit ethischen Fragen, die sich aus der modernen Medizintechnik ergaben, und sollten so aus den Perspektiven verschiedener Disziplinen heraus dazu beitragen, wichtige Probleme zu lösen. Die drei vorher erwähnten theologischen Ausbildungsstätten waren mit je fünf Studenten und einem Fakultätsmitglied vertreten und die gleiche Vertretung von Professoren und Studenten kamen aus der medizinischen und juristischen Fakultät und aus der Schwesterschule der *Ohio State University*. Diese Seminare eröffneten für mich die großartige Möglichkeit, Experten aus den verschiedenen Disziplinen zu begegnen, ihre professionelle Kompetenz zu beobachten und zu lernen, wie sie die verschiedenen Fragen angingen.

1976 war es mir gelungen, den Münchner Theologen Wolfhart Pannenberg auf unseren Campus zu bringen. Ich war besonders froh, ihn in meinem Seminar zur Christologie begrüßen zu können, denn wie bei ihm gründeten sich die dogmatischen Folgerungen meiner Christologie auf eine biblische Grundlage. Vor dieser Begegnung im Januar 1976 hatte ich Pannenberg das erste Mal 1963 an der Universität Erlangen erlebt, als es zu der lebhaften Auseinandersetzung zwischen ihm und Paul Althaus gekommen war bezüglich des Verhältnisses von Glaube und Vernunft. Die Veranstaltung in Erlangen war zunächst für einen großen Seminarraum in der theologischen Fakultät vorgesehen, wurde aber dann in einen größeren Vortragsraum im mathematischen Institut verlegt, so dass der Raum die vielen Studenten fassen konnte, die an Pannenbergs Vortrag interessiert waren. Gegenüber dem großen alten Theologen Paul Althaus (1888–1966) erwähnte Pannenberg (geb. 1928) in typischer Untertreibung seine Jugend und die vielleicht damit verbundene Überschwänglichkeit, die ihn zu diesem Optimismus bezüglich der kognitiven Fähigkeiten der Vernunft geführt hatte.

Mehr als zehn Jahre später würde ich ihm nun also in Columbus wieder gegenüberstehen. — Auch diese Freundschaft, die sich aus dieser zweiten Begegnung ergab, hatte bis zu seiner schweren Erkrankung Bestand. Als ich ihm für seine äußerst positive Stellungnahme zu meiner Veröffentlichung von 2005, *Theologie im globalen Kontext,* dankte, erwiderte er sofort: „Ich habe Ihnen dafür zu danken, dass Sie solch ein wunderbares Buch verfasst haben."

Ein anderes bemerkenswertes Ereignis trug sich im Herbst 1976 zu. Während ich in Rom als Gastprofessor lehrte, fand im April 1974 an der Universität Göttingen die konstituierende Tagung der *Gesellschaft für wissenschaftliche Theologie* statt, zu der ich eingeladen war und dazu eigens von Rom aus anreiste. An einem der letzten Tage begegnete ich Gert Hummel (1933–2004) von der Universität Saarbrücken. Da ich immer daran interessiert war, Kontakte zwischen verschiedenen Ländern zu knüpfen, fragte ich ihn, ob er als Gastprofessor zu uns nach Columbus kommen möchte, um dort für ein Vierteljahr zu lehren. Jim Bergquist, unser akademischer Dekan, war sofort dafür. Mit einem Fulbright Reisestipendium ausgestattet, für das ich die Befürwortung schrieb, kam Gert mit seiner Familie im Herbst 1976 zu uns und lehrte bei uns während unseres ersten Quartals. Eine besondere Überraschung war für ihn der Besuch der Jahrestagung der *American Academy of Religion*, die damals vom 28. bis 31. Oktober in St. Louis, Missouri, stattfand. Ich hatte ihn zum Mitkommen eingeladen. Solch eine große, verschiedenartige und intensive Konferenz gab es in Deutschland nicht.

Diese Erfahrung bereicherte ihn so, dass er von da an aus eigenem Antrieb an den Jahrestagungen der *AAR* mehrere Male teilnahm. Da er ein Verehrer Paul Tillichs war, entdeckte er das von Württemberger Pietisten im 19. Jahrhundert gegründete Städtchen New Harmony im Staat Indiana mit seiner offenen, dachlosen Kirche. Im anschließenden Paul-Tillich-Park, der 1963 im Beisein von Tillich eingeweiht worden war und in dem auch seine Asche bestattet ist, sind auf Steinen viele Zitate aus Tillichs Schriften eingraviert. Doch bemerkte Gert, dass der Park sehr verunreinigt war und sofort veranlasste er seine Familie dazu, den ganzen Unrat aufzulesen und

Beginn einer akademischen Laufbahn in den USA

die Kirche und ihre Umgebung wieder in Ordnung zu bringen. – Mir war damals nicht bewusst, wie wegweisend dieser Besuch in Columbus für Gerts zukünftige Karriere war, wären wir nicht zur Feier seines 60. Geburtstages 1993 nach Saarbrücken eingeladen worden. In glühenden Worten berichtete dort er von dem Einfluss, den ich auf sein Leben gehabt hatte, indem ich ihn in die USA vermittelte. Er war von der theologischen Arbeit, die dort geleistet wurde, sehr angetan und auch von der schulischen Erfahrung seiner Kinder in Columbus. Wir blieben Freunde bis zu seinem frühen Tod 2004.

Jemand anderes, den ich zweimal auf unseren Campus brachte, war der bekannte Theologe und Prediger Helmut Thielicke. Beide Male diente ich als sein Übersetzer. Das erste Mal hielt er für Pastoren Vorträge in einem Freizeitpark und das zweite Mal auf unserem Campus. Der Bücherladen in Columbus des Augsburg Publishing House hatte alle seine verfügbaren Bücher in großen Mengen bestellt und verkaufte alle Exemplare.

Der zweite Besuch von Helmut Thielicke war komplizierter: Ich hatte von Thielicke eine Nachricht bekommen, in der er für 1978 zu einer Vortragsreise seinen Besuch in den Vereinigten Staaten ankündigte. Er schrieb mir, dass er auch in Columbus sprechen könnte, wenn dies möglich wäre, und dass dazu Dr. Darrell Guder, der damals für *Young Life International* arbeitete, vielleicht seinen Reiseplan entsprechend anpassen könnte. Wir hatten mit Guder vereinbart, dass Thielicke am Nachmittag des 8. Februar von Los Angeles aus zu uns kommen würde, um an dem Abend in der Christuskirche für unser Seminar und andere Interessenten einen Vortrag zu halten, denn die Kirche konnte mehr Leute fassen als irgend ein Raum im Seminar. Ein zweiter Vortrag sollte am nächsten Tag, den 9. Februar, in der Kapelle unseres Seminars stattfinden und am Nachmittag würde Thielicke sich mit unserer Fakultät treffen. Am 10. Februar musste er nach Washington, D.C., wo er im Weißen Haus von Präsident Jimmy Carter empfangen werden sollte.

Als ich die Flugdaten mit Darrell Guder vereinbarte, wusste keiner von uns, dass sich just zu der Zeit, als Thielicke zu uns fliegen sollte, im Westen der USA ein Schneesturm zusammenbraute und sich deshalb Thielickes Flug immer mehr verspätete. Die Christuskirche war bis zum letzten Platz gefüllt, und da ich mehr oder weniger für die ganze Veranstaltung verantwortlich war, musste ich die Anwesenden über die Verzögerung informieren und sie einigermaßen bei Laune halten. Ich schlug sogar vor, dass sie zu einem schnellen Abendessen in eines der umliegenden Lokale gehen konnten und dann nach etwa einer Stunde wieder zur Kirche zurückkommen sollten. Endlich, endlich kam Thielicke an und er sah nicht einmal sehr mitgenommen aus. Der erste Vortrag konnte vonstattengehen, wobei er schnell die Zuhörer mit der ihm eigenen Auslegungskraft der christlichen Botschaft in Bann schlug. Die Leute kamen sogar aus dem entfernten Grand Rapids, Michigan, nur um Thielicke zu hören. In der folgenden Woche bekam ich einen Brief vom Präsidenten unseres Seminars, Fred Meuser, in dem er schrieb:

> Ich danke Dir für all die Mühen, die Du hattest, um letzte Woche Helmut Thielicke auf unseren Campus zu bringen. Die enthusiastische Reaktion auf seine Gegenwart von den Studenten, der Fakultät und auch von einer großen Anzahl von Besuchern von Orten, die ziemlich weit von Columbus entfernt sind, musste für Dich ebenso befriedigend gewesen sein, wie es für mich war. Es war eine gut investierte Zeit für die, die anwesend waren, und für das Seminar eine großartige Öffentlichkeitsarbeit. ... Zum Schluss, aber nicht zum Wenigsten – ein besonderes Wort des Dankes für Deine Hartnäckigkeit, an dem Transportproblem für den Donnerstag zu arbeiten, bis es gelöst war. Wenn er nicht rechtzeitig an diesem Abend zu dem Vortrag angekommen wäre, hätte das eine Tragödie von beträchtlichem Ausmaß bedeutet.

In der Tat mussten wir Professor Thielicke einige Male umbuchen, um ihn nach Columbus zu bringen. Die Mühe hatte sich gelohnt, wie ich aus einigen Briefen erfuhr, die ich nach seinem Besuch bekam.

Zwei Episoden seines Besuchs auf unserem Campus haben sich in meinem Gedächtnis eingeprägt. Am zweiten Abend seines Besuchs lud ich ihn und seine Frau ein, ein Zimmer in unserem Studentenheim zu besuchen, damit er sah, wie so eine Studentenbude bei uns aussah. Als er das Zimmer betrat, sagte der Student zu Helmut Thielicke: „Professor Thielicke, wenn Sie jetzt auf das Bücherbord da oben schauen, dann sehen Sie alle Ihre Bücher, die auf Englisch verfügbar sind. Nur ein einziges ist nicht dort, da ich es bis jetzt noch nicht bekommen konnte." Helmut Thielicke war von dem Interesse des Studenten an seinen Schriften so angetan, dass er den ganzen Abend dort verbrachte und eine Geschichte nach der anderen erzählte. – Und Thielicke konnte erzählen! – Die häufigen Ermahnungen seiner Frau: „Helmut, jetzt ist es Zeit, dass wir gehen", stießen auf taube Ohren. Sogar Helmut Thielicke besaß eine gewisse Eitelkeit. Andererseits war Thielicke eine sehr bescheidene Person. Ich erinnere mich noch, als sich unser Finanzverwalter beim ersten Besuch entschuldigte, dass der Umschlag mit dem Honorar nicht besser gefüllt war. Nach einem flüchtigen Blick in den Umschlag bemerkte Thielicke, „aber da ist ja noch einiges übrig geblieben" (nach Abzug der Unkosten).

Wir wollten natürlich auch, dass Professor Thielicke eine unserer Fakultätssitzungen besuchte, damit wir uns mit ihm unterhalten konnten. Als ich ihn und seine Frau von seinem Zimmer im Seminar zur Fakultätssitzung begleitete, sagte ich ihm, ohne dass ich mir etwas dabei dachte: „Wir haben den Beginn der Fakultätssitzung von 2:00 auf 3:00 Uhr verschoben, damit Sie sich etwas ausruhen konnten." Das hätte ich natürlich nicht sagen sollen, denn für Thielicke war es überaus peinlich, dass wir seinetwegen den Beginn der Fakultätssitzung verschoben hatten.

Während Pannenbergs Englisch fehlerfrei war, war das von Thielicke dem von Tillich sehr ähnlich. Ich bemerkte, dass er in seinem englischen Manuskript über den Wörtern die englische Aussprache geschrieben hatte. Da ich für ihn die Fragen der Zuhörer ins Deutsche übersetzte und seine deutschen Antworten wieder ins Englische, hatte ich mehrmals Schwierigkeiten sein Englisch zu verstehen, wenn er in seine Antworten auf Deutsch einen Satz auf Englisch einschob. Trotzdem wurde er bei den Fragen erst wirklich lebendig. Er konnte die Sprache in einer Weise benutzen und Sachverhalte illustrieren, die jede seiner Antworten faszinierend machte. Ich war nicht überrascht, dass er ein so populärer Prediger war. Zudem konnte er wirklich auf die Leute eingehen.

Aber ich entdeckte auch bei ihm, wie schnell die Zeit einen einholt und man von der Bildfläche verschwindet. In einem seiner Briefe schrieb er, dass er noch einige wichtige Dinge im Ruhestand veröffentlichen wollte. Aber nur sechs Monate nach seinem Tod wurde schon seine ganze Bibliothek zum Verkauf angeboten, einschließlich zweier meiner Bücher, die ich ihm geschenkt hatte. Obwohl ich auch gerne etwas zu Papier bringe und hoffe, dass ich damit anderen Menschen einen Dienst tue, sage ich oft meinen Doktoranden, dass ich nicht so sehr interessiert bin, noch ein weiteres Buch zu schreiben. Es ist mir persönlich viel wichtiger, ihre Schriften zu lesen und zu sehen, dass sie mit einer guten Doktorarbeit abschließen.

Ein weiteres wichtiges Ereignis während meiner Jahre in Columbus, zu dem ich eingeladen wurde, war ein Kolloquium über „Die Kirche in der Gesellschaft der Zukunft" Anfang 1979 in Houston, Texas. Wieder waren Ted Peters und ich dort die einzigen zwei lutherischen Professoren. *Lutheran Brotherhood*, die neben der *Aid Association for Lutherans* eine von zwei großen lutherischen Lebensversicherungen ist, hatte dazu eingeladen. – Seit 2001 sind die beiden zur *Thrivent Financial for Lutherans* fusioniert. – Zu diesem Kolloquium waren alle wichtigen Lutheraner in leitenden Funktionen eingeladen, denn sie sollten sich über die Veränderungen in der Gesellschaft informieren, die sich in der näheren oder ferneren Zukunft ereignen würden. Somit konnten diese Entscheidungsträger die Kirche auf diese Szenarien vorbereiten. Die eingeladenen Redner waren alle als „Zukunftsforscher" bekannt. Der renommierteste unter ihnen war Alvin Toffler (geb. 1928), der Autor des Bestsellers *Der Zukunftsschock* (1970). Sein Vortrag bei der Konferenz war schockierend und enttäuschend zugleich, denn er zitierte nur, was er auf dem Flug zur Tagung im In-flight-Magazin der Fluggesellschaft gelesen hatte, und leitete daraus einige Behauptungen über die Zukunft ab. Meine Folgerung war, dass nicht jeder, der angeblich wichtig ist, immer etwas Wichtiges zu sagen hat.

Ein anderer Redner, dessen Schriften ich schon lange mit großem Interesse las, war Jürgen Moltmann (geb. 1926), Professor für systematische Theologie an der Universität Tübingen. Auch sein Vortrag war nicht aufregend. Zwei andere jedoch waren für mich faszinierend, nämlich Robert Jungk (1913–1994), dessen Buch *Heller als tausend Sonnen* (1956) ich schon in meiner Jugend verschlungen hatte. Obwohl er damals ein alter Mann war, beeindruckte er mich immer noch als eine Person, die sich sehr für andere Menschen interessierte. Als jemand seine Brille verloren hatte, organisierte Jungk sofort eine Suchaktion, bis die Brille wieder gefunden war. Die letzte Sprecherin, die ich erwähnen möchte, war Jean Houston (geb. 1937) aus New York. Sie erzählte in faszinierender Weise über ihre Bekanntschaft mit Pierre Teilhard de Chardin (1881–1955), der seine letzten Jahre in New York verbrachte.

Neuendettelsau hätte mir niemals solch einen Reichtum an Erfahrungen anbieten können. Deshalb blieb ich in Columbus. Im Juli 1976 schrieb ich an Gert Hummel: „Bezüglich Neuendettelsau entschieden wir uns, dass wir in der gegenwärtigen Lage nicht dorthin gehen werden. ... Wenn man solch eine Entscheidung gefällt hat, hat man immer noch Zweifel, aber ich denke, dass es zum gegenwärtigen Zeitpunkt die richtige Entscheidung war."

Aber das Jahr 1976 hatte auch weniger angenehme Seiten: Schon das Jahr zuvor hatte Stan Schneider (1921–2003), der 23 Jahre am Seminar Homiletik gelehrt hatte, dieses verlassen, um der Hauptpfarrer an der luth. St. Pauls-Kirche in Toledo, Ohio, zu werden. Er sagte mir, dass er jeden Morgen mit Angst das Seminar betrat, „und sich fragte, was sich wieder verändert hatte". Im März des folgenden Jahres breitete sich das Gerücht aus, dass Jim Bergquist, unser beliebter Dekan, uns verlassen wollte. Wir, d.h. „Das ad hoc Komitee, um den Diebstahl von akademischen Dekanen zu verhindern", wie wir uns in der Fakultät nannten, verfassten am 19. März 1976 einen Brief, in dem wir ihn baten, die folgenden wohlüberlegten Argumente für sein Bleiben in Columbus zu bedenken:

1. Wo werden 62 Leute, die Du beim Kopieren beschäftigst, in Zukunft Arbeit finden?
2. Wer wird dafür sorgen, dass der Lehrplan nicht älter als ein Quartal wird? (...)
4. Wer wird als immer anwesender Sündenbock dienen, wenn etwas falsch läuft?

Wir fügten auch einige ernst gemeinte Bedenken hinzu, wie:

1. Wer wird dafür sorgen, dass wir über die Mauern dieses Elfenbeinturms hinaus in die Dritte Welt sehen?
2. Wer wird ausländische Studenten und Professoren anlocken, so dass sie denken, ein Jahr am LTS sei für sie von Nutzen?
3. Wer wird die Straßen und Wege nach Vortragenden, Workshop-Leitern und neuen Fakultätsmitgliedern durchsuchen, und wer wird uns dazu zwingen, unseren Horizont zu erweitern?" usw.

Unser Präsident war wegen dieses Briefes wütend, denn er befürchtete, dieser gäbe Jim Bergquist zusätzliche Gründe uns zu verlassen. Doch dieser bemerkte, wie sehr wir ihn schätzten und blieb deshalb, bis er 1979 eine Stelle in der Kirchenleitung in Minneapolis annahm.

8. Eine unglückliche Konsolidierung

Wie erwähnt, lagen *ELTS* in Columbus und *Hamma School of Theology* in Springfield, Ohio, verhältnismäßig nahe beieinander. Da Hamma nur ein paar Studenten hatte, suchte man dort nach einer Konsolidierung und deshalb war ein Zusammenschluss beider Institutionen unvermeidlich. Am 29. August 1977 bekamen wir eine Nachricht vom Präsidenten unseres Seminars in Columbus, die besagte, dass die Synode unserer Kirche entschieden hatte, dass ein Konsolidierungskomitee ins Leben gerufen werde, „um bestimmte Dinge voranzutreiben, damit eine Konsolidierung von *ELTS* und

Beginn einer akademischen Laufbahn in den USA

Hamma Divinity School bis zum September 1978 erreicht wird." Unter anderem sollte das Komitee einen vorläufigen Präsidenten und eine vorläufige Fakultät und Verwaltung wählen.

Die Idee war nicht, die paar Studenten und die Fakultät von *Hamma* in *ELTS* zu integrieren, sondern alle Rufe der zwei bestehenden Fakultäten zu annullieren und neue auszusprechen. Dieses Konsolidierungskomitee sollte aus zwölf Mitgliedern bestehen, sechs aus jeder Institution. Von jeder Fakultät waren der Präsident, der akademische Dekan und ein weiteres Fakultätsmitglied im Komitee vertreten. Da *Hamma* nur vier Fakultätsmitglieder hatte, Frank Seilhammer (1933–2001) als Präsident und Alttestamentler Ben Johnson als Dekan und Neutestamentler sowie Gary Harbaugh in der praktischen Theologie und Karl Hertz in Ethik, waren also drei von den vier Fakultätsmitgliedern vertreten, während bei uns nur drei unserer 18 Mitglieder im Komitee vertreten waren. Damit war es von vornherein klar, wer als Fakultät die Mehrheit im Komitee hatte. Zudem wurden alle gegenwärtigen Rufe annulliert, sobald das konsolidierte Seminar zu existieren begann.

Um die Lage für uns noch ungewisser zu machen, musste sich jeder von uns bei der neuen Fakultät bewerben und dem Konsolidierungskomitee mitteilen, welche Kompetenzen er oder sie dem neuen Seminar zu bieten hatte. Das alles erschien mir wie ein böser Traum. Am letzten Tag der Bewerbungsfrist fuhr ich einige Minuten vor Mitternacht zum Seminar und schob den Umschlag mit meiner Bewerbung unter der Tür des Präsidenten durch. Erst bei der Fakultätssitzung am 30. November 1977, d.h. nicht einmal neun Monate vor der Eröffnung des neuen akademischen Jahres und des neuen Seminars, verkündete Präsident Meuser das Ergebnis der Auswahl der neuen „vorläufigen" Fakultät. Nachdem die Fakultätsmitglieder ausgesucht waren, musste man bis zum 1. Januar 1978 antworten, ob man die Wahl annahm. Dann war die Mitgliedschaft endgültig, aber es war immer noch eine vorläufige Fakultät ohne Verbeamtung. Der Aufsichtsrat des neuen Seminars musste die Verbeamtung aussprechen, aber einen solchen gab es noch nicht.

Eine unglückliche Konsolidierung

Für Frank Seilhammer, den Präsidenten von *Hamma*, musste eine neue Stelle als *Provost*, entspricht einem Leiter, geschaffen werden. Und Fred Meuser, Präsident von *ELTS*, wurde Präsident des neuen, aber noch namenlosen Seminars. Aus den zwei früheren Fakultäten wurden alle wieder berufen und angestellt, außer dem Kirchengeschichtler Jim Schaaf und Harold Zietlow (1926–2011), unserem Ethiker. Dies betraf meine unmittelbaren Zimmernachbarn im Seminar, Jim Schaaf auf der rechten Seite von meinem Zimmer und Harold Zietlow zwei Türen weiter. Da Harold ein tiefgläubiger Pietist war, schlug ich ihm vor, dass er an J. O. Preus, den Präsidenten der Missouri-Synode schreiben sollte, er sei nicht wieder berufen worden, da er zu konservativ war. Harolds Antwort war: „Nein, mein Herz gehört der *ALC*." Worauf ich antwortete: „Mir ist es gleich, wo dein Herz ist. Aber du brauchst eine Stelle." Es dauerte nicht lange und Harold lehrte am Ft. Wayne Seminar der Missouri-Synode. Ich weiß nicht, ob er jemals einen Brief an Preus schrieb.

Die Lage bei Jim Schaaf war anders. Während Harolds Stelle ersatzlos gestrichen worden war, suchte das Konsolidierungskomitee nach einem Nachfolger für Jim. In der Fakultätssitzung vom 3. März 1978 berichtete Präsident Meuser, dass Karl Hertz definitiv an das ökumenische Institut in Bossey in der Schweiz gehen würde und sich nicht unserer Fakultät anschließen wollte. Alice Schimpf wollte auch nicht zu uns. Sie war erst das Jahr vorher von *Capital University*, die uns gegenüber lag, zu uns gekommen und war die erste Frau an unserer Fakultät. Wahrscheinlich sah sie, wie es an unserem Seminar zuging, und zog es deshalb vor, wieder am College zu lehren. Dann hörten wir von Präsidenten Meuser: „Das Konsolidierungskomitee hat Dr. Carter Lindberg auf die Stelle für Kirchengeschichte berufen. Er lehrt gegenwärtig an der theologischen Fakultät der Boston University und wird bis zum 17. März den Ruf entweder annehmen oder ablehnen." Aber Carter Lindberg kam nicht zu uns. Darauf rief ich Walt Wietzke an und setzte mich für Jim Schaaf ein. Walts Antwort war: „Wir werden einen viel besseren Ersatz bekommen." Doch alle Kollegen, die man anfragte, lehnten (vielleicht aus Solidarität) einen möglichen Ruf ab.

Schließlich hatte man keine andere Wahl, als jemanden zu berufen, der Geschichte, aber nicht Kirchengeschichte lehrte. Als der *Board of Theological Education and Ministry* (Verwaltungsrat für theologische Ausbildung) der *ALC* vom 6.–8. März an unserem Seminar tagte, verlas unser Fakultätsabgeordneter Ron Hals den folgenden Bericht:

> Seitdem ich das letzte Mal vor diesem Verwaltungsrat sprach, hat sich manches ereignet und vieles davon ist tragisch. Was sich ereignet hat, schließt die Entlassung von zwei Fakultätsmitgliedern ein, Jim Schaaf und Harold Zietlow, und die Entscheidung eines unserer Fakultätsmitglieder, Alice Schimpf, nicht weiter an unserer Fakultät zu bleiben. Im Lichte dieser und anderer Ereignisse war es nicht immer eine erfreuliche Sache jedes Mitglied der Fakultät in den letzten Wochen dreimal zu kontaktieren in Verbindung mit meiner Arbeit als Fakultätsabgeordneter in diesen und anderen Verwaltungsräten. Bei der letzten Sitzung dieses Verwaltungsrates deutete ich in meinem Bericht an, dass die Moral der Fakultät auf dem niedrigsten Stand ist, seit ich dieser Fakultät angehöre. Seitdem ist sie noch drastischer gefallen. Aber es gibt auch Anzeichen, dass dieser Niedergang der Moral jetzt vielleicht seinen Tiefststand erreicht hat. Ich entdeckte gegenwärtig zwei Einstellungen in der Fakultät.
>
> Die erste Haltung bezeichnete ich als Zorn, Schmerz und Verrat ...
>
> Die zweite Haltung ist die von Verlegenheit und Unsicherheit. Wir wissen nicht, wem wir vertrauen können und ob wir vertrauen können. Wir erkennen, dass sich fast alles um uns herum dramatisch verändert hat. Wir wissen, dass bis jetzt die Ergebnisse dieser Veränderungen eine Schwächung bedeuten. Kollegiale Beziehungen sind zerbrochen ...
>
> Die dritte Haltung ist eine, die ich als Entschiedenheit und sogar Enthusiasmus bezeichnet habe. Trotz allem, was sich ereignet hat, sind wir überzeugt, dass das, wofür wir da sind, größer ist als alle unsere Sünden und alle unsere Scham und Schuld.

Eine unglückliche Konsolidierung

Am 20. März traf sich die Mehrheit der neuen vorläufigen Fakultät, um zu beraten, was wir im Bezug auf die Zukunft von Jim Schaaf und Harold Zietlow unternehmen konnten. Obwohl einige Kollegen sagten, sie hätten gehört, dass Jim Schaaf in größeren Unterrichtsklassen nicht sehr effektiv sei, wusste niemand etwas Genaueres. So kamen wir zu folgendem Entschluss: „Die anwesende Fakultät empfiehlt einstimmig, dass zum gegenwärtigen Zeitpunkt Jim Schaaf zur vorläufigen Fakultät für die noch offene Stelle in der Kirchengeschichte ernannt wird."

Bald darauf erlitt er seinen ersten Herzinfarkt, der natürlich nichts mit dem zu tun hatte, was sich am Seminar ereignete.

Als unser Präsident die wiederernannten Fakultätsmitglieder einzeln zu sich bat, um ihnen mitzuteilen, was das Konsolidierungskomitee über sie sagte, teilte ich ihm ungeschminkt mit, dass man bei einem Neuanfang nicht nur mit der Fakultät beginnen könne. Ein Neuanfang müsste auch die finanziellen Ressourcen mit einschließen, denn die Spender haben ihr Geld nicht für das neue Seminar gegeben. Außerdem haben alle von uns ihre Energie eingesetzt, um unser ehemaliges Seminar in der theologischen Ausbildung voranzubringen. Wenn solch ein Einsatz nicht gewürdigt wird, dann kann man keine Loyalität von uns erwarten. Präsident Meuser hörte aufmerksam zu, aber er antwortete nicht. Ich war offensichtlich der Einzige, der sagte, was ihn wirklich bewegte. Zu der Zeit war ich sicher, dass jedes Fakultätsmitglied, wenn er oder sie eine Wahl gehabt hätte, nicht am neuen Seminar geblieben wäre, das bald darauf den Namen *Trinity Lutheran Seminary* bekam.

Ich bemerkte, wie unglücklich die Dinge verliefen, als sich Präsident Meuser bei mir in einem Brief vom 7. August 1978 entschuldigte: „Wegen eines Problems beim Verfassen des Protokolls des Aufsichtsrates erreicht Dich diese Nachricht erst sehr spät, wofür ich mich entschuldige. Sie sollte eigentlich der Form nach vom Aufsichtsrat kommen, aber ich möchte die Sache nicht weiter verzögern, um Dir mitzuteilen, dass *Trinitys* Aufsichtsrat einstimmig Deiner Berufung an die Fakultät durch das Konsolidierungskomitee zustimmte und der Empfehlung, dass Du als *Associate Professor* für

Systematische Theologie verbeamtet wirst." – Tatsächlich war diese Nachricht etwas anachronistisch, denn schon am 5. Juni 1978 hatte mich Präsident Meuser als Edward-C.-Fendt-Professor für systematische Theologie installiert. Dies war die erste Stiftungsprofessur am Seminar, d.h. dass genügend Geld gestiftet worden war, um diese Professur in absehbarer Zukunft zu finanzieren. Es war für mich eine Ehre, diesen Lehrstuhl innezuhaben. In einem Brief vom 9. März 1978 hatte mir Fred Meuser geschrieben:

> Es freut mich, dass ich Dich im Auftrag des Verwaltungsrates dieses Seminars informieren darf, dass Du in seiner Sitzung vom 21. Februar zum ersten Inhaber des Edward C. Fendt Stiftungslehrstuhls für systematische Theologie berufen wurdest. Herzlichen Glückwunsch! Ich weiß, dass Dr. Fendt von dieser Wahl genau so erfreut ist, wie ich es bin. ... Dein Beitrag zum Leben des Seminars ist sehr wichtig und ich freue mich, dass dieser noch eine sehr lange Zeit anhält.

Indem ich von H. Richard Niebuhr (1894–1962), dem bekannten Theologen der Yale Universität, und seinem Buch *Christ and Culture* (1951; Christus und die Kultur) ausging, wählte ich als Thema meines Vortrags anlässlich meiner Installation in diese Professur „Die Kirche als Gewissen der Gesellschaft".

Schon als ich hörte, dass ich für diesen Lehrstuhl ausgewählt werden sollte, sagte ich zu Fred Meuser: „Eigentlich sollte ich diese Professur nicht annehmen, da ich Columbus verlassen möchte." Er aber antwortete: „Nun nimm sie trotzdem an."

Die Feierlichkeiten fanden in Mees Hall statt, dem größten Veranstaltungsraum in Capital University. Unsere zwei Kinder, Hans und Krista, sowie meine Frau May waren natürlich bei dem Ereignis zugegen. Die Kinder waren stolz auf ihren Vater und Krista malte während der Veranstaltung ein Bild, um dies zu dokumentieren.

9. Horizonterweiterungen

Nach den turbulenten siebziger Jahren war das Lehren wieder erfreulich geworden und ich hatte wunderbare Kollegen und viele ausgezeichnete Studenten. Einige meiner Studenten promovierten und drei von ihnen (Mark Powell, Rod Hutton und Tim Huffman) wurden später Professoren am *Trinity Seminary*. Michael Shelley lehrte lange Zeit in Kairo, Ägypten, Jim Vigen in Madagaskar und Dennis Maurer an einem Seminar in Logaweng, Papua-Neuguinea. Richard Nelson wurde schließlich an die *Perkins School of Theology* in Dallas, Texas, berufen. Andere wurden als Distriktspräsidenten gewählt oder als Bischöfe, wie Thomas Skrenes und James Stuck, und viele andere, wie ich manchmal höre oder gehört hatte, wurden ausgezeichnete Pastoren, wie Pete Brown, Ron Grissom und Steve Kummernuss. Nach all diesen Jahren haben sie ihren früheren Lehrer nicht vergessen, wie ich zum Beispiel aus der Gemeinde hörte, in der unser Sohn Hans und seine Familie Mitglieder sind. Ihr Pastor, Larry Donner, erwähnt stolz, dass er einer meiner Studenten war.

Ich bekam auch noch zusätzliche Vergünstigungen vom Seminar, wie zum Beispiel zwei Sommeraufenthalte an der theologischen Bibliothek der Harvard Universität, um dort zu forschen. Eine denkwürdige Begebenheit war mein Besuch bei Rudolf Bultmann in Marburg in seinem Haus am Calvinweg 15. Alle diese Unternehmen wurden großzügigerweise vom Seminar finanziell unterstützt.

Der Besuch bei Bultmann war besonders eindrucksvoll. Ich hatte von ihm Fotos gesehen und schloss von diesen, dass er ein groß gewachsener, stattlicher Mann war. Doch als ich sein Haus betrat, empfing mich eine gebeugte, kleine Gestalt, die sich beklagte, ihre Augen seien zu schwach, um zu lesen. Trotzdem lagen auf Bultmanns Schreibtisch geöffnete Bücher. Ich war mir sicher, dass die Bemerkungen über sein schlechtes Augenlicht übertrieben waren. Ich kannte Bultmanns theologische Haltung sehr gut, besonders seine Behauptung, dass im Johannesevangelium alle Hinweise auf eine zukünftige Erwartung Christi von einem späteren Redaktor der frühen Kirche eingefügt wären. Ich fragte ihn diesbezüglich und er antwortete zu meiner Überraschung: „Nein, einige davon sind ursprünglich" und er zitierte sofort einige Stellen, um dies zu unterstreichen. Ich hatte dies niemals in seinen schriftlichen Äußerungen bemerkt und Kollegen, die ich danach fragte, konnten mir auch keinen Hinweis darauf geben. Meine Folgerung war, wenn wir näher zu der letzten Tür unseres irdischen Lebens kommen, dann denken wir zweimal darüber nach, ob es wirklich keine zukünftige Erwartung gibt, und vielleicht werden wir auch etwas kompromissbereiter.

Dies wurde auch durch eine andere Antwort Bultmanns auf eine meiner Fragen unterstrichen, als er sagte: „Wenn Sie darüber Auskunft wollen, dann fragen Sie meinen Nachfolger Georg Kümmel, denn der führt meine Theologie weiter." Kümmel war aber viel konservativer, als es Bultmann je gewesen war. Vielleicht war es bei Bultmann nur eine Hoffnung, dass Kümmel seine Theologie weiterführen würde. Ich bekam einen sehr guten Eindruck von Rudolf Bultmann und bedauerte, dass ich in meiner Dissertation nicht positiver auf ihn eingegangen war. In typisch traditioneller deutscher Professorenmanier beendete er unser Gespräch: „Wenn ich unser Gespräch zusammenfasse, dann muss ich sagen, dass wir in unseren theologischen Positionen im Grunde übereinstimmen." Ich wollte dieser großartigen Gestalt der Theologiegeschichte nicht widersprechen und verließ sein Haus äußerst froh, dass ich diesen Mann persönlich kennen lernen durfte, der die Theologie in so entscheidender Weise geprägt und zugleich auf den Kopf gestellt hatte.

Eine andere Vergünstigung in Columbus war, dass ich Tagungen von theologischen Gesellschaften besuchen konnte und der Besuch normalerweise durch das Seminar bezahlt wurde. In Deutschland ist es genau umgekehrt, denn eine Universität hat kein Geld für solche Unternehmungen. Man muss hier nach anderen Geldquellen Ausschau halten, wie etwa die *Deutsche Forschungsgemeinschaft* oder der *Deutsche Akademische Austauschdienst*. Voraussetzung dabei ist, dass man entweder bei der Tagung einen Vortrag hält oder eine offizielle Funktion bekleidet. – Früher bekam man solch eine Zuwendung einmal im Jahr und heute nur noch alle zwei Jahre. Eine regelmäßige Teilnahme an Jahrestagungen ist damit nur durch

Eigenfinanzierung möglich. – Obwohl es Sinn macht, dass man bei einer Tagung etwas beiträgt, finde ich diese Pflicht eines eigenen akademischen Beitrags nicht sinnvoll. Als ich wieder in Deutschland war, habe ich bis jetzt jedes Mal an den Jahrestagungen der *American Academy of Religion* (*AAR*) teilgenommen und bis in die letzten Jahre immer Vorträge gehalten, obwohl ich oft gewünscht hätte, ich hätte sie nicht halten müssen. Fachgespräche mit anderen Kollegen, Zuhören bei Vorträgen anderer und Gespräche mit Verlegern sind mindestens genauso wichtig, wie einen eigenen Vortrag zu halten. Die Großzügigkeit, die ich in Columbus erfuhr, erlaubte es mir, in einer ungezwungenen Weise die Tagungen der *AAR* zu besuchen. Dies eröffnete mir eine unvorstellbare Mannigfaltigkeit „theologischer" Zugänge. Die erstaunlichste Begegnung war die mit den so genannten „Gott-ist-tot-Theologen". Bei einer Tagung der *AAR* in Los Angeles trafen sich diese berühmten Theologen, wie Richard Rubenstein, Thomas Altizer und Harvey Cox. Sie saßen in einer kleinen Runde zusammen, um zu überlegen, was sie nun weiter sagen könnten, nachdem sie Gott für tot erklärt hatten. – Es fiel ihnen nicht viel ein.

Diesen exzessiven Extremismus, der sich nach einiger Zeit totläuft, bemerkte ich bei den *AAR* Tagungen nicht nur bei dieser, sondern auch bei anderen Gruppen. Zum Beispiel gab es bei der damals aufkommenden feministischen Theologie eine Sitzung, in der man über das Menstruationsblut meditierte. Man kann alles zum Exzess treiben.

Meine Jahre in Trinity waren gut, sowohl bezüglich meines Engagements als auch für die Erweiterung meines theologischen Horizonts. Während dieser Jahre entwickelte ich eine Freundschaft mit Carl Heinz Ratschow (1911–1999) von der Universität Marburg, der zusammen mit dem Philosophen Ludwig Landgrebe (1902–1991) von der Universität Köln und Knut Løgstrup (1905–1981) von der Universität Aarhus in Dänemark die *Deutsch-skandinavischen Gesellschaft* gegründet hatte. Ratschow lud mich zu den alle zwei Jahre stattfindenden Treffen dieser Gruppe ein, die für mich ein völlig neues Gebiet eröffneten. Hier kam ich mit Kollegen in

Berührung, die ich sonst niemals getroffen hätte. Da waren zum Beispiel Urban Forell von der Universität Lund, der wie ich über die Wunder gearbeitet hatte, und sein Kollege Hampus Lyttkens (1916–2011) von derselben Universität. Dann war da Heikki Kirjavainen von der Universität Helsinki, den ich zu einem Vortrag nach Regensburg einladen konnte, nachdem ich dort etabliert war. Aus den Niederlanden kamen Vincent Brümmer von der Universität Utrecht, mit dem ich eine besondere Freundschaft entwickelte, und auch Willem Drees, dem ich jetzt noch jedes Jahr bei den Tagungen der *AAR* begegne, und nicht zuletzt Hubertus Hubbeling (1925–1986) von der Universität Groningen. Ich werde niemals seinen faszinierenden Vortrag über Spinoza vergessen, den er im Sommersemester 1986 in Regensburg hielt. Er sprach über Spinoza wie über einen guten Freund, mit dem er eng vertraut war. Hubbeling und ich hatten eine großartige Zeit an der Universität und bei uns zuhause, wo wir ihn, wie viele andere Kollegen, beherbergten. Ich wurde sogar gebeten, in seiner Festschrift anlässlich seines 60. Geburtstags einen Beitrag zu schreiben. Aber bald nach seinem Besuch in Regensburg kam von seiner Frau ein Brief, in dem sie mir mitteilte, dass er überraschend am 7. Oktober 1986 durch einen schweren Herzinfarkt aus dem Leben gerufen worden war, während er die Zeitung las. Die Festschrift wurde schließlich 1990 unter dem Titel *Belief in God and Intellectual Honesty* (Gottesglaube und intellektuelle Redlichkeit) veröffentlicht, nachdem er schon vier Jahre tot war.

Wenn ich Kollegen erwähne, die ich im Zusammenhang mit dieser Gesellschaft kennen lernte und an die ich mich gerne erinnere, sollte ich auch nicht Theodor Mahlmann von der Universität Marburg vergessen, mit dem ich viele interessante Gespräche führte, und besonders Gottfried Hornig von der Universität Bochum. Während ich an meiner Dissertation arbeitete, wurde ich schon auf Hornigs Werk über einen Theologen der Aufklärung aufmerksam, Johann Salomo Semler (1725–1791). Nun hatte ich die Gelegenheit, Hornig persönlich kennen zu lernen. Nachdem ich nach Deutschland zurückgekehrt war, fragte ich ihn, wie er sich mit der deutschen Sprache zurechtgefunden habe. Er lebte und lehrte viele Jahre in

Schweden, ehe er einen Ruf nach Bochum annahm. Ich war beruhigt, als er mir mitteilte, dass er dasselbe Problem hatte, das ich auch bei mir bemerkte. Mein theologisches Vokabular hatte ich in Englisch entwickelt und so war es für mich lange Jahre äußerst schwierig, an theologischen Diskussionen in Deutsch teilzunehmen. Das Umgekehrte bemerkte ich bei vielen meiner Kollegen aus Deutschland, die an den Tagungen der *Deutsch-skandinavischen Gesellschaft* teilnahmen. Sobald die Diskussionen auf Englisch stattfanden, wurden die Deutschen gewöhnlich sehr still. Dies zeigte sich besonders bei der ersten europäischen Konferenz für Religionsphilosophie, die unter der Leitung von Karl-Heinz Ratschow und Basil Mitchell (1917–2011) von der Universität Oxford im August 1978 am Queens College in Oxford stattfand. Einige der Deutschen, besonders Karlfried Gründer (1928–2011), der Mitherausgeber des *Historischen Wörterbuchs der Philosophie*, stützten sich während der Tagungen auf mich als Dolmetscher. Aber Gründers Diskussionsbeiträge waren kantianisch und er erwartete, dass ich in meiner Übersetzung keinen Teil der komplizierten Satzgefüge vergaß, die er in seiner Argumentation einbrachte.

Diese erste europäische Konferenz in Oxford war auch in anderer Hinsicht für mich denkwürdig, denn hier begegnete ich erstmals dem Religionsphilosophen John Hick (1922–2012). Dieser war damals noch an der Universität von Birmingham tätig und wechselte danach nach Claremont in Kalifornien. Für uns Nicht-Briten war es interessant, die britischen Kollegen zu beobachten. Sie kannten einander sehr genau. Kaum hatte jemand von ihnen ein Argument entwickelt, wussten die andern schon (oder nahmen an, sie wüssten), wie man darauf zu reagieren hätte. Wir beobachteten dies mit Erstaunen, denn für uns war solch eine vorweggenommene Diskussion etwas völlig Neues.

Noch einige andere erfreuliche Ereignisse sollten erwähnt werden: In der letzten Juniwoche 1979 wurde ich eingeladen, vier Vorträge im theologischen Programm der *Chautauqua Institution* in Chautauqua im Staat New York zu halten. Diese berühmte *Chautauqua Institution* – eine Sommersiedlung für Urlaub und Kultur –

brachte bekannte Leute aus allen Bereichen der Kultur zusammen, vom Orchester Duke Ellingtons bis zum Visionär und Architekten Buckminster Fuller (1895–1983), oder unter den Theologen John Tietjen (1928–2004), dem nachmaligen Präsidenten von *Christ-Seminary-Seminex*, einer Abspaltung von der Missouri-Synode, und den kontroversen anglikanischen Bischof John Spong. Sie hatten auch ein Programm für Kinder, an dem Hans und Krista gerne teilnahmen. Da ich nur Montag bis Freitag um 14 Uhr jeweils einen Vortrag halten musste, konnten wir die verschiedenen Sehenswürdigkeiten in der Nähe besuchen und wurden auch zu einer langen Bootsfahrt auf dem Chautauqua-See eingeladen. In der Montagsausgabe der *Chautauqua Daily* wurde mein Vortrag auf der ersten Seite mit der Überschrift angepriesen: „Schwarz wird in dem Nachmittagsvortrag über *Our Cosmic Journey* diskutieren." – *Our Cosmic Journey* (Augsburg 1977; Unsere kosmische Reise) war mein neuestes Buch.

Dies war weit mehr Aufmerksamkeit, als ich erwarten konnte, in Anbetracht, dass am selben Tag auch der Berater zweier US-Präsidenten, Arthur Schlesinger (1917–2007), einen Vortrag hielt und am folgenden Tag der ehemalige Staatsanwalt aus der Watergate Affäre, Leon Jaworski (1905–1982) sein Erscheinen im Amphitheater angekündigt hatte. Sehr selten bekommt die Theologie solch große Erwähnung inmitten der säkularen amerikanischen Gesellschaft wie in diesem berühmten amerikanischen Zentrum der Kultur, der *Chautauqua Institution*.

Ein anderes interessantes Ereignis fand 1975 in Chicago statt, als der Münchner Theologe Wolfhart Pannenberg dort an der Jahrestagung der *American Academy of Religion* teilnahm. Dort kam es zu einer lebhaften Auseinandersetzung zwischen ihm und dem Prozessphilosophen Lewis Ford von der *Old Dominion University* in Virginia. Pannenberg verteidigte seine Feldtheorie gegen den Atomismus von Ford, der behauptete, dass man von den vielen zu dem Einen käme. Pannenberg jedoch antwortete: „An Stelle dieses Atomismus finden wir eine alternative Kosmologie, indem wir das Universum als ein Feld nach der Weise Einsteins betrachten."

Ted Peters, der damals noch am *Newberry College* in South Carolina lehrte, und Marc Kolden vom *Luther Seminary* in St. Paul, Minnesota, waren für viele Jahre die treibenden Kräfte eines aus dieser Diskussion entstandenen Pannenberg Symposions, das immer während der Jahrestagung der *AAR* stattfand. Wir befassten uns mit verschiedenen Facetten von Pannenbergs Theologie, etwa seiner Anthropologie, der Ontologie und der Ethik. Viele bekannte Kollegen waren in diesen Symposien aktiv, wie Carl Braaten, Philip Hefner, Duane Priebe, der Pannenbergs Christologie ins Englische übersetzte, sowie Frank Tupper, der am *Southern Baptist Seminary* in Louisville, Kentucky, lehrte, und Karl Peters vom *Rollins College* in Florida. Dies war eine Gruppe, in der seriöse Theologie getrieben wurde, die aber die schließlich in den frühen achtziger Jahren zu existieren aufhörte.

1980 bekam ich überraschend eine Einladung, an der Sommersitzung des AuSable Forum des *AuSable Instituts* für Umweltstudien in Mancelona, Michigan, teilzunehmen. Ich sagte natürlich zu, denn ich war schon immer an ökologischen Fragestellungen interessiert. In den späten sechziger Jahren hatte ich einen Aufsatz geschrieben, der auf Deutsch veröffentlicht werden sollte, und hatte damals darin schon das Wort „Ökologie" erwähnt. Der Verleger schrieb zurück und fragte, ob ich statt „Ökologie" nicht „Ökonomie" meinte. Ich war erstaunt und schaute im *Duden* nach und fand dort auch den Begriff „Ökologie", was ich dem Verleger mitteilte. Doch wurde damals das Wort in Deutschland kaum benutzt, wogegen es in Amerika schon sehr geläufig war. Nun wurde ich zu einem Ort eingeladen, an dem aus konservativ evangelischer Perspektive geforscht wurde, wie die Umwelt bewahrt werden konnte und wie man sie als Gottes gute Schöpfung zu behandeln hatte.

Ich fand die Atmosphäre in *AuSable* unter der segensreichen Führung von Calvin DeWitt, Professor für Umweltstudien an der Universität von Wisconsin in Madison, für mich sehr kongenial. Wir waren ähnlich gepolt. Es gab dort eine lange Tradition einer christlich-ökologischen Bewegung und nach einer ersten Konferenz Anfang Mai 1986 im *Christian Counseling Center* in Syria, an der ich

Beginn einer akademischen Laufbahn in den USA

teilnahm, fand im folgenden Jahr in New Webster, Indiana, die erste nordamerikanische Konferenz für Christentum und Ökologie statt. Ich war eingeladen, den Eröffnungsvortrag bei dieser Konferenz zu halten, und betitelte diesen „Auf dem Weg zu einem christlichen ökologischen Bewusstsein." Auch der bekannte Umweltaktivist Wendell Berry hielt einen der Hauptvorträge.

Ich war besonders beeindruckt von einem Farmer aus der Gemeinschaft der Amish, der diese Tagung auch besuchte. Als er gefragt wurde, was er im Winter tat, wenn er nicht auf den Feldern arbeiten konnte und es wenig in den Scheunen zu tun gab, antwortete er einfach: „Ist es nicht schön, es für einige Zeit auch etwas gemütlich angehen zu lassen und sich zu freuen, wenn man nichts tut?"

Solche „Faulheit" ließ sich nicht mit einem vollen Terminkalender vereinbaren, den die meisten anderen Teilnehmer hatten, und sie waren deshalb sprachlos. In gewisser Weise war ich auch einer von denen, denn die Organisatoren der Tagung wollten mich als Vortragenden haben, doch konnten sie weder meine Reisekosten bezahlen – zu der Zeit war ich schon wieder nach Deutschland zurückgekehrt – noch ein Honorar für meinen Vortrag. Da ich aber sehr gerne an der Tagung teilnehmen wollte, suchte ich nach einem Weg, dies finanziell möglich zu machen. Nach langen Überlegungen fanden mein Reisebüro und ich eine Lösung, denn fast zur gleichen Zeit, als diese Konferenz tagte, wollte ich zu einer Vortragsreise nach Papua-Neuguinea fliegen. Statt durch die Golfregion zu fliegen, nahm ich die Route über die USA, machte in Indiana für die Konferenz kurz Halt und flog dann weiter über den Pazifik. Die Kosten waren identisch. Doch war es für mich ein sehr langer Flug, ohne Zwischenstation von Indiana über Los Angeles, Sidney und Brisbane, Australien, nach Port Moresby in Papua-Neuguinea.

Als ich endlich in Neuguinea ankam, hatte ich noch Zeit, meinen Koffer in das Gästezimmer des lutherischen Studentenpfarrers an der Universität von Port Moresby zu stellen, ehe mein erster Vortrag begann.

Leider war meine Tätigkeit in der nordamerikanischen Konferenz für Christentum und Ökologie nur sehr kurz, denn die konservative evangelische Ausrichtung verschwand sehr schnell. Doch ist das *AuSable Institut* immer noch aktiv und hat seine konservative Haltung beibehalten. Als Annie Watson, eine Doktorandin aus Indien, bei mir ihre Arbeit zum Thema „Ein christliches Verständnis der Landethik" in den späten 1990er Jahren schrieb, empfahl ich ihr, sich an das *AuSable Institut* zu wenden, damit sie ihr wichtige Literatur nennen konnten. Zu meiner Überraschung berichtete sie mir, das Institut hätte ihr geschrieben, es gäbe in Regensburg einen sehr kenntnisreichen Professor mit Namen Hans Schwarz, der ihr besser Auskunft geben könnte als sie in *AuSable*.

Ich weiß nicht, ob sie Recht hatten, aber ihre Antwort zeigte mir, dass sie sich immer noch darum kümmerten, wie man mit Gottes guter Erde umgehen sollte.

Aber nun bin ich schon der Zeit vorausgeeilt.

Kapitel III
Lehren in Deutschland und Osteuropa

Als ich mir 1967 überlegte, ob ich in die USA gehen sollte, um dort meine Lehrtätigkeit zu beginnen, sagte mir mein Freund Horst Weigelt: „Dies ist eine Entscheidung fürs Leben. Wenn du einmal dort bist, wird es schwierig sein, wieder nach Deutschland zurückzukehren." In der Tat gingen zwar mehrere Kollegen in die USA, um dort zu lehren, aber nur wenigen gelang es, wieder in ihr Heimatland zurückzukehren. Eine einfache Rückkehr nach Deutschland machte für mich auch wenig Sinn, denn ich war in Columbus trotz der Turbulenzen wieder gut etabliert. Es müsste die richtige Gelegenheit sein, wo ich mich entwickeln und auch beitragen könnte, den christlichen Glauben an die heutige Generation weiterzugeben. Solch eine Gelegenheit sollte sich sehr bald auftun.

1. Eine neue Herausforderung an der Universität Regensburg

Am 10. Dezember 1979 schrieb unser allseits beliebter Dekan vom *Trinity Seminary*, Jim Bergquist, einen Brief an unsere Fakultät und das Personal des Seminars. Er begann folgendermaßen: „Vor einigen Wochen wurde ich als Direktor der Abteilung für Dienste und Mission in Amerika der *ALC* berufen. Ich erkannte den Ruf Gottes durch die Einladung der Kirche und entschied mich, diesen Ruf anzunehmen. Ich habe mir diese Entscheidung nicht leicht gemacht. Es war schwierig, denn Mission steht im Mittelpunkt der Arbeit dieses Seminars."

Fast genau ein Jahr später, am 23. Dezember 1980, bekamen wir wieder eine Notiz, dieses Mal von unserem *Provost*, Frank Seilhamer, die an alle Studenten, Fakultätsmitglieder und Mitarbeitende ging. Sie begann mit folgenden Worten: „Damit möchte ich Sie informieren, dass ich einen Ruf als 1. Pfarrer an der *Advent Lutheran Church* in York, Pennsylvanien, zum 1. September 1981 angenommen habe. Ich habe deshalb meine gegenwärtige Funktion als *Provost* und Professor für Altes Testament am *Trinity Seminary* mit Wirkung vom 31. August 1981 beendet."

Schon im November 1978 bekam ich einen Brief von Dr. Siegfried Wolf, der jetzt in München in der Kirchenleitung der lutherischen Kirche in Bayern mit der Betreuung der Vikare betraut war. Er gratulierte mir zur Berufung auf den Edward-C. Fendt-Lehrstuhl für systematische Theologie und teilte mir gleichzeitig mit: „Ich vermute, dass es gleichwohl in Ihrem Sinne ist, wenn ich Augen und Ohren offenhalte, wenn Besetzungen von Lehrstühlen in Deutschland anstehen." Dann wies er mich darauf hin, dass innerhalb der nächsten drei Monate das Kultusministerium „den neuerrichteten Lehrstuhl für Systematische Theologie an der Universität Regensburg ausschreiben wird. ... Er sollte auch evangelische Theologie für die ganze Universität sein und das Gespräch mit den anderen Fachbereichen suchen."

Mein Interesse war geweckt, denn ich war schon immer davon überzeugt, dass die Theologie im Gespräch mit allen Disziplinen gelehrt werden sollte und man mit ihnen zusammenarbeiten sollte. Aber bis dorthin wusste ich nicht einmal, dass es in Regensburg eine Universität gab. Der Grund dafür war nicht, dass ich schlecht informiert war, sondern weil Forschung und Lehre an der Universität Regensburg erst 1967/68 begonnen hatten und diese Universität durch den Freistaat Bayern erst ein paar Jahre vorher gegründet worden war. Während des deutschen Wirtschaftswunders in den sechziger Jahren des letzten Jahrhunderts hatte man viele neue Universitäten errichtet. Neben den schon etablierten Universitäten in München, Würzburg und Erlangen wurde Regensburg als vierte volle Landesuniversität in Bayern geschaffen. An so einem neuen Ort zu lehren, in Zusammenarbeit mit anderen Disziplinen und einer römisch-katholischen Fakultät, war für mich sehr attraktiv.

Trotzdem bewarb ich mich nicht in Regensburg, ich kann mich zumindest nicht daran erinnern. Ich wurde auch niemals eingeladen, dort einen Vorstellungsvortrag zu halten, wie das der Brauch war, wenn man unter die letzten Bewerber kam. Wolfhart Pannenberg hatte mich ermuntert, mich in München zu bewerben. Da aus dieser Bewerbung nichts wurde, hatte man vielleicht meine Bewerbung von München einfach nach Regensburg weitergeleitet.

Schließlich hörte ich von Trutz Rendtorff, dass die Berufungskommission für die Regensburger Stelle, eine Kommission die hauptsächlich aus Fakultätsmitgliedern der theologischen Fakultät in München bestand, ihren eigenen Alumnus und Schüler Pannenbergs, Falk Wagner (1939–1998), auf den ersten Platz setzte, ein anderes Münchner Mitglied, Hermann Timm, auf dem zweiten Platz und mich auf dem dritten. Trutz Rendtorff, der Ethiker an der Münchner evangelisch-theologischen Fakultät, ermahnte mich in einem handgeschriebenen Brief vom 3. August 1979: „Sicher ist es keine Hilfe für die Zukunft, wenn auf die Entscheidung (etwa in der Reihenfolge) Einfluss genommen wird, weil sich das doch sehr schnell herumspricht und für den Betreffenden keine gute Wirkung hat, wie ebenfalls die Erfahrung zeigt. ... Der Lehrstuhl in R. hat nicht das Ansehen eines „vollen" Lehrstuhls. Das ist nun einmal so." Ähnlich wie bei der Stelle in Neuendettelsau meinte Rendtorff, dass die Stelle in Regensburg für einen Anfänger tauge, aber nicht für mich. Dann erläuterte mir Herr Rendtorff noch den Unterschied zwischen einer Berufung und einer Bewerbung. Bei einer Berufung „ist es ja weder akademischer Usus noch sinnvoll, dass sich die Vorgeschlagenen selbst rühren, wenn sie nicht gefragt werden. Denn der Sinn der Berufung, im Unterschied zur Bewerbung, liegt ja gerade darin, die Entscheidung den berufenden Instanzen zu überlassen."

Als ich Helmut Thielicke dies berichtete, erwähnte er in einem Brief vom 14. Februar 1980: „Die Regensburg-Geschichte, von der Sie erzählen, ist ganz typisch. Es ist einfach unglaublich, wie Pannenberg überall seine Drähte zu ziehen weiß und seine Leute unterbringt. Es ist allmählich so penetrant, dass die Bayern wohl tatsächlich den Braten gerochen haben. Es wäre ja großartig, wenn Sie dort hinkämen. Regensburg ist, wie Sie sicher wissen werden, eine zauberhafte Stadt."

Ich hörte, dass der Senat der Universität Regensburg die Reihenfolge der Namen in der Liste, die er von der Berufungskommission empfangen hatte, umgekehrt und mich an die erste Stelle gesetzt hatte. – Dies erinnerte mich an Karl Heim, bei dem auch bei seiner Berufung nach Tübingen die Liste vom Senat zu seinen Gunsten umgedreht wurde. – Der Senat musste auch zu meiner Zeit noch alle Berufungslisten akzeptieren, die von den Berufungskommissionen vorgelegt wurden, bevor diese an den Minister weitergegeben wurden, der dann den tatsächlichen Ruf aussprach. Aber ich kannte niemanden in Regensburg. Ich hatte das auch Thielicke berichtet und deswegen versuchte er mich zu ermuntern.

Aber nun wollte ich die Universität in Regensburg wirklich sehen. Ich benutzte meinen Besuch in Schwabach anlässlich des 90. Geburtstags meines Großvaters am 14. Februar 1980 als Vorwand, um gleichzeitig zu sehen, ob Regensburg wirklich eine Universität hatte. Ich flog also nach Deutschland und kontaktierte Werner Ritter, damals Assistent von Professor Sturm in Regensburg. Er traf mich in der Universität und führte mich herum. Aber es war einer dieser fürchterlich nebligen Tage, die nicht ungewöhnlich für die Winterzeit in Regensburg sind, und außerdem war es schrecklich kalt. Als ich ankam, konnte ich kaum die Universitätsgebäude sehen. Ich glaubte Werner Ritter aber, dass es in Regensburg tatsächlich eine Universität gab.

Wohin ich damals wirklich wollte und wo ich mich auch beworben hatte, war meine Alma Mater, die Universität Erlangen. Wilfried Joest war in den Ruhestand gegangen und Joachim Track aus Neuendettelsau sollte sein Nachfolger werden. Wie der Kirchengeschichtler Karlmann Beyschlag (1923–2011) mir in einem Brief vom 5. November 1980 mitteilte, war die vom Fachbereichsrat beschlossene Liste vom Senat in Erlangen nicht angenommen worden. Stattdessen gab es ein Sondervotum von sechs Professoren der Fakultät, das die Billigung des Senats fand und auf der ich auf dem dritten Platz war. Auch schrieb mir Herr Kollege Müller aus Erlangen in einem Brief vom 5.8.1980: „Falls Sie über Regensburg verhandeln, wäre es sicher gut, wenn Sie wissen, dass auch hier bei uns

Interesse für Sie besteht." Nun war ich neugierig geworden und machte einen Besuch in Erlangen. Dabei erzählte mir Karlmann Beyschlag, dass sie mich in dem Sondervotum viel lieber an die erste Stelle gesetzt hätten. Aber ihr Systematiker, Friedrich Mildenberger (1929–2012), sagte ihnen, dass ich nach Regensburg gehen würde. Trotzdem wollten sie mich zumindest auf der Liste haben. Aus Regensburger Quellen hörte ich jedoch, dass Mildenberger sich für mich in Regensburg einsetzte. Mildenberger war einer der weiteren Mitglieder des Berufungsausschusses, der über die Stelle in Regensburg entschied. Da ich Mildenberger niemals begegnet war und er mich nicht persönlich kennen konnte, fand ich diese Fürsorge von ihm, dass ich die Professur in Regensburg bekommen sollte, ziemlich seltsam. Nachdem ich bei meinem Besuch in Erlangen mit Beyschlag und einigen anderen Kollegen gesprochen hatte, die ihr Interesse an mir bekundeten, ergriff ich die Gelegenheit, Mildenberger zu besuchen. Er war in seinem Dienstzimmer und nachdem ich mich vorgestellt hatte, dankte ich ihm, dass er sich so sehr für mich für die Stelle in Regensburg eingesetzt hatte. Ich war mehr als erstaunt und konnte kaum seinen Worten glauben, als er sagte: „Ja, ich habe Sie unterstützt. Aber Sie wissen natürlich, dass Pannenberg seinen Schüler Falk Wagner dort haben will und Sie keine Chance haben, nach Regensburg zu kommen!" Wenn man Freunde wie diese hat ...

Es ist interessant, dass all diese Verhandlungen äußerst geheim vonstattengingen, aber trotzdem alle Details dieses „Intrigantenstadels" bekannt wurden. Das Ergebnis dieses Melodramas war, dass Reinhard Slenczka von der Universität Heidelberg nach Erlangen berufen wurde und ich den Ruf nach Regensburg bekam, den ich im Januar 1981 annahm.

Im Juni 1980 hatte ich schon meine Kollegen in Columbus darauf aufmerksam gemacht, dass ich einen Ruf aus Regensburg bekommen hatte, und am 5. Dezember des gleichen Jahres schrieb ich ihnen nach langem Zögern: „Heute informierte ich unseren Präsidenten, Fred Meuser, dass ich einen Ruf nach Regensburg angenommen habe. Die Entscheidung ist mir sehr schwer gefallen. Ich danke

Euch sehr für Eure Unterstützung. Ich bin stolz auf Euch als Kollegen und Freunde und hoffe, dass diese Freundschaft weiter bestehen wird." In einen Brief an den Bischof des Ohio Distrikts unserer Kirche, Bernie Boehm, schrieb ich: „Columbus nach fast 14 Jahren zu verlassen, wird für mich in der Tat schwierig sein. Doch in der gegenwärtigen Zeit fühle ich, dass ich in Deutschland mehr benötigt werde als hier. Ich habe während meiner Jahre hier viel gelernt und möchte nun sehen, ob ich etwas davon ernten und in Deutschland anwenden kann. Besonders attraktiv ist für mich die Erwartung dort, dass ich Verbindungen zur römisch-katholischen Fakultät knüpfe und im interdisziplinären Dialog tätig bin."

Die Reaktion war wie erwartet: Präsident David Preus von der *ALC* schrieb: „Es war mit großem Bedauern, dass ich hörte, dass Du einen Ruf nach Deutschland angenommen hast, um dort zu lehren. Du warst ein wertvoller Lehrer in der *ALC*. Wir werden Dich vermissen. Vielen Dank für Deine gute Arbeit und Gott gebe Dir eine gesegnete neue Arbeit." Ed Winkler, der Vorsitzende des Verwaltungsrates unseres Seminars teilte mir auch sein Bedauern mit, dass ich *Trinity* verlassen würde. Er schrieb: „Während der vergangenen 15 Jahre hast Du Dich als Gelehrter, Autor, Lehrer und Pastor ausgezeichnet. Unsere eigenen Studenten, Deine Fakultätskollegen und die gesamte Kirche sind durch Dein Engagement und Deine wirkungsvolle Arbeit reich gesegnet worden." Unser ehemaliger Dekan Jim Bergquist schrieb mir: „Ich gratuliere Dir zu Deiner Ernennung und wünsche Dir all das Beste und weiß, dass Dein Dienst mit außerordentlicher Qualität weitergeführt wird. Aber ich weiß auch, was für ein Verlust Dein Weggang bedeutet, nicht nur für *Trinity*, sondern für die Kirche in den USA, die *ALC*, innerlutherisch und ökumenisch." Der Finanzdirektor Leon Appel von *Trinity* sagte zu mir, als ich ging: „Ich danke Dir Hans, dass du *Trinity* auf die Landkarte gebracht hast."

Sicher habe ich meinen Teil dazu beigetragen, dass *Trinity* auch akademisch sichtbar wurde. Aber dazu haben auch andere wie Mark Powell beigetragen, der mein Student war, und die jetzt an *Trinity* lehren.

Wie gesagt, den Ruf nach Regensburg anzunehmen, war keine leichte Entscheidung. Schon einige Jahre vorher hatte mich Carl Heinz Ratschow gebeten, mich in Marburg zu bewerben. Aber aus der Bewerbung wurde nichts. Ratschow sagte mir, der Grund dafür sei gewesen, dass mich außer Theodor Mahlmann niemand an der Fakultät kannte.

Aber war Regensburg der rechte Ort? Was ich schätzte war die Campusanlage, die mich sehr an Neuendettelsau erinnerte. Interdisziplinäre Arbeit, Zusammenarbeit mit der römisch-katholischen Fakultät und die Freiheit zu lehren, was immer man wollte, aber natürlich mit Augenmaß, waren zusätzliche attraktive Züge. Auf der anderen Seite war das Seminar in Columbus auch ein guter Ort für Lehre und Forschung gewesen.

Es war schwierig, Ohio zu verlassen, nicht nur wegen des Seminars, sondern auch wegen *Redeemer Lutheran Church*, wo ich immer noch Präsident der Gemeinde war. Die Gemeinde zu verlassen, war für mich sogar noch schwieriger als das Seminar, denn dies war das geistliche Zentrum meiner Familie, besonders unserer zwei Kinder Hans und Krista. Es war für mich äußerst schwierig, dort eine Abschiedspredigt zu halten. Aber ich brachte es ohne feuchte Augen fertig. Pastor Kelley überreichte mir anschließend ein Exemplar des *Lutheran Book of Worship*, des Gesangbuchs der ALC, auf dessen Buchdeckel mein Namen eingraviert war – als Dank für meinen Dienst in der Gemeinde.

Auch das Seminar zeigte seine Verbundenheit. Die Studierenden hatte für mich eine Abschiedsparty im Untergeschoss von *Trinity* arrangiert mit einem großen Kuchen, einer aus Holz geschnitzten Plakette, auf deren Rückseite alle Fakultätsmitglieder, Mitarbeitende und Studierende unterschrieben hatten. Die Studenten trugen auch einen Sketch vor, der sich besonders mit Gerhard Ebelings Buch, *Studium der Theologie. Eine enzyklopädische Orientierung* (Tübingen 1975), befasste, denn ich hatte dieses Buch als Pflichtlektüre für meinen Kurs zur konstruktiven Theologie ausgewählt. Sie trugen auch ein Lied vor. Eine Strophe lautete:

Wir schrieben an unseren Seminararbeiten
bis weit über Mitternacht
und standen dann damit voll Angst vor Ihrer Haustür,
doch hätten wir wissen müssen,
dass wir keine Angst zu haben brauchten,
denn wir plapperten wie kleine Kinder,
nachdem wir Ihr Bier getrunken hatten.

Obwohl ich ein sehr strenger Lehrer war, vielleicht manchmal zu streng, wussten sie, dass ich mich sehr um sie annahm. Mehr als einmal setzte ich mich für einen Studierenden ein, wenn ich dachte, er oder sie sollte noch eine zweite Chance bekommen, um sich zu verbessern.

Der Hinweis auf das Biertrinken war nicht nur eine Anspielung auf die vielen Einladungen von Studierenden bei uns zu Hause, wo es traditionell Pizza und Bier sowie nichtalkoholische Getränke gab. Er erinnerte auch an die Zeiten, als wir das German Village besuchten, einen renovierten Teil der Innenstadt von Columbus, der aus dem 19. Jahrhundert stammte und damals größtenteils von Deutschen bewohnt war. Dort gab es immer noch schöne Biergärten, in denen ich am Ende des Semesters mit meiner mir zugeteilten Gruppe von Studierenden öfters den Abschluss gefeiert hatte. Die Studenten überreichten mir auch ein Fotoalbum, das die verschiedenen Aspekte der Seminargemeinschaft wiederspiegelte.

Nur zwei Tage, bevor ich nach Deutschland zurückging, überraschte mich die Fakultät mit einem Mittagessen, bei dem alle Kollegen zugegen waren. Sie überreichten mir zum Abschied einen Kugelschreiber und einen Füllhalter und auch etwas Geld, das vom Kauf der zwei Geschenke übrig geblieben war. Ich benutze diesen Füllhalter bis heute und habe mit ihm inzwischen viele Doktorarbeiten und Buchmanuskripte korrigiert.

Das Institut für Evangelische Theologie an der Universität Regensburg besteht aus zwei Lehrstühlen, einer für Religionspädagogik, der sich hauptsächlich damit beschäftigt, zukünftige Religionslehrer für die Grund-, Haupt- und Realschulen auszubilden. Der andere Lehrstuhl für systematische Theologie und theologische Gegenwartsfragen ist mehr interdisziplinär ausgerichtet. Als ich nach Regensburg kam, war der Lehrstuhl in der Religionspädagogik mit Wilhelm Sturm besetzt. Ich konnte mich an ihn noch etwas aus meinen Studententagen in Erlangen erinnern. Er war Assistent von Kurt Frör (1905–1980) gewesen, der dort den Lehrstuhl für Katechetik innehatte und den ich sehr schätzte. Nach meinen Informationen wollte Sturm verhindern, dass der Lehrstuhl in der systematischen Theologie in Regensburg wieder besetzt wurde. Als das nicht mehr ging, favorisierte er Falk Wagner aus München. Wagner war mehr philosophisch interessiert und deshalb dachte Sturm wahrscheinlich, dass dieser ihm keine Studierenden wegnehmen würde. Als die Entscheidung gefallen war, dass ich diesen Lehrstuhl einnehmen sollte, entpuppte sich Sturm jedoch als ein herzlicher Kollege.

Bevor ich den Ruf nach Regensburg annahm, war immer noch etwas von meinem Freijahr in Columbus übrig geblieben, für das ich schon lange eine Vortragsreise nach Asien und Australien geplant hatte.

2. Ein Blick in die Ferne

Norman Imbrock, ein *ALC* Pastor aus Ohio, und Rufus Pech, ein lutherischer Pastor aus Australien, hatten in Columbus unter meiner Anleitung ihre Magisterarbeit geschrieben, während sie von ihrer Missionsarbeit in Papua-Neuguinea beurlaubt waren. Auch Paul Renner, ein Pastor der lutherischen Kirche Australiens hatte einige Zeit am Seminar in Columbus verbracht. Noch dazu war ich zusammen mit Art Becker, meinem Kollegen aus der Ethik, der Berater von D. J. Prashantham bei seinem *Doctor of Ministry* Projekt gewesen. Prashantham hatte sich schon zu jener Zeit als Direktor des christlichen Beratungszentrums in Vellore, Südindien, einen Namen gemacht. Da Nel Canlas noch Pastor in Pampanga auf den Philippinen war, bestand für mich ein großer Anreiz, Besuche an diesen Orten mit einer großen Vortragsreise zu verbinden.

Gleichzeitig gab es noch eine Konferenz des Lutherischen Weltbundes über lutherische Identität, zu der mich David Preus als den Delegierten unserer Kirche entsandte, eine Tagung, die in Jerusalem stattfinden sollte. Diese Reise, die etwas länger als zwei Monaten dauerte, führte mich von Columbus nach Indien, über die Philippinen nach Palästina und zurück auf die Philippinen, dann nach Australien, Papua-Neuguinea und schließlich nach Deutschland.

Peoples Travel, das Reisebüro, mit dem ich viele Jahre lang in Columbus zusammengearbeitet hatte, sagte mir, dass mein Flugticket das längste zusammenhängende Ticket gewesen sei, das sie jemals ausgestellt hätten.

Diese Vortragsreise war eigentlich meine zweite Wahl. Da ich am *Trinity Seminary* für 1980/81 wieder ein Freijahr hatte, wollte ich während des ersten Semesters an der Gregorianischen Universität in Rom lehren und im zweiten Semester an der *Silliman University* auf den Philippinen. Schon im Dezember 1979 hatte ich dazu Jan Witte von der *Gregoriana* kontaktiert. Rektor Carlo Martini, Dekan René Latourelle, sowie Jos Vercruysse und Jan Witte, versuchten dafür eine Befürwortung von der Kongregation für Studien des Vatikans zu bekommen. Stattdessen wurden sie immer wieder vertröstet mit der Begündung, dass ein späterer Termin für eine Antwort günstiger wäre. Mein guter Freund George Tavard (1922–2007) meinte, ich sollte direkt an Kardinal William Brown von der Kongregation für Universitäten und Seminare im Vatikan schreiben, was ich dann auch tat. Aber auch von ihm bekam ich keine Antwort.

Was war geschehen? Zuerst hatte Johannes Paul II. die Nachfolge von Papst Paul VI. angetreten und dann gab es die Streitfälle um Küng und Schillebeeckx, die angeblich von den rechten Lehren der katholischen Kirche abgewichen waren. Diese Vorfälle verbesserten nicht die Möglichkeit für einen Lutheraner, als Gastprofessor nach Rom zu kommen. Dann kam der Ruf nach Regensburg und machte meine Pläne für ein Freijahr zunichte. Statt möglicherweise in Rom und auf den Philippinen zu lehren, war nur die lange Vortragsreise nach Asien übrig geblieben.

Ein Blick in die Ferne

Der erste Aufenthalt war in Madras, dem heutigen Chennai, in Indien. Dort besuchte ich das *Gurukul Theological College & Research Institute*. Ich wurde von Dr. Johnson, dem damaligen Rektor des College, und seiner Frau begrüßt. Als wir uns trafen, bemerkte ich, dass Frau Johnson eine Deutsche war, und vernahm, dass sie zusammen mit meinem Zimmergenossen in Göttingen, Burkhard Heim, Theologie studiert hatte. Oft begegnet man Menschen, mit denen einem eine gemeinsame Geschichte verbindet, an Orten, wo man es nicht erwartet. Zu der Zeit war *Gurukul* im Umbruch und man beriet über die Zukunft dieser altehrwürdigen Institution. Ich bin später oft wieder in Gurukul gewesen, besonders während der Zeit, als D. W. Jesudoss dort Rektor war, der in Erlangen bei Niels-Peter Moritzen promoviert hatte und mir später seinen Sohn Santosh sandte, um bei mir zu promovieren.

Der nächste Aufenthalt war am *Tamilnadu Theological Seminary* in Madurai. Damals war Gnana Robinson dort Rektor. Dieses Seminar war idyllisch, denn auf dem ganzen Campus standen noch viele Kokospalmen, was ihm einen dörflichen Charakter verlieh. Gnana Robinson unterrichtete später am Predigerseminar in Soest (Nordrhein-Westfalen) und wurde dann Rektor am *United Theological College* in Bangalore, der bedeutendsten evangelischen theologischen Ausbildungsstätte in Indien. Ich war besonders erstaunt, dass in Madurai die Fakultät und die Studenten sehr an Martin Luther interessiert waren. Ich hatte das nicht in einer Institution erwartet, die so sehr auf die Dalits, d.h. die Kastenlosen, ausgerichtet war. Von dort ging die Reise nach Kerala zum *United Theological Seminary* in Trivandrum und schließlich nach Vellore, wo B. J. Prashantham arbeitete. Dort hielt ich Vorträge für Ärzte am *Christian Medical College and Hospital,* eines der besten Krankenhäuser in Südindien, und dann natürlich bei Prashantham selbst am *Christian Counselling Centre* (christlichen Beratungszentrum). Auch Predigten wurden von mir erwartet.

Von Indien aus reiste ich nach Hongkong, wo ich nicht nur das *Chang Chi College* besuchte wie bei meinem ersten Besuch, sondern auch das *Concordia Theological Seminary* der Missouri-Synode und schließlich das *Lutheran Theological Seminary*, das damals noch in einem ehemaligen buddhistischen Tempelkomplex untergebracht war. Andrew Hsiao war damals der tüchtige Präsident dieses Seminars. Ich hatte die Freude, ihn noch viele Male zu besuchen, ehe er 2003 verstarb.

Von Hongkong führte mich meine Reise auf die Philippinen, wo ich überaus herzlich von Johnny Gumban am *College of Theology* der *Central Philippine University (CPU)* in Iloilo empfangen wurde. Wann immer ich seitdem nach *CPU* zurückkehrte, wurden die „Hans Schwarz Vorträge" veranstaltet. Ich fragte Johnny Gumban einmal, warum er stets die schwierigsten Themen aus meiner ihm vorher zugesandten Liste von Vorträgen heraussuchte. Seine Antwort war sehr einfach und überzeugend: „Unsere Studierenden sollten verstehen, dass theologische Reflexion auch eine intellektuelle Aufgabe ist."

Von Iloilo aus ging es nach Cavite in der Nähe von Manila an das *Union Theological Seminary*, wo ich eine erstaunliche Erfahrung machte: Es gab dort einen Abendmahlsgottesdienst zur Aussendung der Vikare. Der Professor für kontextuelle Ausbildung leitete den Gottesdienst und hielt die Aussendungspredigt. Seine Predigt war in keiner Weise biblisch orientiert, sondern bestand in einer ungeschminkten Verdammung aller multinationaler Firmen. Er bezichtigte sie aller üblen Dinge, besonders der Ausbeutung der so genannten Dritten Welt. Gäbe es diese Unternehmen nicht, dann wäre die ganze Welt ihre Probleme los. Als das Abendmahl ausgeteilt wurde, zögerte ich zunächst, daran teilzunehmen, da ich in dem Gottesdienst wirklich nichts vom Wort Gottes gehört hatte. Doch wollte ich mich nicht ausschließen und war dann überrascht, als ich den „Wein" gereicht bekam. Nach dem Gottesdienst fragte ich den Professor: „War da nicht ein Widerspruch zwischen Ihrer Predigt und der Tatsache, dass Sie Coca Cola statt Wein austeilten?" Seine simple Antwort war: „Ich konnte den Wein nicht finden."

Aber es sollte noch schlimmer kommen. Da ich an diesem Abend wenig zu tun hatte, mischte ich mich unter die Vikare, die ausgesandt wurden. Einige von ihnen waren wütend, nicht über den Gottesdienst, sondern über diesen Professor. Er hatte zu einem der potenziellen Vikare, einem Vater von sieben Kindern und Mann der Leiterin des Kirchenchores, vor dem Gottesdienst gesagt: „Ich hatte eben erst Zeit, ihre Seminararbeit zu lesen, die sie zur Aufnahme in den Vikarsdienst vorgelegt haben. Sie ist so schlecht, dass ich ihr Vikariat nicht befürworten kann." Ich hatte oft von der Befürchtung gehört, dass die neuen Befreier zugleich die neuen Unterdrücker werden könnten. Hier hatte ich den schlagenden Beweis dafür. Aber ich muss gestehen, dass dies die Ausnahme war. Die meisten Professoren nahmen sich um die Studierenden an und verrichteten ihre Arbeit mit großer Hingabe. Allerdings bemerkte ich über die Jahre in vielen Ländern, dass die theologische Ausbildung darin bestand, das wiederzugeben, was man gelernt hatte – ohne irgendwelche Fragen zu stellen.

Von den Philippinen musste ich jetzt zurück nach Jerusalem zu der internationalen Konsultation über „Das Bekenntnis zu Christus im kulturellen Kontext". Da ich von den Philippinen in einem sehr kalten März nach Israel kam, fror ich erbärmlich. Ich zog praktisch alles an, was ich konnte, in der Hoffnung, nicht wie eine Mumie auszusehen. Auch dort ereignete sich etwas, das sich in mein Gedächtnis einprägen sollte. Wir waren von den griechisch Orthodoxen zu einem Abendgottesdienst eingeladen worden. Einer unserer Teilnehmer, ein Bischof aus Afrika, saß bei der abendlichen Liturgie und hatte seine Beine schön übereinandergeschlagen. Als dies eine griechisch-orthodoxe Nonne bemerkte, rannte sie wie eine Furie auf ihn zu. Der gute Bischof erschrak und nahm eine aufrechte Position ein. Erst viel später lernte ich, dass man in einem orthodoxen Gottesdienst die Beine nicht übereinanderschlagen dürfe, denn dies wird als Blasphemie verstanden. – Da wir in Regensburg seit über dreißig Jahren ein Intensivseminar in Griechenland veranstalten, schärfe ich unseren Studierenden immer ein, dass sie das in einem orthodoxen Gottesdienst nicht tun dürften und dass sie auch bei einer Unterhaltung niemals die Hände hinter den Rücken verschränken dürften, denn Letzteres wird als Zeichen ausgelegt, dass man kein Interesse daran hat, was die andere Person sagt.

Nun war das große Problem, auf die Philippinen zurückzufliegen, wo ich die Abschlussrede für das College der *CPU* halten sollte. Ich hätte nicht mit Alitalia über Rom fliegen sollen. Sobald wir in Rom landeten, wurde bekanntgegeben, dass es einen Streik gab, aber natürlich nicht, wann dieser Streik enden sollte. Alitalia brachte uns in ein Hotel und es wurde später und später, so dass ich die Wahl hatte, entweder überhaupt nicht auf die Philippinen zu fliegen, da ich sowieso zu spät kommen würde, oder eine andere Route zu nehmen. Schließlich bekam ich nach langem Verhandeln einen Flug mit Air France nach Bangkok und von dort einen Anschlussflug nach Manila und weiter nach Iloilo. Auf dem Flughafen in Iloilo rannte ich auf das erste Taxi zu und bat den Fahrer, mich so schnell wie möglich nach *CPU* zu fahren. Aber zuerst musste er an der Tankstelle halten und zwei Liter Benzin zu kaufen, denn er hatte kein Benzin mehr im Tank, und dann fuhren wir mit höchster Geschwindigkeit nach *CPU*. Ich lief auf mein Zimmer, zog meinen Barong an, das festliche Hemd, das für dieses Fest eigens für mich angefertigt worden war, und dann rannte ich hinaus auf den Festplatz, wo die Abschlussfeiern in vollem Gange waren. Ich werde niemals das Gesicht von Johnny Gumban vergessen, als er mich sah. Sein Gesicht leuchtete auf, als ob er eine Erscheinung hätte, denn zu der gleichen Zeit, als ich durch Bangkok kam, wurde dort ein Flugzeug entführt, und er hatte Angst um mich gehabt. Er war so erleichtert, mich lebend und wohlbehalten zu sehen. Da ich nicht rechtzeitig angekommen war, musste er allerdings den Abschiedsvortrag selbst halten und ihn praktisch aus den Hemdsärmeln schütteln. Aber zumindest sollte ich dann noch einige Gebete vortragen. Glücklicherweise war der Rest der Reise nicht so ereignisreich.

In Brisbane, Australien, hatte Paul Renner für mich einige Vorträge für lutherische Pastoren arrangiert und auch eine Diskussion mit den Mitgliedern des Religionsdepartments der Universität von Queensland. Dann kam meine erste Begegnung mit Papua-Neuguinea. Ich hielt einige Vorträge an der Universität in Port Moresby und an dem regionalen Heilig-Geist-Seminar der römisch-katholischen Kirche. Mehrere Male fragten mich dort Studenten: „Ist es schlecht, wenn man nicht Priester wird, sondern in die Politik geht?" Ich wunderte mich über eine solche Frage, aber entdeckte dann, dass viele junge Männer in die Politik gingen, statt das Priesteramt auszuüben. Zu jener Zeit war das noch verhältnismäßig einfach, denn das Land hatte erst 1973 seine Unabhängigkeit von Australien erlangt, und gut ausgebildete Leute wurden in allen Bereichen gesucht. Ich versicherte den Studenten: „Das Wichtigste im Leben ist, Gott zu dienen. Man kann auch Gott dienen, indem man ein guter und ehrlicher Politiker wird." Diese Antwort schien für manche beruhigend zu sein, denn sie fürchteten, dem Ruf Gottes untreu zu werden, wenn sie in der Welt dienten.

In der *Good Shepherd Lutheran Church* in Koki, einem Vorort von Port Moresby, traf ich Brian Schwarz, einen australischen Pfarrer. „Nun treffe ich endlich den richtigen Schwarz", war seine Begrüßung. Mehrere Male war er gebeten worden, Bücher zu signieren, die er angeblich geschrieben hatte, und er musste den Menschen sagen: „Ich bin nicht der Autor, sondern das ist ein Amerikaner mit Namen Hans Schwarz." In Papua-Neuguinea zu predigen, war wieder eine angenehme Überraschung. Das ziemlich große Gotteshaus war mit Menschen gefüllt und da es keine Fenster, sondern nur Öffnungen nach außen hin gab, standen oder saßen die Leute auch draußen, um bei dem Gottesdienst zuzuhören. Ich würde mir wünschen, dass dies auch in westlichen Ländern der Fall wäre.

Schließlich kam ich für eine Reihe von Vorträgen zu dem wunderbaren Martin Luther Seminar in Lae. Als ich an einem frühen Abend einen Vortrag hielt, öffneten sich die Schleusen des Himmels, wie es oft in den Tropen der Fall ist, und ein Wolkenbruch prasselte hernieder, es blitzte und donnerte. Mitten im Vortrag hüpften plötzlich Frösche in den Raum, die unter der Tür durchgeschlüpft waren. Sie waren wahrscheinlich durch das Licht angezogen worden. Dies war das erste Mal, dass sogar Frösche bei einem meiner Vorträge anwesend waren.

Im Martin Luther Seminar wurde ich von Rufus Pech begrüßt, der bei mir in Columbus studiert hatte. Eine neue Bekanntschaft ergab sich mit dem Neutestamentler John Strelan, der später Vizepräsident der lutherischen Kirche Australiens wurde. Von dort ging es nach Goroka in das Hochland zum Melanesischen Institut und von dort aus sollte ich Norm Imbrock auf seiner Missionsstation in Wabi besuchen. Als ich am Flughafen in Goroka ankam, um die Maschine nach Mt. Hagen zu nehmen und von dort weiter nach Wabi zu fahren, wurde mir gesagt: „Einen solchen Flug gibt es heute nicht." Aber ich hatte ein Flugticket für den Flug von Goroka nach Mt. Hagen an diesem Tag. Augenscheinlich war dieses Ticket für einen nicht existierenden Flug ausgestellt worden.

Nach langen Diskussionen gelang es mir endlich, telefonisch mit Norm Imbrock in Verbindung zu treten und ihn über mein Problem zu informieren. Er sagte, es würde mit dem Jeep mindestens zweieinhalb Stunden dauern, bis er nach Goroka herunterkommen könnte. Da ich keine andere Wahl hatte, wartete ich eben. Die Aussicht, nach Goroka zu fliegen oder von dort zu starten, war sowieso nicht attraktiv. Am Ende der Startbahn hatte man Überreste von abgestürzten Missionsflugzeugen und anderen Kleinflugzeugen aufgehäuft, die ihr Ziel nicht erreicht hatten. Im Hochland zu fliegen, war immer gefährlich, denn die Wetterbedingungen konnten sich von einem Moment zum anderen drastisch verändern. Deshalb war der Anblick von Norm Imbrock nach mehreren Stunden Wartezeit sehr erfreulich. Als wir Goroka verlassen wollten, kam eine junge Frau auf uns zu und fragte, ob wir nach Mt. Hagen fuhren und sie mitnehmen könnten. Norm sagte zu und sie setzte sich auf die hintere Bankreihe.

Wir waren nicht weit gefahren, als sie Norm fragte, was er in Papua-Neuguinea (PNG) tat, und seine Antwort war: „Ich bin ein Missionar." Darauf antwortete sie: „Dann sind Sie hierhergekommen, um die Eingeborenenkultur zu verändern und zu zerstören? Die Menschen hier sind so nett und unschuldig und Sie kommen hierher, um Sie zu stören. Ich bin eine Lehrerin aus Norddeutschland und bin aus der Kirche ausgetreten. Wenn ich die hohe Kirchensteuer zahlen müsste, könnte ich mir niemals eine Reise nach Papua-Neuguinea erlauben." Norm wurde immer unruhiger, als sie mit ihren Vorwürfen fortfuhr. Schließlich antwortete er: „Ich bin

Ein Blick in die Ferne

sicher, dass wir Missionare Fehler gemacht haben. Aber es gibt etwas, wofür Sie dankbar sein sollten. In der Vergangenheit mussten die Frauen hier in PNG mit den Schweinen und anderen Tieren leben, während die Männer in dem Männerhaus wohnten. Weil wir den Menschen in PNG lehrten, dass Männer und Frauen die gleiche Würde haben, können Sie heute Nacht im Haus ihres Freundes schlafen." Nachdem Sie uns in Mt. Hagen verlassen hatte, sagte Norm zu mir: „Hast du es bemerkt? Sie sagte kaum ein Dankeschön und fragte nicht, ob sie sich an den Benzinkosten beteiligen könne." Wie ich später herausfand, als ich nach Deutschland zurückkehrte, zahlte ich dort viel weniger Kirchensteuern, als ich freiwillig *Redeemer Lutheran Church* in Columbus gab.

Die Ansichten über das, was Mission tatsächlich ist, mussten damals und müssen gelegentlich auch heute noch an der Wirklichkeit korrigiert werden. Ich bemerkte dies auch, als wir schließlich die Missionsstation in Wabi erreichten. Norm hatte viele Jahre in PNG zugebracht. Als er Wabi verlassen wollte, um an *Ogelbeng Seminary* in Mt. Hagen zu lehren, baten ihn die Leute in Wabi, als Abschiedsgeschenk für sie eine Kirche zu bauen. Aber er sagte mir, dass er darauf folgendermaßen antwortete: „Ich werde Euch keine Kirche bauen, aber ich werde Euch zeigen, wie Ihr eine Kirche bauen könnt und, wenn Ihr wollt, werde ich den Bau beaufsichtigen." Als guter Pastor hatte er gelernt, nicht die Arbeit anderer zu verrichten, sondern sie zu befähigen, ihre Arbeit selbst zu tun.

Von Papua-Neuguinea aus war meine letzte Station ein Besuch bei Nel Canlas in Pampanga auf den Philippinen. Ich war Nel immer dankbar gewesen, dass er mir niemals die Wirklichkeit ersparte. Er nahm mich in all die kleinen Dörfer mit, wo er Pastor war, und so bekam ich einen guten Einblick in die Probleme des dörflichen Lebens einschließlich der vielen, vielen Kinder und der römisch-katholischen Kirche, die strikt gegen jede Familienplanung war. Aber Nel war ein sehr stolzer Mann. Als sein Bischof mich um Geld anhielt, weil er für seinen Distrikt als Abschiedsgeschenk eine Kirche bauen wollte, geriet er schnell im Zorn: „Wie kann er es wagen, einen Besucher um Geld anzuhalten! Dies darf man nicht tun, denn wir betteln nicht." Auch ich war mir nicht sicher, was ich tun sollte, denn ich hatte diesen Bischof hier erstmals getroffen. Aber in diesen Gegenden zu predigen und Vorträge zu halten, wo tatsächliche Not herrscht, erfordert immer eine offene Hand und eine offene Geldbörse. Dies hat sich bei mir über die Jahre nicht geändert. Ich habe viele Exemplare meiner eigenen Bücher von den Verlagen gekauft, um sie an dieses oder jenes Seminar zu senden, da sie keine Bücher kaufen konnten, und ich habe auch viele andere Bücher an Seminare geschickt. Auch die Zeitschriften, die ich beziehe, gehen an die Bibliotheken von Seminaren, nachdem ich sie gelesen habe. Als ich in Columbus war, hatte ich durch einen meiner Studenten Zugang zu einem Militärtransport. Als ein Projekt mit Seminarstudenten fertigten wir eine große Kiste an, die etwa drei Meter breit und zwei Meter hoch war. Dann ging ich zu unserem Verlag des *Augsburg Publishing House* in Columbus und fragte, ob sie Bücher hätten, die sie nicht mehr verkaufen konnten. Diese packten wir dann in diese Kiste. Der Rest der Kiste wurde mit Kleidung und verschiedensten Werkzeugen gefüllt. Nach langem Verhandeln wurde diese Kiste kostenlos bis nach Subic Bay, einer Militärbasis der US Marine auf den Philippinen geschickt und von dort brachte Nel es fertig, die Kiste abzuholen und den Inhalt zu verteilen. Die meisten der Bücher gingen an das *College of Theology* von *CPU*. Während meines Besuchs bei Nel machte er mich immer wieder auf ein T-Shirt aufmerksam, das eine Aufschrift trug, die zeigte, dass es einmal in Ohio getragen worden war. Mit dieser Reise war mein Freijahr zu Ende gegangen. Ich kam im Sommersemester 1981 in Regensburg an, um dort als akademischer Lehrer zu beginnen.

3. Das Etablieren der lutherischen Theologie an der Universität Regensburg

Wie erwähnt, kehrte ich nach Deutschland mit beträchtlichen Vorbehalten zurück. Das erste Problem war die Sprache. Mein theologisches Vokabular hatte sich während meiner vierzehn Jahre am

Trinity Seminary in Ohio im Englischen entwickeln. Der Übergang zum Deutschen erwies sich anfänglich als sehr schwierig. In Columbus hatte ich auch eine sehr effiziente Methode entwickelt, Buchmanuskripte zu schreiben: Phyllis Schaaf schrieb meine Buchmanuskripte und ihr Mann Jim, mein Kollege aus der Kirchengeschichte, korrigierte alle unglücklichen Ausdrücke und Probleme, die ich mit dem Englischen hatte. Er war die ideale Person für solch einen Freundschaftsdienst, denn er war äußerst sorgfältig beim Lesen meiner Manuskripte und sein Deutsch war genauso fehlerfrei wie sein Englisch. Er hatte *Die Reformatoren: Luther, Melanchthon, Zwingli, Calvin* (Gütersloh 1976) von Kurt Aland für das Augsburg Publishing House ins Englische übersetzt und ich habe die Druckfahnen durchgelesen, um sicherzugehen, dass die Übersetzung richtig war. Schließlich brachte ich Fortress Press dazu, dass sie ihn baten, die umfangreiche Trilogie von Martin Brecht über *Martin Luther* (1981–1987) zu übersetzen.

Ich hatte einige Aufsätze auf Deutsch geschrieben, aber kein Buch auf Deutsch verfasst, seitdem ich meine Dissertation abgeschlossen hatte. Doch hatte ich verschiedene Veröffentlichungen auf Englisch. Nachdem meine Eschatologie 1972 erschien (*On the Way to the Future:* Auf dem Weg zur Zukunft), die auch vom *Religious Book Club* übernommen wurde, befasste ich mich mit der Gottesfrage (1975: *The Search for God:* Die Suche nach Gott), ein Buch, das gemeinsam von Augsburg und SPCK in London veröffentlicht wurde. Dann erschien meine Anthropologie (1977: *Our Cosmic Journey:* Unsere kosmische Reise), die auch vom *Religious Book Club* übernommen wurde, bevor ich 1979 eine vollständig überarbeitete Ausgabe von *On the Way to the Future* herausbrachte. Als meine Ekklesiologie (*The Christian Church:* Die christliche Kirche) 1982 veröffentlicht wurde, hatte ich Columbus schon verlassen. Das traf auch für meine kurz gefasste Dogmatik zu, *Responsible Faith: Christian Theology in the Light of 20th Century Questions* (Verantwortlicher Glaube: Der christliche Glaube im Lichte von Fragen des 20. Jahrhunderts), die 1986 erschien. Alle diese Bücher wurden vom Verlag Augsburg Publishing House herausgebracht, und ich fühlte mich dort gut betreut, besonders unter der Leitung von Roland Seboldt. Nur ein Buch hatte ich mit Fortress Press veröffentlicht. Es war ein schlanker Band über Wort und Sakrament mit dem Titel *Divine Communication* (1985; Göttliche Kommunikation). Dieses Buch war mehr zufällig entstanden. Ursprünglich war ich von Carl Braaten und Robert Jenson gefragt worden, ob ich zwei Artikel zur zweibändigen *Christian Dogmatics* (1984; Christliche Dogmatik) beitragen würde. Nachdem ich Jensons Einstellung bezüglich der Säuglingskommunion kannte, wunderte ich mich, warum sie mich gefragt hatten, den Artikeln über die Sakramente zu schreiben. Es stellte sich bald heraus, dass Jens, wie er genannt wird, seine eigene Idee hatte, wie die Sakramente dargestellt werden sollten. Sein Zugang und meiner ließen sich nicht vereinbaren, ganz gleich, wie weit ich ihm entgegenkam. So trug ich nur meinen Teil über das Wort dazu bei (und über die Eschatologie), während er über die Sakramente schrieb. Der Teil über die Sakramente und mein Teil über das Wort wurden dann separat als *Divine Communication* veröffentlicht. Don Huber, der die Geschichte des *Trinity Seminary* in Ohio nachzeichnete, schrieb über mich: „Er war ein produktiver Autor, der auf Deutsch und Englisch schrieb, und durch seine Veröffentlichungen einen internationalen Ruf erlangte."[12]

Als ich nach Deutschland kam, war ich wie ein Fisch auf dem Trockenen, was das Schreiben auf Deutsch betraf. Aber ich dachte, ich sollte doch einige Bücher auf Deutsch schreiben oder wenigstens einige meiner Bücher übersetzen und in Deutschland nach einem Verleger Ausschau halten. Ich wandte mich deshalb am Arndt Ruprecht in Göttingen und er schien zufrieden, mich als Autor in seinen Verlag aufzunehmen. Da ich jedoch nicht an einer theologischen Fakultät lehrte, dachte er, es sei besser, wenn meine Bücher mehr auf zukünftige Religionslehrer/innen zugeschnitten würden. Deshalb wurde die deutsche Übersetzung von *The Search for God* und *The*

---

[12] Donald Huber, *Educating Lutheran Pastors in Ohio 1830–1980. A History of Trinity Lutheran Seminary and Its Predecessors* (Lewiston 1989), 213.

Christian Church beträchtlich gekürzt und auf jeweils drei kleine Bändchen aufgeteilt. Ich merkte immer noch, dass mein Deutsch nicht gut genug für eine Veröffentlichung war. Deshalb zahlte ich jemanden, der mein Deutsch durchsah, ob es für eine deutsche Leserschaft taugte. Dieses Problem mit dem Deutschen bestand lange Zeit, aber es besserte sich allmählich. Noch vor einigen Jahren sagte meine Sekretärin Hildegard Ferme manchmal: „Sie müssen aber sehr müde gewesen sein, als sie dieses Stück diktierten." Wenn ich fragte: „Warum?", antwortete sie: „Die ganze Satzkonstruktion ist völlig englisch."

Ich hatte auch ein großes Vorurteil dem Universitätsleben gegenüber. Ich glaubte der oft gehörten Behauptung, dass deutsche Universitäten sehr säkular, wenn nicht geradezu gottlos seien. Aber dies bewahrheitete sich nicht. Viele meiner Kollegen haben zwar mit der Kirche nicht viel am Hut, aber besonders die Naturwissenschaftler sind an religiösen und theologischen Fragen meist sehr interessiert. Ich bemerkte das erst neulich bei einem Kollegen aus der Dermatologie. Als ich wie jedes Jahr von ihm meine vielen Muttermale begutachten ließ, ob sie sich verändert hätten, sah er ziemlich mitgenommen aus. „Sie hatten sicher einen sehr anstrengenden Tag", bemerkte ich. „Nein, das nicht", war seine Antwort. „Aber was soll ich einer jungen Mutter im zweiten Stock sagen, die Hautkrebs hat? Sie hat zwei kleine Kinder und ich weiß, dass sie das bevorstehende Weihnachtsfest nicht erleben wird. Wie kann Gott so etwas zulassen?" Ich erwähnte ihm gegenüber Kants kleinen Beitrag „Über das Misslingen aller philosophischen Versuche in der Theodizee" und sandte ihm auch davon einige Auszüge sowie einige Passagen von meinem Buch *Im Fangnetz des Bösen* (Göttingen 1993). Ich war immer überzeugt, dass mein Lehrberuf an der Universität auch eine pastorale Komponente beinhaltete.

Besonders froh war ich, dass ich bald mit Rüdiger Schmitt freundschaftlich verbunden war. Schmitt ist Genetiker, dessen Lehrer, Joshua Lederberg (1925–2008), ich gut aus der Literatur kannte. Schmitt war auch einige Jahre in den USA gewesen, wo er mit Lederberg zusammen gearbeitet hatte, und so ergab sich eine natürliche freundschaftliche Beziehung zwischen uns beiden. Ich habe immer Gespräche mit ihm geschätzt, sei es bei Vorträgen, beim gelegentlichen Zusammentreffen oder einfach beim Abendessen bei ihm oder bei uns. Rüdiger Schmitt war es auch, der vorschlug, dass ich bei einer öffentlichen Vortragsreihe mitmachen sollte, die 1984 dem 100. Todestag von Gregor Mendel gewidmet war. Vortragsreihen wie diese erstrecken sich normalerweise über ein ganzes Semester und sind interdisziplinär ausgerichtet. Sie wurden damals offiziell vom Präsidenten der Universität veranstaltet, um eine wichtige Person oder ein Ereignis zu würdigen. Im Anschluss wurden sie als Buch von der Universität veröffentlicht. Ich war für drei dieser Vortragsreihen verantwortlich, wie ich nachher berichten werde.

Die erste Vortragsreihe, in der ich mitmachte, befasste sich mit Gregor Mendel und der Genetik. Wie es damals meist der Fall war, sollte zum Abschluss der Reihe ein Theologe einen Vortrag halten. Ich hatte als Thema ausgewählt: „Zur ethischen Problematik künstlich hervorgerufener genetischer Veränderungen."[13] Ich kann mich immer noch gut daran erinnern, wie Widmar Tanner, ein bekannter Kollege aus der Biologie, stirnrunzelnd dasaß, als ich mit meinem Vortrag begann. Er war wahrscheinlich gespannt, welchen Unfug dieser ihm unbekannte Theologe im Brustton höchster Überzeugung von sich geben würde. Aber seine Gesichtszüge entspannten sich immer mehr, je weiter der Vortrag fortschritt. Er bemerkte, dass ich meine Hausarbeit gemacht und die einschlägige Literatur gelesen hatte und sie korrekt interpretierte. Aber ich habe auch über die Jahre bemerkt, dass ich im Dialog mit den Naturwissenschaften immer ein Außenseiter bleibe. Wenn ich zum Beispiel zu Rüdiger Schmitt sagte, ich hätte dieses oder jenes von diesem oder jenem Verfasser gelesen, dann war seine Antwort oft: „Ja, ich habe ihn erst bei einer Tagung getroffen." Wenn man nicht auf diesem Gebiet arbeitet, so war wenigstens meine Erfahrung, ist das eigene Wissen

---

13 Hans Schwarz, „Zur ethischen Problematik künstlich hervorgerufener genetischer Veränderungen", in: *U.R. Schriftenreihe der Uni Regensburg*, Bd. 10: *Von Gregor Mendel bis zur Gentechnik*, hg. v. Günter Hauska. Regensburg: Buchverlag der Mittelbayrischen Zeitung, 1984. S. 129-142.

niemals aus erster Hand. Aber selbst wenn es aus der Literatur abgeleitet ist, kann man immer noch einen Beitrag leisten.

Mit dieser ersten Begegnung mit den Naturwissenschaftlern an der Universität hing noch eine ganz andere Episode zusammen, die ich nicht so schnell vergaß. Zwei Tage nach meinen Vortrag sollte ich am *Lutheran Theological Seminary* in Hongkong einen Vortrag halten, der der Auftakt zu einer neuen Vortragsreise war, zu der ich zugestimmt hatte. Weder das Datum für den Vortrag in Regensburg noch für den in Hongkong konnte verändert werden. Ursprünglich sollte ich von Frankfurt nach Hongkong fliegen. Da dann noch die Einladung kam, in Regensburg den Abschlussvortrag zu halten – eine Einladung, die ich schlecht ablehnen konnte –, wäre ich von Frankfurt aus zu spät zu meinem Vortrag nach Hongkong gekommen. So musste ich meinen Reiseplan ändern.

Ich sollte nun von München nach London fliegen und von dort mit der Cathay Pacific weiter nach Hongkong. Als ich am Flughafen Gatwick in London ankam und nach dem Flug nach Hongkong fragte, wurde mir gesagt: „Von hier gibt es keinen Flug mit Cathay Pacific nach Hongkong." Das Reisebüro, das meinen Flugplan zusammengestellt hatte, hatte übersehen, dass ich am Flughafen Gatwick ankam, aber vom Flughafen Heathrow abfliegen sollte. Ich erkundigte mich, wie ich nach Heathrow kommen konnte, um meinen Flug zu erreichen, und man sagte mir, dass es keine Möglichkeit gäbe. Mit dem Zug würde es zu lange dauern und auch der Bus würde dort zu spät ankommen.

Die einzige Möglichkeit wäre, einen Hubschrauber zu nehmen, der aber in ein paar Minuten abflog und die Verbindung zwischen beiden Flughäfen herstellte. Ich kaufte mir also ein Ticket, rannte zum Hubschrauber, der sofort startete. Als er in Heathrow landete, kam schon ein Auto, das mich und meinen Koffer zu dem Flugzeug von Cathay Pacific fuhr, das startbereit war. – Man hatte schon das Personal informiert, dass ein später Passagier mit dem Hubschrauber ankommen würde. – Da Großbritannien und Deutschland Teil der europäischen Gemeinschaft sind, brauchte ich nicht durch die Passkontrolle und den Zoll gehen. So konnte ich einfach ins Flugzeug einsteigen. Kein Wunder, dass ich in Schweiß gebadet war, als ich endlich in der Maschine nach Hongkong saß.

Mein nächster Gedanke war: Hoffentlich kommt die Maschine nicht verspätet in Hongkong an – denn wir sollten um 9:00 Uhr morgens ankommen und mein Vortrag war für 11:00 Uhr am gleichen Morgen geplant. In Hongkong ist man jedoch sehr effizient. Einige Kollegen holten mich von Flughafen ab und beschlossen, wir hätten noch genügend Zeit, dass ich im Hotel einchecken und meine Winter- mit Sommerkleidung tauschen konnte. Wir würden trotzdem rechtzeitig zu meinem Vortrag am lutherischen Seminar ankommen. Tatsächlich haben wir alles rechtzeitig erreicht. Ich hielt meinen Vortrag um 11:00 Uhr und jeder war zufrieden. Aber ich habe mich trotzdem gewundert, weswegen der Zeitplan nicht geändert werden konnte, denn für die nächsten zwei Tage war nichts weiter vorgesehen, so dass ich mir in Ruhe Hongkong ansehen konnte.

Indem ich die Erwartungen meiner Kollegen in den Naturwissenschaften durch meinen Vortrag erfüllte, war das Eis gebrochen. Von da an wurde ich als Gesprächspartner akzeptiert. Aber es mussten noch einige andere Hürden überwunden werden. Als ich vom damaligen Präsidenten der Universität, Hans Bungert (1930–2000), empfangen wurde, war dieser Empfang ziemlich kühl. Er war Professor für amerikanische Studien, kam aus Norddeutschland und hatte augenscheinlich wenig Wertschätzung für die Theologie. Als ich erwähnte, dass ich gerade aus den Vereinigten Staaten gekommen war, ergab sich ein Anknüpfungspunkt und schließlich entwickelte sich eine lebenslange Freundschaft. Ich war besonders erfreut, dass er im Ruhestand den Gottesdienst in unserer Neupfarrkirche besuchte, nachdem er in die Stadt gezogen war. Zu meinem großen Bedauern starb er, bevor er das 70. Lebensjahr erreichte.

Einen weiteren sehr kühlen Empfang bereiteten mir anfangs die Kollegen der römisch-katholischen Fakultät. Als ich nach Regensburg kam, gab es dort vier Professuren in systematischer Theologie. Ich machte bei den Kollegen Antrittsbesuche, von denen ich dachte, dass ich zusammen mit ihnen gemeinsame Lehrveranstaltungen abhalten konnte. Als ich in ihren Büros saß, war der Empfang zwar sehr höflich, aber völlig unverbindlich. Nach einem dieser Besuche war ich so frustriert, dass ich zu meiner Sekretärin sagte: „Noch so eine Erfahrung und ich gehe in die USA zurück!" Ich wusste damals noch nicht, dass mein Vorgänger Traugott Koch, der von Regensburg an die Universität Hamburg gewechselt war, und besonders sein Assistent Klaus Kodalle, einen sehr schlechten Ruf hatten. Sie wurden als Sozialisten und extrem Linke eingestuft. Natürlich fand ich das erst viel später heraus. Die Kollegen an der katholischen Fakultät wollen nicht noch einmal etwas mit einem Radikalen zu tun haben und deshalb waren sie sehr zögerlich, auf mich zuzugehen. Als wir uns allmählich kennen lernten, wurde das Verhältnis äußerst herzlich. Viele Jahre später, als ich Klaus Kodalle bei einer Tagung in Wien kennen lernte, erzählte ich ihm von meiner Erfahrung und was ich über ihn gehört hatte. Er versicherte mir, er sei niemals Mitglied der SPD gewesen. Mit ihm hatte ich bald ein sehr gutes Verhältnis und ich war sehr froh, als ich hörte, dass er schließlich in Jena eine Professur bekam.

Dann war hier Wilhelm Sturm, mein unmittelbarer Kollege am Institut für Evangelische Theologie. Er sagte mir sofort, dass er bei der Berufung gegen mich votiert hätte. Aber er erklärte mir, er sei damit von seinen Kollegen in München in die Irre geführt worden. Er wollte immer auf der sicheren Seite sein. Unsere Interessen waren zu verschieden, so dass wir sehr wenig miteinander zusammenarbeiteten. Aber es gab zwischen uns auch keine Missstimmung und dafür bin ich heute noch dankbar. Dies war also die Lage, als ich, akademisch gesprochen, in Regensburg anfing. Aber es gab noch andere Sachen, an die ich mich gewöhnen musste.

Wie Larry Hoffsis mir sagte, der damals Pastor von *Trinity Lutheran Church* in der Innenstadt von Columbus war: „Als Professor in Deutschland musst Du Dir Deine eigenen Studenten zusammensuchen." Oder wie Gerhard Krodel vom lutherischen *Mt. Airy Seminary* in Philadelphia mir sagte: „Ich hätte liebend gern eine Professur in Deutschland, wenn ich nur meine Studenten mitnehmen könnte."

Ein Professor an einer deutschen Universität kann eine sehr einsame und isolierte Existenz führen. Andererseits, wenn man sich mit gesundem Menschenverstand in der Universität bewegt, wie es die meisten Kollegen tun, kann man praktisch alles machen, was einem gefällt. Da die evangelische Theologie in Regensburg nicht groß genug ist, um eine eigene Fakultät zu haben, sondern nur ein Institut, ist sie innerhalb der Geisteswissenschaften angesiedelt. Damals gab es vier Fakultäten in den Geisteswissenschaften: Sprache und Literatur, Psychologie und Pädagogik, Politikwissenschaft und Geschichte. Dazu noch eine Fakultät, die aus Instituten bestand, die nirgendwo hinpassten, wie zum Beispiel Kunst und Kunstgeschichte, Musikwissenschaft und Musikpädagogik, Religionswissenschaft, Philosophie, evangelische Theologie und sogar Sportwissenschaft. Da unsere Fakultät aus so vielen verschiedenen Fächern bestand, mussten wir einfach einander vertrauen, sonst hätten wir uns ständig gegenseitig blockiert. Wenn ein Vertreter oder eine Vertreterin eines Faches in einer Fakultätssitzung etwas vorschlug, mussten wir einfach annehmen, dass dies korrekt war, da wir meist keine Ahnung von dem jeweiligen Gebiet hatten. Dies bedeutete jedoch auch, dass keine Rivalität zwischen den verschiedenen Gebieten bestand, wie das oft in homogeneren Fakultäten der Fall ist. Die meisten unserer Fakultätssitzungen waren deshalb sehr kurz. Manchmal wurden sie sogar abgesagt, da es nichts gab, was wir diskutieren oder entscheiden mussten.

Ich darf mit Recht sagen, dass wir eine der friedfertigsten Fakultäten in der ganzen Universität waren. Mein Kollege Wilhelm Sturm versicherte mir einmal: „Sind Sie froh, dass Sie hier sind und nicht in einer theologischen Fakultät. Hier schaut ihnen niemand besserwissend über die Schulter." Dies war der große Vorteil. Aber nun musste ich vorwiegend junge Menschen ausbilden, die einmal Religionsunterricht in der Schule erteilen sollten. Das war für mich am Anfang natürlich ein großer Unterschied zu Columbus, wo die meisten meiner Studierenden zukünftige Pastoren waren.

Als ich nach Deutschland zurückging, brach ich nicht meine Verbindungen zu den USA und zu der Englisch sprechenden Welt ab.

Ich blieb weiterhin Pfarrer der *ELCA* und hatte immer einen Assistenten aus den USA. Das Apartment für den jeweiligen Assistenten lag im sechsten Stock eines Hochhauses, nicht weit von der Universität entfernt, mit einer wunderbaren Aussicht über ganz Regensburg. Dieses Apartment einschließlich der Möbel wurde von einem Assistenten zum anderen weitergereicht. Nachdem das unser permanentes Assistenten-Apartment war, brauchten zukünftige Assistenten nur wenige Möbel oder elektrische Geräte mitbringen. Die Universität war dabei sehr großzügig. Ich musste einen Brief an den Kanzler der Universität schreiben, um einen Assistenten aus den USA zu bekommen. Dabei musste ich versichern, dass ich keinen brauchbaren Assistenten innerhalb der europäischen Gemeinschaft gefunden hatte. Diesen Brief konnte ich sehr leicht verfassen, denn ich hatte niemals nach einem Assistenten außerhalb Amerikas gesucht. Die Universität zahlte die Umzugskosten von den USA nach Deutschland unter der Bedingung, dass der Assistent wenigstens für zwei Jahre blieb. Hans-Hagen Zorger, unser Kanzler, schlug vor, dass ich dem Assistenten zunächst einen Einjahresvertrag gab, damit er oder sie nach einem Jahr wieder gehen konnte, falls sich diese Person nicht einfügen konnte. Dann wurde der Vertrag für zwei weitere Jahre und schließlich um ein Abschlussjahr verlängert. Dies war lang genug, um die deutsche Sprache zu erlernen, die Deutschprüfung zu bestehen und in der systematischen Theologie den Doktorgrad zu erwerben.

Durch meine Assistenten, Craig Nessan, der jetzt am *Wartburg Seminary* Dekan ist, Russell Kleckley, der am *Augsburg College* in Minneapolis lehrt, David Ratke, der jetzt den Vorsitz von zwei Fakultäten in der *Lenoir-Rhyne University* in North Carolina führt, und Anna Masen, die am *Augustana College* in Sioux Falls zu lehren begann, wurden meine Kontakte zu den USA aufrechterhalten und vielleicht sogar gestärkt. Die einzige Ausnahme war Mark Worthing. Obwohl hoch begabt, konnte er keine Stelle als akademischer Lehrer in den USA finden. Mit Hilfe von John Strelan bekam er dann eine Stelle am *Lutheran Seminary* in Adelaide, Australien. Er war danach eine Zeit lang Dekan am *Tabor College* in Adelaide und ging jetzt

Lehren in Deutschland und Osteuropa

wieder an das lutherische Seminar zurück. So hatte ich zumindest immer einen Doktoranden. Aber es sollten bald noch mehr werden. Als gerade alles wunderbar anfing, ereignete sich eine Katastrophe. Meine Frau und ich hatten uns schon im Sommer 1980 in Regensburg umgesehen und ich bemerkte ihr großes Zögern, Columbus zu verlassen. Um die Sache in Regensburg voranzutreiben, ging ich im Februar 1981 allein für einige Tage nach Deutschland und brach dann zu der schon erwähnten Vortragsreise nach Asien, Australien und Papua-Neuguinea auf. Als die Schule in Columbus zu Ende war, kamen meine Frau May und die Kinder nach Regensburg. Da das Schuljahr in Deutschland länger dauert als in den USA, konnten Hans und Krista im hiesigen Schulsystem noch ein paar Wochen in ihre entsprechenden Klassen gehen. Kindern aus Amerika waren etwas Neues und so hatten unsere Kinder sofort Freunde. Obwohl meine Frau eine Stelle als Organistin angeboten bekam, konnte sie sich nicht zu einer Ortsveränderung entschließen und ging mit den Kindern wieder in die USA zurück. Als sie mich bat, ebenfalls in die USA zurückzukommen, kontaktierte ich Fred Meuser, um zu sehen, ob ich nach *Trinity* zurückkehren konnte. Aber das Seminar hatte andere Pläne, denn man wollte den Anteil an Fakultätsmitgliedern aus der *LCA* erhöhen. Dann hatte ich ein Interview am *Wartburg Seminary* in Dubuque, Iowa. Inzwischen hatte May jedoch die Papiere für die Scheidung eingereicht und jemand sandte diese Dokumente nach Wartburg. Dies bedeutete, dass ich, in Scheidung lebend, keinen Ruf von Wartburg bekommen konnte. So hatte sich mein Leben in einer Weise verändert, die ich nie erwartet hätte. Am Anfang war ich am Boden zerstört. Hinsichtlich meines Berufs hatte ich alles erreicht, was ich wollte, aber im persönlichen Leben hatte ich alles verloren.

Doch gab es im Haus gegenüber, wo ich wohnte, eine Frau Rubner, die „Schicksal" oder eher Vorsehung spielte. Sie zeigte auf Hildegard, meine zukünftige Frau, die mit ihrem Hund gerade vorbeiging und sagte zu mir: „Dies wäre die richtige Frau für Sie. Sie hat gerade eine sehr traurige Erfahrung gemacht und verdient Besseres." Ich sagte Frau Rubner, ich hätte kein Interesse. Aber trotzdem

Das Etablieren der luth. Theologie an der Uni Regensburg

war meine Neugierde geweckt. Am 26. November 1983 heirateten Hildegard und ich und sind nun schon dreißig Jahre glücklich verheiratet. Neben Krista und Hans bekam ich noch eine ältere Tochter Claudia. Aber nun zurück zu meinem beruflichen Leben. Einige meiner Kollegen und ich begannen einen Lesezirkel, ähnlich wie den, den wir am *Trinity* hatten. Es waren Heinrich Petri, Norbert Brox (1935–2006) und Wolfgang Beinert von der katholischen Fakultät und Norbert Schiffers (1927–1998) von der Religionswissenschaft sowie ich und einige unserer Assistenten. Tatsächlich war Norbert Schiffers der einzige Kollege aus der Universität, dessen Name mir schon bekannt war, ehe ich nach Regensburg kam, denn er hatte ein Buch über Physik und Theologie geschrieben (*Fragen der Physik an die Theologie*, Düsseldorf 1968). In unserem Zirkel haben wir uns mit verschiedenen Autoren beschäftigt, wie Hans Blumenberg aus der Soziologie und Hans Albert aus der Philosophie, der besonders vehement die Theologie von Gerhard Ebeling angriff. Anlässlich des 500. Geburtstages von Martin Luther lasen wir auch Luthers Schrift *Vom unfreien Willen* (1525). Wir veranstalteten auch viele Seminare zusammen, zum Beispiel mit Norbert Schiffers (1927–1998) über „Befreiungstheologie in Asien und Lateinamerika", mit Wolfgang Beinert über „Problematik und Legitimität des kirchlichen Frauenbildes" und über *Taufe, Eucharistie und Amt*, ein Dokument der Kommission für Glauben und Kirchenverfassung des Weltkirchenrates. Das Ergebnis dieses letztgenannten Seminars sandten wir auch an den Weltkirchenrat nach Genf. Oft waren diese Seminare für mich der Höhepunkt der ganzen Woche.

Ich erinnere mich noch sehr deutlich an ein Ereignis in dem Seminar „Kirchentrennende Lehrunterschiede zwischen den Konfessionen heute?", eine Veranstaltung, die ich zusammen mit Heinrich Petri abhielt. Ich betonte in Übereinstimmung mit Robert Jenson, dass die lutherische Reformation eine Reformbewegung der gesamten Kirche war. Waren die Forderungen dieser Reformen erfüllt, bestand keine Notwendigkeit mehr für eine getrennte Existenz. Heinrich Petri jedoch antwortete: „Nicht so schnell! Die lutherische Kirche ist nicht mehr das, was sie einst war, als die Reformation anfing, und dies trifft auch für die katholische Kirche zu. Es ist gut, dass wir beide nebeneinander haben. Wenn es bei uns zu eng wird, dann gibt es zumindest ein Fenster zu den Evangelischen, das uns Hoffnung gibt." Wir waren durch die Konfessionen getrennt, aber wir waren geeint in unserem Glauben an den gemeinsamen Herrn.

Viele Jahre lang hatten wir monatliche Treffen, die ich respektlos den „theologischen Nähkreises" nannte. Er wurde von Norbert Brox und Konrad Baumgartner von der katholischen Fakultät organisiert. Wir begannen mit dem Abendessen in einem separaten Zimmer eines Restaurants und diskutierten dann wichtige Fragen oder neuere Veröffentlichungen. Natürlich war ich als Evangelischer auch eingeladen und versuchte immer zu kommen. Sogar Kardinal Ratzinger, der spätere Papst Benedikt XVI., wurde zu diesem Nähkreis eingeladen, denn er war Professor in Regensburg gewesen und hat seine Honorarprofessur bis heute beibehalten. Obwohl er niemals zu den abendlichen Treffen kam, entschuldigte er sich jedes Mal schriftlich. Er besuchte die katholische Fakultät ziemlich regelmäßig, als er schon Präfekt der Glaubenskongregation im Vatikan war, meist im Zusammenhang mit Veranstaltungen in der Universität oder in Regensburg. Einmal hielt er vor den Freunden der Universität einen Vortrag bei ihrer Jahresversammlung und seine Schwester Maria (1921–1991) saß neben mir. Ich bemerkte, wie sehr sie ihren großen Bruder verehrte, für den sie dreißig Jahre lang den Haushalt geführt hatte.

Dass Kardinal Ratzinger seine Verbindung zu Regensburg aufrechterhielt, sogar nachdem er zum Papst gewählt wurde, ist keine Überraschung. Sein Bruder Georg war viele Jahre lang der Leiter der berühmten Regensburger Domspatzen gewesen und deshalb planten die beiden Ratzinger Brüder, sich im Ruhestand in Regensburg niederzulassen. Der Kardinal hatte in Pentling, einem Vorort von Regensburg, ein bescheidenes Haus gekauft und hatte sogar die Überreste seiner verstorbenen Eltern und seiner Schwester Maria auf einen Regensburger Friedhof umbetten lassen. Aber dann wurde

Das Etablieren der luth. Theologie an der Uni Regensburg

er zum Papst gewählt. Die erste Reaktion seines Bruders Georg, die auch in den Medien wiedergegeben wurde, lautete: „Das Leben kann grausam sein." Es gab danach offensichtlich wöchentliche Telefonate zwischen den Brüdern und Georg Ratzinger verbrachte seinen Urlaub oft beim Bruder, entweder im Vatikan oder in Castel Gandolfo, in der Sommerresidenz des Papstes. Aber ein persönlicher Besuch in Regensburg oder ein gemeinsamer Ruhestand ist für die Brüder nicht mehr möglich. Deshalb war es kein Zufall, dass der erste offizielle Besuch von Papst Benedikt XVI. nach Deutschland in sein Heimatland Bayern ging, und dabei natürlich nach Regensburg. Er bestand auch gegen den Rat derer, die seinen Reiseplan ausgearbeitet hatten, darauf, einen Vortrag an der Universität zu halten. Papst Benedikt erinnert sich immer noch gerne an seine Jahre an der Universität Regensburg.

Als er noch Kardinal war, sagte Papst Benedikt zu mir mehrmals bei seinen Besuchen an der Universität, wie wichtig meine Stelle innerhalb der Universität sei, wobei er anscheinend meine Stelle als Lutheraner in einer völlig römisch-katholischen Umgebung meinte. In der Tat war es eine große Umstellung von Ohio, das vorwiegend evangelisch war, nach Regensburg zu kommen, wo in der Stadt trotz ihrer evangelischen Vergangenheit als freie Reichsstadt jetzt mehr als 50 % der Bevölkerung Katholiken sind. In der Umgebung ist der Prozentsatz der Katholiken sogar noch höher. Dies zeigt sich auch in der vorherrschenden Art zu denken. Als ich einmal vom katholischen Bildungswerk zu einem theologischen Forum in die kleine Marktgemeinde Schierling eingeladen wurde, um anlässlich des Luther-Jubiläums 1996 die Hauptzüge von Luthers Theologie darzustellen, betonte ich mit Luther, dass wir Menschen nichts zu unserem Heil beitragen können. Es ist alles Gnade. Die Reaktion war völliger Unglaube, der fast an Feindseligkeit grenzte. „Wir müssen doch etwas tun können, um unseres Heils sicher zu sein", war die einhellige Meinung fast aller katholischen Zuhörer. Sogar in Regensburg musste man vorsichtig sein.

1983 feierten wir den 500. Geburtstag von Martin Luther. Fast überall gab es Feiern, Erinnerungsveranstaltungen, Ausstellungen und Kongresse. Im selben Jahr kündigte Papst Johannes Paul II. ein außerordentliches Heiliges Jahr an, das an den 1950. Todestag Jesu erinnern sollte, und sprach auch einen Jubiläumsablass aus. Viele Jahre lang hat die römische Kirche versucht, den Verkauf von Ablässen herunterzuspielen, aber jetzt gab es eine Wiederauferstehung dieser Idee. Was war der Grund dafür? Konnte sich die römisch-katholische Kirche nicht mehr daran erinnern, dass es besonders das Ablassgeschäft der Kirche war, an dem sich Luthers Protest gegen Rom entzündet hatte? Zudem steht das Todesjahr Jesu historisch nicht genau fest, so dass der 1950. Jahrestag des Todes Jesu nicht unbedingt auf das Jahr 1983 fallen müsste. Ich erwähnte in der evangelischen Presse, dass dieser Zusammenfall der Erinnerungsfeiern absichtlich so arrangiert war, um die Aufmerksamkeit von den Feierlichkeiten für Martin Luther abzuziehen. Das Angebot eines besonderen Ablasses durch die Kirche bedeutete, dass man die Räder der Geschichte zurückzudrehen versuchte.

Mein katholischer Kollege Wolfgang Beinert wollte mich jedoch davon überzeugen, dass das Zusammentreffen der beiden Ereignisse im selben Jahr reiner Zufall war. In der römisch-katholischen Tradition gab es bei einem Heiligen Jahr immer einen Ablass. Um dies zu betonen, schrieb er einen Artikel im katholischen *Bistumsblatt* von Regensburg. Er versuchte dabei sorgfältig, die heutige Bedeutung des Ablasses zu erklären. Aber was machten die Herausgeber mit diesem Artikel? Sie druckten auf derselben Seite einen alten Stich ab, auf dem der bekannte Ablassprediger und Gegenspieler Luthers, Johannes Tetzel (1465–1519), zu sehen war. Darunter standen die Worte Tetzels: „Sobald das Geld im Kasten klingt, die Seele aus dem Fegefeuer in den Himmel springt." Das Regensburger Wochenblatt *die Woche* behauptete dann, dass der katholische Professor Beinert und der evangelische Professor Schwarz an der Universität in Streit geraten wären. Natürlich waren wir beide erstaunt, als wir dies lasen und schrieben am 14. April 1983 einen gemeinsamen Brief an das Wochenblatt mit der Bitte, diesen Brief zur veröffentlichen. Wir betonten: „Für jeden mit wissenschaftlicher Arbeit Vertrauten, ist es selbstverständlich, dass Gelehrte, auch wenn sie Theologen sind, ihre Ansichten darlegen und andere Ansichten kritisch zur Kenntnis nehmen. Anders ist wissenschaftliche Arbeit nicht möglich. Weil aber jeder Wissenschaftler der sachgerechten Wirklichkeitserfassung verpflichtet ist, führt wissenschaftliche Diskussion nicht zum Streit, schon gar nicht zum persönlichen, sondern letztlich zur Übereinstimmung in der Wahrheit." Dann unterschrieben beide von uns den Brief. Aber das war noch nicht das Ende. Der katholische Dekan, Lorenz Hägler von Sulzbach-Rosenberg, drückte sein Bedauern über meine Bemerkungen zum Ablass in der Presse aus und schrieb mir: „Wir bedauern Ihre Äußerung sehr, weil sie die Basisarbeit weit zurückwirft." Dann bat er mich, „doch irgendwie auch positiv für die Einheit einen Beitrag zu leisten."

Eine ähnliche Erfahrung machte ich im Herbst 2000, nachdem die vatikanische Glaubenskongregation unter Führung von Kardinal Ratzinger die Erklärung *Dominus Iesus* veröffentlicht hatte. Während sie sich gegen den religiösen Pluralismus abgegrenzte, betonte sie auch: „Die kirchlichen Gemeinschaften hingegen, die den gültigen Episkopat und die ursprüngliche und vollständige Wirklichkeit des eucharistischen Mysteriums nicht bewahrt haben, sind nicht Kirchen im eigentlichen Sinn" (Par. 17). Heinrich Petri und ich waren nach Neumarkt eingeladen worden, eine Stadt, die zwischen Regensburg und Nürnberg liegt, um bei einer ökumenischen Veranstaltung über diese Erklärung zu sprechen. Wie zu erwarten war, kritisierte ich diese Veröffentlichung sehr, denn sie nannte unsere evangelischen Kirchen „nicht Kirchen im eigentlichen Sinn". Wieder war es der katholische Dekan, hier Richard Distler, von dem dortigen Dekanat, der mich schriftlich fragte, ob ich mir wirklich vorstellen könne, dass „wir durch Vorwürfe und Provokation in der Ökumene weiterkämen", denn einige meiner Äußerungen hätten „Verärgerungen und Verletzungen hinterlassen". Dabei war dieser Dekan bei der Veranstaltung überhaupt nicht zugegen, sondern reagierte nur auf das, was er vom Hörensagen mitbekommen hatte.

Nicht lange nach diesen ernüchternden Erfahrungen wurde ich von den Katholiken in Lappersdorf gebeten, einem Vorort von

Regensburg, in dem wir leben, an einer ökumenischen Diskussion über *Dominus Iesus* teilzunehmen. Nur zögerlich stimmte ich zu. Dann fragten sie mich, wen sie als katholischen Partner einladen könnten. Ich nannte Dr. Klaus Wyrwoll, einen katholischen Priester, mit dem ich schon seit vielen Jahren befreundet war. Dr. Wyrwoll war auch einer der beiden Leiter des *Ostkirchlichen Instituts* der deutschen römisch-katholischen Bischofskonferenz, das die Beziehungen zu den orthodoxen Kirchen des Ostens pflegt. Nachdem er zugestimmt hatte, erzählte ich ihm von den Problemen, die ich besonders in Neumarkt mit *Dominus Iesus* hatte. „Hans", sagte er, „ich werde die negativen Thesen über *Dominus Iesus* vortragen und Du kannst dann zehn positive Thesen verfassen. Somit müssen sie mich angreifen und nicht Dich, wenn sie nicht einverstanden sind." Als der Abend der Podiumsdiskussion kam, war der große Raum gedrängt voll mit Menschen, nicht nur mit interessierten Laien, sondern auch mit Vertretern des öffentlichen Lebens einschließlich des Lappersdorfer Bürgermeisters Hans Todt.

Es war mir leichtgefallen, zehn positive Thesen aufzustellen. Ich lobte *Dominus Iesus*, da dieses Dokument die relativistische Einstellung ablehnte, mit der oft die Einzigartigkeit Jesu Christi als Gottes entscheidendes Wort infrage gestellt wird. Ich betonte auch, dass diese Erklärung deutlich machte, dass die Kirche nicht nur eine von vielen Heilswegen ist und die Bibel nicht nur ein religiöses Dokument unter vielen anderen. Jedermann stimmte mir zu, dass Ratzinger Recht hatte, diesen Relativismus abzulehnen. Dann stand Klaus Wyrwoll auf und zeigte, dass dieses Dokument für die Ökumene wirklich ein Rückschritt von Vatikan II bedeutete und ein Versuch war, die neuen kirchlichen Wirklichkeiten ungeschehen zu machen, die sich in den letzten 40 Jahren ergeben hatten. Nachdem er also diese Schneise geschlagen hatte, konnte ich seiner Kritik zustimmen und weiter erklären, was er eigentlich sagen wollte. Für die Zuhörer, die sich auch in die Diskussion mit einbrachten, war es ein wunderbarer Abend, denn sie bemerkten, dass ein lutherischer Theologe völlig mit seinem katholischen Kollegen übereinstimmte und sogar dessen Argumente verstand. Umgekehrt stimmte natürlich auch der

Katholik dem Lutheraner zu, und wir fragten uns abschließend ernsthaft, ob dieses Ratzinger-Dokument nicht zu unausgeglichen war, um dem Vatikan eine Dienst zu erweisen.

Es ist kein Zufall, dass ich ein unterstützendes Mitglied der Freunde des Ostkirchlichen Instituts bin, dem Klaus Wyrwoll und Dr. Albert Rauch vorstanden, und dass wir über die Jahre immer konstruktiv zusammengearbeitet haben. Wenn ich einen orthodoxen Theologen zu einem Vortrag an die Universität eingeladen hatte, dann brachten sie gewöhnlich eine Anzahl ihrer Studenten zu dem Vortrag an die Universität mit, die vor allem die deutsche Sprache am ostkirchlichen Institut erlernten. Umgekehrt halfen mir Dr. Rauch und Dr. Wyrwoll einige Male, einen Doktoranden in ihren Deutschkurs aufzunehmen, wenn kein anderer Kurs zur Verfügung stand; natürlich ohne etwas dafür zu berechnen. Damit haben wir schon einen anderen Aspekt meiner Arbeit in Regensburg berührt, der die griechisch-orthodoxe Gemeinschaft betrifft.

4. Die Entdeckung der Orthodoxie

Die Entdeckung der Orthodoxie war ebenfalls ein gemeinsames Projekt von mir und der Regensburger katholischen Fakultät. Wie es sich mit den meisten Dingen in meinem Leben verhielt, geschah dies ziemlich zufällig oder besser gesagt durch Vorsehung. Evangelos Konstantinou, Professor für byzantinische Studien, griechische Gegenwartssprache und griechische Geschichte an der Universität Würzburg, hatte die *Griechisch-Deutsche Initiative* gegründet, durch die er die Beziehungen zwischen Griechenland und Deutschland zu intensivieren versuchte. Dazu war diese Initiative in Bayern prädestiniert, denn aus Bayern kam König Otto, der erste griechische König nach der Wiedererrichtung der griechischen Nation im Jahre 1832. Otto war der zweite Sohn König Ludwigs I. Die Nationalflagge Griechenlands mit ihren weißen und blauen Farben zeigt dieselben Farben wie die Flagge des Freistaates Bayern. Nicht weit von Regensburg liegt an der Donau die Walhalla, ein Abbild des Parthenon-

Lehren in Deutschland und Osteuropa

Tempels auf der Akropolis in Athen, erbaut von Leo Klenze (1784–1864), der im 19. Jahrhundert auch viele andere öffentliche Gebäude in Athen und in München errichtete.

Um die Verbindungen zwischen Griechenland und Deutschland zu stärken, veranstaltete Evangelos Konstantinou während der Sommermonate zwei vierwöchige Seminare in seinem Geburtsort Askri in Griechenland. Dort konnten deutsche Studierende und Senioren die moderne griechische Sprache erlernen und auch mit der griechischen Kultur (Volkstanz, Musik, Malerei usw.) in Kontakt kommen. Das Seminar sollte mit einer ökumenischen Woche abschließen. Konstantinou hatte 1982 Wolfhart Pannenberg von der Universität München eingeladen, diese ökumenische Woche zu leiten. Aber dieser konnte nicht kommen. Und da er wusste, dass ich neu in Regensburg war und wahrscheinlich noch nicht von Arbeit überflutet, schlug er Konstantinou vor, mich einzuladen, diese ökumenischen Wochen im August und September 1982 durchzuführen. Ich war vorher noch niemals in Griechenland gewesen, sprach kein Wort Neugriechisch und wusste praktisch nichts über die Orthodoxie.

Evangelos Konstantinou sagte mir, das Ganze sei sehr einfach: Ich sollte einen Flug von München nach Athen buchen, ein Taxi vom Flughafen in Athen zum Busbahnhof in der Liossion-Straße nehmen, um dort einen Bus nach Theben besteigen. Von Theben aus wäre es nur noch eine kurze Fahrt mit dem Taxi nach Askri. Die ökumenische Woche könnte dann in Askri beginnen. Der Flug von München nach Griechenland war kein Problem. Auch ein Taxi zu finden, das mich in Athen von Flughafen zum Busbahnhof brachte, war einfach. Dort kaufte ich mir am entsprechenden Schalter eine Busfahrkarte nach Theben und bestieg den Bus. Als wir uns Theben näherten, wurde es dunkel. Als der Bus hielt, war ich als erster draußen, rannte auf eines der beiden Taxis zu, die auf Reisende warteten, und sagte zum Fahrer: „Askri!" Er nickte, ich verstaute mein Gepäck auf dem Rücksitz und setzte mich neben den Fahrer. Es war angeblich ja nur eine kurze Fahrt. Aber es war schon dunkel und im Süden geht die Dunkelheit sehr schnell in Nacht über. Der Fahrer fuhr bis

Die Entdeckung der Orthodoxie

zum Ende der Stadt, dann veränderte er den Mechanismus, der die Geschwindigkeit für das fällige Fahrgeld anzeigte. Der Betrag wurde größer und größer und ich sorgte mich, ob ich genügend griechische Drachmen dabei hätte, um den Fahrer zu zahlen. Ich schaute in die Finsternis hinaus, ob nicht bald ein Dorf auftauchte, und schließlich – für mich war es wie eine Ewigkeit – sah ich eine Tafel, worauf „Panagia" stand. Der Fahrer fuhr bis zu einer Straßenkreuzung in der Mitte des Dorfes und hielt an. Ich fragte: „Askri?" Und er erwiderte: „Panagia." Ich sagte wieder: „Askri?" Und er wieder: „Panagia." Er wollte einfach nicht weiterfahren. So hatte ich keine Wahl, als mitten in der Nacht an einer Kreuzung in einem kleinen Dorf in Griechenland aus dem Taxi auszusteigen. Als ich die Tür öffnete und hinausschaute, wer stand da auf dem Gehsteig, groß wie ein Baum? Evangelos Konstantinou! Er hatte vergessen, mir zu sagen, dass „Askri" der alte Name des Dorfes war und es heute Panagia hieß. Ich bat ihn, den Fahrer zu bezahlen, was er gerne tat, und wurde herzlich von Konstantinou empfangen. Zu dem zweiten vierwöchigen Seminar bat mich Konstantinou, einige meiner Kollegen zu Vorträgen einzuladen, unter ihnen Wolfgang Beinert und Heinrich Petri. Da ich nun den Weg nach Askri kannte, kamen wir ohne Komplikationen dort an.

Meine Kollegen und ich bemerkten bald, dass die Teilnehmer des Sommerseminars völlig zufrieden waren, nur etwas Neugriechisch und griechische Kultur kennen zu lernen. Noch etwas über Ökumene zu erfahren, war zu viel des Guten. Trotz unserer besten Versuche waren die Teilnehmer nicht an der Ökumene interessiert. Nachdem wir noch ein Jahr eine ähnliche Abwehrreaktion von den Teilnehmern des Sommerseminars erlebten, sahen wir, dass es keinen Sinn machte, unsere Zeit mit solch einem Seminar zu verschwenden. Obwohl Evangelos Konstantinou wollte, dass wir unser Engagement in Griechenland fortsetzten, entschieden wir uns dafür, unseren eigenen Weg zu verfolgten und ein einwöchiges Seminar für unsere Studenten in Griechenland abzuhalten. Am Anfang zögerte Konstantinou, den ökumenischen Teil des Seminars aus der Hand zu geben, aber dann gab er uns grünes Licht.

Seitdem haben wir mit dem Wohlwollen der *Griechisch-Deutschen Initiative* dieses Seminar durchgeführt und es wurde auch viele Jahre lang von dieser Organisation finanziell unterstützt. Aber die vierwöchigen Seminare, die von Konstantinou geleitet wurden, wurden nach einigen Jahren wegen fehlender Teilnehmer eingestellt.

Ich organisierte also das erste einwöchige Seminar für Kollegen von der katholischen Fakultät und einige evangelische Kollegen samt ihrer Studenten. Das Seminar fand unter der Schirmherrschaft der *Griechisch-Deutschen Initiative* statt, die sich jetzt *Europäisches Zentrum für wissenschaftliche, ökumenische und kulturelle Zusammenarbeit* nennt und heute noch mit dem Seminar zusammenarbeitet. Bald übernahm ich nicht nur die Organisation, sondern auch die Auswahl der Seminarthemen und lud meine eigenen Studenten zur Teilnahme ein. Über die Jahre ist es im Wesentlichen ein Seminar geworden, das ich veranstalte. Zunächst nahmen zusätzlich Kollegen aus der katholischen Fakultät mit ihren Studierenden teil, später auch Kollegen aus anderen Disziplinen, wie etwa aus der Kunstgeschichte. Ich habe einmal durchgerechnet, dass im ersten Jahrzehnt die Hälfte der Kollegen aus der katholischen Fakultät mindestens einmal und manche sogar mehrmals an dem Seminar teilnahmen.

Warum haben wir uns entschieden, dieses Seminar in Griechenland weiterzuführen? Zunächst war uns die Begegnung mit den griechisch-orthodoxen Christen wichtig. Die Menschen in Griechenland und seit dem Fall des Eisernen Vorhangs auch die Menschen in Osteuropa begegnen den westlichen Menschen meist nur, wenn sie sich in diesen Ländern als Touristen aufhalten. Eine richtige Begegnung findet selten statt und ist normalerweise auch nicht erwünscht. Wir waren aber überzeugt, dass der orthodoxe Glaube nicht nur eine sehr alte Tradition ist, die es oft für uns aus dem Westen schwer macht, sie zu verstehen, sondern dass sie auch einen reichen Schatz an Theologie, Liturgie und Frömmigkeit enthält, der uns weitgehend unbekannt ist. So war der Hauptgrund für das Weiterführen der Seminare, diese Schätze unseren Studierenden zugänglich zu machen. Aber genauso wichtig war für uns, dass

Die Entdeckung der Orthodoxie

unsere Partner in Griechenland auch etwas von uns lernen konnten. Meist sind sie dem Westen gegenüber voreingenommen. Deshalb waren die Themen in diesem Intensivseminar fast immer so gewählt, dass sowohl der Osten als auch der Westen etwas dazu beitragen konnte. Unsere Seminare ergaben ein Zusammentreffen von Ost und West und umgekehrt.

Unser erstes eigenständiges Seminar fand im Sommer 1984 statt. Der Bischof von Theben und Levadia, Hieronymos Liapis, der jetzige Erzbischof von Athen und ganz Griechenland, zeigte großes Interesse an der Begegnung mit Menschen aus dem Westen. Er lud uns ein, unser Seminar in dem alten und berühmten Kloster Hosios Loukas abzuhalten, das nicht weit von Delphi entfernt ist. Als Thema unseres ersten Seminars hatten wir „Mystik im Osten und Westen" gewählt. Ich plante alles und die Professoren Hans-Martin Barth von der Universität Marburg, Friedrich Beiser von der Universität Mainz, Johannes Brosseder von der Universität Bonn und Wolfgang Beinert aus unserer katholischen Fakultät nahmen mit ihren Studenten daran teil. Ich hatte auch Nikos Nissiotis (1924–1986) von der Universität Athen und Johannes Kalogirou (1916–1997) von der Universität Saloniki zu Vorträgen eingeladen. Zwei Vorträge wurden von Mönchen aus den berühmten Meteora-Klöstern in Nordgriechenland gehalten. Diese Mönche waren besonders faszinierend, denn einer hielt seinen Vortrag im reinsten Oxford-Englisch. Als ich ihn fragte, wo er solch ausgezeichnetes Englisch gelernt hatte, antwortete er, dass er Physik an der Oxford Universität in England studiert hätte.

Am Sonntag nahmen wir an der festlichen Liturgie teil – Liturgie nennt man in der Orthodoxie den Abendmahlsgottesdienst –, die vom Bischof Hieronymos zelebriert wurde. Während der Woche fanden jeden Morgen Seminarsitzungen statt. Keiner der ungefähr zwanzig Studierenden fehlte auch nur bei einer Sitzung. Vor dem Frühstück hatten wir eine Andacht und abends saßen wir unter den mächtigen Platanen außerhalb des eigentlichen Klosters. Johannes Kalogirou führte uns in die apophatische oder negative Theologie ein, die im sechsten Jahrhundert mit dem Theologen Dionysius

Areopagita entstand. Diese Theologie kommt zur Gotteserkenntnis durch Verneinung der eigenen Erfahrungen, wie etwa, dass man begrenzt und sterblich ist, Gott aber unbegrenzt und unsterblich. Die Mönche erklärten uns das Jesusgebet und Nikos Nissiotis hielt einen Vortrag über die Theologie der Ikonen.

An den Nachmittagen unternahmen wir Exkursionen nach Delphi, zum Frauenkloster Himmlisches Jerusalem und zweimal fuhren wir hinunter zum Meer, um zu schwimmen. Dann besuchten wir auch das antike Askri, das neben dem heutigen Dorf Panagia liegt. Diese antike Stätte war wahrscheinlich der Geburtsort von Hesiod (ca. 700 v. Chr.). Die Seminarthemen, die von den Studierenden bearbeitet wurden, erstrecken sich von Ignatius von Loyola (1491–1556) bis zu Martin Luther (1483–1546) und Dag Hammarskjöld (1905–1961).

Das Seminar wurde dann in Athen noch eine weitere Woche fortgeführt, wo wir in einem sehr schönen Einkehrhaus untergebracht waren. Von dort aus besuchten wir das berühmte Kap Sunion, um den Sonnenuntergang zu bestaunen, die Akropolis in Athen und das Nationalmuseum. Evangelos Konstantinou arrangierte sogar eine eintägige Kreuzfahrt zu den drei Inseln: Poros, Hydra und Ägina.

Von Anfang an war es für uns wichtig, dass diese Seminare, für die die Studierenden einen Seminarschein erhielten, akademisch anspruchsvoll waren. Gleichzeitig wollten wir Kontakte mit der orthodoxen Kirche vor Ort knüpfen, Kontakte, die sich über die Jahre verstärkten. Im Kloster Hosios Loukas war die Unterbringung meist sehr spartanisch. Ich erinnere mich an einen Sommer, als wir erst nach einigen Tagen warmes Wasser zum Duschen bekamen. Auch das Essen war monoton, denn das Restaurant im Kloster war auf Touristen ausgerichtet, die mit Bussen von Athen nach Hosios Loukas und Delphi fuhren. Die vorbestellten Menus waren immer gleich, denn die Touristen kamen ja kein zweites Mal. So bekamen auch wir jeden Tag griechischen Salat, Pommes und gegrilltes Fleisch. Das nächste Dorf war eine gute halbe Stunde zu Fuß entfernt und niemand von uns hatte ein Auto. Abends saßen wir Studenten und Professoren einfach auf der großen Terrasse vor dem

Die Entdeckung der Orthodoxie

Kloster, diskutierten miteinander und tranken etwas Wein, den wir mit einer Amphore vom Dorf geholt hatten. So entwickelte sich eine Gemeinschaft, wie es anderswo nicht möglich gewesen wäre.

Ein Ereignis in Hosios Loukas war für uns unvergesslich: Da die Mosaiken in der großen Kirche des Klosters sehr berühmt waren, kam den ganzen Tag lang ein ständiger Strom von Touristen, um diese Mosaiken anzusehen. Die Regierung hatte deswegen die Hauptkirche übernommen und sie in ein Museum umfunktioniert, wobei die Eintrittskarten in der Vorhalle, dem Narthex, verkauft wurden. Im Kirchenraum war gewöhnlich kein Gottesdienst erlaubt. Eines Tages jedoch wurde dieses berühmte Gebäude von den Orthodoxen besetzt. Als abends die Zeit kam, die Kirche abzuschließen, blieb eine große Menge orthodoxer Christen in der Kirche und weigerte sich, diese zu verlassen. Es wurden Verhandlungen geführt und schließlich durfte die Kirche wieder zu gottesdienstlichen Zwecken benutzt werden. Von da an wurden die Eintrittskarten für den ganzen Klosterkomplex in dem ehemaligen Refektorium oder Speisesaal des Klosters verkauft. Wir waren alle von der Entschlossenheit der Gläubigen sehr beeindruckt, ihre Kirche wieder für den kirchlichen Gebrauch zurückzuerhalten.

Schließlich mussten wir unser Seminar verlagern, denn das Restaurant wurde geschlossen, so dass das Kloster mehr einem Ort glich, der geistliche Bedürfnisse befriedigte, statt hungrige Touristen zu füttern. Wir hatten noch einen Platz zum Schlafen, aber keinen mehr zum Essen. So zogen wir mit unserem Seminar 1989 zum Kloster Penteli um, das nahe bei Athen liegt. Dieses Kloster ist nach dem nahe gelegenen Dorf benannt, das für seinen Marmor berühmt ist und aus dem in der Antike schon für viele Statuen Marmor gebrochen wurde. Der große Vorteil von Penteli war, dass wir nun näher bei Athen waren. Der Nachteil war, dass ein Besuch von Hosios Loukas praktisch eine Tagesfahrt bedeutete. Als wir das Jahr darauf Hosios Loukas besichtigten, waren wir überrascht, dass es jetzt für die Menschen, die das Kloster besuchen wollten, eine Kleiderordnung gab. Zwei unserer Studenten, die Shorts trugen, durften deswegen nicht hineingehen.

Als uns Bischof Hieronymos im Kloster willkommen hieß, sagte ich ihm, dass ich nicht wusste, dass jetzt Shorts im Kloster nicht mehr erlaubt waren und entschuldigte mich für die beiden Studenten. Sofort holte er die Aufsichtsperson heran, die für das Einhalten der Kleiderordnung zuständig war, und befahl ihm, den zwei Studenten eine Führung durch das Kloster zu geben. Dies zeigte mir, wie pragmatisch sogar die angeblich so unnachgiebigen griechisch orthodoxen Christen sein können und wie sehr sie uns schon als ihre Gäste akzeptiert hatten.

Doch das Kloster Penteli war für uns auch kein idealer Ort. Wir bemerkten sehr bald, dass wir mehr toleriert als herzlich willkommen waren. Das Kloster war kein Touristenort, aber die Leute aus Athen benutzten es für Hochzeiten und Taufen. Am Wochenende fand eine Hochzeit nach der anderen statt und das gleiche traf für Taufen zu. Das Interessanteste an diesem Kloster war eine unterirdische Schule. Während der türkischen Herrschaft über Griechenland (ca. 1500–1821) waren die Klöster die Orte, an denen die griechische Kultur bewahrt wurde. In diesem Kloster gab es dazu eine solche Schule. Entfernte man in einem Raum einige Holzbretter des Bodens, so sah man eine Treppe, die im Untergeschoss zu Klassenzimmern führte, die mit Lehrbüchern für griechische Geschichte, Kultur und Sprache ausgestattet waren. In der Türkenzeit wurden die Kinder dort heimlich unterrichtet, damit sie ihre eigene Kultur nicht vergessen würden. Dieses Festhalten an der griechischen Identität war für uns sehr eindrucksvoll.

Weniger eindrucksvoll war, dass der Abt immer mehr Geld aus uns herausholen wollte. Schließlich schlug mein Kollege Panagopoulos von der Universität Athen vor, dass wir das Seminar in ein anderes Kloster verlegten, nämlich nach Naupaktos, dem ehemaligen Lepanto, das gegenüber der Hafenstadt Patras im südwestlichen Griechenland liegt. Ich wollte mich nicht wieder in etwas hineinbegeben, ohne dass ich mich vorher gründlich orientiert hatte. Ich willigte deshalb nur ein, dass wir das Kloster dort mit unserem Seminar zu einem Abendgottesdienst mit anschließendem Abendessen besuchen würden.

Der Vespergottesdienst mit einem Chor von mindestens einem Dutzend Mönche war eine neue Erfahrung, denn in Penteli wurden wir niemals zum Abendgottesdienst eingeladen. Beim anschließenden Abendessen bemerkte ich, dass Abt Spyridon ein Mensch von tiefer geistlicher Prägung war, der dies auch ausstrahlte. So hatte sich die Fahrt nach Naupaktos gelohnt.

1993 verlegten wir unser Seminar in das Kloster Metamorphosis, was auf Deutsch „Kloster der Verklärung" heißt. Es liegt hoch über dem Golf von Korinth und der Stadt Naupaktos. Nach zwei Jahren bauten die Mönche sogar einen Seminarraum für uns, wobei die eine Fensterseite auf den Golf von Korinth hin ausgerichtet ist und die andere Fensterseite auf die Berge. Die Mönche sind ausgezeichnete Köche. Wir werden bei unseren Seminarsitzungen immer gut versorgt. Die Lage ist ideal, denn wir kommen nach der Touristensaison – Naupaktos ist ein Touristenstädtchen für Griechen –, so dass wir es uns finanziell erlauben können, in einem schönen Hotel zu übernachten, das in der Mitte des Städtchens fast direkt am Strand liegt. Vor dem Frühstück halten die Studierenden jeden Morgen eine Andacht am Strand. Nach dem Frühstück bringt uns der Bus zum Kloster hinauf, wo unsere Seminarsitzungen stattfinden. Am Sonntag wird im Kloster eine festliche Liturgie gefeiert, bei der für uns Sitze im Vorderteil der Kirche reserviert sind und wir eine deutsche Übersetzung der Liturgie ausgehändigt bekommen. Nach dem Gottesdienst findet die offizielle Eröffnung des Seminars in der Aula statt – mit Begrüßung durch den Abt, durch mich und Frau Panagopoulos. (Ihr Mann starb nach einem langen Kampf an einem Gehirntumor und sie will sein Erbe weiterführen.) Dann gibt es meist ein Konzert, das jetzt von Koreanern bestritten wird, die unter Leitung eines ehemaligen Doktoranden von mir, nur für dieses Seminar von Korea anreisen. Daran schließt sich ein kurzer Vortrag eines griechischen Kollegen von der theologischen Fakultät in Athen an und schließlich kommt das Mittagessen.

Während der Woche haben wir eine ausführliche Sitzung mit dem Abt, bei der unsere Studierenden ihn alles fragen können, was sie über das Kloster und die Orthodoxie wissen wollen. Er führt uns auch durch das Kloster, das sogar eine eigene Radiostation besitzt, von der 24 Stunden lang Musik und Informationen gesendet werden, eine Bibliothek, eine Fischzucht, eine Ikonenmalerei und ein Museum für griechische Geschichte und kirchliche Gegenstände. Wir veranstalten jeweils eintägige Exkursionen nach Delphi und Hosios Loukas, nach Olympia, Korinth und Mykene. Den letzten Nachmittag und Abend verbringen wir in einem Jugendcamp des Klosters. Die Mönche veranstalten dort den ganzen Sommer über Programme für Jugendgruppen. Dort haben wir unseren eigenen Strand, können Volleyball oder Fußball spielen und am Abend gibt es ein Fest mit einer Kirchengruppe vor Ort, die uns verschiedene griechische Volkstänze in den jeweiligen Trachten vorführt. Es spricht für das Seminar, dass es nach dreißig Jahren immer noch angeboten wird und meist ungefähr fünfzig Teilnehmende hat.

Anfangs waren beide Seiten sehr höflich und formal. Heute noch macht sich unsere Sekretärin lustig über meinen byzantinischen Schreibstil in Briefen nach Griechenland, in dem eine Höflichkeitsformel an die andere angefügt wird. Aber am Anfang gab es sehr leicht Verletzungen. Zum Beispiel waren jedes Jahr die Fleischportionen beim Essen im Kloster so groß bemessen, dass sehr viel Fleisch auf den Tellern der Studierenden liegen blieb. Ohne mir viel zu denken, sagte ich deshalb zu Abt Spyridon: „Sie könnten sich viel Geld sparen, wenn Sie uns weniger Fleisch geben würden. Unsere heutigen Studenten essen nicht so viel Fleisch und manche sind sogar Vegetarier." Sofort wurde diese wohlgemeinte Bemerkung als eine Zurückweisung der Gastfreundschaft des Klosters aufgefasst. Ich musste mich entschuldigen und viel zurücknehmen, um dieses Missverständnis zu beseitigen. Eine ähnliche Situation ergab sich, als der Abt und einige Mönche uns in Regensburg besuchten – ich werde später noch ausführlicher darauf zurückkommen –, um einen Lastwagen zu erwerben. Wir fanden schließlich an einem Samstag in einer süddeutschen Stadt einen gebrauchten Lastwagen, den sie sich leisten konnten. Als sich Abt und Mönche am Montag nach langen Diskussionen dann zum Kauf entschlossen, war er über das Wochenende schon verkauft worden. Ich konnte in ihren Augen die Frage lesen, ob sie uns wirklich vertrauen konnten. Wie konnte denn ein Lkw so schnell verkauft werden? Doch jedes Jahr wuchs das gegenseitige Vertrauen. Unsere Aufnahme dort wurde immer herzlicher und jetzt bewegen wir uns dort wie unter Geschwistern.

Als wir in Hosios Loukas mit dem Seminar begannen, zeigte Professor Johannes Kalogirou von der Universität in Thessaloniki großes Interesse an unserem Seminar. In seiner Festschrift (Thessaloniki 1992) widmete er dem Seminar eine ganze Seite. Er hatte in Marburg studiert und für ihn war die Begegnung zwischen Ost und West sehr wichtig. Nach seinem Tod übernahm Johannes Panagopoulos den orthodoxen Teil und zeigte ebenso großes Interesse an diesem Austausch. Nach seinem Tod hat seine Frau, wie schon erwähnt, sein Erbe weitergeführt, indem sie bei der Eröffnung ein Grußwort an die Teilnehmenden richtete und am Sonntagabend oftmals alle Teilnehmer des Seminars in ihr ländliches Ferienhaus in einem Nachbarort zu einem Empfang einlud. Für viele Jahre haben Marios Begzos und Konstantinos Delikostantis, zwei Kollegen von der orthodoxen Fakultät der Universität Athen, Vorträge für die Seminarteilnehmer gehalten. Das kunstgeschichtliche Institut unserer Universität ist ebenfalls zu einem wichtigen und steten Partner des Seminars geworden. Es wird durch Professor Hans-Christoph Dittscheid und seine Studierenden vertreten. Dies ist ein Plus für unsere Theologiestudierenden, da die kirchliche Kunst von der Kunstgeschichte für unsere Studierenden sachkundig interpretiert werden können. Auf der anderen Seite ist es für die Kunststudierenden gut, wenn sie von uns erklärt bekommen, wie die Theologie in der orthodoxen Ikonographie ihren Ausdruck findet. Da wir lange Jahre für die Radiostation des Klosters deutsche Lieder aufnehmen mussten, wurde unser Seminar weit über die Grenzen von Naupaktos hinaus bekannt. 2005 nahmen dann erstmals Professoren und Studierende von der Anyang Universität aus Südkorea am Seminar teil. Für sie war die Begegnung mit der Orthodoxie etwas völlig Neues. Da es sich bei ihnen durchweg um Musikstudenten handelt, geben sie bei der Eröffnung des Seminars ein Konzert, das von den Mönchen und Leuten aus der Stadt begeistert aufgenommen wird.

Einer der Höhepunkte für mich war, als ein katholischer Priesteramtskandidat, der schon mehrmals am Seminar teilgenommen hatte, sich entschied, dass das Priesteramt in einer Gemeinde für ihn nicht infrage käme. Er ging stattdessen in das Kloster Niederaltaich, ein altes Benediktinerkloster, 80 km östlich von Regensburg, das sich zum Ziel gesetzt hat, die orthodoxe Spiritualität zu fördern. Dieser Mönch betrachtet nun Abt Spyridon als seinen geistlichen Vater. Zusammen mit einigen anderen jungen Mönchen aus Niederaltaich hat Pater Romanos schon mehrmals das Kloster Metamorphosis besucht.

Über die Jahre haben Hunderte von Studierenden an den Seminaren teilgenommen. Immer wieder werde ich von jemandem gefragt: „Kennen Sie mich noch? Ich war in Ihrem Seminar in Griechenland. Das war eine Erfahrung, die ich niemals vergessen werde." Die Teilnehmenden lernen die Orthodoxie von innen her in einer Weise kennen, wie man das als Tourist nicht erreichen kann. Natürlich sind die Kontakte nicht über Nacht gewachsen. Sie wurden über viele Jahre gepflegt, angefangen mit dem Bürgermeister von Naupaktos, der auf Einladung des Oberbürgermeisters von Regensburg – natürlich durch meine Vermittlung – nach Deutschland kam. Meine Frau und ich mussten Bürgermeister Konidas und seine Frau bei ihrem Besuch in Regensburg betreuen. Mehrmals waren wir, das heißt der Abt, einige Mönche, die Leiter des Seminars und ich, auch zum Abendessen in ihr bescheidenes Heim in Naupaktos eingeladen. Als er und seine Frau von Griechenland nach Regensburg kamen, bat diese meine Frau, mit ihr zum Einkaufen zu gehen, denn sie wollte sich in Regensburg einen Bikini kaufen. Die beiden hatten sogar Erfolg. Oft schaffen menschliche Begegnungen Bande, die die theologischen Traditionen vergessen lassen, die uns noch trennen. Während theologische Besinnung notwendig ist, damit die Ökumene zusammenwächst, geht dies nicht ohne das menschliche Element eines Grundvertrauens.

Ich hatte eine wunderbare Erfahrung mit meinem katholischen Kollegen Wolfgang Beinert. Er hatte mehrere Male an diesem Seminar teilgenommen. Als er schon im Ruhestand war, hörte ich, dass er

Die Entdeckung der Orthodoxie

noch einmal beim Seminar mitmachen wollte. So lud ich ihn dazu ein. Nach einer Übernachtung in Athen fuhr unser Bus nach Naupaktos, wo in der Nähe am 7. Oktober 1571 die berühmte Seeschlacht zwischen der christlichen Armada und der türkischen Flotte stattgefunden hatte. Don Juan d'Austria (1547–1578), der in Regensburg geboren wurde, befehligte die Armada. Er errang den entscheidenden Sieg über die türkische Flotte, die damals als unbesiegbar galt. Um den Golf von Korinth zu überqueren und nach Naupaktos zu kommen, nahmen wir normalerweise die Fähre, da sie billiger ist als die neue Brücke über den Golf. Wir benutzten auch auf dem Rückweg wieder diese Fähre. Als wir auf dem Oberdeck standen und nach Naupaktos zurückblickten, sagte ich zu Wolfgang Beinert: „Diese Bootsfahrt ist immer ein schöner Abschluss unseres Seminars." Doch dieser entgegnete: „Auf dem Hinweg war es aber noch schöner." Als er meine Verwunderung bemerkte, fügte er hinzu: „Da lag das Seminar noch vor uns, aber jetzt ist es vorbei." Ich bin mir sicher, dass das nicht nur seine Einschätzung war, sondern auch die von vielen anderen.

Die Kontakte in Griechenland führten auch zur Einladungen nach Regensburg. Ich erinnere mich noch sehr gut an einen Vortrag, den Nikos Olympiou aus Athen über Ausgrabungen in Banias hielt, das im Norden Israels liegt, und an denen er teilgenommen hatte. Ich hatte die katholischen Theologiestudenten und ihren Neutestamentler zum Vortrag eingeladen. Obwohl Olympiou Deutsch konnte, hielt er den Vortrag auf Griechisch. Anfänglich wurde sein Vortrag übersetzt. Aber dann schlugen die Studenten vor, dass sie ohne Übersetzung des Griechischen zuhören wollten, um zu sehen, wie viel sie verstanden. Da ein Großteil des Vortrags durch Bilder illustriert wurde, waren die Studierenden überrascht, dass sie dem Vortrag auch ohne Übersetzung folgen konnten.

Persönliches Engagement führt oft viel weiter als die reine Theologie. Zum Beispiel ist Anna, die Tochter von Johannes Panagopoulos, eine Pianistin. Ihr Vater hatte für sie einen guten, aber gebrauchten Bechsteinflügel in Deutschland gefunden. Damals konnte aber die griechische Drachme nicht unbegrenzt in die DM umgetauscht werden. So fragte er mich, ob ich ihm das Geld in Deutschland in DM vorschießen konnte. Wenn wir dann im Herbst in Griechenland wären, würde er den Gegenwert in griechischen Drachmen für den Aufenthalt der Seminarteilnehmer im Hotel bezahlen. Ich sagte zu und von da an bewegte sich unsere Freundschaft auf einer ganz anderen Ebene. Wir waren Freunde und konnten uns aufeinander verlassen.

Etwas Ähnliches ereignete sich mit Abt Spyridon. Wie erwähnt, kam er von einigen Mönchen begleitet nach Regensburg, um einen Mercedes-Lastwagen zu erwerben, den das Kloster dringend benötigte. Die Mönche sind ständig dabei, etwas Neues zu bauen. Ich weiß sehr wenig über Pkws Bescheid und noch weniger über Lastwagen. Deshalb kontaktierte ich jemanden von unserer evangelischen Diakonie in München, der Beziehungen zu Griechenland hatte und vielleicht auch helfen konnte, etwas Geld aufzutreiben, um diesen Lastwagen zu finanzieren. Ich hatte den Eindruck, dass Abt und Mönche dachten, wir könnten ihnen einen Lastwagen schenken. Aber die Lkw, die wir uns ansahen, überstiegen bei weitem das, was wir uns leisten konnten. Mein katholischer Kollege Konrad Baumgartner, der auch an dem Seminar teilgenommen hatte, kannte jedoch Hermann Kronseder (1924–2010), den Seniorchef von Krones, einer großen Firma in der Nähe von Regensburg. Er meinte, dass dieser uns vielleicht helfen könnte, einen finanziell erschwinglichen, gebrauchten Lkw zu erwerben, der dem Kloster noch gute Dienste leisten würde. Herr Kronseder sagte seine Hilfe zu und seine Firma gab uns auch etwas Geld. So fragte ich den Abt, wie viel Geld sie selbst hätten. Jeder von ihnen langte in sein schwarzes Gewand und zog einen kleinen Bündel Euroscheine heraus. So kamen wir auf eine anständige Summe. Mit dem Geld der Mönche, der Diakonie und von Krones konnten wir nun nach einen Lkw suchen. „Es muss ein Mercedes-Lastwagen in vorzüglichem Zustand sein oder wir werden unsere Zusammenarbeit mit Mercedes aufkündigen", betonte Hermann Kronseder. Die Firma Krones sah sich im ganzen Bundesgebiet um und man fand schließlich einen Lkw in Bochum. Er war sehr gut erhalten und die Mönche konnten sich ihn

Die Entdeckung der Orthodoxie

auch finanziell leisten. So fuhren zwei der Mönche mit dem Zug nach Bochum. Dort wurden sie auf dem Bahnsteig von einem orthodoxen Priester erwartet. Er fuhr sie zu einem Lkw-Händler. Als sie sagten, sie kämen von Krones, gab er ihnen die Schlüssel für den Lkw und sie fuhren ihn nach Regensburg. Alle paar Stunden teilten sie uns auf ihrem Handy mit, wo sie gerade waren. Als sie in Regensburg auf dem vorher abgesprochenen Parkplatz in der Nähe der Mercedes-Niederlassung ankamen, erwarteten wir sie bereits. Das erste, was sie uns voll Stolz zeigten, war der Motor des Lkw. Sie waren äußerst glücklich. Er war zwar gebraucht, aber in ausgezeichnetem Zustand, genau wie Herr Kronseder es versprochen hatte. Die Mönche buchten einen Platz auf der Fähre. Dann fuhren sie den Lkw über Italien nach Griechenland zurück. Wir statteten sie mit Essen für die Fahrt aus und eine zusätzliche Ladung auf dem Lkw war eine große Schachtel mit Plätzchen, die meine Frau gebacken hatte, und ein Kasten Regensburger Bier.

Von da an bewegte sich das Verhältnis zu dem Kloster auf einer anderen Ebene. Vor zwei Jahren zum Beispiel fragte mich Abt Spyridon beim Seminar: „Hans, kannst du mir den Namen deiner Kinder nennen?" Ich antwortete: „Die Älteste heißt Claudia, dann kommen Hans und Krista." „Dies ist gut", sagte er. „Nun brauche ich nicht mehr für Hans, Hildegard und die Kinder zu beten, sondern kann für Hans und Hildegard und ihre Kinder Claudia, Hans und Krista beten." Das ist ein ökumenischer Geist, der die Einheit der Kirche zeigt, auch wenn die Konfessionen noch voneinander geschieden sind.

Ökumenische Begegnungen sind immer ein Lernprozess. Als Abt Spyridon Regensburg besuchte, um nach einem Lkw Ausschau zu halten, war dies die Woche vor Fronleichnam. Konrad Baumgartner hatte uns alle zu einer Vorabendmesse eingeladen. Am Beginn des Gottesdienstes stellte er uns der Gemeinde vor. In seiner Predigt erklärte er die Bedeutung des Fronleichnamsfestes anhand einer Ikone, die er auf den Altar gestellt hatte. Dann kam das Abendmahl, bei dem Brot und Wein ausgeteilt wurden. Was sollte ich jetzt machen? Wenn ich nicht daran teilnehmen würde, wäre mein Kollege Baumgartner wahrscheinlich beleidigt gewesen, denn er hatte uns speziell zu diesem Gottesdienst eingeladen. Noch dazu waren wir nach dem Gottesdienst zum Abendessen in unserem Haus. Würde ich in dieser Dorfgemeinde am Abendmahl teilnehmen, dann würden wahrscheinlich einige konservative Gemeindemitglieder das unpassend finden. Nun, ich nahm am Abendmahl teil. Der Abt und die zwei Mönche, die ihn begleiteten, gingen jedoch nicht zum Abendmahl. Als ich zu meinem Platz zurückkam, fragte mich der Abt: „Warum hast Du am Abendmahl teilgenommen?", worauf ich antwortete: „Dies ist das Abendmahl Christi. Er lädt uns zu seinem Tisch ein. Es ist nicht das Abendmahl der römisch-katholischen Kirche, denn die kann das nicht für sich beanspruchen." „So habe ich noch nie gedacht", war die Antwort des Abtes.

Theologische Übereinstimmungen erreicht man nicht primär durch theologischen Dialog. Viel wichtiger ist es, dass man einander vertrauen kann, gegenseitige Interessen entdeckt und Freundschaften entwickelt. Orthodoxe Bischöfe und Äbte sind oft Gäste in unserem Haus gewesen. Dies hat viel mehr dazu beigetragen, die Bande zwischen uns zu verstärken, als viele theologische Diskussionen. Wie Heinz Lutter (1928–1994), ein guter Kollege und Professor für Sportwissenschaft an unserer Universität einmal sagte: „Wenn ich mit einem Kollegen zu Mittag oder zu Abend esse, dann läuft die nächste Fakultätssitzung, an der wir beide teilnehmen, viel einfacher." Dies bedeutet nicht, dass es dann keine Meinungsverschiedenheiten mehr gibt. Aber diese gefährden nicht mehr die Freundschaft und das gegenseitige Vertrauen. Ich erinnere mich zum Beispiel an ein gemeinsames Seminar mit Wolfgang Beinert, in dem er betonte: „Das Problem mit dem lutherischen Amt ist, dass es ein Defizit hat." Meine unmittelbare Reaktion darauf war: „Das ist arrogant!" Worauf er erwiderte: „Dies ist wirklich ein schwerwiegendes Wort, das Sie hier benutzen." „Ja", sagte ich, „aber das ist genau, was ich meine." Meinungsverschiedenheiten zu haben, hat keinen Sinn, wenn man nicht auch bemerkt, wie sich diese Meinungsverschiedenheiten auf einen selbst und andere auswirken. Nur wenn wir dies verstehen, können wir den Dialog vorantreiben.

5. Ausweitung auf andere orthodoxe Kirchen

Als 1989 der Eiserne Vorhang in sich zusammenbrach, wurde ich auch gebeten, orthodoxe theologische Fakultäten in Osteuropa zu besuchen, besonders in Rumänien, dann in Bulgarien und schließlich in Moldawien. Ehe der Eiserne Vorhang fiel, hatte ich absichtlich Osteuropa nicht besucht. Wenn man dort einen Besuch abstattete, musste man jeden Tag einen bestimmten Geldbetrag umtauschen. Dieses Geld konnte man dann nicht mehr in DM zurücktauschen oder nach Hause mitnehmen. Ich wollte mit diesem Zwangsumtausch nicht indirekt das korrupte und unterdrückerische kommunistische Regime unterstützen. Ich machte nur eine Ausnahme bei der Tschechoslowakei. Zdenek Kucera, Professor an der hussitischen Fakultät in Prag, hatte mich gebeten, einige Vorträge an seiner Fakultät zu halten. – Die hussitische Kirche in der jetzigen Tschechischen Republik hatte sich zu Beginn des 20. Jahrhunderts wegen des Streits über den Modernismus von Rom losgesagt. Sie haben verheiratete Priester und auch verheiratete Frauen als Priesterinnen.

Mein Aufenthalt in Prag war äußerst angenehm, denn die Studenten waren sehr an dem interessiert, was ich vortrug. Da meine Frau und ich im Pfarrhaus übernachteten, mussten wir fast kein Geld ausgegeben. Was wir übrig hatten, gab ich meinen Kollegen Kucera, der dies gerne annahm. Als ich nach Regensburg zurückkam, war ich wütend über dieses Regime. Von dem, was ich sehen konnte, war Prag eine wunderschöne Stadt gewesen, wie sie es heute langsam wieder wird. Aber damals machte man überhaupt keine Anstalten, diese prächtigen Gebäude zu erhalten. Überall standen rostige Baugerüste, so dass die wunderbaren Stuckverzierungen, wenn sie von den Gebäuden herabfielen, nicht die Menschen auf dem Gehsteig verletzten. Nirgendwo gab es ein Zeichen des Wiederaufbaus. Wie konnte dieses Regime solch eine Stadt zur Ruine werden lassen? Wie ich später aus meiner Erfahrung in Ostdeutschland lernte, war man dort ebenso verfahren. Die schönen Gebäude stammten aus Zeit der so genannten Bourgeoisie und sollten deshalb dem Verfall preisgegeben werden. Das war die übliche kommunistische Ideologie. Aber dies erwies sich als Bumerang, denn inzwischen war die Lage so schlecht geworden, dass den Kommunisten buchstäblich die Decke über dem Kopf zusammenbrach und dies bedeutete das Ende des Eisernen Vorhangs.

Wiederum war meine Begegnung mit der Orthodoxie Osteuropas zufällig oder vielmehr durch die Vorsehung gesteuert. Berthold Köber von der lutherischen theologischen Fakultät in Hermannstadt (Sibiu), Rumänien, hatte mich eingeladen, dort ein Seminar abzuhalten. Es war schlechthin unmöglich, an einem Tag mit dem Auto von Regensburg nach Hermannstadt zu fahren. Doch gab es in Regensburg einen jungen rumänisch-orthodoxen Priester, Alexandru Campeanu, der bei mir seine Magisterarbeit geschrieben hatte. Er hörte, dass ich nach Hermannstadt fahren würde, und schlug vor, dass ich auf alle Fälle auf dem Weg dorthin Professor Meghesan in Oradea (Großwardein) besuchen sollte. So könnte ich bei ihm übernachten. Meine Frau und ich wurden in Oradea mit der gewohnt herzlichen orthodoxen Gastfreundschaft empfangen. Da Dumitru Meghesan, der an der orthodoxen Fakultät der Universität Oradea systematische Theologie lehrt, seine Promotion in Basel in der Schweiz abgeschlossen hatte, lag ihm viel daran, Kontakte mit dem Westen zu knüpfen. Oradea, das an der westlichen Grenze Rumäniens liegt, ist viel näher bei Deutschland als Hermannstadt. Durch diesen ersten Besuch entwickelte sich ein fruchtbarer Austausch zwischen Oradea und Regensburg. Wir luden Dumitru Meghesan mehrmals ein, uns zu besuchen und in Regensburg Vorträge zu halten, und ich ging nach Oradea, um dort Vorträge zu halten, besonders über das Grenzgebiet zwischen Theologie und den Naturwissenschaften. Die Studierenden waren immer äußerst aufmerksam. Durch das Erasmus-Programm, das den Austausch zwischen den Universitäten in Europa fördert, wurde dieser Austausch jetzt noch intensiviert.

Als die orthodoxe Fakultät in Cluj (Klausenburg) von mir hörte, besonders ihr damaliger Dekan Vasile Leb, der in Heidelberg promovierte, war diese Fakultät auch an einem langfristigen Verhältnis mit Regensburg interessiert. Viele der dortigen Kollegen sind nach Regensburg zu Vorträgen eingeladen worden und wir arrangierten einen besonderen Austausch mit den Kollegen, so dass einige von ihnen eine ganze Woche in Regensburg in der Bibliothek arbeiten konnten. Dieser Austausch schloss in Rumänien immer Kontakte mit der Kirche vor Ort ein, sowohl mit den Bischöfen in Cluj als auch in Oradea. 2001 bekam ich einen Ehrendoktor von der orthodoxen Fakultät in Oradea. Aber um diese Ehrung nicht einseitig evangelisch werden zu lassen, bekam gleichzeitig ein orthodoxer Kollege aus der Fakultät in Athen einen Ehrendoktor.

Schließlich wurde in diesen Austausch auch Bulgarien mit einbezogen. Auch dies geschah rein zufällig oder besser von der Vorsehung her. Unser Kultusminister Hans Zehetmair hatte ein besonderes Interesse an der bulgarischen Kultur und veranstaltete deshalb in Sofia, der Hauptstadt Bulgariens, bayerische Tage. Da dies auch einige Vorträge an der Universität einschloss, wurde ich gefragt, ob ich Interesse hätte, an der St. Kliment Ohridski Universität in Sofia, der großen Staatsuniversität, einen Vortrag zu halten. So war es mir möglich, die orthodoxe Fakultät der Universität zu besuchen, die mit mir ein Kolloquium veranstaltete. Im gleichen Jahr 2000 hatte die bulgarisch-orthodoxe Kirche die Mitgliedschaft im Weltkirchenrat aus Protest gegen dessen angeblich liberale Haltung aufgekündigt. Ich versicherte den Kollegen an der Fakultät, dass der Weltkirchenrat nicht immer die Haltung seiner Mitgliedskirchen wiederspiegelt, und sagte ihnen, es sei für sie besser, im Weltkirchenrat zu bleiben, damit sie dort ihre Stimme erheben könnten.

Im folgenden Jahr planten wir bulgarische Tage in Regensburg – sozusagen das Gegenstück der bayerischen Tage in Sofia. Aber diese Tage vom 5. bis 8. Mai 2001 beinhalteten mehr als nur Theologie. Die Eröffnung durch Oberbürgermeister Hans Schaidinger fand im Reichstagssaal des Alten Rathauses statt, wo einst der immerwährende Reichstag von 1663–1803 getagt hatte. Die stellvertretende Justizministerin aus Sofia hielt den Eröffnungsvortrag. Dann erklang bulgarische Musik und eine Podiumsdiskussion schloss sich an über juristische, politische, soziale und wirtschaftliche Aspekte in Bulgarien.

Ich hatte auch einen ökumenischen Gottesdienst in unserer lutherischen Neupfarrkirche arrangiert, zu der ich gehöre. Aber der Leiter und der Sekretär des Chores der orthodoxen Fakultät in Sofia teilten mir mit, dass sie nicht an einem ökumenischen Gottesdienst oder an einem nichtorthodoxen Gebetstreffen teilnehmen könnten. Ich antwortete, dass es jedoch sicher für sie von Interesse wäre, zu sehen, wie ein lutherischer Gottesdienst ablief, und schlug vor, dass sie nach dem Gottesdienst einige Hymnen singen könnten. Sie danken mir sofort für diese „salomonische Lösung". Sie nahmen teil und konnten gleichzeitig ihr Gesicht wahren. Als sie am Sonntagmorgen die Kirche betraten, waren sie sichtlich überrascht: wie in einer orthodoxen Kirche hatte ich am Eingang eine Ikone auf ein Pult gestellt, und links und rechts davon stand eine brennende Kerze. Als ich den Gottesdienstraum betrat, sahen sie mich auch nicht im schwarzen Talar, der ihnen von lutherischen Pastoren in Deutschland vertraut war, sondern ich trug eine weiße Alba mit der für die Kirchenjahreszeit entsprechenden Stola. Sie fragten mich dann, ob sie sich schon während des letzten Liedes der Gemeinde links und rechts an den Seitenwänden des Kirchenschiffs aufstellen könnten, so dass sie gleich nach dem Segen im Chor ihre Hymnen singen konnten. Ich bin sicher, dass nur wenige Leute merkten, dass der orthodoxe Chor nicht Teil des tatsächlichen Gottesdienstes war. Sie bekamen so einen großen Applaus, dass sie sogar noch einige zusätzliche Hymnen sangen. Was sie vielleicht auch beeindruckte, war, dass Prälat Dr. Hopfner vom Diözesanrat der römisch-katholischen Kirche im vollen Ornat die erste biblische Lesung hielt und mein Kollege Heinrich Petri die zweite. Professor Heinrich Tiefenbach vom Institut für Germanistik an der Universität hatte sich spontan bereiterklärt, das Evangelium zuerst auf Griechisch und dann auf Deutsch zu lesen.

Am Sonntagnachmittag luden wir die ungefähr 50 bulgarischen Teilnehmer, hauptsächlich Studenten und Chormitglieder der orthodoxen Fakultät, zu uns nach Hause zu Kaffee und Kuchen ein.

Sofort versuchten sie sich an unserem Flügel und sangen mit ihren kräftigen Stimmen bulgarische Volkslieder. Dr. Albert Rauch hatte die ganze Gruppe im ostkirchlichen Institut untergebracht. Natürlich hatten wir auch ein theologisches Symposion an der Universität, wobei Ivan Dimitrov über „Die bulgarisch-orthodoxe Kirche im europäischen Kontext" sprach und Antoni Hubanchev einen Vortrag über „Orthodoxe Theologie im heutigen Bulgarien" hielt. Ursprünglich dachte ich, es wäre eine nette Geste, wenn ein Kollege der katholischen Fakultät ebenfalls einen Vortrag hielt, aber leider stand keiner zur Verfügung. So hielt ich einen Vortrag über „Europa und Byzanz". Wir unternahmen mit den Studenten aus Sofia auch eine Exkursion zum Kloster Weltenburg und hatten durch den Abt eine ausführliche Führung durch das Kloster. Die Studenten waren von dem Empfang, der ihnen zuteilwurde, sehr beeindruckt. Daraus ergab es sich, dass Kamelia Teodossieva, die an der orthodoxen Fakultät in Sofia ihren Abschluss gemacht hatte, zu uns nach Regensburg als Doktorandin kam und als erste Frau ihrer Kirche einen Doktor in der Theologie empfing. Leider ist es für orthodoxe Frauen sehr schwer, eine ihnen angemessene Stelle in der Kirche zu finden. Deshalb kam sie wieder nach Regensburg, um mit einem Stipendium, das ich ihr verschaffte, in unserem Europaeum einen Master in Ost-West-Studien zu erwerben, mit dem sie hoffentlich eine ihr angemessene Stelle findet.

Schließlich wurde auch noch Moldawien in die Kontakte mit dem orthodoxen Osteuropa mit einbezogen. Dies kam wieder durch Vermittlung von Alexandru Campeanu zustande. Ein Bischof aus Moldawien kam 2006 mit seinen Leuten nach Regensburg und lud mich dann nach Moldawien ein, um dort einige Vorträge zu halten.

6. Einschluss des nicht-orthodoxen Osteuropas

Ich erwähnte schon, dass ich die hussitische Fakultät in Prag vor dem Fall des Eisernen Vorhangs besuchte. Dies ergab sich durch meine Verbindung mit der Karl-Heim-Gesellschaft. Ich hatte meine

Dissertation über Karl Heim geschrieben. Bald nachdem ich 1981 nach Deutschland zurückgekehrt war, wurde ich von der Karl-Heim-Gesellschaft gebeten, eine ihrer Tagungen zu besuchen. Ich bemerkte, dass die Mitarbeit in dieser Gesellschaft für mich wichtig sein konnte, denn diese Gesellschaft will das Erbe Karl Heims bewahren und für die Gegenwart fruchtbar machen. Dieses Erbe schließt eine tiefe Frömmigkeit und eine biblisch begründete christliche Orientierung in einer Welt ein, die weitgehend von den angewandten Wissenschaften beherrscht wird. Als ich mich dieser Gesellschaft anschloss, veranstaltete sie gelegentliche Tagungen, die oft sehr spärlich besucht waren. Manchmal war die Teilnehmerzahl etwas besser, aber sie war niemals zufriedenstellend. Der Rundbrief *Evangelium und Wissenschaft. Beiträge zum interdisziplinären Gespräch* erschien ein- bis zweimal im Jahr. Das Karl Heim Archiv im Tübinger Bengel-Haus, in dem alle Schriften von Karl Heim sowie eine beträchtliche Anzahl von Sekundärliteratur aufbewahrt werden, war kaum jemandem bekannt. Bald wurde ich zum Vizepräsidenten der Karl-Heim-Gesellschaft gewählt. Ich schlug vor, dass wir uns regelmäßig treffen sollten, d.h. wir sollten zumindest eine Jahrestagung abhalten, für die kräftig geworben werden sollte. Dann regte ich die Herausgabe eines Jahrbuches an, um die Gesellschaft im akademischen Raum bekannter zu machen. Der erste Band des Jahrbuchs erschien 1988.

Unter dem Titel *Glaube und Denken* gab ich die ersten 15 Bände heraus. Die meisten Beiträge befassen sich mit dem Verhältnis von Theologie zu den Naturwissenschaften oder mit wichtigen ethischen Fragen, die sich aus den angewandten Wissenschaften ergaben. Ich versuchte auch einige ausländische Autoren zu gewinnen. Von Beginn an hatte jeder Beitrag eine englische Zusammenfassung. Dann veröffentlichten wir die Zeitschrift *Evangelium und Wissenschaft* auf regulärer Grundlage zweimal im Jahr. Die Beiträge sind thematisch ausgerichtet und die Zeitschrift bringt auch Buchbesprechungen und Hinweise auf wichtige Veranstaltungen. Wir begannen ebenfalls, jedes zweite Jahr den Karl-Heim-Preis für eine herausragende Dissertation oder Habilitation zu vergeben, die sich mit dem Verhältnis von Theologie oder Spiritualität zu den Naturwissenschaften beschäftigt. Schließlich wurde ich 2000 zum Präsidenten der Gesellschaft gewählt. Mein Hauptaugenmerk richtet sich auf die Präsenz der Gesellschaft im Internet und auf stabile Finanzen. Letzteres ist besonders schwierig zu erreichen, da viele unserer Mitglieder schon im fortgeschrittenen Alter sind und nur wenige junge Menschen sich der Gesellschaft anschließen. Trotzdem werden wir von den Mitgliedern gut unterstützt, wofür wir dankbar sind. Auch bin ich für die fleißigen Mitarbeiter sehr dankbar.

Auf einer dieser noch schlecht besuchten Tagungen traf ich Zdenek Kucera. Da er mich gebeten hatte, einige Vorträge an seiner Fakultät in Prag zu halten, lud ich ihn danach nach Regensburg ein, um einen Vortrag über „Die Bedeutung der Theologie Karl Heims für die theologische Situation in der Tschechoslowakei" zu halten. Seitdem hat der Austausch mit Prag bedeutend zugenommen. Viele seiner Kollegen sind nach Regensburg gekommen. Einige von uns wurden umgekehrt nach Prag eingeladen, um dort an einem Symposion teilzunehmen oder um einfach Vorträge an der hussitischen Fakultät zu halten. Wir veranstalten auch gemeinsame Seminare und mein ehemaliger Doktorand und jetziger außerplanmäßiger Professor in Regensburg Thomas Kothmann hält jedes Jahr mit den Pragern ein bilaterales Seminar ab. Im Frühjahrssemester 2008 wurde ich als Gastprofessor eingeladen, um in Prag jede Woche eine vierstündige Veranstaltung abzuhalten.

Bald nachdem ich Professor Kucera kennen gelernt hatte, traf ich die Igor Kiss von der lutherischen Fakultät der Comenius Universität in Bratislava, Slowakei. Wieder war diese Begegnung zufällig oder, man könnte sagen, von der Vorsehung bestimmt. Wir begegneten uns auf einer theologischen Konferenz in Prag, die von der Vereinigungskirche veranstaltet wurde. Aber wie kam ich zu dieser Einladung?

Als ich noch in Columbus lehrte, war eine der Mitarbeiterinnen in der Bibliothek eine Koreanerin die, wie es sich herausstellte, ein Mitglied der Vereinigungskirche war. Nachdem sie mich mehrmals eingeladen hatte, sagte ich endlich zu, eine Konferenz am Runden

Tisch in Barrytown, New York, zu besuchen, wo die Vereinigungskirche gerade dabei war, ein theologisches Seminar zu errichten. Von allen Fakultätsmitgliedern gehörte nur Frau Young Oon Kim (1914–1989) der Vereinigungskirche an. Ich fragte mich, wie man Theologen der Vereinigungskirche ausbilden konnte, wenn man eine Fakultät hat, die fast nur aus Leuten besteht, die nicht der Vereinigungskirche angehören. Von Anbeginn an waren jedoch die Mitglieder dieser Kirche von ihrem Auftrag überzeugt, alle verschiedenen Denominationen und auch alle Religionen zu vereinigen. In der Folge nahm ich mehrere Male an den so genannten Gott-Konferenzen teil. Dabei wurde ich auch mit Richard Rubenstein bekannt. Diese Konferenzen bekamen ihren Namen dadurch, dass jemand dem Gründer der Vereinigungskirche Rev. Sun Myung Moon (1920–2012) vorschlug, Konferenzen über Gott abzuhalten, wozu Rev. Moon angeblich sagte: „Dies ist eine gute Idee, denn Gott braucht auch unsere Unterstützung."

Richard Rubenstein war einst mit seinem Buch *After Auschwitz* (1966; Nach Auschwitz) ein Vertreter der Gott-ist-tot-Theologie gewesen und wurde jetzt mehr und mehr ein Vertreter der Vereinigungsbewegung. Dazu kam Fred Sontag (1924–2009) vom Pamona College in Kalifornien, der über Rev. Moon eine Biographie schrieb. Aber am wichtigsten war für mich bei diesen Konferenzen, George Tavard wieder zu treffen, einen katholischen Ordensmann, der als Systematiker an der *Methodist Theological School* in Deleware, Ohio, lehrte, als ich noch in Columbus war. Da er Franzose war und ich Deutscher, ergab sich eine natürliche Beziehung zwischen uns beiden und wir teilten auch einen tiefes Interesse an der Ökumene.

Ich erinnere mich immer noch an seine Vorschläge, um mein Buch *The Search for God* (Die Suche nach Gott) ökumenischer zu machen. Bei diesen Tagungen traf man auch viele andere interessante Leute, wie Paulos Mar Gregorios (1922–1996), den Metropoliten der Syrisch-orthodoxen Kirche in Indien und einer der Vizepräsidenten des Weltkirchenrates, oder Huston Smith, Professor für Religionswissenschaft an der Syracuse University im Staate New York, oder den Religionswissenschaftler Ninian Smart (1927–2001).

Ich konnte bei diesen Tagungen Freundschaften erneuern und vertiefen, wie es mir sonst nicht möglich gewesen wäre. Es war auch sehr lehrreich, junge Mitglieder der Vereinigungskirche zu beobachten, wie Frank Kaufmann, Anthony Guerra oder Tom Selover, die an angesehenen theologischen Fakultäten promoviert hatten und sich jetzt im akademischen Raum etablieren wollten. Es war für sie nicht einfach, denn der ursprüngliche Idealismus über die Vereinigung aller Religionen verschwand allmählich. Für mich war es auch interessant zu sehen, wie solch eine Religion anfing, wuchs und sich ausbreitete und dabei ihren ursprünglichen Elan verlor. Da meine Professur in Regensburg systematische Theologie und theologische Gegenwartsfragen umfasste, dachte ich, es sei für mein Gebiet wichtig, sich mit solch einer neuen Religion und deren Lehren vertraut zu machen. Die lutherische Kirche in Bayern dachte jedoch ganz anders und bereitete mir viele Schwierigkeiten, denn sie meinte, ich würde der Vereinigungskirche Glaubwürdigkeit verleihen, wenn ich ihre Tagungen besuchte. Diese ausgrenzende Art und das damit einhergehende absolutistische Gehabe der bayerischen Landeskirche setzten mir so zu, dass ich allen Ernstes überlegte, ob ich nicht meine Mitgliedschaft in dieser Kirche beenden sollte. – Ich war ja immer noch Mitglied in meiner *Evangelical Lutheran Church in America*. – Besonders ärgerlich war ein „Inquisitionsgespräch" mit dem Regensburger Kirchendekan Reinhard von Loewenich, das in dessen Amtszimmer stattfand, zusammen mit dem damaligen Regionalbischof Gottfried Preiser. Letzterer informierte mich süffisant, die Leute dächten, „meine weltweiten Reisen seien durch die Vereinigungskirche finanziert worden".

Dass ein hochgestellter Kirchenvertreter mir solche Anschuldigungen mitteilte und augenscheinlich auch noch von deren Richtigkeit überzeugt war, überstieg mein Vorstellungsvermögen. In einem Brief an den Regionalbischof zählte ich alle meine Reisen der letzten zweieinhalb Jahre auf und aus welchen Quellen sie finanziert wurden. Wenn mich die Vereinigungskirche zu einer Konferenz einlud, bezahlte sie meine Reisekosten, wie das auch bei anderen Konferenzveranstaltern der Fall war, außer ich bekam finanzielle Zuschüsse durch eine andere Organisation wie der *Deutschen Forschungsgemeinschaft*.

Sobald die Theologie der Vereinigungskirche diskutiert wurde, hatte ich immer höflich, aber bestimmt meine eigene Überzeugung vorgebracht. Diese enthielt oft eine Kritik in theologischen Fragen, soweit es die Theologie der Vereinigungskirche betraf. Auf den Konferenzen, an denen ich teilnahm, war es für mich wichtig, dass ich frei reden konnte und nicht zu Propagandazwecken missbraucht wurde. Die meisten anderen etablierten Theologen, die bei diesen Konferenzen anwesend waren, verhielten sich ebenso. Einige von uns bestanden auch darauf, dass die Unterbringung bei den Konferenzen nicht luxuriöser sein sollte als bei anderen Fachtagungen.

Inhaltlich waren diese Konferenzen ein großer Gewinn, denn es ergaben sich viele wichtige Querverbindungen zu anderen Kollegen, wie Igor Kiss oder dem Tillich-Schüler Durwood Foster, mit denen ich dann weiterhin in Kontakt blieb. Auch der nicht-konfrontative Kontakt mit Mitgliedern anderer Religionen, wie Sikhs, Muslime, Hindus usw., wäre mir ohne diese Konferenzen nicht möglich gewesen und trug beträchtlich dazu bei, meinen Horizont zu erweitern. Doch als kirchliche „Strafe" für diese Unternehmungen wurde ich nicht mehr eingeladen, bei den landeskirchlichen Examen in Ansbach mitzuwirken, wo zukünftige Pfarrer geprüft wurden. Von da an wurden meine Dienste von der bayerischen Landeskirche nicht mehr benötigt. Aber auch andere hatten schon vor mir diese Art der Strafe erlitten, wie etwa der Erlanger Kirchengeschichtler Walther von Loewenich (1903–1992), der als zu liberal galt, obwohl seine kirchengeschichtlichen Bücher Standardliteratur für Studenten und Schüler in Bayern waren. Sogar der Historiker Adolf von Harnack (1851–1930) wurde niemals zu Prüfungen für zukünftige Pfarrer in der protestantischen Kirche in Preußen zugelassen.

Aber nun zurück zu Igor Kiss, der mich einlud nach Bratislava, der Hauptstadt der Slowakei, zu kommen. Mein Besuch fand unmittelbar nach dem Fall des Eisernen Vorhangs statt und mein erster Vortrag wurde von Julius Filo übersetzt, der damals an der theologischen Fakultät lehrte und später Generalbischof der Evangelisch-lutherischen Kirche der Augsburgischen Konfession in der Slowakei wurde, wie diese Kirche offiziell genannt wird. Das Gebäude, in dem wir uns trafen, war gelinde gesagt eine bessere Ruine. Das Kondenswasser lief wegen der Winterkälte an den Wänden herunter und die Toiletten spotteten jeder Beschreibung. Aber die Studenten hingen an den Lippen eines westlichen Theologen und die Fragen nahmen kein Ende. Ich hatte bei ihnen eine großartige Zeit.

Während des kommunistischen Regimes durfte keine theologische Institution Teil des staatlichen Universitätssystems sein. Jetzt sind beide Fakultäten in Prag wie in Bratislava wieder Teil der Universitäten. Das schreckliche Gebäude in Bratislava wurde durch einen wunderbaren Neubau in der Nähe des Parlaments ersetzt mit einer Kapelle, Küche und Mensa, Studentenheim, Unterrichtsräumen und Büros. Die Kontakte wurden bald verstärkt und einer der jungen Theologen, Ludovit Hrobon, verbrachte ein Jahr in Regensburg und übersetzte 1999 unter anderem mein Lutherbuch ins Slowakische. Wir hielten zahlreiche Konferenzen ab, entweder in Regensburg oder in Bratislava. Unsere Universität schloss alsbald eine offizielle Partnerschaft mit Bratislava ab, die einen solchen Austausch erleichterte. Nach Einführung der Demokratie wurde Igor Kiss Dekan der lutherischen Fakultät in Bratislava und wirkte in dieser Position, bis er 2004 in den Ruhestand ging. Die Festschrift für ihn auf Slowakisch trägt zu Recht den Titel *Freude an der Theologie* (2004) und er überreichte mir ein Exemplar mit folgender Widmung: „Meinem lieben und hochgeschätzten Bruder und Freund, Professor Doktor Hans Schwarz aus Dankbarkeit für alles." Er war in der Tat jemand in der Fakultät, der viel bewegte und Beträchtliches vollbrachte, ähnlich wie Zdenek Kucera in der hussitischen Fakultät in Prag.

Etwas neueren Datums ist der Kontakt mit der Reformierten Theologischen Universität in Debrecen, Ungarn. Während die reformierten Theologen Ungarns eine natürliche Beziehung zu ihren reformierten Kollegen und Institutionen in den Niederlanden haben und darüber hinaus in die USA, entdeckten sie Regensburg als einen guten Ort, zumindest um hier einen Zwischenstopp auf ihren Weg in die Niederlande einzulegen und auch um in unserer Bibliothek Literatur einzusehen, die ihnen in Ungarn nicht zur Verfügung stand. Besonders erfreulich für mich war, dass ihr Systematiker Botond Gaal ein ausgewiesener Mathematiker war, ehe er sich zur Theologie hinwandte. Auch ich war ja immer an den Naturwissenschaften interessiert.

Es ist nicht überraschend, dass einige Kollegen aus Debrecen nach Regensburg gekommen sind, um Vorträge zu halten oder an Symposien teilzunehmen, während wir sie in ihrer Universität besuchten. Oradea ist nur eine Autostunde von Debrecen entfernt, und da ich einen Ehrendoktor von Oradea bekam, bedeutet das, dass ich auch Mitglied ihrer Fakultät bin. Gewöhnlich bin ich einmal im Jahr in Oradea. Der kleine Umweg über Debrecen, um dort Vorträge zu halten, ist nicht nur erfreulich, sondern auch bereichernd. Debrecen wird auch das Genf Ungarns genannt, da es das Zentrum der ungarischen reformierten Tradition ist.

Im Herbst 2006 bekam ich einen Ehrendoktor aus Debrecen und nun hat unser Institut in Regensburg einen offiziellen Austausch mit Debrecen begonnen. Während die Kontakte mit Osteuropa sich erst durch den Fall des Eisernen Vorhangs entwickelten, gehen die mit Asien in die Siebzigerjahre des vergangenen Jahrhunderts zurück.

Kapitel IV
Dienst an der einen Kirche

Ich bin Lutheraner nicht nur von Geburt, sondern auch durch Überzeugung. Aber ich bin kein Konfessionalist. Mein Verständnis der Kirche ist größer als die Grenzen meiner Kirche. Mein Ausblick ist immer ökumenisch ausgerichtet, nicht in einer verklärten, idealistischen Weise mit der Hoffnung, dass alle Kirchen bald vereinigt würden oder dass die konfessionellen Unterschiede der Vergangenheit angehörten. Stattdessen setzte ich mich immer für eine versöhnte Verschiedenheit ein und habe versucht, von anderen Konfessionen zu lernen. So hat auch mein Interesse an internationalen und interkonfessionellen Begegnungen seinen Grund darin, weil ich dadurch von anderen lernen und – wenn nötig – ihnen auch helfen kann. Meine Sekretärin, Hildegard Ferne, schalt mich oft, dass ich nicht wüsste, wie man Nein sagt. Tatsache jedoch ist, dass, wenn es mein Terminkalender erlaubt, ich immer Ja sage, wenn ich einen wichtigen Beitrag liefern kann. Ich habe oft gelernt, dass Beiträge, ob durch Vorträge, materielle Hilfe oder einfach durch die eigene Gegenwart gut angenommen wurden und Gewinn bringend waren. Man bekommt aber auch immer etwas retour: Befriedigung, dass man geholfen hat, und einen erweiterten Horizont. Als Osteuropa sich öffnete und ich gebeten wurde, mich dort zu engagieren, sagte ich nicht Nein, obwohl das leicht gewesen wäre. Doch wollte ich mein Engagement in anderen Teilen der Welt nicht verkürzen.

1. Die asiatische Herausforderung

Wie schon erwähnt, war mein ursprünglicher Kontakt mit Asien durch Nel Canlas zustande gekommen. Dieser Kontakt wurde besonders durch zwei Institutionen intensiviert, Dongguk Universität in Korea und das *College of Theology* der *Central Philippine Uni-*

versity (CPU) in Iloilo. Bevor ich in Regensburg zu lehren anfing, unternahm ich eine ausgedehnte Vortragsreise nach Asien, die *CPU* auf den Philippinen einschloss. Am *College of Theology* der *CPU* studierte eine junge Studentin mit Namen Tita Grace Faldas, die gerade einige Wochen als Austauschstudentin in Norddeutschland verbracht hatte. Obwohl Filipinos gewöhnlich sehr zurückhaltend sind, ging sie auf mich zu und erzählte mir von ihren Erfahrungen in Deutschland. Ich war noch nicht lange in Regensburg zurück, als sie Kontakt mit mir aufnahm und mich fragte, ob ich ihr Studium bezahlen könnte, was wir gerne taten. Bald darauf bekamen wir die Nachricht, dass sie geheiratet hatte. Dann wurde das erste Kind geboren, ein Mädchen mit Namen G .J. Dazu erreichte uns ein Brief, worin stand: „Seien Sie informiert, dass Sie die Paten von G. J. sind." Ich fragte meinen Freund Nel Canlas, was dies bedeutete, und er sagte mir, dass die Paten im Grunde für alles verantwortlich sind. Aber das war noch nicht das Ende. Das zweite Kind war wieder ein Mädchen und als das dritte geboren war, wurden wir wieder als Pateneltern auserkoren für den Jungen mit Namen Hans Werner. Meine Frau Hildegard entschied, dass wir zumindest jedes dritte Jahr unsere „Patenkinder" besuchen sollten, neben einer jährlichen finanziellen Zuwendung für ihre Erziehung. Bis sie 2010 in den Ruhestand ging, war Tita Grace für die Frauen- und Jugendarbeit der Baptisten in der Kirchenverwaltung in Iloilo verantwortlich.

Als ihre Schwester Nila das Seminar besuchte, wurden wir wieder um finanzielle Hilfe gebeten, was wir gerne taten. Bei unserem ersten Besuch 1974 auf den Philippinen war die Familie Diel erst aus Hamburg zurückgekehrt, wo Domingo Diel in Missionstheologie promoviert hatte. Er ging an das *College of Theology* der *CPU* zurück, um dort zu lehren. Da Domingo ein Filipino ist und seine Frau Elsbeth eine Deutsche, entstand wieder eine natürliche Freundschaft mit ihnen. Aber es gab auch schon ein langes, freundschaftliches Verhältnis mit dem Dekan des *College of Theology*, Johnny Gumban. Der regelmäßige Briefwechsel erschöpfte sich nicht in Formalien. Ich wurde immer gut informiert, was im Land vorging, besonders unter dem Regime von Präsident Ferdinand Marcos

(1917–1989). Kurz nachdem ich nach Deutschland kam, sandte mir Johnny Gumban einen jungen und begabten Studenten, Limuel Equiña, der bei mir promovieren sollte. Als wir beim deutschen Stipendienkomitee des Weltkirchenrates in Stuttgart um ein Stipendium anfragten, schlug Pfarrer Staudt vor, der damals die Stipendien verwaltete, er sollte besser in den USA studieren. Damit bräuchte er nicht auch noch Deutsch zu lernen. Ich sagte zu Pfarrer Staudt: „Er will bewusst in Deutschland studieren, da er in Amerika viele Verwandte hat, einschließlich seiner Eltern. Wenn er dort studiert, hat er Angst, dass sie solchen Druck auf ihn ausüben, dass er in den USA bleiben muss. Er will seinem Land und seiner Kirche dienen und wieder auf die Philippinen zurückkehren, wenn er seine Studien abgeschlossen hat." Dies überzeugte Pfarrer Staudt und er fand ein Stipendium für Limuel und seine Familie. Er promovierte mit Auszeichnung und kehrte 1998 als Professor am *CPU* wieder auf die Philippinen zurück. Als ich erwähnte, dass wieder einer dieser dreijährigen Besuche anstünde, schlug Limuel vor, dass wir zur Feier des 65. Geburtstags von Johnny Gumban im Jahr 2000 kommen sollten. Ich sagte gerne zu und bedauerte es nicht.

Die Fakultät und die Studenten veranstalteten eine wunderbare Feier am Strand und übergaben ihrem Dekan eine Festschrift. Am Abend lud uns Johnny zu einem Abendessen in ein chinesisches Restaurant ein. Meine Frau und ich erwarteten viele Gäste, aber es war nur eine kleine Gruppe, Johnny und seine Frau Edna sowie einer ihrer beiden Söhne (dessen Frau durfte auf Geheiß von Edna nicht mitkommen) und dann wir zwei. Die Tochter war auf ihrem Weg in die Vereinigten Staaten, um dort Medizin zu studieren, und der andere Sohn war in Manila. Johnny hatte sein ganzes Leben für das *College of Theology* geopfert und verdiente sicherlich mehr Aufmerksamkeit, als ihm im Familienkreis zuteilwurde. Deshalb waren wir besonders froh, dass wenigstens wir zugegen waren. Wir luden ihn danach ein, auf seinem Weg zu einem Baptistenkongress in Amsterdam nach Regensburg zu kommen. Aber er teilte mir in einem Brief mit, er hätte zu viel Arbeit und könne nicht kommen. Nur zwei Monate später rief ihn Gott mit einem zweiten massiven

Herzinfarkt heim. Nun konnte er von seiner Arbeit ruhen. Ich fühlte, ich hatte nicht nur einen Freund, sondern ein Familienmitglied verloren. Deshalb war es eine besondere Freude, als wir 2005 bei einem weiteren Besuch in Iloilo Edna wieder trafen, die bei meinen Vorträgen anwesend war, auch bei einem Abendessen. Ohne dass Limuel Equiña darauf vorbereitet worden wäre, musste er jetzt die Arbeit als Dekan übernehmen.

Die Verbindungen zu dieser wunderbaren baptistischen Institution gingen noch weiter, denn Equiña sandte uns Melvin Mangana, den früheren Studentenpfarrer, um bei mir zu promovieren. Als ich mich 2010 wieder zu Vorträgen in Iloilo aufhielt, fragten mich Limuel Equiña und Melvin Mangana, der jetzt als Dozent am *College of Theology* lehrt, ob sie jemanden nach Regensburg senden könnten, damit sie im Alten Testament ausgebildet würde. Ich sagte, ich hätte keine Kompetenz auf diesem Gebiet, doch würde ich meinen katholischen Kollegen Christoph Dohmen fragen, ob er die Arbeit betreuen könnte. Das Stipendium könnte ich beschaffen. Zu meiner Freude sagte Herr Kollege Dohmen zu, und sie sandten uns die ehemalige Bibliothekarin des *College of Theology*, Mona Lisa Siacor, um in Regensburg im Alten Testament zu promovieren.

Da Nila Faldas mehrere Jahre am *Convention Baptist Bible College* in Bacolod Bibliothekarin war, war es nur natürlich, dass ich auch dorthin eingeladen wurde, um einige Vorträge zu halten, wenn ich an der *CPU* weilte. Dann musste ich auch zur Filamer Universität in Roxas City gehen, wo jetzt Nila als Bibliothekarin arbeitet und Domingo Diel von 1993 bis zu seinem Ruhestand 2000 Präsident war. Aber ein Besuch auf den Philippinen darf sich nicht auf die Baptisten beschränken, die mit der *American Baptist Church* verbunden sind, also nicht mit den manchmal sehr konservativen Southern Baptists. Ein Besuch auf den Philippinen muss natürlich auch die Katholiken mit einschließen. Es war besonders Lode Wostyn, ein Ordensmann und Professor für Ekklesiologie und Christologie an der *Maryhill School of Theology* in Quezon City in Manila, der meine Kontaktperson war. Später ging er an die St. Louis Universität in Baguio. Aber die Opus-Dei-Leute machten es für ihn unmöglich, weiterhin dort zu lehren, und er kehrte wieder an die *Maryhill School of Theology* zurück. Er hatte sein ganzes Leben für die Menschen auf den Philippinen geopfert und stammte ursprünglich aus Belgien.

Ein anderer Ort, zu dem ich intensive Beziehungen pflege, ist Südkorea. Auf Drängen von Frau Dr. Beckers-Kim, Lektorin für Koreanisch an der Universität Regensburg, wurde 1987 einen Partnerschaftsvertrag mit der buddhistischen Dongguk Universität unterzeichnet. Für jede Partnerschaft ist ein Partnerschaftsvertreter zuständig. Da unser damaliger Präsident Hans Bungert erfahren hatte, dass ich Korea besucht hatte, fiel mir die Partnerschaftsvertretung mit der buddhistischen Dongguk Universität zu. Ich habe mich oft gefragt, was sich die Kollegen an der Dongguk Universität wohl dachten, dass ein christlicher Theologe der offizielle Vertreter ihrer deutschen Partnerschaftsuniversität war. Für mich war das eine großartige Gelegenheit, denn jedes Mal, wenn ich Dongguk besuchte, konnte ich gleichzeitig unser eigenes lutherisches Seminar besuchen oder wie es sich jetzt nennt: die Luther Universität in Shingal, südlich von Seoul. Mein Partner auf der Dongguk-Seite war seltsamerweise der Dekan der Fakultät für Betriebswirtschaft, Hi-Young Cho. Wir waren in unseren akademischen Bereichen meilenweit auseinander, aber im Persönlichen kamen wir ausgezeichnet miteinander aus.

Unmittelbaren nach der deutschen Wiedervereinigung bekam Kollege Cho 1989 ein Stipendium der Konrad Adenauer Gesellschaft, um die Bedingungen auszuloten, die beim Wiedervereinigungsprozess eine Rolle spielten, und um herauszufinden, ob eine Wiedervereinigung auch in Korea möglich wäre. Als Hi-Young Cho in Deutschland ankam, ging er zu einem Optiker, um eine neue Brille zu kaufen, denn er konnte mit seiner alten nicht mehr gut sehen. Der Optiker sagte jedoch, dass auch die stärksten Gläser nicht helfen würden, denn er brauchte eine Staroperation. Kollege Cho hatte an der Universität Bonn promoviert und inzwischen auch einen Studenten dorthin zum Studium gesandt. Dieser Student wurde sofort eingespannt, um für seinen Professor einen Termin für

Dienst an der einen Kirche

eine Staroperation zu vereinbaren. Nach der Operation kam Hi-Young Cho nach Regensburg zurück und war bezüglich des Heilungsprozesses sehr nervös. Viele Male hatten wir ihn in unserem Haus, um ihn zu beruhigen, denn die Operation war natürlich erfolgreich. Ich wunderte mich, warum ein Buddhist sich so sehr über körperliche Sachen beunruhigen konnte.

Mehrere Jahre lang bedrängte mich Hi-Young Cho schon, um Stipendien für Studenten aus der Dongguk Universität aufzutreiben, da sie nach seinem Dafürhalten sonst nicht in Regensburg studieren konnten. Das Problem dabei war, dass deutsche Universitäten kein Stipendienprogramm in ihrem Budget haben und das Geld von anderen Quellen kommen muss. Schließlich konnte ich Helmut Altner, den Präsidenten unserer Universität überzeugen, dass wir zumindest ein Stipendium bräuchten und er konnte auch ein solches an Land ziehen. Ich informierte Hi-Young Cho darüber und nach einiger Zeit schrieb er in einem Brief: „Ich habe mich überall umgesehen und das Stipendium bekannt gemacht. Niemand hat sich beworben außer unserer Tochter. Was soll ich jetzt tun?" Ich antwortete: „Schicken Sie Ihre Tochter nach Regensburg, aber sagen Sie hier niemandem, dass sie Ihre Tochter ist. Ich will dies auch verschweigen." So kam seine Tochter und studierte in Regensburg. Ihr Professor war so von ihrer Arbeit beeindruckt, dass er sie noch ein weiteres Jahr behalten wollte. Ich ging deshalb wieder zu unserem Präsidenten und er gewährte das Stipendium für ein weiteres Jahr. Nun ist sie Professorin an der Dongguk Universität und ihr Vater war höchst dankbar für die Gelegenheit, die seine Tochter bekam.

Einige Jahre lang sandte er eine Gruppe von jungen Geschäftsleuten, die Absolventen der Dongguk Universität waren, nach Regensburg zu einem Managementseminar. Ich sollte dann Kollegen in Regensburg finden, die für diese Gruppe Vorträge hielten. So wandte ich mich an einen Kollegen aus den Wirtschaftswissenschaften mit der Bitte um einen Vortrag. Sofort fragte er: „Wie viel bekomme ich dafür bezahlt?" Ich antwortete ruhig: „Sie bekommen jeden Ersten ihr Gehalt und zudem wird Ihnen Dongguk noch 500 DM für den Vortrag bezahlen." „Wenn ich irgendwo einen Vortrag halte, bekomme ich gewöhnlich 5000 DM", sagte er. „Wird jemand wissen, dass ich etwas bezahlt bekomme?" „Nein", war meine Antwort. „Gut, dann sind das für mich 1000 DM", antwortete mein Kollege, der an die Steuer dachte, die er sparen würde, wenn er dieses Geld bei der Steuererklärung nicht angab. Manchmal sind Wirtschaftswissenschaftler nur mit Geld befasst. Aber zumindest war dieser Kollege auch an den jungen koreanischen Wirtschaftsleuten interessiert.

Wie erwähnt, ging ich bei jedem Besuch an der Dongguk Universität auch zu unserer lutherischen Universität. Als ich das erste Mal von der einen Institution zur anderen gehen wollte, bat ich die Kollegen in Dongguk, mit der Luther Universität Kontakt herzustellen. Ihre Reaktion war so, als ob ich sie gebeten hätte, mit jemandem auf dem Mond eine Telefonverbindung herzustellen. Wie ich nachher erfuhr, gibt es sehr wenig Kontakt zwischen Buddhisten und Christen in Korea. Auf mein Drängen riefen sie die Luther Universität an, damit George Riemer, der damals hauptsächlich für das Bethel-Bibel-Programm zuständig war und auch an der Luther Universität lehrte, mich bei dem altehrwürdigen Tower Hotel abholen konnte. Einige Kollegen von Dongguk warteten aber dort, falls der Kontakt nicht klappen sollte. Aber George Riemer kam zur verabredeten Zeit. Meine Begleiter von Dongguk waren sehr beeindruckt, als sie merkten, dass dieser Amerikaner George Riemer Koreanisch genauso flüssig sprach wie sie. Nun war das Eis gebrochen und von da an war es selbstverständlich, von Dongguk zur Luther Universität zu gehen, sobald mein offizieller Besuch in Dongguk beendet war. Jedes Mal hielt ich an der Dongguk Universität einen Vortrag, in dem ich versuchte, über etwas zu reden, das nur am Rande theologisch war. Ich wollte diese Buddhisten nicht mit christlicher Theologie konfrontieren.

Zur Feier des 90. Jahrestages der Gründung der Dongguk Universität wurde ich im Oktober 1996 dorthin zu einer internationalen buddhistischen Tagung eingeladen. Das Generalthema der Tagung war „Buddhismus und Zivilisation im 21. Jahrhundert". Von den zwanzig Vortragenden bei der Tagung waren drei Amerikanern und die übrigen Koreanern oder Japaner. Als ich die amerikanischen Kollegen traf, fragte mich Robert Thurman von der Columbia Universität in New York: „In welcher buddhistischen Tradition spezialisieren Sie sich?" Wahrscheinlich hatte er niemals zuvor meinen Namen gehört oder eine Veröffentlichung von mir gesehen, die etwas mit dem Buddhismus zu tun hatte. Das war nicht sein Fehler, sondern ich hatte auch niemals etwas darüber geschrieben. Als sie herausfanden, dass ich ein christlicher Systematiker war, waren sie überrascht. Aber ich wurde in dieser kleinen Gruppe gut angenommen. Die Dongguk Universität bat mich um einen Vortrag über „Buddhismus und die Natur", und ich war erstaunt, als ich herausfand, dass dies das einzige Thema war, für das die Organisatoren der Konferenz auch einen Buddhisten hatten, der über dasselbe Thema nochmals einen Vortrag hielt. Wahrscheinlich bezweifelten sie, dass ein christlicher Theologe das Richtige sagen würde. Doch hatte ich die gleiche Erfahrung wie einst mit meinen Kollegen in den Naturwissenschaften. Ich hatte die Quellen und die einschlägige Literatur gelesen und war mir sicher, dass mein Vortrag nicht zu sehr von dem abwich, was man erwarten konnte.

Wir aus dem Westen waren erstaunt, dass ein Vortrag nach dem anderen in fast ununterbrochener Reihenfolge dargeboten wurde. Nur ganz am Ende der Tagung wandte sich der Vorsitzende an die Zuhörer mit der Frage: „Gibt es irgendwelche Fragen?" Und in der Tat wurde eine Frage gestellt, aber das war es auch. Wir waren über diese Art von Konferenz sprachlos und überzeugt, dass wir für viel mehr Interaktion zwischen den Vortragenden und den Zuhörern gesorgt hätten. Augenscheinlich ist eine solche Interaktion in Korea oder in vielen anderen asiatischen Ländern nicht erwünscht. Der Studierende hat die Pflicht zuzuhören und zu lernen und der Professor, der das Material beherrscht, hat die Pflicht sein Wissen mitzuteilen. Dieselbe Einstellung scheint auch beim Alter zuzutreffen. So sagte ein ehemaliger koreanischer Doktorand einmal zu mir: „Wenn ich einmal gut etabliert bin, werde ich Sie nach Korea einladen und sogar einen Flug in der Businessklasse zahlen. Aber jetzt bin ich noch jung, und wenn ich in einer Sitzung meinen Mund öffne, wird mir gesagt: Ei ruhig, du bist zu jung, um zu reden." In der Tat gibt es große Unterschiede in der Kultur und in den Gebräuchen von einem Land zum anderen. Aber die grundlegenden Notwendigkeiten und Probleme sind in jedem Land ungefähr gleich. Mit etwas Gefühl für die andere Person kann man meist vermeiden, sich wie der sprichwörtliche Elefant im Porzellanladen zu verhalten.

Obwohl die lutherische Kirche in Korea sehr klein ist, hat sie einen ungeheuren Einfluss durch die Bethel-Bibel-Kurse ausgeübt, in denen sie buchstäblich Tausende von Pastoren ausgebildet hat, die zumeist Presbyterianer waren. Sie hat auch erstaunliche Arbeit in der Evangelisation geleistet, indem sie Radioprogramme bis weit in die Sowjetunion hinein gesendet hat und eigene Fernsehprogramme im nationalen Fernsehen zeigte, als das Fernsehen noch im Anfangsstadium war. Nur viel später dachten die Lutheraner daran, eine eigene Kirche zu gründen. Und erst in den letzten Jahren ist die Führung sowohl in der Luther Universität als auch in der Kirche selbst ganz in koreanischer Hand. Vorher waren es immer amerikanische Missionare, die zunächst als Militärpfarrer der US-Armee kamen und dann die Kirche gründeten und auch leiteten. Es war eine großartige Erfahrung, diese Menschen kennen zu lernen, die die „Gründerväter" dieser Kirche waren, wie Maynard Dorow und George Riemer. Sie widmeten buchstäblich ihr Leben den Koreanern und leben dort mehr als dreißig Jahre. Aber dies hatte einen seltsamen Effekt, denn jedes Mal, wenn ich die Kirche oder die Universität besuchte, wurde ich auch den Koreanern an der Luther Universität vorgestellt. Dort blieben sie im Hintergrund und meine Gesprächspartner waren immer Amerikaner.

Ich war sehr überrascht, als 2004 Präsident Il-Young Park von der Luther Universität und Professor Hyun-Sup Um, der jetzige Präsident der lutherischen Kirche in Korea uns in Regensburg besuchten. Sie verhielten sich so ungezwungen, wie man es sich nur wünschen konnte, und hatten einen Riesenspaß miteinander. Obwohl die Gegenwart von Ausländern gewiss hilfreich sein kann, kann sie auch einengen. George Riemer und Maynard Dorow wussten davon, und nachdem sie sicher waren, dass die Führung in guten Händen ruhte, verließen sie „ihr Land" und gingen in die USA zurück, obwohl sie immer noch in gewisser Weise Korea als ihre Heimat betrachten. Deshalb kommen sie oft zu Besuchen und auch zu Lehrveranstaltungen zurück und sind immer höchst willkommen.

Das Verhältnis zur Luther Universität war keineswegs einseitig. Won-Yong Ji (1924–2012), Professor am Concordia Seminar in St. Louis und gleichzeitig an der Luther Universität, besuchte uns 1991 in Regensburg, als sehr viele Koreaner bei uns studierten. Er hielt einen Vortrag auf Koreanisch, der von 40 oder 50 koreanischen Studenten besucht wurde und mit einer lebhaften Diskussion abschloss. Am Ende fragte er mich: „Warum sind Sie hier geblieben, obwohl sie kein Wort verstanden?" Ich antwortete: „Nun, ich habe sie eingeladen und deshalb war es selbstverständlich, dass ich dablieb."

Won-Yong Ji war „Minister Luther" in Person. Er war nicht nur auf das lutherische Erbe stolz, das er entdeckte, als er am Concordia Seminar in St. Louis studierte, sondern er übersetzte auch Luthers Werke auf Koreanisch. Ich war so froh, als ich ihn vor einigen Jahren noch vor seinem Schlaganfall auf dem Campus der Luther Universität in Shingal traf. Er war ein wirklicher Heiliger. Ji wurde gebeten meine *Theologie im globalen Kontext* zu besprechen. Als er mich sah, sagte er, er hätte mit dem Herausgeber der Zeitschrift korrespondiert, für die er das Buch besprechen sollte, und ihm gesagt: „Ich werde meine Besprechung zurückhalten, bis ich mit dem Verfasser selbst geredet habe." Im Verlauf unseres Gesprächs fragte er mich einige spezielle Dinge bezüglich dieses Textes. Sein Bruder Won-Sang Ji (1928–1998) war 1971–1993 der erste Präsident der lutherischen Kirche in Korea gewesen.

Eine interessante Zusammenarbeit ergab sich, als 1988 ein junger Koreaner, Deuk-Chil Kwon, nach Regensburg kam, um bei mir in Theologie zu promovieren. Ich fragte ihn nach seinen vorhergehenden Studien und er sagte mir, dass er Wirtschaftswissenschaften und nicht Theologie studiert hatte. Während er an einer Universität in Korea studierte, wurde er Christ und jetzt wollte er ein Theologe werden. Ich sagte ihm, dass er zuerst seinen Magister machen müss-

Die asiatische Herausforderung

te, was vier Jahre dauerte, und dass er dann noch einmal drei Jahre für seine Promotion bräuchte. Seine Frau Mi-Won Paik wollte auch bei mir ihren Magister machen. Beide waren in ihrem Studium relativ erfolgreich. Aber sie brauchten finanzielle Unterstützung, die ich ihnen mit Hilfe eines Stipendiums gewähren konnte. Als Kwon seine Dissertation schrieb mit dem Titel *Carl Friedrich von Weizsäcker, ein Philosoph und Naturwissenschaftler als Brückenbauer zwischen Theologie und den Naturwissenschaften*[14], fragte ich ihn, was er zu Hause in Korea tun wollte. Er sagte, er möchte an einer theologischen Institution lehren. Als ich ihn fragte, ob er einer bestimmten Konfession angehörte, kam ein bestimmtes Nein. Ich sagte ihm: „Besonders in Korea müssen Sie einer bestimmten Konfession angehören, denn sonst haben Sie keine Chance, in einer bestimmten christlichen Gemeinschaft arbeiten zu können." Er meinte jedoch, es sei genug, dass er Christ sei. Allmählich überzeugte ich ihn, dass dies nicht genügte, und schlug ihm vor, dass er Lutheraner werden konnte, wenn er das wollte.

Der Grund, weswegen ich ihm das vorschlug, war, dass ich in Korea nur Kontakte mit der lutherischen Kirche hatte. Ich dachte, ich könnte ihm helfen, in dieser Kirche eine Stelle zu finden. Er stimmte zu und da er nicht konfirmiert war, übernahm ich den Konfirmationsunterricht für Erwachsene und die nachfolgende Konfirmation in unserer Gemeinde. Dann arrangierte ich ein Interview für ihn und seine Frau in Neuendettelsau mit Präsident Hae-Chul Kim, dem Nachfolger von Won-Sang Ji. Präsident Kim war sehr nett und war ausreichend überzeugt davon, dass Kwon lutherisches Engagement zeigte. Mit zusätzlicher Hilfe von George Riemer wurde Deuk-Chil Kwon Mitglied der lutherischen Kirche in Korea. Ich sandte ihn für ein Semester an die Augusta Hochschule in Neuendettelsau, um noch zusätzliche Erfahrungen in biblischen Studien und der Kirchengeschichte zu bekommen; Gebiete, die in Regensburg nicht gut ausgebaut sind.

---

14 Deuk-Chil Kwon, *Carl Friedrich von Weizsäcker. Brückenbauer zwischen Theologie und Naturwissenschaft* (Frankfurt a.M. 1995).

Dienst an der einen Kirche

Aber die Luther Universität bestand darauf, dass er nach seiner Rückkehr nach Korea zusätzliche Kurse besuchen musste, obwohl er selbst zwei Kurse unterrichtete. Da er und seine Frau zwei kleine Mädchen hatten und er auch an der Universität Semestergebühren bezahlen musste, hatte seine Familie kein Geld zum Leben. So überzeugte ich das Missionswerk der lutherischen Kirche in Bayern, den beiden die ersten zwei Jahre zu helfen, bis sie finanziell auf eigenen Füßen stehen würden. Heute ist Deuk-Chil Kwon Professor an der Luther Universität, wo er zuerst als Dekan für das gottesdienstliche Leben zuständig war und jetzt akademischer Dekan ist.

Ich war niemals damit zufrieden, dass junge Menschen nur bei mir promovierten, denn ich wollte auch, dass sie eine entsprechende Stelle bekamen. Wenn sie nicht von ihren Kirchen nach Regensburg gesandt wurden und bei ihrer Rückkehr war schon eine Stelle für sie bereitgestellt, versuchte ich immer, für sie eine Stelle zu finden, für die sie ausgebildet waren. Diese Bemühungen bedeutete, nicht nur Empfehlungsbriefe zu schreiben, obwohl ich das auch oft tat. Es bedeutete auch, persönliche Briefe an Kollegen und Freunde zu senden, von denen ich dachte, dass sie den jungen Menschen helfen konnten. Ich habe niemals meinen eigenen Anfang vergessen. Mein Doktorvater dachte in typisch deutscher Professorenmanier, dass es nicht zu seinen Aufgaben gehörte, nach einer angemessenen Stelle für mich oder andere Absolventen zu suchen. Wir mussten selbst unsere Zukunft schmieden. Aber in gewisser Weise muss ich das soeben Gesagte wieder zurücknehmen. Viele Jahre nachdem ich in Regensburg war, erzählte mir einmal der Mathematiker Dieter Bierlein, dass er im Senat der Universität war, als ich nach Regensburg berufen wurde. In seiner Verzweiflung über die Manipulation oder das Monopol, das durch die Interessen der Münchner theologischen Fakultät ausgeübt wurde, besuchte Bierlein Walter Künneth und fragte ihn, ob er eine brauchbare Person für Regensburg wüsste. Hier gab ihm Künneth meinen Namen. Von dem, was ich aus dieser Unterhaltung erfahren konnte, schien ich dadurch auf die endgültige Liste für die Professur in Regensburg gekommen zu sein.

Aber ich wollte die Zukunft meiner Alumnen nicht solchem Zufall überlassen. Oft ergriff ich die Initiative, um ihnen zu helfen. Aber nun wieder zurück zu Asien.

Vortragsreise 1981: Nach meiner ersten Vortragsreise nach Asien 1974 gab es 1981 wieder eine lange Vortragsreise, ehe ich in Regensburg zu lehren anfing. Als ich diese zweite Reise unternahm, war Carl Loeliger von der lutherischen Kirche in Australien Lehrer für Theologie an der Universität von Papua-Neuguinea in Port Moresby. Ich wohnte bei meinem Besuch in Port Moresby in seinem Haus. Als er von meinem Interesse am Verhältnis von Theologie zu den Naturwissenschaften hörte, schlug er vor, dass ich an der Universität einen Vortrag hielt über „Die christliche Lehre von der Schöpfung im Lichte von Darwins Evolutionstheorie". Ich hatte nichts dergleichen vorbereitet, aber fand unter seinen Büchern ein Exemplar von Darwins *Entstehung der Arten*. Ich versprach Loeliger, dass ich bei meiner Rückkehr vom Hochland einen Vortrag halten würde.

Er fand im großen Auditorium der Universität statt, das bis auf den letzten Platz besetzt war. Es waren alle möglichen Leute anwesend, Studierende und Laien und sogar Minister der Regierung. Die theologische Ausrichtung der Zuhörer ging von Liberalen bis zu Fundamentalisten. Der Tenor meines Vortrags war im Grunde John Fiskes (1842–1901) Behauptung: „Evolution ist das, wodurch Gott die Dinge macht."[15] Ich versuchte auch zu zeigen, dass Darwin kein Atheist war – im Gegensatz zu dem, wie manche ihn bezeichnen, und dass die Evolutionstheorie theistisch interpretiert werden kann, also Gott keineswegs ausschließt. So war es keine Überraschung, dass nach dem Vortrag eine lebhafte Diskussion begann. Nach mindestens zwei Stunden Diskussion, in der ich den Anfragen der Konservativen als auch den Liberalen gerecht zu werden versuchte, mussten wir schließlich den Abend beenden. Ich bemerkte, dass in diesem Land theologische Erkenntnis dringend benötigt wurde, und ich wollte wieder dorthin zurückkehren.

---

15 Zitiert nach Lyman Abbott, *Reminiscences* (Boston 1915), 460 („Evolution is God's way of doing things").

Vortragsreise 1984: Schließlich ergab sich eine glückliche Zusammenarbeit mit dem Missionswerk der lutherischen Kirche in Bayern unter der Führung von Direktor Horst Becker. Er war daran interessiert, dass ich die Partnerkirchen der lutherischen Kirche in Bayern besuchte. Als ich für 1984 eine neue Vortragsreise plante, schlug er vor, dass ich auch einen einwöchigen Besuch in China mit einschließen solle. Ich begann in Hongkong mit Vorträgen am lutherischen theologischen Seminar, am Concordia Seminar der Missouri-Synode und an der *South East Asia Graduate School of Theology*.

In Hongkong besorgte ich mir ein Visum, um nach China einzureisen. Durch das Büro des Lutherischen Weltbundes in Hongkong hatte ich auch eine Begegnung mit Bischof K. H. Ting (1915–2012) in Guangzhou arrangiert. Neben dem Besuch bei Bischof Ting, der im Grunde damals der führende Kirchenvertreter der Protestanten in China war, wollte ich Shan De Rong von der Drei-selbst-patriotischen-Bewegung in Shanghai besuchen und das theologische Seminar in Nanjing. Als ich am Flughafen in Shanghai ankam, wurde ich von einem Dolmetscher willkommen geheißen, der mir mein Programm erklärte, das hauptsächlich darin bestand, kulturelle Veranstaltungen zu besuchen. Augenscheinlich wussten sie, wer kam, und wollten meinen Kontakt mit kirchlichen Institutionen verhindern. Ich sagte dem Dolmetscher, der ausgezeichnet Deutsch sprach, dass ich kein Interesse an kulturellen Veranstaltungen hätte, sondern Shan De Rong in Shanghai besuchen und dann nach Nanjing weiterfliegen wollte, um dort das theologische Seminar zu besuchen. Schließlich wolle ich nach Guangzhou reisen, um mit Bischof Ting zusammenzutreffen. „Haben Sie die Adresse von Shan De Rong?", war die Reaktion meines Dolmetschers. Ich sagte: „Ich bin mir sicher, dass die Drei-selbst-Bewegung eine Telefonnummer hat und dass es in Shanghai ein Telefonverzeichnis gibt, wo wir ihn finden können." Bis zum nächsten Tag hatte er die Adresse von Shan De Rong herausgefunden und wir konnten ihn besuchen. Die Dreiselbst-Bewegung wollte die protestantische Kirche von ausländischem Einfluss unabhängig machen. Deshalb betonte sie, dass die Kirche sich selbst leiten, selbst entscheiden und sich selbst unterstützen müsse. Damit wollte sie zeigen, dass die Kirche keine ausländische Organisation war, wie ihr oft vorgeworfen wurde. Es war für mich interessant, dass kaum Kontakte zwischen der römisch-katholischen Kirche und dieser Drei-selbst-Bewegung bestanden, außer gelegentliche Begegnungen etwa im Parlament, wo beide Teile der Christenheit vertreten waren. Die protestantische Kirche schien so mit sich selbst beschäftigt, dass sie noch nicht die Notwendigkeit für ökumenische Kontakte sah. Dies war zumindest der Eindruck, den ich von Shan De Rong bekam. Während man protestantische Einheit und eine vereinigte Kirche betonte, umging man wichtige kontroverse Dinge. Es schien mir, als ob es das Wichtigste war, dass die Kirche nicht als ein Fremdkörper verstanden wurde, sondern als etwas genuin Chinesisches.

Zu meiner Überraschung bemerkte ich, dass die kulturelle Revolution (1966–1976) 1984 schon als schwerer Fehler oder als schlechter Traum angesehen wurde. Es gab keine Wandplakate und keinen neuen Persönlichkeitskult. Das einzige Mal, dass ich eine Statue von Mao Zedong (1893–1976) sah, war in einem Museum. Jeder schien diese neue Ära pragmatischer Freiheit zu loben. Doch mein Führer merkte an, dass zu viel Freiheit eine schlechte Sache sei. Ich bemerkte, wie die Kommunistische Partei mit aller Macht versuchte, den Bevölkerungswachstum einzudämmen. Es gab nicht viele Kinder. Doch las ich in einer Zeitung, dass die Familienplanung in ländlichen Gebieten nicht so erfolgreich war wie in den großen Städten. Die Religionen schienen aufzublühen und in gewisser Weise unter der neuen politischen Führung geschützt zu werden. Die Regierung hatte auch entschieden, dass die Kirche rückwirkend für die vielen Besitztümer entschädigt werden sollte, die ihr während der kulturellen Revolution genommen worden waren. Dies schloss auch ehemalige Kirchen ein, die noch nicht als gottesdienstliche Räume restauriert worden waren.

Als ich am theologischen Seminar in Nanjing ankam, waren die Leute dort von meinem Besuch überrascht. Erst am Tag zuvor hatten sie von meinem Kommen erfahren. Dort wurde ich von Dekan Chen Zemin vom Seminar herzlich willkommen geheißen und auch

Dienst an der einen Kirche

von Dr. Jiang Wenhan (1908–1984), einem ehemaligen Lutheraner, der am *Union Theological Seminary* in New York unter Reinhold Niebuhr (1892–1971) und Paul Tillich promoviert hatte. Dr. Wenhan betonte, dass das Christentum sich einen Schatz von eigenen Liedern und Literatur schaffen muss, wie es in jedem westlichen Land geschehen ist, um nicht als fremde Religion missverstanden zu werden. Um dem Mangel an protestantischen Pastoren abzuhelfen, der schon bemerkbar war, gab es in verschiedenen Teilen des Landes regionale Seminare, wie in Beijing, Nanjing, Fuzaoo und Shinyang. Zu der Zeit studierte nur ein einziger junger Theologe im Ausland, um einen Magistergrad zu erwerben. Jetzt studieren wenigstens einige im Ausland, um in der Theologie eine höhere akademische Ausbildung zu bekommen. Ich war jedoch erstaunt über die vielen westlichen theologischen Bücher, die das Seminar in Nanjing bekommen hatte, wobei damals die meisten einfach in einen Raum aufeinander gestapelt waren, ohne dass sie katalogisiert gewesen wären.

Als ich Guangzhou erreichte, wurde mir gesagt, dass Bischof Ting in Hongkong wäre, so dass für mich kein Grund bestand, weiter dort zu bleiben. Ich verließ am folgenden Morgen China, um nach Hongkong zu fliegen und dort Bischof Ting zu erreichen. Aber wegen Presseinterviews war seine Zeit so kurz bemessen, dass es zu keiner Begegnung kam. Als ich wieder in Hongkong zurück war, atmete ich trotzdem auf. Mein Dolmetscher und Führer in Shanghai hatte mir sofort meinen Reisepass weggenommen und ich war völlig auf ihn angewiesen. Aber in Hongkong konnte ich über meinen Terminkalender wieder selbst bestimmen. Das Auswärtige Amt in Bonn war an meiner Reise nach China so interessiert, dass sie mich baten, meine Eindrücke niederzuschreiben.

Das nächste Land auf meinem Reiseplan waren die Philippinen. Mein Freund Nel Canlas aus San Fernando, Pampanga, hatte verschiedene Vorträge arrangierte, z.B. am römisch-katholischen *Mother of Good Counsel Seminary* in San Fernando und an der *Wesleyan University* in Cabanatuan City. Auf Betreiben von Direktor Becker ging ich auch nach Baguio, um dort Dr. Thomas Batong, den

Präsidenten der lutherischen Kirche der Philippinen zu besuchen, und Dr. José Fuliga, den Präsidenten des lutherischen Seminars, an dem ich auch einen Vortrag hielt. Dann gab es den traditionellen Besuch in Iloilo mit Vorträgen am *College of Theology* von *CPU*.

Die nächste Station war Papua-Neuguinea, wo ich meine Reise in Port Moresby begann. In der Radiostation des nationalen Rundfunks arbeitete ein Lutheraner, der am lutherischen Seminar in Lae Theologie studiert hatte. Er war sehr an Theologie interessiert und nahm einige meiner Vorträge auf. Sogar Jahre später erzählte mir noch ein Kollege: „Ich habe Sie erst im Radio gehört." Als ich ihm sagte, dass ich schon einige Zeit nicht mehr in Papua-Neuguinea gewesen sei, bemerkte ich, was geschehen war. Wenn immer es diesem Lutheraner gefiel, wiederholte er einige meiner Vorträge im Radio. Von Port Moresby aus ging ich an das Martin Luther Seminar in Lae und dann von dort nach Mt. Hagen an das Seminar in Ogelbeng, in dem in Pidgin, der Umgangssprache, unterrichtet wird. Dort baten mich die Missionare aus der Umgebung, einen Vortrag über den Millenarismus zu halten. Als ich verwundert fragte, warum lutherische Missionare am Millenarismus interessiert seien, also die Idee, dass Christus ein Tausendjähriges Reich aufrichten würde, wurde mir gesagt: „Dies ist hier ein sehr wichtiges Thema." „Meine Tochter", erklärte ein Missionar, „kam von der Schule heim und weigerte sich, allein auf die Toilette zu gehen." Er befragte sie und fand heraus, dass sie sich fürchtete, gerade zu dem Zeitpunkt auf der Toilette zu sein, wann die Entrückung der Gläubigen geschehen würde. So jagt man hier durch einen Fundamentalismus den Kindern und auch den Erwachsenen Angst ein.

Am Ogelbeng Seminar in Mt. Hagen wurde ich mit einem anderen Problem der einheimischen Studenten konfrontiert. Sie berichteten mir, dass es hier westliche Missionare gäbe, die ihnen einen VW versprochen hätten, wenn sie ihnen eine Stelle im Neuen Testament zeigen könnten, die besagt, dass Kinder getauft werden sollen. Diese Leute wollten sie von der lutherischen Kirche wegbringen und für die baptistische Praxis der Erwachsenentaufe gewinnen. Ich sagte ihnen darauf: „Dies ist sehr einfach. Wenn sie das wieder machen, dann sollt Ihr ihnen einen VW versprechen, wenn sie Euch eine Stelle im Neuen Testament zeigen können, die besagt, dass nur Erwachsene getauft werden dürfen." Da leuchteten ihre Gesichter auf. Sie hatten niemals daran gedacht, die Herausforderung einfach umzukehren. Durch solche Taschenspielertricks versuchten so genannte Missionare, Probleme in der lutherischen Kirche hervorzurufen. Ich beendete die Reise mit Vorträgen in Hongkong.

Vortragsreise 1987: Die nächste lange Vortragsreise stand 1987 auf dem Programm, eine Reise, welche die auch schon erwähnte Teilnahme an der nordamerikanischen Konferenz für Christentum und Ökologie in New Webster, Indiana, einschloss. Von dort flog ich weiter nach Papua-Neuguinea. Nachdem ich an der Universität von Papua-Neuguinea in Port Moresby einen Vortrag hielt, nahm ich sieben zwanzigminütige Vorträge für den nationalen Radiosender (*National Broadcastting Corporation*) auf. Die Themen erstreckten sich von der Würde des entstehenden menschlichen Lebens; Schöpfung und naturwissenschaftliche Erkenntnis; die Bedeutung der Himmelfahrt; der Heilige Geist als Kraft des Lebens; Entwicklung eines christlichen ökologischen Bewusstseins; der Inhalt der christlichen Hoffnung; bis zu: Was heißt es zu glauben? Dann besuchte ich wieder Mt. Hagen und unser lutherisches Seminar in Lae. Dort sollte ich auch einen öffentlichen Vortrag an der *Papua New Guinea University of Technology* aus Anlass ihres 20. Gründungstages halten. Der Vizekanzler der Universität hatte einen wunderbaren Empfang nach dem Vortrag arrangiert, bei dem auch reichlich aufgetischt wurde. Aber von den Köstlichkeiten wurde von den Gästen nur wenig verzehrt.

Ich ging auch an das Senior Flierl Seminar in Logaweng. Als wir mit unserem kleinen Flugzeug den Flughafen in Finschhafen ansteuerten, stand die Türe zum Piloten offen und ich konnte sehen, wie weit die Landebahn noch entfernt war. Ich fragte mich, ob wir die Landebahn in einen Sturzflug erreichen konnten. Aber ich wusste nicht, dass der Pilot nur sein Flugzeug mit der Landebahn in Linie bringen wollte und es dann wieder nach oben zog. Beim zweiten Anflug landete er das Flugzeug sicher.

Die asiatische Herausforderung

Im Seminar bemerkte ich, dass die Häuser der einheimischen Fakultät viel kleiner waren als die der Ausländer. Als ich diese Ungleichheit gegenüber einem der Ausländer erwähnte, erklärte er, dass die Einheimischen sie baten, ihre Häuser klein zu halten. So hätten sie immer eine Entschuldigung, dass sie nicht ihre ganzen Familien aufnehmen könnten, wenn die zu ihnen kommen wollen, um mit ihnen zu leben. Die ausländische Fakultät hatte keine solchen Probleme und deshalb mehr Platz. Die Gegend um Finschhafen war auch deswegen interessant, da im nahe gelegenen Simbang vom Neuendettelsauer Missionar Johann Flierl 1886 die erste Missionsstation errichtet worden war. Nach dreizehn langen Jahren wurden die ersten zwei jungen Männer, deren Gräber ich besuchte, getauft.

Einen tiefen Eindruck hinterließ mir der Besuch bei dem einheimischen Künstler David Anam im Obasega-Dorf in der Nähe von Logaweng. Er hatte die berühmte Ngasegalatu-Kirche in der Nähe gebaut und zusammen mit sieben anderen Männern die meisten der hölzernen Skulpturen dieser Kirche geschnitzt. Die Pfosten außerhalb des Kirchengebäudes sind geschnitzte Ahnenfiguren, ähnlich derer in den Zeremonienhäusern in Papua-Neuguinea. Die Pfosten in der Kirche stellen als Heiligenfiguren das neue Leben der wiedergeborenen Christen dar. Die ganze Kirche gleicht in ihrer Form einer Arche, von deren Kirchturm Noah eine Taube aussendet. Als ich David Anam traf, war er ein alter Mann, der bereit war, in seine himmlische Heimat zu gehen. Deshalb sagte der Missionar, der mich begleitete: „Was er an meisten liebt, ist, wenn wir mit ihm beten." Das taten wir dann auch. David Anam war ein eindrucksvoller Mensch, der seinen Glauben durch die Kunst ausdrückte. Er hatte auch den Altar des Martin Luther Seminars in Lae geschnitzt.

Nachdem ich Vorträge am Martin Luther Seminar in Lae hielt, besuchte ich das lutherische Seminar in Adelaide, Australien. Dort traf ich einige Kollegen, denen ich einst in Neuguinea begegnet war, wie John Strelan und Paul Renner. Letzteren hatte ich schon einmal am Luther Seminar in Hongkong getroffen.

Dann stand ein Besuch auf den Philippinen an, wo ich ebenfalls einen Vortrag an der katholischen Lasalle Universität in Manila hielt.

In meiner neuen Funktion als Verbindungperson zur Dongguk Universität in Seoul hatte ich die Gelegenheit, unser lutherisches Seminar in Shingal zu besuchen. Ich war auch eingeladen, am Sonntag in einer lutherischen Kirche zu predigen und besuchte anschließend zwei weitere Gottesdienste in der *International Lutheran Church*. Der eine Gottesdienst war amerikanisch und so konservativ, wie er nur sein konnte, und der andere war ein deutscher Gottesdienst. Während im koreanischen Gottesdienst, in dem ich predigte, die Lieder mit solcher Hingabe gesungen wurden, dass die Fensterscheiben zitterten, ging der Gemeindegesang im amerikanischen Gottesdienst mit gewohnter Schnelligkeit vonstatten. Wichtig war die Predigt, denn hier wurde an den Einzelnen und sein Land appelliert und an die demokratischen Tugenden, für die Amerika steht. Im Deutschen Gottesdienst weckte der Gemeindegesang niemanden auf. Die Predigt hielt sich korrekt an den Text und das Wichtigste ereignete sich nach dem Gottesdienst, als die Leute beim Kaffee zusammenkamen. Sie besprachen dann, welches soziale Projekt sie als nächstes unternehmen wollten. Ich hatte fast den Eindruck, als ob ich drei verschiedenen Karikaturen der entsprechenden Kirchen begegnet wäre. Die lange Reise endete mit mehreren Vorträgen am *Trinity Theological College* in Singapur, das damals von Chong Chee Pang als Rektor geleitet wurde.

Vortragsreise 1990: Die nächste lange Vortragsreise nach Asien fand im Juli bis September 1990 statt und dauerte ungefähr acht Wochen. Dieses Mal bat mich Direktor Becker, auch die lutherische Kirche in Malaysia und Singapur zu besuchen. Ich wurde von Bischof Julius Paul (1945–2008) von der Evangelisch-Lutherischen Kirche in Malaysia sehr herzlich willkommen geheißen, der mich in die Arbeit seiner Kirche einführte, die sich besonders auf die Slums von Kuala Lumpur erstreckte. Während die Evangelisch-Lutherische Kirche in Malaysia (ELCM) hauptsächlich aus ethnischen Indern besteht, sind die Mitglieder der Lutherische Kirche in Malaysia und Singapur (LCMS) unter dem damaligen Bischof Daniel Chang hauptsächlich Chinesen. Auch diese Kirche wurde während meines Besuchs kontaktiert.

Seit dieser Zeit habe ich häufigen Kontakt mit ihnen, besonders seitdem 1991 eine Gruppe von ihnen zu einem Sommerkurs nach Neuendettelsau kam und ich eingeladen war, für sie einige Vorträge zu halten. Auch promoviert momentan bei mir ein Neuendettelsauer Missionar, der dem jetzigen chinesischen Bischof Aaron Ching in Kuala Lumpur zugeordnet ist. Damals besuchte ich dort auch das noch sehr bescheidene theologische Seminar. In Singapur wurde ich wieder von Chong Chee Pang an das *Trinity College* eingeladen. Von dort ging es weiter nach Adelaide in Australien, um einige Vorträge am Seminar und für verschiedene lutherische Kirchengruppen zu halten. Am meisten beeindruckte mich, dass als ich als Gast zu einer Sitzung des katholisch-lutherischen Dialogs eingeladen und um einen kurzen Vortrag zum Thema „Warum sollen wir miteinander einen Dialog führen?" gebeten wurde.

Von dort ging es weiter nach Papua-Neuguinea, wo ich öffentliche Vorträge an der Universität hielt. Das wichtigste Ereignis fand jedoch am Martin Luther Seminar in Lae statt, denn dort wurde vom 27. August bis 2. September 1990 der 25. Jahrestag der Gründung dieses Seminars gefeiert. Dies war ein großes Ereignis, bei der die drei früheren Präsidenten des Seminars anwesend waren, Dr. Willard Burce von der lutherischen Kirche der Missouri-Synode, Dr. Gerhard Reitz von der *ELCA* und Rufus Pech von der lutherischen Kirche Australiens. Es war ein bewegendes Bild diese drei prominenten Persönlichkeiten höchstwahrscheinlich das letzte Mal in ihrem Leben zusammen zu sehen. Dann wurde ich gebeten, offizielle Grüße der Evangelisch-Lutherischen Kirche in Bayern zu überbringen. Aber ich schämte mich etwas, denn alle anderen Kirchenvertreter hatten Geschenke mitgebracht und ich brachte nur Worte. Einige bayerische Vertreter riefen sogar das Missionswerk in Neuendettelsau an, ob wir nicht etwas zusagen konnten. Doch wurde mir von der bayerischen Kirche mitgeteilt, dass sie die lutherische Kirche in Papua-Neuguinea so kräftig finanziell unterstütze, dass ein zusätzliches Geschenk nicht notwendig sei. Das mag zwar wahr gewesen sein, aber zumindest ein symbolisches Geschenk hätte einen guten Eindruck auf die Anwesenden gemacht und mir diesen beschämenden Auftritt erspart.

Besonders eindrucksvoll war für mich eine „Sing Sing"-Gruppe aus Madang, die professionelle Gesänge und Tänze aufführte. Ein anderes großes Ereignis während der Festlichkeiten war eine Prozession von dem bescheidenen Sitz der lutherischen Kirche in Ampo zum Martin Luther Seminar. Voraus fuhr eine Polizeieskorte, gefolgt von den Theologiestudenten des Seminars und anderen offiziellen Gästen, dann die Alumnen des Seminars und schließlich ein offener Gästewagen mit den offiziellen Gästen: Gerhard Reitz, Willard Burce, Rufus Pech und mich und natürlich dem leitenden Bischof der Evangelisch-lutherischen Kirche von Papua-Neuguinea Getake Gam und einigen anderen. Es war eine lange Prozession. Die Polizeieskorte war nicht nur eine Ehreneskorte, sondern sie war auch aus Sicherheitsgründen nötig.

Ich hatte schon in Port Moresby bemerkt, dass die Sicherheit ein Problem geworden war. Nachdem mich der lutherische Studentenpfarrer am Flughafen empfing, fuhr er mich zu seinem Haus, das innerhalb des Campus lag, wo alles sicher sein sollte. Er hielt an dem Tor des zweieinhalb Meter hohen Zaunes an, der sein Grundstück umgab. Dann verließ er den Wagen, sperrte ihn ab, schloss das Tor auf und öffnete es, ging um das Haus herum, kam zum Auto zurück, sperrte es auf, fuhr in das Grundstück hinein und verschloss dann schnell wieder das Tor. Als ich ihn fragte warum, erzählte er mir, dass einmal seine Frau im Wagen gesessen habe, während er das Tor öffnete, und einige Leute versucht hätten, in das Auto zu steigen und mit seiner Frau wegzufahren. Zwei Männer hielten auf der Veranda hinter dem Haus die ganze Nacht Wache, damit niemand in das Haus einbrach. Vor Jahren konnte ich ungezwungen über den großen Campus wandern. Dies war offenbar jetzt nicht mehr möglich. Sogar von der Kirchenleitung in Ampo konnte ich nicht mehr die kurze Strecke zum Martin Luther Seminar laufen, wie ich es viele Male bei vorhergehenden Besuchen getan hatte. Es war einfach zu gefährlich.

Trotzdem waren die Feierlichkeiten zum 25. Jahrestag der Gründung des Seminars großartig. Da ich nachher noch einige Tage blieb, konnte ich mich auch mit den Studierenden ausführlicher unterhalten.

Von Papua-Neuguinea aus ging es nach Korea, mit Aufenthalten an der Dongguk Universität und der Luther Universität, dann auf die Philippinen und schließlich nach Hongkong.

Mein Flug von Hongkong nach Frankfurt kam gerade rechtzeitig an, so dass ich eine Tagung systematischer Theologen der *Wissenschaftlichen Gesellschaft für Theologie* in Altenberg bei Marburg unter der Leitung von Gerhard Sauter aus Bonn und Dietrich Ritschl aus Heidelberg besuchen konnte. Man war beunruhigt, dass der Dialog zwischen der deutschen protestantischen Theologie und der amerikanischen immer mehr zum Erliegen kam. Bei dieser Tagung hielt ich einen Vortrag über die gegenwärtige lutherische systematische Theologie in den USA, während Fred Herzog (1925–95) von der Duke Universität versuchte, uns den größeren amerikanischen Zusammenhang zu zeigen. Bei einer späteren Tagung in Heidelberg hatten wir den Ethiker Stanley Hauerwas von der Duke Universität zu einem Gespräch eingeladen und waren erstaunt, dass er keinen einzigen Deutschen Ethiker kannte. Dies bestätigte unsere Vermutungen, dass der Dialog mit den USA wirklich zum Erliegen gekommen war. Diese Gruppe tagte noch einige Jahre, und es war besonders Hans G. Ulrich von der Universität Erlangen, der sich dafür einsetzte, dass das Buch von George Lindbeck *Christliche Lehre als Grammatik des Glaubens* (Engl. *The Nature of Doctrine*, dt. 1984) übersetzt wurde, nachdem es in den USA große Aufmerksamkeit auf sich gezogen hatte. Aber das war dann auch schon das Aus für unsere Tagungen. Doch jetzt wieder zurück zu der eigentlichen Geschichte, denn die Tagung in Altenberg war der Abschluss meiner langen Vortragsreise nach Asien.

Als Horst Becker im Oktober 1991 als Direktor des bayerischen Missionswerks in den Ruhestand trat, wurde er durch Dr. Hermann Vorländer abgelöst. Dieser legte jedoch nicht viel Wert darauf, einen Universitätsprofessor der systematischen Theologie zu den Partnerkirchen in Asien zu schicken. Deshalb wurde meine offizielle Funktion bei solchen Vortragsreisen beendet. Damit war aber die Zusammenarbeit mit Neuendettelsau keineswegs auch beendet, denn sie hat bis heute Bestand. Ich werde immer noch regelmäßig eingeladen, um bei Tagungen in Neuendettelsau für internationale Gäste Vorträge zu halten, und ich habe mich auch oft in Neuendettelsau umgesehen, ob sie interessante Gäste hätten, die man nach Regensburg zu Vorträgen einladen konnte. Mehrere Male lud ich Hermann Vorländer und Johannes Triebel vom Missionswerk ein, um über wichtige Fragen in Regensburg Vorträge zu halten. Aber noch wichtiger ist, dass sie die jungen asiatischen Absolventen von Regensburg moralisch unterstützen, wenn sie in ihren asiatischen Kirchen ihre Arbeit beginnen.

Meine Vortragsreisen nach Asien hatten von da an eine andere Ausrichtung. Die Flugkosten wurden jetzt dankenswerterweise weitgehend von der *Deutsche Forschungsgemeinschaft* getragen. Die Absicht bei diesen Reisen hatte sich ebenfalls verändert, da ich immer mehr Doktoranden aus verschiedenen Teilen Asiens hatte, die nach ihrer Promotion wieder in ihre Heimatländer zurückkehrten und dann fragten, ob ich sie besuchen und an ihren Heimatinstitutionen Vorträge halten könnte. Diese Reisen habe ich buchstäblich jedes Jahr angetreten, und sie sind zu zahlreich, um sie hier in allen Einzelheiten zu beschreiben.

2. Erinnerung an meine amerikanischen Wurzeln

Trotz der vielen Reisen nach Asien, Australien und Papua-Neuguinea vergaß ich nicht, dass meine theologischen Wurzen fest in der nordamerikanischen Erde verankert sind. Seit 1970 hatte ich nur eine einzige Jahrestagung der *American Academy of Religion* versäumt und das war 1974, als ich an der päpstlichen gregorianischen Universität in Rom lehrte. Wie schon erwähnt, habe ich mich jedes Mal über diese Jahrestagungen gefreut und auf meine Mitarbeit bei ihnen. Aber sie erstreckten sich nur über ein längeres Wochenende und gaben mir kein richtiges Gefühl für das, was sich in den USA und besonders in der *ELCA* ereignete, der Kirche, der ich immer noch angehöre. Deshalb schaute ich mich nach einer begrenzten, aber kontinuierlichen Lehrverpflichtung in den Vereinigten Staaten um. Eine Gelegenheit tat sich mir dann durch die großzügige Hilfe von Paul Jersild auf. Er war der erste akademische Dekan am *Wartburg Seminary*. Vorher hatte er am *St. Xavier College* in Chicago gelehrt. Gerade als er im Begriff war, nach Wartburg zu gehen, fragte er mich auf einer Busfahrt vom Flughafen zu einer *AAR* Tagung, was die Aufgaben eines akademischen Dekans seien, da wir in der Person Jim Bergquist schon einen am *Trinity Seminary* hatten. Bis zu diesem Zeitpunkt gab es kaum akademische Dekane an theologischen Seminaren. Ich sagte ihm, was Jim Bergquist tat, und er schien damit zufrieden.

Während ich in Regensburg lehrte, hörte ich 1984, dass Paul Jersild Wartburg verlassen hatte und jetzt akademischer Dekan und Professor für Theologie und Ethik am *Lutheran Theological Southern Seminary* in Columbia, South Carolina, war. Ich schrieb ihm einen Brief und gratulierte ihm zu seiner neuen Stelle. Ich war in der Tat froh, dass er diesen Ruf nach Columbia empfangen hatte, da die Verwaltung am *Wartburg Seminary* große finanzielle Probleme hatte. Ich fragte ihn auch, ob er einen Ort in den USA wüsste, wo ich in begrenzter, aber kontinuierlicher Weise lehren konnte. Da ich in Regensburg mein Gehalt empfing, sagte ich ihm, dass ich kein zusätzliches Geld bräuchte, sondern nur weiterhin in Amerika präsent sein wollte. Zu meiner Überraschung schrieb Paul Jersild in seiner freundlichen Weise zurück und fragte mich, ob ich mir vorstellen könne, an das *Southern Seminary* zu kommen.

Hildegard und ich besuchten zunächst einmal das Seminar auf einer Urlaubsreise, die wir mit unserer ältesten Tochter Claudia unternahmen. Wir wurden von Mack Branham, dem Präsidenten von *Southern*, sehr herzlich empfangen und auch vom Systematiker Michael Root und natürlich von Paul und Marilyn Jersild. Aus diesem ersten Besuch ergab sich für mich die Gelegenheit, jedes zweite

Jahr eine Lehrveranstaltung am *Southern* anzubieten, die ich zwischen unser deutsches Winter- und Sommersemester einfügte. Ich konnte dies deswegen tun, weil ich je eine Woche von unserem Sommer- und Wintersemester abschnitt und auch von dem Frühjahrssemester in Columbia. Keine der Institutionen hat dadurch Schaden genommen.

Den ersten Teil des Semesters war ich immer allein und dann kam Hildegard für die zweite Hälfte nach. *Southern Seminary* war auch eine neue Erfahrung für mich, denn all die Jahre am *Trinity* war ich niemals im wirklichen Süden gewesen. Aber die gemütliche Mentalität des Südens war für uns sehr angenehm. Ich schätzte *Southern Seminary* sehr, denn ohne viel Selbstbeweihräucherung bildeten sie gute Pastoren aus.

Die Arbeit am *Southern Seminary* hatte auch zur Folge, dass ich keine Pause von Oktober bis Juli hatte, denn ich verließ Regensburg an einem Tag und begann meine Vorlesungen am nächsten Tag in Columbia und umgekehrt. Aber ich fand die Lehre und das Arbeiten in vielerlei Weise sehr Gewinn bringend. Zunächst war die Fakultät sehr nach meinem Geschmack, obwohl ich einen fast hundertprozentigen Wechsel erlebte, seitdem ich dort 1985 das erste Mal lehrte. Nur die Kirchengeschichte Mary Heavens war von der ursprünglichen Fakultät noch übrig, als ich dort 2007 das letzte Mal gelehrt hatte.

Alle anderen waren inzwischen im Ruhestand – einschließlich der Präsidenten Mack Branham und Fred Reisz. Die neuen Fakultätsmitglieder waren genauso nett wie die alten und das gleiche kann auch von den Studierenden gesagt werden. Ich hatte aufmerksame und interessierte Studierende und das Lehren dort machte Spaß. In Deutschland wagen die Studierenden kaum einen Professor anzusprechen, da die Professoren so viele Verwaltungsaufgaben haben und wenig Zeit für die Studierenden übrig bleibt. Aber in den USA zögern die Studierenden nicht, einen Professor in ein Gespräch zu verwickeln. Ich war immer besonders interessiert, wie sie meine Lehrveranstaltungen beurteilten, damit ich sehen konnte, was ich bewirkte. Man kann sich ja immer verbessern.

Der zweite Vorteil in Columbia war die beschränkte Zugänglichkeit. Da ich wenigstens jedes zweite Jahr für einige Monate in Columbia weilte, konnte man mich von Regensburg her weniger leicht erreichen. In Regensburg bekamen wir in der Universität zweimal am Tag Post. Ehe die E-Mails in Mode kamen, bekam ich in Columbia jedoch nur einmal in der Woche ein Paket von meiner Sekretärin, in dem sie die Post nachschickte. Was für ein Segen war das! Wenn etwas wichtig war, war ich immer telefonisch erreichbar. Auch hatte ich keine Sitzungen oder andere Verpflichtungen, die normalerweise in Regensburg meine Aufmerksamkeit beansprucht hätten. Am *Southern Seminary* konnte ich in der Bibliothek sitzen, um zu lesen und zu arbeiten. Solch ein Luxus war in Regensburg fast unmöglich. Obwohl ich in Regensburg fast jeden Morgen während der Woche in meinem Büro anwesend war, ob Semester oder Semesterferien, war es doch eine Seltenheit, wenn ich Zeit hatte, in die Bibliothek zu gehen. Meist ging ich nur in die Bibliothek, um einen Doktoranden zu suchen oder einem Studierenden zu helfen, ein Zitat ausfindig zu machen oder ein Buch, das er oder sie benötigte. Sonst kann ich kaum in die Bibliothek. Wenn ich ein Buch von der Bibliothek brauchte, dann hat mir das eine studentische Hilfskraft besorgt. In dieser Hinsicht bin ich nicht viel anders als meine Kollegen. Ich hatte einst jemanden zu Besuch, der sich auch ein naturwissenschaftliches Labor ansehen wollte. Ich rief meinen Kollegen Wolfgang Wiegrebe von der Pharmazie an und er zeigte uns bereitwillig sein Labor. Aber als er das Labor betrat, musste er sich auf seine Assistenten verlassen, die uns erklärten, was dort vorgeht. Er selbst war nicht oft im eigenen Labor, denn Professoren müssen Anträge für Drittmittel schreiben, damit ihre Labors nicht leerstehen.

In Deutschland sind Professoren, besonderes Lehrstuhlinhaber, weitgehend Verwaltungsbeamte geworden. Vom Morgen bis spät in den Abend in der Bibliothek zu sitzen, wie ich es am *Southern Seminary* tat, war für mich fast wie im Himmel zu sein. Nur einmal hatte ich am *Southern Seminary* ein Büro, und dieses war sinnvollerweise in der Bibliothek. Die Tatsache, dass ich so viel Zeit in der Bibliothek verbrachte, bedeutete nicht, dass ich für die Studierenden nicht ansprechbar war. Ich sagte ihnen immer, dass sie mich in der Bibliothek aufsuchen konnten, wenn Sie etwas brauchten. Während der Zeit, die ich am *Southern Seminary* zubrachte, habe ich gewöhnlich genügend Material ausgearbeitet, dass ich die nächsten zwei Jahre brauchte, bis ich wieder zum *Southern Seminary* zurückkehrte, um es druckfertig zu machen. Als jedoch Hildegard nach Columbia kam, verbrachte ich die Wochenenden mit ihr und wir hatten mehr Zeit miteinander als in Regensburg. Viele Verpflichtungen, die ich zu Hause hätte wahrnehmen müssen, fielen in Amerika weg. Hildegard sagte mir einmal, als sie im Audimax der Universität allein eine Veranstaltung besuchte, hätte der Oberbürgermeister von Regensburg Hans Schaidinger sie gefragt: „Ist ihr Mann wieder in den USA?" Und natürlich war ich dort!

Der Aufenthalt am *Southern Seminary* gab mir auch Gelegenheit, wieder mehr in meiner eigenen Kirche, der *ELCA* zu sein. Als Mitglied der *Southern Ohio Synode* las ich den monatlichen Rundbrief wahrscheinlich viel sorgfältiger als alle Pastoren, die innerhalb der geographischen Grenzen der Synode lebten und die schon das meiste wussten, was hier gedruckt vorlag.

Als ich am *Southern Seminary* lehrte, besuchte ich auch mehrmals die Jahrestagungen der *American Theological Society*, die gewöhnlich in Princeton stattfinden. Dadurch konnte ich diesen hervorragenden Ort des akademischen Lebens besuchen, Literatur finden, die in Columbia nicht vorhanden war, und in einer entspannteren Art mit Kollegen zusammenkommen, die ich sonst nur bei der *AAR* sah, wenn wir von einer Veranstaltung zur anderen rannten. Gabriel Fackre vom *Andover Newton Seminary* war so nett, mich zu diesen Tagungen einzuladen, wann immer ich konnte, und dasselbe tat auch Karlfried Fröhlich vom *Princeton Seminary*, denn die Tagungen der *American Theological Society* konnte man nur mit einer Einladung besuchen, wenn man nicht Mitglied war. Bei all diesen Verpflichtungen in Übersee, was blieb dann noch für Deutschland übrig und besonders für Regensburg, von wo ich doch mein Gehalt bezog?

3. Theologie als Funktion für Kirche und Gesellschaft

Paul Tillich betonte am Beginn von Band 1 seiner *Systematischen Theologie*, dass die Theologie eine Funktion der christlichen Kirche ist. „Sie muss den Erfordernissen der Kirche entsprechen."[16] Obwohl ich Tillich nicht widersprechen möchte, würde ich es etwas anders formulieren: Die Theologie ist eine Funktion für Kirche und Gesellschaft. Dies bedeutet, dass Kirche und Gesellschaft in den Blick kommen müssen, wenn man Theologie betreibt. Um aufzuzeigen, was ich für die Universität Regensburg tue, möchte ich nicht zuerst von meiner Arbeit in der Universität erzählen, sondern sozusagen den Elfenbeinturm verlassen und mit meiner Arbeit in der Gemeinde beginnen.

Es war für mich immer wichtig, dass die Studierenden mich nicht nur während der Woche in der Universität sahen, sondern dass diese Erfahrungen in der Universität dadurch vertieft werden, wenn sie mich am Sonntagmorgen mit meiner Frau in der Neupfarrkirche sitzen sehen oder gar auf der Kanzel oder einfach als jemanden, der sie am Eingang begrüßt und ihnen ein Gesangbuch und ein Faltblatt, den Gottesdienstbegleiter, überreicht. Wie in Columbus so war ich auch in Regensburg immer in meiner lokalen Gemeinde tätig. Ich bin jetzt das sechste Mal als Kirchenvorstand für eine sechsjährige Periode gewählt worden. Unsere Kirche liegt im Zentrum der Stadt und wurde vor der Reformation als Wallfahrtskirche zur Schönen Maria erbaut. Zu der Zeit war Regensburg eine freie Reichsstadt, unterstand direkt dem Kaiser und hatte damit ein gewisses Recht, sich selbst zu regieren. Als der Rat der Stadt 1542 die Reformation annahm, war die Neupfarrkirche die einzige Gottesdienststätte, die die Evangelischen für den lutherischen Gottesdienst benutzen konnte, ohne dem katholischen Bischof oder einem Kloster eine Kirche wegzunehmen.

---

16 Paul Tillich, *Systematische Theologie*, Bd. 1 (Stuttgart 1956), 9.

Dienst an der einen Kirche

Die Neupfarrkirche, als ehemalige Wallfahrtskirche, war von der Stadt selbst erbaut worden. Da Kaiser Karl V. beim katholischen Glauben blieb, wollte ihn die Stadt nicht zusätzlich verärgern. Außen vier Familien wurden alle Familien in Regensburg evangelisch und nahmen so die Entscheidung des Rats der Stadt an. Über einhundert Pastoren wurden während der Reformationszeit in der Neupfarrkirche examinierte und nach Osteuropa zu Gemeinden geschickt, die um evangelische Prediger ansuchten. In den Abendmahlskelchen, die wir sonntags benutzen, ist die Jahreszahl 1542 eingraviert, denn sie sind die Originale, die beim ersten Abendmahl in dieser Kirche in Gebrauch waren. So besteht hier ein Gefühl für Kontinuität.

Da die Neupfarrkirche in der Innenstadt steht und sehr viele Touristen Regensburg besuchen, sind gewöhnlich am Sonntag über die Hälfte der Menschen, die am Gottesdienst teilnehmen, keine Gemeindemitglieder. Ich war überzeugt, dass der Gottesdienst am Sonntagmorgen deshalb kein normaler Gottesdienst sein sollte. Nachdem ich einige Zeit im Kirchenvorstand war, schlug ich vor, dass ich eine Predigtreihe abhalten würde, wenn darüber Einverständnis bestünde. Dies bedeutete, dass ich während des Semesters fast jeden Sonntag im Gottesdienst um 11 Uhr predigen würde. Dies war ein Wortgottesdienst und ich würde eine Manuskriptpredigt von ungefähr 30 Minuten halten. Die Predigtreihen wurden durch Plakate und die Presse angekündigt. Der Besuch war gewöhnlich viel besser als sonst und manchmal gab es auch noch Zeit für eine Diskussion nach dem Gottesdienst.

Die erste Predigtreihe im Wintersemester 1981/82 ging über die Zehn Gebote und wurde vom Herder Verlag unter dem Titel *Zehn Zeichens am Wege: Anleitungen zum täglichen Leben* (1984) gedruckt. Ich hatte eine interessante Erfahrung mit diesem Buch. Als ich mit dem Herder Verlag Verbindung aufnahm und dort auf Leonie Höhren, der Lektorin für die Herder Taschenbücher traf, sagte sie mir: „Es fügt sich gut, dass wir jetzt auch ein Manuskript von einem protestantischen Theologen aus der praktischen Theologie haben." Ich antwortete: „Mein Gebiet ist nicht die praktische Theologie, sondern die systematische." Es war für mich schwierig, sie zu überzeugen, dass ich wirklich ein Systematiker war, denn sie erklärte: „Wenn wir ein Manuskript von einem Systematiker bekommen, dann versteht das hier niemand. Wir lachen einfach darüber." Das war wirklich keine gute Empfehlung für mein eigenes Gebiet. Ich versuchte immer so zu schreiben, dass auch Nicht-Spezialisten verstehen konnten, was ich sagen wollte.

Die nächste Predigtreihe (1984/85) erstreckte sich über zwei Semester und befasste sich mit dem apostolischen Glaubensbekenntnis. Sie wurde 1986 ebenfalls vom Herder Verlag veröffentlicht unter dem Titel *Verstehen wir das Glaubensbekenntnis noch?* und im Englischen vom Fortress Verlag 1987. Ich war besonders erfreut, dass Heinrich Fries (1911–1998), der bekannte katholische Systematiker von der Universität München ein Nachwort zu diesem Buch schrieb.

1986/87 befasste ich mich in einer Predigtreihe mit den wichtigsten Teilen der Bergpredigt. Auch diese wurde wieder vom Herder Verlag veröffentlicht unter dem Titel *Christsein ist möglich: Was die Bergpredigt uns heute wirklich zu sagen hat* (1987).

Die nächste Predigtreihe (1988/89) ging über die ersten elf Kapitel der Bibel. Wieder erschien diese im Herder Verlag unter dem Titel *Die biblische Urgeschichte: Gottes Traum von Mensch und Welt* (1989).

Die letzte Reihe befasste sich mit ausgewählten Teilen der Johannes-Offenbarung im Wintersemester 1991/92. Diesmal wurde die Reihe vom Quellverlag in Stuttgart 1993 unter dem Titel veröffentlicht *Das Geheimnis der sieben Sterne: Eine Deutung der Johannes-Offenbarung*. Dieses Büchlein erschien 1997 auch auf Portugiesisch.

Die Predigtreihen wurden immer in Zusammenarbeit mit der Studentengemeinde der Universität veranstaltet. Der Grund dafür war ein zweifacher: Zunächst wollte ich, dass Studierende der Universität, oder wenigstens Einige von ihnen, an diesen Reihen teilnahmen, und zudem hatte ich irgendwo gelesen, dass die Neupfarrkirche die Universitätskirche war. Es war für mich wichtig, dass die Universität nicht einfach außerhalb der Altstadt auf einem Campus erbaut war, sondern ähnlich wie in den Universitätsstädten Erlangen oder Tübingen auch in der Stadt ihre Universitätskirche hatte. Natürlich war es ziemlich viel Arbeit, jede Woche eine 30-minütige Manuskriptpredigt zu erstellen. Aber das war nicht nur eine Herausforderung, sondern auch eine dankbare Sache, denn ich lernte dabei viel und bekam viele positive Rückmeldungen. Natürlich wurde ich für diese Predigtarbeit nicht bezahlt, denn ich war ja nicht der Pfarrer dieser Kirche.

Als Wilhelm Schubert, der lutherische Dekan von Regensburg 1989 in den Ruhestand ging, folgte ihm Reinhard von Loewenich nach. Die Neupfarrkirche ist auch die Kirche des Dekans, der 23 Gemeinden mit vierzig Pastoren zu betreuen hat. Wilhelm Schubert war immer erleichtert, wenn ich eine Predigtreihe hielt, da er an Sonntagen oft andere Gemeinden besuchen musste. Er hatte mich auch aus meiner eigenen Gemeinde in Lappersdorf „gekidnappt", einer kleinen Vorstadt von Regensburg, in der wir leben. Er hatte bemerkt, dass ich in der Neupfarrkirche regelmäßig am Gottesdienst teilnahm, denn damals gab es in Lappersdorf nur jeden zweiten Sonntag Gottesdienste. Da ich jedoch jeden Sonntag zum Gottesdienst gehen wollte, besuchte ich einfach die Neupfarrkirche. Das Ergebnis war, dass Dekan Schubert meine Mitgliedschaft nach Regensburg übertrug und ich somit in den Kirchenvorstand der Neupfarrkirche gewählt werden konnte.

Doch der neue Dekan hatte andere Pläne. Er meinte, dass er nicht so oft seine Kanzel entbehren konnte, und deshalb wurden die Predigtreihen beendet. Für mich war das eine Erleichterung, denn ich hatte so viele Verpflichtungen an anderen Orten, dass es für mich immer schwieriger wurde, eine Kontinuität bei den Predigtreihen aufrechtzuerhalten. Trotzdem sollte die Neupfarrkirche Universitätskirche bleiben. So begeisterte ich unseren Studentenpfarrer Ernst Reichold dafür, dass die Studentengemeinde während des Semesters einen monatlichen Gottesdienst in der Neupfarrkirche abhielt, den man Universitätsgottesdienst nannte. Dabei hatte ich etwas Neues und vielleicht Einzigartiges im Sinn: Ich dachte, es sei gut, Professoren aller Fachrichtungen einzuladen, um unter dem

Generalthema „Gott im Haus der Wissenschaften" zu versuchen, ihre akademische Disziplin mit dem christlichen Glauben zu verbinden. Manchmal ging das sehr gut und der Studentenpfarrer hatte wenig Mühe, die Gedanken dieses Vortrags in einem Nachwort theologisch zu ordnen. Manchmal jedoch blieben die Kollegen ganz auf ihrem eigenen Gebiet und sagten sehr wenig, was Relevanz für den christlichen Glauben hatte. Dann war die Aufgabe des Studentenpfarrers viel schwieriger, am Ende daraus noch so etwas wie eine Predigt zu machen. Er musste eine geistliche Dimension einbringen, damit der Gottesdienst wirklich ein Gottesdienst wurde.

Manche Predigten waren aber so ausgezeichnet, dass ich sie in *Glaube und Denken*, dem Jahrbuch der Karl-Heim-Gesellschaft veröffentlichte. Zum Beispiel hielt im Sommersemester 1993 der Rektor der Universität, der Biologe Helmut Altner, eine Predigt über Genesis 2,16f. mit dem Titel „Gut und Böse aus der Sicht eines Biologen". Er zeigte, dass die biblische Erzählung vom Fall heute genauso zutreffend ist wie damals. Die Menschheit hat sich aufgrund des Falls von Gott entfernt. Dem Menschen wurde außerhalb des Gartens ein Auftrag gegeben, „aber es gehört nun zu ihm, dass er seine Geschöpflichkeit in ihrer Begrenztheit durch Fehlbarkeit, Leid, Mühsal und Tod erfahren muss."[17]

Eine weitere ausgezeichnete Predigt wurde von dem Professor an der medizinischen Fakultät Gerhard Rogler vorgetragen, die er im Wintersemester 2005/06 über „Die ‚trostlose' Medizin" hielt. Er zeigte, dass der Fortschritt der modernen Medizin in einer Linie zu sehen ist mit den erstaunlichen Entwicklungen, die wir im Allgemeinen in der westlichen Welt und in unsere Gesellschaft finden. Aber dieser Fortschritt hat uns die negativen Erfahrungen und die Misserfolge vergessen lassen. Die Menschen erwarten von der modernen Medizin die Heilung von Krankheiten und von körperlichen Leiden. Die moderne Medizin kann sich nur verändern, „wenn wir bereit sind, bei Krankheit und Tod Trost zu spenden, den wir vor

---

17 Helmut Altner, „Gut und Böse aus der Sicht eines Biologen", in *Glaube und Denken: Jahrbuch der Karl-Heim-Gesellschaft* (Frankfurt a.M. 1996), 9:151.

allem aus unserem Glauben und Vertrauen ableiten und nicht von wissenschaftlichen Möglichkeiten und Wahrscheinlichkeiten."[18]

Natürlich haben solche Predigten auch zu Gesprächen von Gemeindemitgliedern mit den Vortragenden nach dem Gottesdienst geführt. Diese Universitätsgottesdienste finden immer noch statt und sind gewöhnlich gut besucht. Ursprünglich besuchten sie viele Kollegen und Studenten aus der entsprechenden Fakultät, aus der der Prediger war. Jetzt jedoch sind die meisten dieser Gottesdienstbesucher junge Menschen, was kein schlechtes Zeichen für die Lebenskraft dieser Innenstadtgemeinde ist.

Ein anderes Unternehmen, das ich in dieser Gemeinde begann, waren Gottesdienste in englischer Sprache. In den frühen achtziger Jahren wurde Deutschland besonders von Menschen aus Afrika überflutet, die um politisches Asyl nachsuchten. Regensburg bildete da keine Ausnahme. In einem Asylbewerberheim, das von der Regierung zur Verfügung gestellt worden war, wohnte eine Gruppe von Asylbewerbern aus Ghana, von denen die meisten Christen waren. Da dieses Heim nahe bei der Kreuzkirche lag, eine kleinere Kirche, die auch zu unserer Gemeinde gehörte, schlug ich vor, dass wir etwas für diese Menschen tun, die weder arbeiten durften noch sonst etwas zu tun hatten. Wir fragten sie, ob sie zu einem Sonntagsgottesdienst kommen würden. Danach würde es Plätzchen und Tee geben, da wir nicht sicher waren, ob sie Kaffee tranken. Sie stimmten fröhlich zu.

So planten wir unseren ersten Gottesdienst in englischer Sprache in der Kreuzkirche. Ich hatte die Presse eingeladen und mein Assistent Craig Nessan, ein lutherischer Pfarrer aus den USA, war auch zugegen. Die Kirchenglocken läuteten und läuteten, aber niemand kam. Nach fünf Minuten hörten die Glocken zu läuten auf und es war immer noch niemand da. Mein Assistent versuchte mich mit den Worten zu trösten: „Ich habe das schon oft erfahren. Die Leute sagen zu und dann kommen sie trotzdem nicht". Es war aber seltsam, dass nicht eine Person kam.

---

18 Gerhard Rogler, „Die ‚trostlose' Medizin," in *Glaube und Denken: Jahrbuch der Karl-Heim-Gesellschaft* (Frankfurt a.M. 2006), 19:165.

David Atkinson, einer meiner Studenten der aus Großbritannien kam und später Pfarrer in der lutherischen Kirche in Bayern wurde, war sehr an sozialen Fragen interessiert. Er ging zu dem Heim, um nachzusehen, was los war. Nach 15 Minuten kam er mit einer Gruppe von ungefähr 25 Männern aus Ghana, die alle ihre beste Kleidung angezogen hatten. Sie hatten es nicht gewagt, selbst zur Kirche zu kommen, sondern hatten an der Tür ihres Heims gewartet, damit sie jemand zur Kirche bringen würde.

Der Gottesdienst begann dann fünfzehn Minuten verspätet und nachher gab es Tee und Plätzchen in Gemeindesaal. Dort ereignete sich das Gleiche: Sie saßen, sie tranken Tee und aßen Plätzchen und saßen und saßen. Als ich schließlich erwähnte, dass sie gehen konnten, wenn sie wollten, stand die ganze Gruppe auf und ging wieder heim. Sie waren einfach zu schüchtern, um selbst zu gehen. Sie hatten keine Ahnung von der Kirche oder den Gebräuchen in Deutschland. Sie waren einfach höflich und wollten keine Fehler machen. Einer von ihnen fragte uns sogar ganz naiv: „Sind Ihre Missionare auch aus Norwegen gekommen?" Er hatte keine Ahnung, dass das Evangelium in Deutschland schon viele Jahrhunderte gegenwärtig war.

Aber nun war das Eis gebrochen und wir hatten jeden Sonntag Gottesdienst in englischer Sprache. Sie kamen jetzt ohne Begleitung zur Kirche. David Atkinson half ihnen sogar, während der Woche ein Fußballspiel zu organisieren. Und an einem Wochenende veranstalteten wir für sie eine Freizeit in einem Landheim. So predigte ich jeden Sonntag auf Englisch und Craig, der ein Pfarrer der *ALC* war – die *ELCA* gab es damals noch nicht –, sprang für mich ein, wenn ich eine auswärtige Verpflichtung hatte.

Später veränderte sich die Zusammensetzung der Asylbewerber radikal, denn die meisten waren jetzt Muslime. So kamen nur noch sehr wenige zum englischen Gottesdienst, hauptsächlich nur meine Doktoranden. Da sie alle Deutsch konnten, wollte ich den englischsprachigen Gottesdienst beenden. Aber Pfarrer Friedrich Distler war strikt dagegen, denn dieser Gottesdienst in englischer Sprache war für ihn ein Prestigeobjekt.

Dienst an der einen Kirche

So zogen wir schließlich mit dem Gottesdienst in die Neupfarrkirche um und hielten ihn nur einmal im Monat. Schließlich übernahmen ihn meine Assistenten gänzlich.

1991, als Mark Worthing und Russell Briese den Gottesdienst gemeinsam veranstalteten, hatten sie beim Weihnachtsgottesdienst über einhundert Teilnehmer. Schließlich kamen zu diesem Gottesdienst regelmäßig Menschen aus Großbritannien oder Amerikanerinnen, die am Stadttheater engagiert waren, oder auch einfach Leute, die einen Gottesdienst auf Englisch bevorzugten. Seit 2005 wird dieser Gottesdienst von einer Studentenpfarrerin, der schottischen Presbyterianerin Rhona Dunphy, geleitet. Sie wurde eigens mit dieser Aufgabe beauftragt. Sie benutzen immer noch das *Lutheran Book of Worship*, ein amerikanisches Gesangbuch, das ich vor vielen Jahren durch die Hilfe von Roland Seboldt kostenlos bekommen hatte, der damals im Augsburg Publishing House arbeitete.

Mit all diesen Tätigkeiten außerhalb der Universität – bleibt dann noch Zeit für wichtiges Engagement innerhalb der Universität selbst? Die Antwort ist ein einfaches Ja. Sobald ich in Regensburg ankam, wurde ich in den Fachbereichsrat unserer Fakultät gewählt, um unser evangelisches Institut dort zu vertreten. Gewöhnlich wurde nur ein Professor von jedem Institut für zwei Jahre dorthin gewählt. Nahezu zwanzig Jahre war ich der offizielle Vertreter unseres Instituts.

1984 wurde ich für zwei Jahre Dekan unserer Fakultät. Als Präsident Hans Bungert gratulierte, schrieb er: „Dieses neue Amt wird ihnen beträchtliche zusätzliche Arbeit und Mühen bringen. Jedoch versichere ich Ihnen, dass ich mein Bestes versuchen werde, eine vertrauensvolle Zusammenarbeit zu erreichen." Da ich relativ neu an der Universität und noch neuer in den Fachbereichsratssitzungen war, lernte ich die Pflichten des Dekans beim Erledigen derselben. Jede Fakultät hat einen Fachbereichsverwalter und in meinem Fall war es Hans Gnad. Er konnte genau sagen, was zu tun war, aber tat das so geschickt, dass man den Eindruck hatte, es sei die eigene Idee. Er war unschätzbar für mich und sicher auch für meine Vorgänger.

Als er in den späten achtziger Jahren in den Ruhestand ging, lud ich ihn und all die anderen Dekane, unter denen er gearbeitet hatte, zu uns nach Hause zu einem festlichen Abendessen ein. Ich hörte oft von meinen Kollegen, dass sie die Tatsache bedauerten, dass sie als Dekan gewählt wurden, und wie viel Arbeit dieses Amt mit sich brachte. Vielleicht war unsere Fakultät eine Ausnahme, aber es gab eigentlich nie viel Arbeit. Ich ging jeden Morgen zur Fachbereichsverwaltung und meine Aufgaben als Dekan waren immer schnell erledigt. Nach der zweijährigen Amtszeit als Dekan war ich noch zwei Jahre als Prodekan tätig, wie das der Brauch war.

Danach wurde ich für zwei Jahre in den Universitätssenat gewählt. Dies war das höchste akademische Verwaltungsgremium der Universität, in der jeder Senator für zwei Fakultäten verantwortlich war. Der Fakultätssenat entschied über jeden Ruf eines Professors und auch über alle Sachen, die sich mit akademischen Graden der Universität befassten, und mit vielen anderen Dingen. Am Tag vor der Senatssitzung trafen sich die Senatoren, d.h. sechs Professoren und einer der Vizepräsidenten oder Prorektoren, wie sie später genannt wurden. Wir gingen die ganze Tagesordnung durch, wobei die Dokumente meist einen Leitzordner umfassten, und der Vizepräsident gab uns Hintergrundinformationen, so dass wir informiert entscheiden konnten.

Es war üblich, dass der Vertreter der theologischen Fakultät zu diesem Treffen auf sein Dienstzimmer einlud. Bei meinem ersten zweijährigen Turnus als Senator war der katholische Kollege einer der Senatoren. Er lud uns deshalb auf sein Zimmer ein, wo er uns für die Sitzung mit Getränken versorgte. Als ich nach zwei Jahren 1995 wieder in den Senat gewählt wurde, war die große medizinische Fakultät schon etabliert, die einen Senator nur für sich benötigte. Deshalb musste ich drei Fakultäten einschließlich der katholischen vertreten. Nun fiel mir die Aufgabe des Gastgebers zu. Mein Kollege Gottfried Märkl, ein Chemiker, bestand immer darauf, dass er einen „Messwein" bekam. Deshalb musste ich für ihn jeweils eine Flasche Wein mitbringen, während die anderen Kollegen alkoholfreie Getränke bevorzugten.

Dienst an der einen Kirche

In den Tagen vor Senatssitzungen bekam man gewöhnlich Anrufe von Kollegen, die versuchten, von ihrer Seite her einen Tagesordnungspunkt zu erklären, der vom Senat entschieden werden sollte. Die Senatssitzungen wurden vom Rektor geleitet. Zugegen waren die zwei Prorektoren, der Kanzler, der Vizekanzler, dann Vertreter der nicht-beamteten Fakultät, der Mitarbeiter und der Studierenden. Die Sitzungen fanden gewöhnlich am letzten Mittwoch des Monats statt und dauerten den ganzen Nachmittag. Für Berufungen von Professoren durften nur Professoren ihre Stimme abgeben.

Einmal war Gottfried Märkl verspätet zur Sitzung gekommen. Da in dieser Sitzung auch entschieden werden sollte, ob nach dessen Eintritt in den Ruhestand sein Lehrstuhl wieder besetzt werden sollte, sagten wir zu ihm, als er hereinkam: „Wir haben soeben Ihren Lehrstuhl abgeschafft." Anfangs war er nicht sicher, ob das ein Witz war oder ob wir es wirklich so meinten, aber dann bemerkte er, dass wir nun sehen wollten, wie er auf solch eine Nachricht reagieren würde. – Die Arbeit im Senat zeigte mir auch, wie eine Universität arbeitet, etwas, was den meisten Professoren verborgen bleibt.

Ich war auch in ungefähr einem Dutzend Berufungskommissionen vertreten. Es war unsere Aufgabe, die Kandidaten für Professuren zu bewerten und Listen für die Rufe in so verschiedenen Gebieten wie Sport, Wissenschaftsgeschichte und Kunstgeschichte aufzustellen. Diese verschiedenen Aufgaben gaben mir eine andere Perspektive des Universitätslebens, als man sie bekommt, wenn man sich nur mit der Lehre beschäftigt.

Es gab auch viele andere Verwaltungsaufgaben. Ich organisierte mehrere interdisziplinäre Symposien und Vortragsreihen, um den Dialog zwischen den Universitätskollegen und der Öffentlichkeit zu fördern. Zum 400. Jahrestag von Martin Luthers Geburt 1983 organisierte ich eine öffentliche, zwei Semester lange Vortragsreihe, an der sich katholische Theologen, Kunsthistoriker, Musikwissenschaftler, Germanisten und Vertreter anderer Disziplinen beteiligten. Wir hatten genügend Kollegen, die dabei mitmachen wollten, wobei die Kunstgeschichtler besonders gut vertreten waren. Deshalb schlug ich Jörg Traeger (1942–2005) vor, der den Lehrstuhl am

Institut für Kunstgeschichte innehatte, dass er jüngeren Mitglieder seines Instituts den Vortritt lassen sollte. Aber als er darauf antwortete: „Ich bin doch auch ein Lutheraner", musste ich ihn natürlich berücksichtigen.

Die Vorträge waren sehr gut besucht und fanden im Vortragsraum des städtischen Museums statt. Nach einem Vortrag schlug Dr. Wolfgang Pfeiffer, der Leiter des Stadtmuseums, vor, dass wir zum Abschluss Luthers Lied „Ein feste Burg ist unser Gott" singen. Dies war ein würdiger Abschluss einer gelungenen Abendveranstaltung. Aber bald danach erinnerte mich aus dem Institut für Geschichte Dieter Albrecht (1927–1999), der ein strammer Katholik war, dass dies eine Vortragsreihe der Universität war, die strikt akademisch zu sein hatte. In einer Stadt, in der mehr als 50 % der Bevölkerung katholisch sind, muss man vorsichtig sein, auch wenn die Stadt einmal protestantisch war.

Eine andere interdisziplinäre und ökumenische, öffentliche Vortragsreihe organisierte ich für das Wintersemester 1992/93, anlässlich des 450. Jahrestages der Einführung der Reformation in Regensburg. Ich hatte sogar Glück, Helmar Junghans (1931–2010), den bekannten Leipziger Reformationgeschichtler, für einen Vortrag über „Martin Luthers Beziehungen zur Regensburg" zu gewinnen. Wir hatten Vortragende aus der Germanistik, der Geschichte, der Kunstgeschichte, der katholischen Fakultät, der Kulturgeschichte und natürlich aus unserem eigenen Institut für evangelische Theologie. Der Rektor bat mich, die Vorträge in unserer Universitätsreihe zu veröffentlichen unter dem Titel *Reformation und Reichsstadt: Protestantisches Leben in Regensburg* (1994). In Zusammenhang mit diesen Vorträgen organisierten wir auch eine Ausstellung von Gegenständen, die sich auf die Reformation in Regensburg bezogen. Dies wurde in Kooperation mit dem Stadtmuseum von unserem Institut für Kunstgeschichte und der lutherischen Kirche in Regensburg bewerkstelligt. Die Ausstellung wurde im städtischen Museum gezeigt. Meine Doktoranden Jens Dietmar Colditz und Thomas Fuchs und ich steuerten verschiedene Artikel zu dem reich illustrierten Katalog bei, der fast 500 Seiten umfasste.

Meine Arbeit an der Universität war nicht auf die Geisteswissenschaften begrenzt. 1985 organisierte ich eine interdisziplinäre Vortragsreihe. Der Zweck dabei war, herauszufinden, wie die verschiedenen Disziplinen unsere Welt sehen und verstehen, zum Beispiel vom Gesichtspunkt der Philosophie, der Physik, der Jurisprudenz, der Wissenschaftsgeschichte, der Psychologie und der Theologie. Ich hielt dabei einen Vortrag zur theoretischen Heimatlosigkeit Gottes. In Analogie zu Karl Heim befürwortete ich ein dimensionales Verständnis unserer Beziehung zu Gott. Wilhelm Volkert, ein Kollege aus der Geschichte, bestand jedoch darauf, dass, ähnlich wie es Wolfhart Pannenberg vorschlug, ein Feld besser geeignet sei, unsere Beziehung zu Gott auszudrücken. Ich war überrascht, wie vehement die Naturwissenschaftler dieses Ansinnen mit der Begründung zurückwiesen, dass ein Feld aus naturwissenschaftlicher Sicht zu genau definiert sei, um als Metapher in der Theologie zu dienen.

Wie erwähnt, fand meine erste Begegnung mit den Naturwissenschaften in Regensburg im Wintersemester 1983/84 in einer öffentlichen Vortragsreihe über „Von Gregor Mendel bis zur Gentechnik" statt. Von da an hatte ich immer einen guten Kontakt zu meinen Kollegen von den Naturwissenschaften. Viele Jahre später veranstalteten die Biologen eine Vortragsreihe über Theologie und Ethik und fragten mich natürlich, ob ich teilnehmen würde. Ich sagte gerne zu.

Als der Physiker Richard Bonart in den Ruhestand ging, lud er einen Kollegen von einer anderen Universität ein, um bei diesem Ereignis den Festvortrag zu halten. In einer Nebenbemerkung während seines Vortrags sagte dieser Kollege: „Ich wäre gespannt, was wohl ein Theologe dazu sagen würde." Er meinte, dadurch etwas Humorvolles in seinen Vortrag einzubringen. Nach dem Vortrag ging ich auf ihn zu, stellte mich vor und sagte: „Hier ist der Theologe, nach dem Sie in Ihrem Vortrag fragten. Ich denke, dass ich Ihren Schlussfolgerungen durchaus zustimmen kann." Er sah mich überrascht und erstaunt an und es entwickelte sich eine gute Unterhaltung.

Ich bemerkte mehr als einmal, dass besonders Naturwissenschaftler oft in ihren Labors und in ihren Forschungsgruppen so isoliert sind, dass sie wenig Kontakt mit Gelehrten außerhalb ihres Arbeitsgebietes haben und besonders nicht mit Geisteswissenschaftlern. Ich verstand meine Stelle in der Universität als die eines Missionars, der sich zu den verschiedenen Disziplinen und zu ihren Vertretern hinbegibt, um mit ihnen Kontakt zu halten. Ich habe meinen Kollegen auf den anderen Gebieten zu zeigen versucht, dass wir in der *universitas literarum*, d.h. im Haus der Wissenschaften, immer noch sinnvoll über mehr als nur die technische Vernunft miteinander reden können. Ich habe bemerkt, dass Kollegen, die auch offiziell die Kirche verlassen haben, trotzdem an theologischen und religiösen Fragen interessiert sind.

Aber nun zu meinem eigenen Gebiet: Die grundlegende Arbeit für mich war, junge Menschen mit der systematischen Theologie vertraut zu machen, damit sie zukünftige Lehrer und Lehrerinnen für den Religionsunterricht in der Schule würden. Oft fand ich, dass meine Veranstaltungen eher einem Katechismusunterricht für Erwachsene ähnelten oder Veranstaltungen, in denen ich versuchte, den Studenten Führung für ihr eigenes persönliches Leben zu geben. Mehrere Male veranstaltete ich ein Seminar über „Die christliche Ehe im Wandel der Jahrhunderte". Wir begannen mit der Ehe im Alten Testament, arbeiteten unseren Weg durch das Neue Testament, die frühe Kirche, die Reformation und hin bis zur Gegenwart. Gewöhnlich lud ich eine/n lutherischen Pfarrer/in ein, um seine oder ihre Erfahrung mit modernen Problemen darzulegen, einen katholischen Kollegen, der seine Sicht einbrachte, und einen Kollegen aus der juristischen Fakultät, um über juristische Fragen zu reden. Am Schluss des Seminars hatte ich jemanden von unserem diakonischen Werk, die aus der Perspektive der Eheberatung sprach.

Einmal benahm sich eine Studentin sehr unpassend, indem sie ständig störte, als die Vertreterin der Eheberatung bei uns war. Später erfuhr ich, dass diese Studentin von ihrem Freund verlassen worden war und jetzt selbst Beratung brauchte und wollte. Wir haben diese sofort für sie arrangiert. Ein andermal hatten wir einen älteren verheirateten Studenten, der am Seminar teilnahm. Es war besonders gut für die gewöhnlich jungen Studierenden, von jemandem, der schon lang verheiratet war, etwas über die Möglichkeiten und Probleme einer Ehe zu erfahren. Ein Student berichtete damals: „Als ich in meinen Studentenheim erzählte, dass ich an einem Seminar über die christliche Ehe teilnehme, lachten meine Freunde. Dann aber wollten sie wissen, was dabei besprochen wurde, und bald waren wir in einer Diskussion, die den ganzen Abend dauerte." Dies ist nur ein Beispiel, dass Theologie nicht nur Theorie ist, sondern auch etwas für das Leben gibt.

Ein anderes Seminar, das ich sehr interessant fand und in dem ich gewöhnlich eine große Anzahl Studierender hatte, war ein Seminar über religiöse Randgemeinschaften. Ich behandelte hier kleinere religiöse Gruppen in einer neutralen Weise. Für jede Sitzung hatte ich eine andere Gruppe eingeladen, wie etwa die Zeugen Jehovas, Mormonen, Vereinigungskirche, Hare Krishna usw. Jede Gruppe durfte nicht mehr als vier Vertreter mitbringen und es galten feste Regeln: 30 Minuten konnten sie über Geschichte, Organisation und die Glaubensgegenstände ihrer Gruppe berichten. Weitere 30 Minuten waren für die Diskussion bestimmt, so dass die Studierenden praktische Fragen stellen konnten. Die Vertreter durften keine Literatur verteilen, da dies keine Missionsveranstaltung sein sollte. Aber sie durften Literatur dalassen. Wer wollte, konnte diese nach dem Seminar mitnehmen. Für jede Sitzung hatte sich ein Studierender besonders vorbereitet, der als Experte fungierte. Ich sagte auch im Voraus den Studierenden, dass die Fragen höflich sein sollten und dass dies keine Gelegenheit für sie war, die Vertreter zu überzeugen, was richtig und falsch war.

Nach einer Stunde mussten die Gäste den Raum verlassen. Die Seminarmitglieder konnten dann mit mir weitere 30 Minuten über den Eindruck reden, den die Gruppe gemacht hatte, und sie konnten diese beurteilen. Von Anfang an arbeiteten wir mit drei Kategorien: neue Religionen, Freikirchen und Sekten. Falls die Gäste vermuteten, dass wir sie schlecht machten, konnten sie einen Vertreter für die letzten 30 Minuten im Seminarraum lassen. Aber er oder sie durfte sich nicht erneut in die Diskussion einschalten.

Am Ende der Seminarsitzung redete ich gewöhnlich mit den Gästen und teilte ihnen den Eindruck mit, den sie gemacht hatte. Alle, die ich einlud, waren äußerst dankbar für die Gelegenheit ihren Glauben vorzustellen, vielleicht weil sie dachten, dass ihr Beitrag auch einen missionarischen Charakter hatte. Ich wollte, dass meine Studierenden diese verschiedenen Gruppen in einer neutralen Umgebung kennen lernten, so dass sie zwischen den verschiedenen Gruppierungen unterscheiden konnten und sahen, dass einige dieser Gruppen sehr nahe bei dem traditionellen christlichen Glauben standen, während andere weit davon entfernt waren.

In Deutschland werden meist all diese Gruppen einfach als „Sekten" bezeichnet, während hier die Studierenden lernten, dass für manche diese Bezeichnung zutraf, für andere aber nicht. Obwohl ich diese Veranstaltung alle zwei oder drei Jahre wiederholte, war sie eher die Ausnahme als die Regel.

Meistens befassten sich meine Veranstaltungen mit den verschiedenen Teilen der Dogmatik, wie die Lehre von Gott, der Kirche, den letzten Dingen usw. Eine Veranstaltung, die ich oft wiederholte und die immer auf ein ausgezeichnetes Interesse stieß, war eine Vorlesung mit dem Titel „Einführung in Martin Luthers Leben und Theologie". Mit der Ethik befasste ich mich außer in dem Seminar über die Ehe kaum. Ab und zu hielt ich ein Seminar über Ökologie, aber zur anderen ethischen Themen reichte die Zeit nicht.

Wenn ich an die verschiedenen Veranstaltungen denke, die ich als Vorlesungen anbot, bin ich erstaunt, dass ich darin über 20 verschiedene Themen behandelte. Wie erwähnt, befassten sich die Vorlesungen hauptsächlich mit Dogmatik. Die Seminare, von denen ich eines pro Semester anbot, erstreckten sich über die verschiedensten Themen, wie „Die Befreiungstheologie in Asien und Lateinamerika" (zusammen mit meinem Kollegen Norbert Schiffers von der Religionswissenschaft), „Schrift, Autorität und das Lehramt in den Kirchen heute" (zusammen mit meinen katholischen Kollegen Heinrich Petri) oder „Grundlegende Prinzipien der protestantischen und katholischen Ethik" (zusammen mit meinem katholischen Kollegen Josef Rief). Ich weiß nicht, warum gerade die Veranstaltungen von Josef Rief offensichtlich keine Studenten anzogen. Als ich ihn fragte, ob er mit mir eine Veranstaltung abhalten möchte, zögerte er und schließlich fragte ich ihn: „Befürchten Sie, dass niemand kommen wird?" Worauf er erwiderte „Ich weiß nicht." – Studenten hatten mir das Bonmot erzählt: „Josef rief und keiner kam." – Als wir aber den Veranstaltungsraum für die erste Seminarsitzung betraten, wurden seine Augen immer größer, denn der Raum war bis zum letzten Platz gefüllt. Veranstaltungen, die ich mit anderen Kollegen abhielt, besonders mit Kollegen von der katholischen Fakultät, zogen immer viele Studierende an. Im Allgemeinen waren die Seminare sowieso gut besucht. Über die Jahre veranstaltete ich Seminare zu 28 verschiedenen Themen, denn ich wollte mich nicht zu oft wiederholen.

Für das jährliche einwöchige Seminar in Griechenland, das auch jetzt noch stattfindet, haben wir immer einige einführende Veranstaltungen während des Sommersemesters, damit alles gut läuft. Jedes Jahr habe ich für das Seminar in Zusammenarbeit mit den Kollegen, die sich daran beteiligten, ein anderes Thema ausgewählt. Da die Geographie immer die gleiche war, wollten wir wenigstens den Inhalt der Seminare verändern. Wir haben darum Themen ausgewählt wie „Die Religionen des Altertums und das frühe Christentum", „Die Bedeutung der neutestamentlichen Bilder für die Theologie der Ost- und Westkirchen", „Was hindert Protestanten, Katholiken und Orthodoxe, Altar- und Kanzelgemeinschaft zu haben" oder „Die Bedeutung der Heiligen im Osten und Westen". Natürlich wurden manche der Themen nach einigen Jahren wiederholt. Das Seminar hat zum geistlichen Wachstum von vielen Teilnehmenden beigetragen.

Meine Lehrverpflichtungen waren nicht auf Regensburg begrenzt. Die Universität Passau, die nur etwa 100 km östlich von Regensburg an der Donau gelegen ist, hatte ebenfalls eine Professur in evangelischer Theologie. Als ich in Regensburg anfing, war diese Professur verweist. So fragte mich 1982 Karl-Heinz Pollok, der Präsident diese Universität, ob ich eine zweistündige Lehrveranstaltung dort abhalten könnte, was ich gerne tat. Die Leute in der Kirche waren sehr froh darüber, denn neben der katholischen Fakultät hatten sie jetzt endlich auch einen Professor in evangelischer Theologie. Ich dachte, es wäre eine gute Möglichkeit, einige katholische Studenten in meinen Veranstaltungen zu haben. Aber ich wusste nicht, dass schon damals die katholische Fakultät so wenige Studenten hatte, dass sie gerne evangelische aufnahm, um die Anzahl ihrer Studierenden zu vergrößern, statt eigene in evangelische Lehrveranstaltungen zu lassen. So hatte ich keinen einzigen katholischen Studenten und höchstens eine Hand voll evangelischer, die nett, dankbar und interessiert waren, und so hatten wir eine gute Zeit miteinander.

Als ich dann Dekan unserer Fakultät wurde, hatte ich eine gute Entschuldigung, diese Lehrverpflichtung in Passau aufzugeben und mich allein auf Regensburg zu konzentrieren. Als die Stelle in Passau neu besetzt wurde, war ich in der Berufungskommission, die weitgehend aus Münchner Kollegen bestand. Es war eine ausgemachte Sache, dass der Münchner Bewerber besser war als die anderen, obwohl er die Stelle nur zum „Parken" brauchte, bis er definitiv einen Ruf an eine theologische Fakultät bekam, der damals schon auf dem Weg war. So wurde dann der Zweitplatzierte, für den ich mich einsetzte, da ihn die Studenten bevorzugten, schließlich nach Passau berufen. Ich wusste aber damals nicht, dass die Stelle in Passau im Zuge der Sparmaßnahmen abgeschafft werden würde. So wurde der Kollege von dort später gegen seinen Willen nach Regensburg versetzt, um mein Nachfolger zu werden.

4. Ausbildung zukünftiger Führungskräfte für die weltweite Kirche

Ich habe mir meine Aufgaben oder Verpflichtungen an der Universität niemals leicht gemacht. Aber es gab eine Sache, die mir besonders am Herzen lag, nämlich junge Menschen für die weltweite Kirche auszubilden, so dass sie dann zu Hause führende Stellungen in ihren theologischen Institutionen einnehmen konnten. Viele der Absolventen aus Regensburg wurden Professoren und Dekane und einer sogar Bischof. Mehr als 30 ausländische Studierende haben bis jetzt bei mir promoviert und lehren in verschiedenen Ländern. Wie zwei meiner ehemaligen Assistenten, David Ratke und Mark Worthing, über mich schrieben: „Studierende arbeiteten unter ihm aus Deutschland, den USA, Australien, Kanada, Indien, den Philippinen, Litauen, Burma, Hongkong, Slowakei, Rumänien, der Ukraine und Kamerun, die aus verschiedenen konfessionellen Prägungen kamen (Orthodoxe, Lutheraner, Methodisten, Presbyterianer, Anglikaner, Baptisten und Pfingstkirchen). So waren die Oberseminare für Doktoranden oft wie ein Tagungsraum der Vereinten Nationen und manchmal machten die verschiedenen Sprachen und die kulturellen und konfessionellen Barrieren den Dialog genauso herausfordernd!"[19] Vielleicht war es für sie eine Herausforderung, aber mir machte es Spaß. Ich habe viel dazugelernt und bin wesentlich weicher geworden, ohne dass ich die akademischen Standards herabgesetzt hätte.

Alle meine Doktoranden lernen und schätzen die lutherische Theologie, während sie ihrer eigenen konfessionellen Tradition treu bleiben. Wenn sie in ihre Heimat zurückkehren, scheint die Zeit, die sie bei mir verbrachten, eine besondere Anziehungskraft zu haben. Sie kamen nach Regensburg und schätzten ihren Aufenthalt hier. Sie erzählten anderen davon, die dann auch nach Regensburg kamen. Besonders die Koreaner scheinen ein ganzes Netzwerk gesponnen zu haben.

Aber ich verlangte zwei Dinge: Zunächst muss jeder die Deutschprüfung bestehen. Vor Jahren war es nur in der Fakultät für Sprache und Literatur erlaubt, eine Dissertation auch in einer Fremdsprache zu schreiben. Da meine Doktoranden jedoch aus Ländern wie Indien kamen, wo man das Englische ausgezeichnet beherrscht, gelang es mir, für unsere Fakultät diese Voraussetzungen zu ändern. So kann man wie auch in den anderen geisteswissenschaftlichen Fächern eine Dissertation in einer Fremdsprache schreiben.

---

19 David Ratke und Mark Worthing, „Foreword", in *Glaube und Denken. Theologie zu Beginn des 3. Jahrtausends im Globalen Kontext – Rückblick und Perspektiven. Sonderband 1999. Anlässlich des 60. Geburtstages von Hans Schwarz*, hg. v. David C. Ratke (Frankfurt a.M. 2000), 5.

Warum bestand ich dann aber trotzdem darauf, dass sie Deutsch lernten? Ohne Kenntnis des Deutschen würden die Studierenden kein deutsches Buch aufgreifen und nur englische Literatur lesen. Aber wenn sie Deutsch können, ist ihnen die deutsche Literatur zugänglich. Zweitens müssen sie als besondere Voraussetzung für eine Promotion in evangelischer Theologie auch drei Hauptseminare in einem anderen Fach erfolgreich besuchen. Ich will keine Spezialisten mit Scheuklappen ausbilden. Systematiker müssen einen weiten Horizont haben. Dies gilt auch für die mündliche Prüfung, das Rigorosum. Nachdem dieses abgeschafft wurde und jetzt dafür eine Disputation verlangt wird, sind meine Anforderungen dieselben. Ich habe für diese Prüfung immer Gebiete herausgesucht, die die Kandidaten kennen sollten, auch wenn sie nicht darauf spezialisiert waren.

Das Gleiche gilt für mein wöchentliches Oberseminar, das hauptsächlich auf Deutsch durchgeführt wird (manchmal auch auf Englisch) und an dem jeder, also die Doktoranden und die Master-Studenten, verpflichtet ist, teilzunehmen, nachdem er oder sie die Deutschprüfung bestanden hat. In der offiziellen Prüfungsordnung für evangelische Theologie wird verlangt, dass man drei Hauptseminare in der Theologie erfolgreich bestanden hat. Aber ich biete dieses Seminar für alle Kandidaten jedes Semester an.

Der Grund dafür ist ein zweifacher: Zunächst sollen solche Seminare die Interaktion zwischen den Doktoranden fördern und zweitens sollen sich die Studierenden dabei Kenntnisse aneignen, die sie als zukünftige Lehrer in der systematischen Theologie haben sollten. Ich legte mein Augenmerk dabei besonders auf die Theologie und Theologen der letzten zwei Jahrhunderte, aber nicht auf Deutschland begrenzt. Auch afrikanische und asiatische Theologen und Theologien werden hier behandelt. Meistens lesen wir Primärliteratur, wenn auch oft in Übersetzung, und keine Sekundärliteratur. Selten habe ich das gleiche Thema wiederholt. Über die Jahre haben wir mehr als 20 Themenbereiche behandelt. Entweder verschaffen wir uns aus Primärquellen einen Überblick über die Geschichte der Theologie oder wir befassen uns mit einem einzelnen Theologen

Dienst an der einen Kirche

wie zum Beispiel Adolf von Harnack im Wintersemester 2006/07. Manchmal widmen wir ein ganzes Semester einem einzigen Band. Als zum Beispiel Wolfhart Pannenbergs *Systematische Theologie* veröffentlicht wurde, verbrachten wir je ein Semester mit jedem der drei Bände. Ich wage zu behaupten, dass nirgendwo in Deutschland seine *Systematische Theologie* sorgfältiger als in Regensburg gelesen worden ist.

Dies zeigt auch, was mir an solch einem Doktorandenseminar wichtig ist: Ich will nicht, dass dabei die Studenten über ihre eigene Arbeit berichten und welche Fortschritte sie machen. Dies ist dem privaten Gespräch zwischen ihnen und mir vorbehalten. Im Seminar will ich mich mit Dingen befassen, von denen ich denke, dass sie diese kennen lernen sollten. Jeder Student kommt zu jeder Sitzung vorbereitet und einer der Studenten, der sich auf dem Seminarplan dafür eingetragen hat, gibt eine kurze Einführung in den gelesenen Text, was nicht mehr als 20 Minuten dauern soll. Die übrigen 70 Minuten wird der Text sorgfältig diskutiert. Wie mir Binsar Nainggolan aus Indonesien sagte: „Diese Doktorandenseminare waren für mich ertragreicher als das Schreiben der Dissertation." Ich weiß nicht, ob das wahr ist, aber es war gut, solch einen positiven Kommentar zu hören.

Bei ihrer Dissertation sollen sie zeigen, dass sie ein bestimmtes Gebiet selbstständig untersuchen und dabei theologisch denken können. Es macht immer Spaß zu sehen, wie diese Doktoranden über die Jahre in ihren Fähigkeiten reifen und lernen sorgfältig zu urteilen. Ich gebe ihnen immer ein Thema, von dem ich denke, dass es ihnen und ihrer Kirche zu Hause nützlich sein kann. Ich habe niemals ein Thema gegeben, das für meine eigene Arbeit etwas brächte. Ich kann meine eigene Forschung betreiben. Ich verfolge genau den Fortgang einer Arbeit und lese gewöhnlich jedes Kapitel, sobald es vorliegt.

Nur Hla Aung aus Burma (jetzt Myanmar) war eine Ausnahme. Er gab mir immer zwanzig Seiten, ungeachtet, wo die zwanzig Seiten endeten. Dadurch hatte ich natürlich keine Ahnung, wie sich seine Arbeit wirklich entwickelte. Dies ging eine Weile weiter und dann bat ich ihn, mir das ganze Kapitel zu geben, damit ich sehen konnte, wo der Zusammenhang ist. Auch muss mir jeder Kandidat seine Arbeit zur Durchsicht geben, ehe sie offiziell eingereicht wird. Ich möchte einfach vermeiden, dass es ein Unglück gibt. Dasselbe trifft auch für Studierende zu, die Religionsunterricht erteilen wollen, wenn sie ihre Zulassungsarbeit unter meiner Anleitung schreiben wollen.

Wenn jemand zu mir kommt und weiß genau, über welches Thema er oder sie die Dissertation schreiben will, dann versuche ich gewöhnlich, ihn oder sie in die Richtung zu lenken, von der ich denke, dass es am nützlichsten für den Verfasser wäre. Manchmal kann so eine Änderung sehr gute Frucht bringen sein. Zum Beispiel wollte Mark Worthing, einer meiner früheren Assistenten, über ein Thema schreiben, von dem ich dachte, dass es schon sehr oft bearbeitet wurde. So lenkte ich ihn in eine andere Richtung. Siehe da, als er seine Dissertation mit *summa cum laude* beendet hatte, wurde sie von Fortress Press in den USA als *God, Creation, and Contemporary Physics* (1996; Gott, Schöpfung und die gegenwärtige Physik) veröffentlicht und sie bekam sogar einen Templeton Preis.

Aber es kann auch in eine andere Richtung gehen. Wenn jemand wirklich darauf besteht, über ein bestimmtes Thema zu arbeiten, gebe ich schließlich nach und lasse es zu. Zum Beispiel bestand mein erster Assistent Craig Nessan darauf, über die Befreiungstheologie zu schreiben. Ich wollte das verhindern, nicht weil ich gegen die Befreiungstheologie gewesen wäre, sondern weil ich besorgt war, dass dieses Thema ihn abstempeln würde und er dann Schwierigkeiten hätte, eine Stelle an einem lutherischen Seminar in den USA zu bekommen. Aber er bestand darauf und so sagte ich zu ihm: „Ich habe nur eine Bedingung, wenn Sie über Befreiungstheologie schreiben wollen: Es muss eine gute Dissertation werden!" Und sie wurde gut, denn sie wurde in der *Academy Series* der *American Academy of Religion* veröffentlicht als *Orthopraxis or Heresy. The North American Theological Response to Latin American Liberation Theology* (1989; Orthopraxis oder Häresie. Die nordamerikanische theologische Antwort auf die lateinamerikanische Befreiungstheologie).

Anna Madsen, meine letzte Assistentin, wollte auch unbedingt über ein von ihr ausgewähltes Thema arbeiten, und wieder war meine Ermahnung: „Aber Ihre Arbeit muss dann gut sein!" In der Tat war ihre Arbeit gut und sie wurde mit dem Titel *Theology of the Cross in Historical Perspective* (2006; Theologie des Kreuzes in historischer Perspektive) von Pickwick in der *Distinguished Dissertation in Christian Theology Series* veröffentlicht.

Die enge Betreuung der Doktoranden hat dazu geführt, dass es bisher keinen einzigen Misserfolg gab. Wenn das erste Kapitel annehmbar ist, dann gelangen die Studien früher oder später zu einem positiven Ende. Natürlich gab es auch einige Studierende, die ihre Studien abbrachen. Aber das ereignete sich immer im ersten Jahr. Da war zum Beispiel ein Student, der im Sommer kam, um bei mir zu arbeiten. Als ich im Spätsommer von einer Vortragsreise zurückkam, war er schon wieder verschwunden.

Wenn die Promotion abgeschlossen ist, veranstalten meine Frau und ich eine große Feier bei uns zu Hause, wenn das Wetter mitmacht, in unserem Garten. Der neue Doktor und seine oder ihre Familie werden eingeladen zusammen mit allen anderen Doktoranden und ihren Familien. Aber es gibt dabei noch eine Prüfung: Gewöhnlich haben wir ein kleines Fass Bier, das der neue Doktor anzapfen muss. Wir machen dann ein schönes Essen. Meine Frau Hildegard hat eine wirkliche Gabe, Essen vorzubereiten, das auch Ausländern schmeckt.

Ich erinnere mich, als wir Mark und Kathy Worthing in Adelaide besuchten, dass Kathy drei Desserts für uns zubereitet hatte, denn, wie sie sagte: „Frau Schwarz macht auch immer mehrere Nachtische." Wenn wir diese Feier für den neuen Doktor am späten Nachmittag und Abend veranstalten, halte ich gewöhnlich eine kurze Ansprache und der neue Doktor oder die Doktorin antwortet darauf ebenfalls mit ein paar Worten. Es werden Geschenke ausgetauscht für den Professor, die Sekretärin und, als ich noch den Lehrstuhl hatte, den Assistenten. Wenn die Doktoranden zu uns nach Hause eingeladen sind, gibt es bei uns ein ungeschriebenes Gesetz, dass sie keine Geschenke mitbringen dürfen, denn sie haben gewöhnlich wenig Geld. Wenn jedoch das Studium abgeschlossen ist, gilt dieses Gesetz nicht mehr. Aber der neue Doktor bekommt auch ein Geschenk von mir.

Warum geben sie auch der Sekretärin ein Geschenk? Frau Ferme, die bis 2012 Sekretärin am Lehrstuhl war, war der tatsächliche Dreh- und Angelpunkt all dieser Aktivitäten. Sie kümmerte sich um die Studierenden, besonders um die ausländischen. Sie rief das Ausländeramt an, um sicherzugehen, dass die Studierenden eine Aufenthaltserlaubnis bekommen oder diese verlängert wird. Sie überprüfte die Stipendien oder rief bei den Stipendiengebern an, wenn außergewöhnliche finanzielle Belastungen auf den Doktoranden zukamen. Sie half ihnen bei Computerproblemen und beim Formatieren ihrer Arbeit. Viele Jahre gaben die Studenten zuerst dem Assistenten jedes Kapitel oder einen Teil ihrer Arbeit. Er schrieb dann seine Bemerkungen darauf und gab sie wieder zurück. Nachdem die Verbesserungen getätigt waren, wurde mir das Stück der Arbeit vorgelegt. Da die Autorität eines Assistenten oft von den Doktoranden infrage gestellt wurde, wenn sie unser System noch nicht kannten, hat mich mein Assistent immer informiert, was er den Doktoranden gesagt hatte. Somit ist ein ganzes Team, und nicht nur der Professor, an dem beteiligt, was schließlich zu einer Promotionsfeier führt.

An jedem Weihnachtsfest schreibe ich einen Rundbrief an die ehemaligen Doktoranden und Freunde des Lehrstuhls von ungefähr 5-8 Seiten. Ich berichte, was sich an unserem Institut im vergangenen Jahr ereignet hat und, soweit ich es weiß, was sich im Leben der ehemaligen Doktoranden ereignete. Eine Liste der ehemaligen Doktoranden mit ihren Adressen wird angehängt sowie eine Liste meiner Veröffentlichungen im zu Ende gehenden Jahr. So können alle Interessierten am Leben des Instituts teilnehmen.

Aber wie können es sich junge Männer und Frauen aus solchen Ländern wie Myanmar, den Philippinen oder Rumänien leisten, in Regensburg zu studieren? Die deutschen Universitäten haben keine Stipendien für Ausländer. Wenn jemand sich hier bewarb und für sein Studium eine Finanzierung brauchte, kontaktierte ich gewöhnlich das diakonische Werk in Stuttgart, das die Stipendien des

Lutherischen Weltbundes und des Weltkirchenrates verwaltet. Ich hatte immer ein gutes Verhältnis zu Stuttgart und viele meiner Doktoranden bekamen von dort ein Stipendium. Manchmal hat auch das Missionswerk der lutherischen Kirche in Bayern in Neuendettelsau ausgeholfen. Ich hatte ausgezeichnete Verbindung mit Direktor Horst Becker und auch mit seinem Nachfolger Dr. Hermann Vorländer. In einem Grußwort schrieb Dr. Vorländer: Ich gratuliere Professor Hans Schwarz „zu dieser einzigartigen Schülerschaft herzlich. ... Die von Ihnen betreuten Arbeiten spiegeln ein breites Spektrum wissenschaftlicher Theologie wieder, die ihresgleichen sucht. Das Institut für Evangelische Theologie der Universität Regensburg genießt dadurch ein hohes internationales Ansehen. ... Viele Hochschullehrerinnen und Hochschullehrer sind aus Ihrer ‚Regensburger Schule' hervorgegangen, die nun überall in der Welt tätig sind. Sie leisten wichtige Beiträge für die Ausbildung von Pfarrerinnen und Pfarrern, Religionslehrerinnen und Religionslehrern und fördern die Entwicklung von kontextuellen Theologien."[20]

Aber die wichtigste Quelle für Stipendiengelder konnte ich hier in Regensburg an Land ziehen. Da Regensburg einst eine protestantische Stadt war, sind zwei große protestantische Stiftungen geblieben, die Evangelische Wohltätigkeitsstiftung und die Protestantische Alumneumsstiftung. Als ich 1981 nach Regensburg kam, wurde Erstere von Ulrich Landskron geleitet und die andere von Gottfried Pfeiffer (1920–2012). Bald hatte ich einen engen Kontakt mit beiden und bewegte sie dazu, den Studenten aus Übersee zu helfen. Diese Stiftungen wurden vor Jahrhunderten errichtet, um in Not geratene Protestanten in Regensburg zu unterstützen. Da die Studenten zumindest Protestanten waren (wir haben es nicht besonders betont, wenn einige davon orthodox waren), war das erste Kriterium erfüllt. Da sie während ihres Studiums auch in Regensburg lebten, erfüllten sie auch das zweite Kriterium.

So ergab sich eine segensreiche Partnerschaft: Die Evangelische

---

20 Hermann Vorländer, „Grußwort", in Anna M. Madsen, Hrsg., *Glaube und Denken. Die Bedeutung der Theologie für die Gesellschaft.* Sonderband 2004. Festschrift für Hans Schwarz zum 65. Geburtstag (Frankfurt a.M. 2004), 17.

Wohltätigkeitsstiftung konnte uns mit Stipendiengeldern versorgen und die protestantische Alumneumsstiftung hat zwei Studentenheime – die Universität selbst hat keine eigenen Studentenheime – und konnte uns deshalb Freiplätze in einem Heim und die Krankenversicherung vermitteln. Über die Jahre haben wir das zu sechs Stipendien pro Jahr ausgebaut. Um ein Stipendium zu bekommen, verlangte ich von den Studierenden, dass sie von ihrer Heimatskirche empfohlen wurden, um sicherzugehen, dass die Kirche auch ein wirkliches Interesse an der Weiterbildung dieses Menschen hatte. Ich bekam auch die Zusicherung, dass diese Person nach Abschluss der Studien wieder in ihr Heimatland zurückgehen würde. Glücklicherweise hat sich dieses System für jeden Kandidaten, der Hilfe brauchte, als hilfreich erwiesen. So bin ich wirklich Ulrich Landskron und seinem Nachfolger Dr. Helmut Reutter sowie Gottfried Pfeiffer und Michael Kraus sehr dankbar, dass sie mithalfen und jetzt noch helfen, diese jungen Leute für Führungspositionen in ihren jeweiligen Kirchen auszubilden. Rechnet man die deutschen Doktoranden und Doktorandinnen dazu, so haben über vierzig Leute bei mir promoviert. Die große Mehrheit kommt aus Asien, aber wir haben in der ganzen Welt Alumnen, die in verschiedenen theologischen Institutionen arbeiten und gestandene Theologen geworden sind.

    Ausländische Studenten auszubilden, kostet viel mehr Zeit als mit deutschen zu arbeiten. Es beginnt mit dem Bewerbungsprozess. Gewöhnlich sandte meine Sekretärin dem Doktoranden einen Bewerbungsbogen und bat ihn, diesen direkt an uns zurückzusenden – und nicht an die Universitätsverwaltung. Damit wollten wir sichergehen, dass die Bewerbungsunterlagen richtig ausgefüllt waren. War etwas nicht richtig, dann korrigierte ich den Bewerbungsbogen oder fragte den Bewerber um Details, wenn eine Sache unklar war. Dann kamen die Finanzen. Wenn ein Stipendium notwendig war, mussten wir zusehen, dass eines zur Verfügung stand. Einmal im Jahr hielt ich mit den Direktoren der zwei Stiftungen, einem Heimleiter und einem weiteren Kollegen aus dem Institut, mit dem ich auch die Stipendien teile, eine Sitzung in meinem

Dienst an der einen Kirche

Arbeitszimmer in der Universität ab. Dabei besprachen wir den Fortschritt der einzelnen Stipendiaten und, wenn ein Stipendium offen ist, wer das nächste bekommen wird. Wenn wir dann ein Stipendium haben, baten wir die Protestantische Alumneumsstiftung, ein Zimmer in einem ihrer Heime bereitzuhalten, denn Zimmer sind meistens rar. Bei der Alumneumsstiftung hatten wir immer Priorität und den Vorteil, dass alle unsere Doktoranden in einem von zwei Heimen untergebracht sind. Dies förderte den Kontakt zwischen den Studierenden. Die nächste Hürde ist das Ausländeramt der Stadt, das entscheidet, ob ein Kandidat ein Visum bekommt. Auch hier ist oft ein Telefonanruf nötig, damit eine Unklarheit beseitig wird. Dann kommt der Deutschkurs. Über die Jahre haben wir immer gute Verbindung zu dem Institut „Deutsch für Ausländer" an der Universität gehabt. Wenn es einmal nicht so gut mit der Sprache ging, dann haben sie uns auch einmal angerufen und uns das Problem erklärt. Sie haben sogar manchmal mit zusätzlichen Nachhilfestunden ausgeholfen.

Für Ausländer gibt es zwei Möglichkeiten, an einer deutschen Universität zu studieren. Entweder sie machen alles allein, wie es die meisten deutschen Studierenden tun, mit dem Ergebnis, dass die Abbruchsrate sehr hoch ist, denn sie sind nicht an unser deutsches System gewöhnt. Die andere Möglichkeit, die ich bevorzuge, ist, dass man ihre Begleitperson ist und ihnen hilft, wann immer es nötig ist. Das bezieht sich auch auf das Verfassen ihrer Dissertation. Ich will jeden Studierenden regelmäßig sehen, damit ich ein Problem entdecken kann, solange es noch klein ist.

Zum Beispiel sagte mir einer meiner Doktoranden im Mai eines Jahres, dass er nach Hause zurückkehren würde. Als ich nach dem Grund fragte, informierte er mich zu meiner Überraschung, dass er schon seit Februar nicht mehr in der Mensa gegessen hatte, denn dies wäre für ihn zu teuer. Dabei sind die Preise in der Mensa für Studierende wirklich niedrig. Aber jetzt hatte er überhaupt kein Geld mehr und wollte nach Hause. Dieser Doktorand und seine Frau hatten mich immer als sehr aufrichtige und fleißige Leute beeindruckt. Ich sagte: „Nun, warten Sie noch etwas. Ich will sehen, ob ich irgendwo ein Stipendium für Sie bekomme." Ich ging zu Ulrich Landskron und beschrieb ihm die schwierige Situation, in der dieser Doktorand war. Ulrich Landskron erwiderte: „Ich habe noch etwas Platz in meinen Budget und als Ausnahme werde ich ihm helfen." Der Student und seine Frau blieben. Er beendete seine Promotion mit großem Erfolg und ist jetzt zurück in seiner Kirche, wo er als Pastor an der größten Gemeinde der lutherischen Kirche in Korea dient und gleichzeitig auch an der lutherischen Universität lehrt. Ich meine es sehr wörtlich, wenn ich mich als Doktorvater bezeichne. Manchmal habe ich sogar für Doktoranden eine Hochzeit gehalten, und die Frau eines Doktoranden sowie mehrere Kinder getauft.

Da war zum Beispiel Lawrence Chellaian aus Südindien, der einer meiner ersten Doktoranden war. Ich taufte seinen Sohn Felix in der Kreuzkirche in Regensburg. Er hatte so viele seiner Freunde zur Taufe eingeladen, dass die Kirche an diesem Sonntag besser besucht war als am Heiligen Abend, wie Pfarrer Distler heute noch voll Stolz erzählt. Er war ein sehr fleißiger Student, der in all meinen Veranstaltungen saß und umfangreiche Notizen machte. Wenn ich ihn nach dem Fortschritt seiner Dissertation fragte, versicherte er mir immer, dass alles gut vorangehe. Wenn ich zu ihm sagte, er sollte mir einen Teil seiner Arbeit geben, war seine Antwort gewöhnlich: „Ich arbeite an allen Kapiteln zur gleichen Zeit und keines ist ganz fertig." Die Zeit verging und ich wurde immer ungeduldiger, denn ich hatte noch keine einzige Seite seiner Dissertation gesehen. Er bemerkte dies auch und eines Tages sagte er mir, dass er nach Indien zurückkehren und seine Arbeit zu Hause beenden wolle, da er und seine Familie schon eine beträchtliche Zeit in Deutschland zugebracht hätten. Jetzt war auch das Geld vom diakonischen Werk zu Ende. Aber ich erinnerte mich an das, was Helmut Thielicke mir vor vielen Jahren gesagt hatte: „Wenn ein Doktorand zu mir sagte, er würde heimgehen, um zu Hause seine Dissertation zu beenden, dann war das gewöhnlich das Letzte, was ich von ihm und seiner Dissertation hörte." Lawrence war ein zu guter Student, um dieses Schicksal zu teilen.

Ich sagte zu ihm sehr deutlich: „Nein! Jetzt möchte ich zuerst Ihre Arbeit sehen." Er versuchte sich herauszuwinden, aber ich gab nicht nach und er gab mir schließlich, was er bis jetzt geschrieben hatte. Ich las es durch und in der Tat war keines der Kapitel vollständig. Aber insgesamt war nicht mehr viel zu tun, um das ganze Projekt abzuschließen. Deshalb sagte ich zu ihm an jenem Tag, es war ein Freitagmorgen: „Hier sind die Schlüssel zu meinem Büro. Da ist auch ein Couch, wenn Sie etwas Ruhe brauchen. Und hier sind die Schlüssel zum Büro meiner Sekretärin, wo Sie den Computer und die Kaffeemaschine benutzen können. Und hier ist der Schlüssel zu diesem Gebäude der Universität. Am Montagmorgen bin ich um 8:00 Uhr hier und bis Mittag ist die ganze Arbeit fertig."

Als ich am Montag hereinkam, hatten Lawrence und seine Frau Malar rote Augen, denn sie hatten das Wochenende durchgearbeitet. Aber die Arbeit war vollendet. Welch eine Erlösung für Lawrence und seine Frau und auch für mich! Nun ist er ein hoch angesehener Lehrer, der schon in Jamaika, in Südindien und in Sri Lanka gelehrt hat. Ich war von seiner Arbeit so beeindruckt, dass ich für ihn sogar beim *Deutschen Akademischen Austauschdienst (DAAD)* eine Gastprofessur in Regensburg für ein Jahr beantragte und auch bewilligt bekam. Was für eine Tragik wäre es gewesen, wenn die Erfahrungen Thielickes bei Lawrence zugetroffen hätten!

Aber es gab noch ein interessantes Ereignis mit Lawrence. Wie viele meiner früheren Doktoranden stand auch er mir sehr nahe. Eines Jahres, als ich eine ausführliche Vortragsreise durch Indien unternahm, kam er am letzten Tag auf mich zu und fragte, ob ich auch seine Tochter Felicitas taufen würde. Ich sagte: „Jetzt ist es zu spät, aber ich werde in einigen Jahren zurück sein und dann würde ich das gerne tun." Er antwortete: „Ich werde warten." In der Tat, als ich zwei Jahre später zu einer weiteren Vortragsreise nach Indien zurückkam, taufte ich Felicitas. Neben unseren eigenen drei Kindern und ihren Familien werden die ehemaligen Doktoranden als unsere erweiterte Familie von mir und meiner Frau Hildegard betrachtet. So war ich nicht überrascht, dass sich 1999 zu meinem 60. Geburtstag alle wieder in Regensburg versammelten.

Zu meinem 70. Geburtstag interviewte mich Helmut Wanner von der *Mittelbayerischen Zeitung*. Das Folgende sind Auszüge aus seinem Artikel, der am 1. März 2009 unter dem Titel erschien „Wer von Schwarz kommt, ist okay":

Prof. Hans Schwarz hat 40 Kinder auf der ganzen Welt und steht dazu. Er ist ihr Doktorvater ... Die Bayernhymne und das Lutherbild hält im Arbeitszimmer des Theologieprofessors ein gemeinsamer Aufhänger. Schwarz ist Protestant und Bayer. Das steht gut zusammen und wird akzeptiert ... In einem weltumspannenden Netzwerk der Theologie ist der Knotenpunkt das Schwarz'sche Haus am Hohen Sand. „Sie glauben gar nicht, wer sich schon alles in mein Gästebuch eingetragen hat." Kollegen aus aller Welt logierten bei ihm. Als Doktorvater ist es für ihn selbstverständlich, dass „die Kinder" bei ihm zu Hause ihren Doktortitel feiern. Der große Flügel steht zu ihrer Verfügung. Sie haben ja in Deutschland kein Zuhause. Ihre Heimat ist weit weg – in Myanmar, in Korea, in Indien, auf den Philippinen oder sonstwo in Osteuropa, in Afrika ... Prof. Schwarz nimmt den Titel Doktorvater wörtlich. Seit er denken kann, sammelt er für die angehenden Theologen aus armen Ländern Gelder ein. „Ein Leben lang habe ich gebettelt." Er begleitet sie mit väterlicher Güte und zuweilen auch Strenge bis zum akademischen Gipfel. ... Zu einem Doktorvater gehört eine Doktormutter. Seine Frau Hildegard hat die Gäste bekocht, als sie jünger war. Jetzt lassen sie was kommen und sie macht den Nachtisch. „Meine Hildegard hat ein warmes Herz. Sie hat noch nie gesagt, du spinnst, wenn ich sage, ich zahle einem Studenten den Flug."
Er hat den theologischen Nachwuchs gepflanzt und begossen, damit Kirche wachsen kann. Aus Doktoranden wurden Professoren. Auch ein Bischof ist dabei. Jeden hat er schon in seiner Heimat besucht ...

Da viele meiner ehemaligen Doktoranden jetzt in ihrer Heimat lehren, vermehrten sich die Anfragen, sie zu besuchen und Vorträge in ihren Heimatinstitutionen zu halten von Jahr zu Jahr.

Dienst an der einen Kirche

Praktisch jedes Jahr war ich zu einer längeren Vortragsreise in verschiedenen Ländern unterwegs, besonders in Asien. Aber dies war keine Einbahnstraße. Die ehemaligen Studenten und andere Kollegen haben zahlreiche Besuche bei uns in Regensburg gemacht. Manchmal ergaben sich daraus Gastprofessuren oder sie verbrachten einen Teil ihres Freijahres an unserer Universität.

Ich erwähnte schon Lawrence Chellaian, der für ein Jahr in Regensburg Gastprofessor war. Mein guter Freund Jim Schaaf vom *Trinity Seminary* in Columbus war der Erste, den ich schon 1982 einlud, nach Regensburg zu kommen. Dies hatte auch seinen Grund in der Tatsache, dass ich seiner Verwaltung zu Hause zeigen wollte, dass er gut genug war, an einer deutschen Universität zu lehren. Es war wunderbar, ihn in Regensburg zu haben. Schließlich kam die ganze Familie, seine Frau Phyllis und seine zwei Töchter, und ich war froh zu sehen, wie die Töchter ihren Vater bewunderten.

Ein anderer Gastprofessor war E. C. John, der ehemalige Rektor des *United Theological College* in Bangalore, Indien, der ein Semester in Regensburg verbrachte, zum Teil für Forschung zum Teil auch, um zu lehren.

Der Erste, der einen Teil seines Freijahres in Regensburg verbrachte, war der Mennonit Jim Reimer von dem *Conrad Grebel University College,* das mit der Universität von Waterloo in Kanada verbunden ist. Neben denen, die eine längere Zeit hier in Regensburg verbrachten, sollte ich nicht die vergessen, die eingeladen wurden, um hier Vorträge zu halten. Als ich nach Regensburg kam sagte mir der Kanzler der Universität Hans-Hagen Zorger, dass interdisziplinäre Kontakte und Verbindungen zur katholischen Fakultät von mir erwartet würden. So verhandelte ich mit ihm und bekam Geld für drei Vorträge pro Jahr. Dies ermöglichte mir, viele Kollegen aus allen Teilen der Welt einzuladen – von Hawaii bis Australien –, wobei ich natürlich auch Europa und die USA nicht vergaß.

Oft habe ich Kollegen von der katholischen Fakultät eingeladen, mit mir zusammen einen Gastvortrag zu veranstalten. Dies bedeutete, dass wir den Vortrag auf die Zeit ihrer Lehrveranstaltung legten und damit eine größere Zuhörerschaft hatten, als wenn ich den Vortrag allein veranstaltet hätte. Einer der prominentesten Gäste, den wir über die Jahre hatten, war der Leitende Bischof der evangelischlutherischen Kirche in Tansania, Dr. Sebastian Kolowa († 1992), ein Alttestamentler. Wir arrangierten für ihn auch einen Empfang beim Oberbürgermeister von Regensburg, Friedrich Viehbacher, im historischen Kurfürstenzimmer des alten Rathauses. Sein Vortragsthema im November 1986 war „Die Kirche in einem sozialistischen Land in Afrika". Unter Präsident Julius Nyrere (1922–1999) wurde Tansania immer sozialistischer und fast alle Schulen, die einst von der Kirche verwaltet worden waren, wurden verstaatlicht. Bischof Kolowa versuchte uns zu zeigen, wie Kirche und Staat in einer Art Partnerschaft zusammenarbeiten können, um die Zukunft des Landes voranzutreiben.

Andere Gäste waren Robert Scharlemann von der Universität von Virginia, der über „Glaube an Gott und das Verstehen des Seins" redete, und Gnana Robinson von Südindien, während er als Gastprofessor in Soest weilte. Richard Crouter vom *Carlton College* in Nordfield, Minnesota, zusammen mit seiner Frau Barbara, war auch einer unserer Gastredner und sprach zu unseren Studenten über „Robert Bellah und die Diskussion über die Zivilreligion".

Sein Besuch hatte noch einen anderen Grund. Als 1994 die *Zeitschrift für neuere Theologiegeschichte* vom Verlag Walter de Gruyter in Berlin herauskommen sollte, war geplant, dass das Herausgeber-Gremium aus drei deutschen Kollegen bestehen sollte. Ich erwähnte zu Hasko von Bassi, der damals für die Theologie im Verlag zuständig war, dass dies eine sehr unglückliche Wahl sei, da Amerikaner nicht an einer Subskription einer solchen Zeitschrift interessiert wären, wenn die Herausgeberschaft nur in deutscher Hand läge. Stattdessen schlug ich Richard Crouter als mögliches Mitglied des Herausgeber-Gremiums vor. Hasko von Bassi ließ sich darauf ein und so wurden Richard Crouter und zwei deutsche Kollegen die Herausgeber der neuen Zeitschrift. Die Folge war, dass unsere *19th Century Theology Group* der *AAR* diese Zeitschrift als ihre offizielle Veröffentlichung übernahm und ihre Mitglieder einen Nachlass auf ihre Subskription bekamen.

Dienst an der einen Kirche

Da die Universität kein Gästehaus hatte, in dem Professoren übernachten konnten, wenn sie einen Vortrag hielten, bescheinigte mir der Kanzler, dass ein Zimmer in unserem Haus offiziell zum Gästezimmer bestimmt werden konnte, wo wir Kollegen unterbringen konnten, die hier forschten oder auf andere Weise an unserem Institut beschäftigt waren. Bis weit über meine Pensionierung hinaus haben wir dieses Zimmer für Gäste aus verschiedenen Teilen der Welt freigehalten und die deutsche Steuerbehörde hat auch zugestimmt, dass die Ausgaben für dieses Zimmer bei der Steuer berücksichtigt werden konnten. Wenn meine Sekretärin, Frau Ferme, gefragt wurde, wo die Gäste, die ihr Kommen angekündigt hatten, übernachten würden, dann sagte sie gewöhnlich: „Wieder im Hotel Schwarz!" Menschen von allen Teilen der Welt als Gäste zu haben, war immer eine bereichernde Erfahrung, obwohl meiner Frau Hildegard auch ein großes Kompliment gemacht werden muss, denn sie zögerte niemals, die Gastfreundschaft auf Menschen auszudehnen, die sie nicht einmal kannte. Mönche und Äbte, Universitätspräsidenten und Dekane und natürlich viele Kollegen und manchmal auch Doktoranden waren Übernachtungsgäste in unserem Haus. Durch diese verschiedensten Verbindungen ergaben sich dann auch für mich Einladungen, nicht nur zu Vorträgen, sondern auch um interessante Tagungen zu besuchen.

Ich möchte nur einige der besonders erwähnenswerten Tagungen nennen, die ich besuchen durfte: Das erste war ein Symposion mit dem Thema „Die Theologie des Weltraums", das in Melbourne, Florida, im April 1982 stattfand, gerade ein Jahr nachdem ich nach Deutschland zurückgekehrt war. Einer meiner ehemaligen Studenten, John Merz, ein Spätberufener, hatte anfänglich große Schwierigkeiten mit der akademischen Arbeit am *Trinity Seminary*. Wie oft, wenn ich von den Fähigkeiten eines Studenten überzeugt war, setzte ich mich für ihn in der Fakultätssitzung ein, denn man wollte ihn wegen seiner schlechten akademischen Zensuren entlassen. Die Kollegen gaben nach und langsam aber sicher wurden seine Noten besser und er schloss mit guten Zensuren ab.

John Merz war Pastor an der *Trinity Lutheran Church* beim Kennedy Weltraumzentrum in Titusville, Florida. Er wollte ein Symposion veranstalten über etwas, das mit der Weltraumforschung zu tun hatte, denn er war überzeugt, dass dieses Gebiet auch theologische Fragen aufwarf. Die Abteilung für theologische Ausbildung der *ALC* stimmte seinem Vorschlag zu und unter ihrem Direktor Walt Wietzke kam das Symposion zustande. Es war sehr schön, meine ehemaligen Kollegen wiederzusehen, unter ihnen Ted Peters vom *Pacific Lutheran Seminary* in Berkeley und Ernest Simmons vom Concordia College in Moorhead, Minnesota. Ich hielt zwei Vorträge, einen über „God's Place in a Space Age"[21] und den anderen über „Ethische Fragen der Weltraumforschung". Jemand aus der medizinischen Abteilung der NASA hielt einen Vortrag über „Der menschliche Körper im Weltraum" und sogar General Herb McCrystal, der damals am *Florida Institute of Technology* arbeitete, war unter den Teilnehmern. Es war eine großartige Erfahrung, so nahe am Kennedy Weltraumzentrum zu sein und Kenntnis aus erster Hand über die verschiedenen Gesichtspunkte der Weltraumerforschung zu bekommen.

Ein anderes Ereignis, zu dem ich unerwartet eingeladen wurde, war im März 1982 der Internationale Theologische Kongress über den Heiligen Geist im Vatikan in Rom. Dieser Kongress war auf ausdrücklichen Wunsch von Papst Johannes Paul II. einberufen worden zur Feier des 1600. Jahrestages des ersten Konzils von Konstantinopel und des 1550. Jahrestages des Konzils von Ephesus.

Johannes Paul und auch sein späterer Nachfolger, Kardinal Ratzinger, hofften, dass Übereinstimmung und volle Kircheneinheit mit dem Orthodoxen möglich sei. Es war besonders das *filioque*, das heißt, dass der Heilige Geist vom Vater und vom Sohn ausgeht, welches der Vatikan als den Stein des Anstoßes für die Orthodoxen betrachtete. Man dachte, wenn dieser entfernt wäre, sei eine Union

---

[21] Hans Schwarz, „God's Place in a Space Age", Zygon 21 (1986). S. 353-368, dte. Übers.: "Von der theoretischen Wohnungslosigkeit Gottes", in: U.R. Schriftenreihe der Universität Regensburg, Bd. 14: *Wie sieht und erfährt der Mensch seine Welt?*, hg. v. H. Bungert. Regensburg 1987. S. 191-202.

möglich. Aber daraus wurde nichts. Trotzdem war der Kongress ein Ereignis von außerordentlicher Größe. Die bedeutenden Gestalten der Theologie und der ökumenischen Bewegung waren gegenwärtig, wie zum Beispiel Yves Congar (1904–1995), einer der wichtigen Berater für das 2. Vatikanische Konzil, der griechisch-orthodoxe Theologe Johannes Zizioulas, der deutsche Neutestamentler Rudolf Schnackenburg (1914–2002), der rumänisch-orthodoxe Gelehrte Dumitri Staniloae (1903–1993) und Jürgen Moltmann, um nur einige zu nennen.

Dies war auch eine gute Gelegenheit, Jan Witte wieder zu treffen, meinen lieben Freund von der gregorianischen Universität, und seinen Nachfolger Jos Vercruysse. Robert Nelson, der auch am Kongress teilnahm, arrangierte ein sehr schönes Abendessen mit Jan Witte, Jos Vercruysse und William Nazareth, der damals der Direktor der Kommission für Glaube und Kirchenverfassung des Weltkirchenrates in Genf war. In erstaunlicher Offenheit redeten wir dabei über alles, was die ökumenische Bewegung und die Einheit der Kirche betraf. Am letzten Tag des Kongresses erschien der Papst selbst, von Kardinal Ratzinger begleitet, und hielt eine der Hauptreden. Man bekam ein wirkliches Gefühl von der weltweiten Kirche und der Einheit, die sie zu erreichen suchte.

Eine ganz andere Veranstaltung, an der ich teilnahm, wurde gemeinsam vom *Center of Theological Inquiry* in Princeton zusammen mit der *Templeton Foundation* am Internationalen Wissenschaftsforum in Heidelberg veranstaltet, dem Dietrich Ritschl als Direktor vorstand. Dietrich Ritschl hatte dieses Symposion nach Heidelberg einberufen und darin sollten vier Wissensgebiete untersucht werden: Relativität und Quantenphysik, Astrophysik und Kosmologie, Thermodynamik und Zeit und Molekularbiologie.

Zuerst hielt ein Naturwissenschaftler einen Vortrag, auf den ein Theologe und ein Naturwissenschaftler antworteten. Durch die Karl-Heim-Gesellschaft war ich schon mit dem Theologen Jürgen Hübner aus Heidelberg bekannt geworden, dem Astrophysiker von der Universität Kiel, Volker Weidemann (1924–2012), und A. M. Klaus Müller (1931–1995), dem theoretischen Physiker von der

Universität Braunschweig. Obwohl die Vorträge gut und interessant waren, waren doch das Wichtigste die Gespräche zwischen den dort versammelten Teilnehmern. Für mich war es besonders schön, Thomas F. Torrance (1913–2007), den berühmten schottischen Theologen, kennen zu lernen und seinen Schüler Harold Nebelsick (1925–1998), der seine ganze Familie mitgebracht hatte. Damals wusste ich natürlich nicht, das Nebelsick bald darauf zu seinem himmlischen Vater heimgerufen werden sollte.

Es gab noch viele andere Konferenzen, die ich erwähnen könnte, aber die letzte und vielleicht erinnernswerteste von allen, war eine internationale philosophisch-theologische Konferenz zum Thema „Die Andersartigkeit Gottes", die im April 1994 an der Universität von Virginia in Charlottesville stattfand, um Robert Scharlemanns lange und erfolgreiche Karriere und seinen 65. Geburtstag zu feiern. Als ich eingeladen wurde und die Liste der Teilnehmer sah, unter anderem Mark C. Tylor, Thomas J. J. Altizer, Charles E. Winquist und Ray Hart, und dann das Thema der Tagung betrachtete, fühlte ich mich wie auf einem anderen Stern. Natürlich wollte ich teilnehmen, wenn aus keinem anderen Grund, dann wenigstens wegen der langen Freundschaft mit Bob Scharlemann. Ich dachte lange darüber nach, was ich einer Gruppe bieten konnte, die zwar über Theologie redete, dies jedoch von einer ganz anderen Warte aus als ich. Schließlich kam ich auf ein Thema, von dem ich dachte, dass es für einen Lutheraner und auch für die Tagung angemessen wäre, nämlich: „Die gegenwärtige Relevanz von Luthers Betonung der Andersartigkeit Gottes"[22]. Ich nahm Anregungen von Luthers Thesen in der Heidelberger Disputation auf und von seiner Auseinandersetzung mit Erasmus von Rotterdam (1466–1536) in seiner Schrift *Vom unfreien Willen* (1525). Mein Vortrag wurde gut aufgenommen, aber das Interessanteste und für mich Bereicherndste an der Konferenz war für mich, einige der Anwesenden etwas besser kennen zu lernen.

---

[22] Hans Schwarz, "Contemporary Relevance of Luther's Insistence on the Otherness of God", in: Orrin F. Summerell (Hg.), *The Otherness of God*, Charlottesville, VA: University of Virginia, 1998. S. 78-91.

Dienst an der einen Kirche

Ich war besonders überrascht, als Tom Altizer über seine Erfahrungen mit den College-Studenten an *SUNY*, der Staatsuniversität von New York in Stony Brook, erzählte, die weder Interesse an Theologie oder Religion hatten, noch an irgendeiner spirituellen Dimension. Ich hätte niemals gedacht, da ich seine sehr anspruchsvollen Veröffentlichungen kannte, dass er so einen elementaren Kurs wie Einführung in die Bibel abhalten musste. Ich habe es auch bei vielen anderen Kollegen bemerkt, die äußerst gelehrte Vorträge hielten, sich mit erstaunlich spezialisierter Forschung beschäftigten, aber zu Hause ganz elementare Kurse unterrichten mussten. Ich habe mich oft selbst sehr glücklich geschätzt, denn, was ich schrieb und was ich in Vorträgen vortrug, kam gewöhnlich von meinen Lehrveranstaltungen oder floss wieder in diese zurück. Lehren, Vorträge zu halten und Schreiben, bildete für mich eine Einheit, für die ich immer dankbar war.

Es war auch beeindruckend, an solch einem wichtigen Platz der amerikanischen intellektuellen und politischen Geschichte wie Charlottesville zu verweilen und die Spuren zu sehen, bis hin in die Architektur, die der dritte Präsident der Vereinigten Staaten, Thomas Jefferson (1743–1826), an diesem Ort hinterlassen hatte. Natürlich konnte ich hier gut Kontakte knüpfen. So lernte ich Alfred Jäger von der kirchlichen Hochschule in Bethel bei Bielefeld kennen, einen Schüler von Fritz Buri (1907–1995) von der Universität Basel, ein Systematiker und Vertreter der konsequenten Eschatologie. Ich fand in Alfred Jäger einen sehr interessanten und nachdenklichen Menschen, den ich später nach Regensburg zu einem Vortrag einlud. Ein anderer Gast bei dieser Tagung, für mich ganz unerwartet, war Mutie Tillich, die Tochter von Paul Tillich. Robert Scharlemann hatte großes Interesse an Paul Tillich und war viele Jahre Präsident der nordamerikanischen Paul-Tillich-Gesellschaft gewesen. Ich hatte Mutie schon bei einigen Tillich-Konferenzen getroffen, doch in Charlottesville hatten wir Zeit, über gemeinsame Interessen und besonders über ihren Vater zu reden. Mit all diesen verschiedenen Unternehmungen, blieb da noch Zeit für bedeutende Veröffentlichungen?

5. Schreiben für einen schon engen Markt

Wenn ich mir bei der Jahrestagung der *American Academy of Religion* die Ausstellung der neu erschienenen Bücher ansehe, dann habe ich ein zwiespältiges Gefühl. Es ist kaum möglich, all die neuen Titel, die die Verleger bei der Tagung Jahr für Jahr dort ausstellen, im Kopf zu behalten, und noch weniger, all die wichtigen neuen Bücher zu lesen. Warum sollte man deshalb zu dieser unübersehbaren Fülle noch weitere Veröffentlichungen hinzufügen?

Ich war niemals so eitel, dass ich dachte, ich hätte etwas zu sagen, an das niemand jemals zuvor gedacht hatte. Aber wenn man einen Brief bekommt, wie den von meinem Kollegen John Strelan, der viele Jahre lang am lutherischen Seminar in Adelaide lehrte, wird man nachdenklich. Er schrieb in diesem Brief vom 30. Mai 1985 über das zweibändige Werk *Christian Dogmatics* (1984; Christliche Dogmatik), das von Carl Braaten und Robert Jenson herausgegeben wurde: „Manche Teile ließen mich völlig im Unklaren, was ihr Sinn war; ich dachte, ich verstand Englisch, aber manchmal stieß ich auf Sätze, die ich einfach nicht entziffern oder dechiffrieren konnte. Jensons Beitrag über die Trinität war beispielhaft dafür. Dein Beitrag dagegen war genau das Gegenteil. Du schreibst klar, logisch und ohne Jargon. Und theologisch fühlte ich mich bei Dir zu Hause. Ich dachte, dass Dein Beitrag zum Wort Gottes ziemlich gut war; aber der über die Eschatologie war noch besser. Der Grund für diesen Brief ist einfach, Dir dafür zu danken."

Solche Kommentare sind Motivation genug für mich, um weiterzumachen. Es war aber niemals meine Absicht, Bücher für Kollegen zu schreiben, um sie weiterzubilden. Meine Kollegen sind gelehrt genug und sie brauchen meine Hilfe nicht. Aber wenn Theologie nicht nur etwas für den inneren Zirkel ist, dann sollten theologische Schriften auch für Leute verständlich sein, die nach Information über den christlichen Glauben suchen und Antworten auf die Fragen erwarten, die sich für ihren Glauben in der gegenwärtigen Zeit ergeben. Zu diesem Zweck habe ich versucht zu schreiben, manchmal mit mehr und manchmal mit weniger Erfolg.

Dienst an der einen Kirche

Nachdem ich nach Deutschland zurückgekehrt war, habe ich trotzdem nicht aufgehört auf Englisch zu schreiben, denn, ob man es will oder nicht, Englisch ist die internationale Umgangssprache seit der zweiten Hälfte des 20. Jahrhunderts. Ich war besonders froh, dass zwischen Bill Eerdmans und mir eine Freundschaft entstand, obwohl ich ihm völlig unbekannt war. Er hat mich als Autor angenommen und ich denke, dass wir beide davon profitierten – er als Verleger und ich als Autor. Die Frage, die mich immer beschäftigte, war, ob es noch etwas gab, worüber ich schreiben sollte und was ich nicht schon geschrieben hatte.

Zunächst waren einige meiner Bücher nicht mehr auf dem Markt, die ich bei Augsburg verlegt hatte, wie *On The Way to the Future, The Search for God* und *Our Cosmic Journey* (Auf dem Weg zur Zukunft; Die Suche nach Gott und Unsere kosmische Reise). Während ich sie immer noch brauchbar fand, hatten sich einige Fragestellungen verändert, manche waren veraltet und neue waren dazugekommen. Deshalb sah ich die Notwendigkeit, diese Bücher auf den neuesten Stand zu bringen mit einer etwas anderen Ausrichtung und einschließlich der Dinge, die ich gelernt hatte, seitdem ich sie vor 15-20 Jahren schrieb. Dies war der Grund, weswegen ich das Buch *Eschatology* (2000; Eschatologie) schrieb, denn ich dachte, dass es eine beträchtliche Verbesserung und Ausweitung dessen war, was ich vor 21 Jahren in *On the Way to the Future* geschrieben hatte, ohne dabei die grundlegende Ausrichtung zu verändern. Eine andere Aktualisierung war *Creation* (2002; Schöpfung). Dieses Buch brachte das auf den gegenwärtigen Stand, was ich ursprünglich in *Our Cosmic Journey* veröffentlicht. Den Inhalt von *Creation* hatte ich schon 1996 auf Deutsch in *Schöpfungsglaube im Horizont moderner Naturwissenschaft* weitgehend wiedergegeben. Eine andere Aktualisierung ergab sich für *The Search for God* mit dem Titel *The God Who Is. The Christian God in A Pluralistic Age* (2011; Der wirkliche Gott. Der christliche Gott in einer pluralistischen Welt), diesmal bei Cascade Books. Mit diesen drei Bänden über Schöpfung, Eschatologie und die Gotteslehre hatte ich wichtige theologische Aspekte des christlichen Glaubens bedacht.

Wenn man bedenkt, dass Fortress Press meine Arbeit über *The Christian Church* (Die christliche Kirche) 2008 wieder aufgelegt hatte, die ursprünglich 1982 erschien und die ich immer noch als wichtigen Beitrag zur historischen Entwicklung und zu den gegenwärtigen Fragen der Lehre von der Kirche betrachte, war ich mit diesen vier Bänden auf einem guten Weg, die Hauptthemen der systematischen Theologie zu durchdenken.

Aber es gab immer noch ein zentrales Thema, das ich nicht bearbeitet hatte: die Christologie. Ich hatte zwar schon damit begonnen, als ich noch in Columbus war, legte es aber wieder in die Schublade, da ich von der Anzahl der Veröffentlichungen überwältigt war, die sich mit der Gestalt Jesu befassten. Da ich immer überzeugt war, dass ohne eine historische und biblische Grundlage die systematische Theologie in der Luft hängt, war es einfach zu viel für mich, dies alles zu bewältigen und die Christologie auf eine feste Grundlage zu stellen. Schließlich habe ich dann doch das nicht einmal halbfertige Manuskript wieder aus der Schublade geholt. Ich dachte, dass mich früher oder später jemand fragen würde, warum ich über jeden wichtigen Aspekt in der systematischen Theologie etwas geschrieben hatte, aber nicht über das Zentrum, die Lehre von Christus. Deshalb wollte ich das jetzt nachholen und die ganze Bandbreite christologischer Arbeiten durchkämmen, die Geschichte der Entwicklung der Christologie aufzeigen und sie schließlich in systematischer Art zusammenbringen. Die Reaktion auf meine *Christology* (1998: Christologie) war sehr positiv. Es gab ein beträchtliches Interesse an diesem Buch, und das trotz der ungeheuren Anzahl von Büchern, die sich mit Jesus und der Christologie befassen. Ich schien eine Lücke auszufüllen, nicht nur indem ich meine Arbeit abgerundet hatte, um einen wichtigen dogmatischen Aspekt zu bearbeiten, sondern auch für die Leser, um ihnen zu helfen, bei den verschiedenartigen und oft widersprüchlichen Behauptungen entscheiden zu können, inwiefern diese Meinungen wirklich von einer biblisch christlichen Grundlage ausgehen.

Es gab noch ein anderes wichtiges Unternehmen, das nicht meiner eigenen Initiative entsprang. Die *Encyclopedia of Christianity*, die englische Übersetzung des deutschen *Evangelischen Kirchenlexikons*, enthielt einen Artikel über „Europäische Theologie". In der deutschen Version hatte der Autor nicht das Spektrum der Theologie in Europa im Visier, sondern er befasste sich mit dem Ausdruck „europäische Theologie" und erklärte den Lesern überzeugend, dass es so etwas wie eine europäische Theologie nicht gäbe. Für jemanden, der diesen Artikel in einer Enzyklopädie fand, war diese Antwort unzureichend. Deshalb bat mich Norm Hjelm, der mit der Übersetzung beschäftigt war, einen Artikel über europäische Theologie zu verfassen, der diesen Beitrag ergänzen sollte.

In kürzester Zeit hatte ich nahezu 100 Seiten geschrieben. Natürlich war das viel zu viel für den beabsichtigten Artikel. Ich kürzte also auf die entsprechende Länge für das Lexikon und dachte dann, dass die übrigen Seiten zu gut seien, um im Papierkorb zu landen. Sie konnten leicht zu einem Buchmanuskript ausgeweitet werden. In meinem Artikel hatte ich die verschiedenen Theologien in Europa sowohl geographisch als auch chronologisch dargestellt. Als Mitglied der *AAR* hatte ich viele Jahre in der *19th Century Theology Group* gearbeitet und außerdem hatte ich ein ziemlich gutes Verständnis von dem, was im 20. Jahrhundert vor sich ging. Deshalb dachte ich, dass dieser Artikel mir einen guten Start für ein Manuskript abgeben würde zur Geschichte der Theologie in den letzten zwei Jahrhunderten.

Als ich mit dem Buchprojekt anfing, bemerkte ich jedoch sehr schnell, dass abgesehen von dem geographischen Skelett und den vielen Namen kaum etwas, was ich schon geschrieben hatte, für ein Buchmanuskript taugte. Ich musste wieder von vorne anfangen. Trotzdem wollte ich nicht so schnell aufgeben. Ich hatte jedoch keine Ahnung, wie viele Bücher ich durchsehen, wie viele Autoren ich lesen und wie viele Nachschlagewerke ich zu Rate ziehen musste, damit die Auswahl an Autoren und theologischen Strömungen nicht zu willkürlich war, die ich in meinem Manuskript traf.

Wie bei vielen Manuskripten vorher, verfasste ich den ersten Entwurf während meines Aufenthalts am *Lutheran Theological Southern Seminary* in Columbia, South Carolina. Aber als meine Frau während der zweiten Semesterhälfte nach Columbia kam, waren meine Augen rot unterlaufen und mein Kopf konnte nicht länger noch mehr Informationen in ein systematisches Ganzes bringen und entsprechend organisieren. So ließ ich das Projekt erst einmal ruhen und fing mit etwas Leichterem an, einer kurz gefassten Eschatologie auf Deutsch für Leser mit wenig theologischen Vorkenntnissen (*Die christliche Hoffnung. Grundkurs Eschatologie*, Göttingen 2002).

Die letzten drei Kapitel meiner Theologiegeschichte schrieb ich dann in den Sommermonaten in Deutschland. Ich muss zugeben, dass ich dieses Buch nicht ohne Hilfe anderer hätte schreiben können. Besonders wichtig waren die Kollegen von der katholischen Theologie. Obwohl ich mit den meisten katholischen Autoren vertraut war, wusste ich nicht, wie viel Gewicht sie tatsächlich in der katholischen Tradition hatten. Am Ende jedoch war ich mit dem Ergebnis zufrieden, das mit dem Titel *The Last Two Hundred Years. Theology in a Global Context* 2005 bei Eerdmans herauskam.

Aber das Projekt beinhaltete noch eine Überraschung für mich. Mein guter Freund Heinzpeter Hempelmann, der damals bei der Liebenzeller Mission arbeitete, fragte mich, ob ich auch eine deutsche Übersetzung anfertigen würde. Meine sofortige Reaktion war ein Nein, denn der deutsche Markt ist einfach zu klein für solch ein Buch. Aber er gab nicht so leicht nach und fragte: „Würden Sie einwilligen, wenn wir einen Übersetzer finden?" Ich antwortete mit Ja, ohne die Folgen durchzudenken. Die Liebenzeller Mission fand in der Tat einen Übersetzer, der Deutsch ziemlich gut beherrschte. Sein erstes Ansinnen an uns war jedoch, alle Zitate umzustellen, bei denen deutsche Quellen vorhanden waren. Dies war keine leichte Aufgabe für meine Assistentin Andrea König. Als wir schließlich die Übersetzungen bekamen, bemerkten wir, dass der Übersetzer augenscheinlich eine frühere Version des englischen Manuskripts benutzt hatte und, obwohl er ausgezeichnet Deutsch verstand, von der deutschen theologischen Begriffssprache kaum eine Ahnung hatte. Wir mussten noch einmal das ganze Manuskript sorgfältig durcharbeiten und Frau Ferne formatierte dann das ganze Werk.

Dies hielt uns, d.h. Hildegard Ferne, Andrea König und mich, fast ein halbes Jahr auf Trab.

Die Übersetzung erlaubte es mir auch, einige neue Gedanken im Manuskript unterzubringen. Zum Beispiel war die Minjung-Theologie im Englischen nur als koreanische Bewegung in einem kurzen Absatz erwähnt, während ich sie in der deutschen Ausgabe etwas länger behandeln konnte. Als der Verlag der Liebenzeller Mission schließlich den Band 2006 mit dem Titel *Theologie im globalen Kontext. Die letzten zweihundert Jahre* veröffentlichte, waren wir mit dem Ergebnis einigermaßen zufrieden. Wir atmeten auch kräftig durch und, wie es der Brauch in der „Schwarz Familie" ist, feierten wir sowohl das englische Original als auch die deutsche Version, indem alle, die daran mitgearbeitet hatten, in ein schönes Restaurant zu einem Vier-Gänge-Menü eingeladen wurden. Solch eine Feier war immer eines der Markenzeichen meines Lehrstuhls in Regensburg. Alle Mitarbeiter, Sekretärin, Assistent und studentische Hilfskräfte arbeiteten fleißig mit ihrem Chef zusammen, aber wir vergaßen niemals zu feiern, wenn es dazu einen Anlass gab.

Seitdem kamen noch einige andere Buchmanuskripte dazu, die sich zum Teil für mich überraschend ergaben. So wurde ich vom Martin-Luther-Bund gefragt, ob ich nicht eine kurz gefasste Dogmatik in verständlicher Sprache schreiben könnte. Ich zögerte, denn ich weiß, wie klein der deutsche Markt ist. Doch dann wurde mir versichert, dass diese Dogmatik für die Kirchen Osteuropas gedacht war. Falls diese es wollten, würde der Text auch in die jeweilige Landessprache übersetzt. So schrieb ich *Der christliche Glaube aus lutherischer Perspektive*, ein Buch, das der Martin-Luther-Verlag in Erlangen 2010 veröffentlichte. 2014 erscheint auch eine russische Übersetzung und eine englische Übersetzung wird ebenfalls 2014 auf den Markt kommen.

Eine ähnliche Anfrage kam von Herrn Dr. Persch von Vandenhoeck & Ruprecht in Göttingen, ob ich nicht ein kurzes Buch über den Dialog zwischen der Theologie und den Naturwissenschaften schreiben könnte. Als ich zögerte, meinte er, dass schon mehrere Male im Verlag mein Name in diesem Zusammenhang genannt worden sei. Außerdem könnte auch im Verlag zusätzlich eine englische Übersetzung erscheinen. So schrieb ich *400 Jahre Streit um die Wahrheit – Theologie und Naturwissenschaft*, ein Büchlein, das Vandenhoeck & Ruprecht 2012 veröffentlichte. 2014 wird die englische Übersetzung erscheinen.

Da mein kleines Luther-Buch schon lange vergriffen war, habe ich es völlig neu bearbeitet und um einige Kapitel ergänzt. Herr Albrecht Immanuel Herzog vom Freimund Verlag in Neuendetttelsau setzte sich dafür ein, dass es in diesem Verlag 2010 mit dem Titel *Martin Luther. Einführung in Leben und Werk* erscheinen konnte. Durch seine Hilfe erschien 2014 auch eine russische Übersetzung.

Auf Englisch habe ich außerdem eine über 400 Seiten starke Anthropologie mit dem Arbeitstitel *The Human Being* (Der Mensch) verfasst, die ich 2011 bei einem zweimonatigen Forschungsaufenthalt in den wunderbaren Bibliotheken von *Princeton University* und *Princeton Theological Seminary* fertigstellen konnte und die 2013 bei Eerdmans herauskam.

Ich bin jedoch nicht so eitel, um zu behaupten, dass es etwas gibt, was ich noch auf alle Fälle schreiben oder veröffentlichen muss. Was Dietrich Ritschl einst bei einer Sitzung erwähnte, trifft auch auf mich zu: „Ich habe so viele gute Studenten, die ausgezeichnete Bücher schreiben, dass es nicht mehr von mir abhängt, was geschrieben wird." Zudem ist das Leben begrenzt und eines Tages wird die Begrenztheit auch mich erreichen. Aber solange Gott mir die Kraft gibt, werde ich weiterschreiben und es gibt genügend wichtige Dinge, über die es sich zu schreiben lohnt.

Aber wie ist es bei all diesen Tätigkeiten möglich, mehr als 30 Bücher und einige 100 Artikel zu schreiben? Wie mein Kollege Martin Bröking-Bortfeldt in Regensburg einmal sagte: „Das ist nur eine Frage der Organisation." Aber Organisation ist nicht alles. Vor vielen Jahren, als ich an der *Oberlin Graduate School of Theology* war, hielt ein Jesuit einen Vortrag. Anschließend sagte er im Verlauf des Gesprächs: „Man kann in seinem Leben nur so viel erreichen, wie man willens ist zu opfern." Diese Bemerkung hat sich bei mir fest eingeprägt. Aber viele der Opfer, wenn sie einmal zu einer Lebensgewohnheit geworden sind, werden zur Selbstverständlichkeit. Wenn zum Beispiel Freunde oder Bekannte von Ferienorten erzählten, dann hörte ich gewöhnlich mit Interesse zu, aber konnte nicht aus erster Hand mitreden.

Erst in den letzten zehn Jahren haben wir begonnen, auch einen einwöchigen Urlaub im Sommer zu machen. Da ich während des Jahres viel unterwegs war, war es erstens schön, einmal zu Hause zu sein, und zweitens, wenn wir auch noch jeden Sommer einige Wochen in den Urlaub fahren würden, wann hätte ich Zeit zum Arbeiten? Gewöhnlich sind die Sommermonate die produktivsten für die eigene Arbeit, denn alle sind in den Urlaub verschwunden und somit kann einen niemand stören.

Gewöhnlich haben wir über Weihnachten eine Woche Urlaub, um mit den Kindern und jetzt auch mit den Enkelkindern Ski zu fahren. Obwohl meine Frau seit einigen Jahren selbst nicht mehr aktiv fährt, kommt sie doch mittags in ein Restaurant auf dem Berg, in dem wir uns zum Mittagessen treffen, und abends sitzen wir auch wieder zusammen. Somit ist unsere Familie beieinander und wir haben daran sehr viel Freude.

Sonst ist es so, wie unser Sohn Hans einmal meiner Mutter erzählte: „Vati hat niemals Zeit. Er ist immer beschäftigt. Aber wenn du ihn brauchst, dann ist er sofort da." Als mir meine Mutter dies berichtete, sagte ich zu Hans, der damals noch ein Kind war: „Ja, ich habe keine Zeit zu verschwenden, aber ich bin natürlich Dein Vater, und wenn Du mich brauchst, dann habe ich immer Zeit."

Nachdem er am Union College in Schenectady, New York, seinen Abschluss gemacht hatte, kam er zu uns nach Lappersdorf und sagte: „Jetzt suchst Du mir einen Job." Ich hatte keine Ahnung, wo man sich nach Stellen umschauen konnte, und meine Sekretärin wusste auch nicht Bescheid. Ich wusste nicht einmal, wie man eine Bewerbung schreibt. Aber wir lernten das und durch unsere gemeinsamen Bemühungen hatte Hans nach dem dritten Interview schon seine erste Stelle auf einem Gebiet bekommen, auf dem er heute noch arbeitet. Wenn es notwendig ist, dann bin ich sofort da, um zu helfen.

Dies trifft auch für meine Studenten zu. Wenn sie etwas brauchen, kümmere ich mich sofort darum und meine eigene Arbeit muss warten. Meine Assistenten und Mitarbeiter haben dies immer positiv wahrgenommen. Wenn sie mich brauchen, dann bin ich da. Und wenn ich sie brauche, dann erwarte ich dasselbe von ihnen. Auch das traf bei ihnen ohne Ausnahme immer zu.

Ich lernte auch etwas Wichtiges vom Kanzler unserer Universität. Als ich nach Regensburg kam, sagte er zu mir: „Ein Professor kann nicht erwarten, dass eine Sekretärin mit voller Energie arbeitet, wenn ihr Chef erst um 10:00 Uhr kommt." Ich hatte mit Frau Hildegard Ferne eine so gute Sekretärin, mit der ich über 20 Jahre lang zusammenarbeitete, dass ich nicht nachsehen musste, ob sie wirklich arbeitete. Aber es besteht keine echte Motivation, ungeachtet wie gut man ursprünglich motiviert ist, wenn man allein im Büro sitzt und kein Chef ist da. Gewöhnlich versuchte ich kurz nach 8:00 Uhr im Büro zu sein, ob Regen oder Sonne, Semester oder Semesterferien. Es gab dort immer etwas zu tun. Wenn ich nicht ins Büro kam, dann rief ich gewöhnlich kurz nach 8:00 Uhr an, einfach um meine Sekretärin wissen zu lassen, dass ich zu Hause am Schreibtisch arbeitete und sie mich anrufen konnte, wenn irgendetwas zu klären wäre.

Wie schon erwähnt, hatte ich in Columbus gewöhnlich um 8:00 Uhr Lehrveranstaltungen, da viele meiner Kollegen nicht gerne so früh am Morgen ihre Veranstaltung abhielten. Dies erlaubte mir dann, frühzeitig in die Bibliothek zu gehen, um dort am Schreibtisch zu arbeiten. Die Studenten wussten, dass sie dort mit mir reden konnten, wenn es nötig war. Ich war nicht unerreichbar. Mittags und abends aßen wir, von wenigen Ausnahmen abgesehen, immer zu Hause. Unsere Kinder kamen auch zum Mittagessen nach Hause, da wir extra deshalb ein Haus nahe bei der Schule erworben hatten. Nachmittags ging ich wieder in die Bibliothek zurück und auch nach dem Abendessen. Ein Lichtschalter in der Bibliothek war markiert und jeder wusste, dass dies der Lichtschalter für die Beleuchtung über meinem Schreibtisch war, der nicht ausgeschaltet werden durfte, wenn die Bibliothek um 22:00 Uhr abends geschlossen

Dienst an der einen Kirche

wurde. Auch wenn ich diese späten Stunden noch in der Bibliothek verbrachte, war ich immer für meine Frau telefonisch erreichbar und umgekehrt.

Samstags war ein regulärer Arbeitstag und besonders hier in Regensburg sind die Wochenenden wichtig für meine eigene Arbeit. Aber Sonntagmorgen ist Zeit für den Gottesdienst und am Nachmittag kommt die Familie zu ihrem Recht.

In Columbus schrieb ich gewöhnlich meine Manuskripte mit der Hand und diktierte sie dann auf Band, denn meine Handschrift war schon immer sehr schlecht lesbar. Wie erwähnt, schrieb Phyllis Schaaf meine Manuskripte mit der Schreibmaschine. In Regensburg war dies etwas anders, denn ich war gewöhnlich bis Mittag in der Universität, da die meisten Sekretärinnen einschließlich meiner eigenen nur Halbtagskräfte sind. Nach dem Mittagessen arbeite ich zu Hause, außer es gab etwas in der Universität, bei dem ich zugegen sein musste. Auch nach dem Abendessen gehe ich gewöhnlich zurück an meinen Schreibtisch oder, wie ich oft sage, in die Katakomben, da mein Arbeitszimmer im Untergeschoss liegt. Über die Jahre habe ich mich daran gewöhnt, Aufsätze und Buchmanuskripte auf ein Diktiergerät zu sprechen. Dies erfordert beträchtliche Konzentration, die man jedoch lernen kann. Frau Ferne hat dann die Manuskripte in Rohfassung geschrieben und nach vielen Veränderungen entstand schließlich die Endfassung. Inzwischen benutze ich allerdings für meine Manuskripte ein Wort-Erkennungsprogramm auf meinem Laptop.

Heutzutage arbeite ich auch nicht mehr so lange wie einst, als erst um Mitternacht Schluss war. Meistens höre ich um 21:00 Uhr auf und komme dann zu meiner Frau ins Wohnzimmer, um den Abend mit ihr zu verbringen. Natürlich braucht man bei solch einem disziplinierten Leben eine verständnisvolle Partnerin. Hildegard antwortet auf die Frage, ob ich mich denn nicht endlich einmal von all den Aktivitäten zurückziehen möchte: „Mein Mann ist ein Pfarrer und Pfarrer ist man, solange man lebt. Deshalb geht er niemals wirklich in den Ruhestand." Ich selbst hatte jedoch niemals das Gefühl (und meine Frau Hildegard wohl auch nicht), dass das Leben nur aus

Arbeit bestünde und nicht auch aus Freude. Sie hat mich oft auf meinen Vortragsreisen begleitet. Und wenn es etwas zu feiern gab, dann feierten wir gerne miteinander.

Bis zu meinem 50. Geburtstag habe ich niemals meinen Geburtstag gefeiert. Wenn man jedoch älter wird, wird man auch nachdenklicher und dankbarer, dass einem noch ein weiteres Jahr geschenkt wird. Dies ist dann Grund genug zum Feiern.

Dies war auch bei meinem 60. Geburtstag der Fall, den wir gleich dreimal feierten: Am tatsächlichen Geburtstag feierten wir im engsten Familienkreis. Unsere drei Kinder, Claudia und ihr Mann Michael, Hans und seine Frau Lena und unsere jüngste Tochter Krista sowie meine Frau entführten mich als Überraschung in ein spanisches Restaurant. Etwas später im selben Monat gingen wir zu unserem Lieblingsrestaurant, dem Adlersberg, mit meinen Verwandten und denen meiner Frau. Da mein Geburtstag im Januar liegt, ist es eine Zumutung, Menschen aus wärmeren Ländern nach Regensburg einzuladen.

Deshalb warteten wir bis Juni, als wir unsere ganze erweiterte Familie, d.h. meine ehemaligen Doktoranden und einige Kollegen, mit denen ich zusammengearbeitet hatte, einluden. Für viele war das eine Heimkehr an einen vertrauten Ort.

6. Heimkehr nach Regensburg

Eine deutsche Universität hat kein Geld, um einen Geburtstag oder einen Ruhestand zu feiern, im Gegensatz zu den meisten kirchlichen Institutionen oder Universitäten in vielen anderen Ländern. Als mein 60. Geburtstag herannahte, war die erste große Frage, wie man Geld für eine Feier mit den ehemaligen Doktoranden bekommen könnte, bei der die Flugkosten der Teilnehmer die größte Summe verschlangen. Hier war die *Evangelische Wohltätigkeitsstiftung* wieder eine große Hilfe. Einige Jahre lang hatte sie schon jährlich einen speziellen Betrag für Studenten in Not bereitgestellt, den ich dann auf einem besonderen Konto deponierte. Dieser Betrag half beträchtlich, die Unkosten zu begleichen. Durch die großzügige Hilfe von Johannes Triebel im Missionswerk Neuendettelsau bekamen wir ebenfalls eine beträchtliche Unterstützung. Dann konnten die Einladungen an die Teilnehmer verschickt werden, die aus der ganzen Welt kamen, wie Australien, Myanmar, USA usw. Wir planten ein einwöchiges Symposion, für das jeder Teilnehmer als Voraussetzung für seine Teilnahme und die Erstattung der Flugkosten einen Vortrag halten sollte. Für viele war das hilfreich, denn in den meisten kirchlichen Institutionen, besonders in Ländern wie Indien und den Philippinen, ist das Lehrdeputat so hoch, dass es schwierig ist, irgendetwas Anspruchsvolles zu schreiben. Die kostenlose Teilnahme am Symposion war Ansporn genug, einen Vortrag zu verfassen, den man veröffentlichen konnte. Diese Voraussetzungen wurden von allen erfüllt, so dass von den 23 Vorträgen 17 von früheren Doktoranden gehalten wurden.

Das Symposion begann an der Universität Regensburg am Montag, den 14. Juni 1999. Es wurden vier Begrüßungsreden gehalten, die erste natürlich vom Rektor der Universität Helmut Altner, dann vom Dekan unserer Fakultät Christoph Meinel, gefolgt von meinem lieben Freund Igor Kiss, der damals Dekan der evangelischen Fakultät der Comenius Universität in Bratislava war, und schließlich von Hermann Vorländer, dem Direktor des Missionswerks in Neuendettelsau. Den Eröffnungsvortrag hielt Wolfgang Günther, mein schon erwähnter Studienkollege. Seine ausgezeichneten Ausführungen über „Theologie zwischen Kontextualität und Katholizität" beinhalteten genug Stoff für die Diskussionen während des anschließenden Empfangs der Gäste.

Einer der Gäste, den ich eingeladen hatte, war der Oberbürgermeister von Regensburg, Hans Schaidinger. Als ich ihn fragte, ob er kommen würde, sagte er mir, dass er aus Prinzip keine Einladungen für akademische Funktionen an der Universität annehme. Er meinte, würde er eine annehmen, dann bekäme er eine Flut von Einladungen.

Nachdem ich diese verständliche Antwort bekam, unternahm ich mit ihm eine Reise nach Naupaktos, Griechenland, der Stadt, in der unser schon erwähntes jährliches Blockseminar stattfindet. Der Grund für diesen Besuch war jedoch, den dortigen Bürgermeister zu besuchen und eine Tafel am historischen Hafen der Stadt anzubringen. Wie schon erwähnt, war Don Juan der Sohn Kaiser Karls V. und einer Regensburger Bürgerstochter namens Barbara Blomberg. Don Juan d'Austria hatte am 7. Oktober 1571 bei Lepanto, dem heutigen Naupaktos, die bis dahin als unbezwingbar geltende türkische Flotte besiegt. Um an diesen entscheidenden Sieg zu erinnern, der Europa davor bewahrte, unter türkische Herrschaft zu geraten, wurde diese Tafel vom Oberbürgermeister enthüllt. Sie war auf mein Drängen an der Wand des Hafens angebracht worden, da andere Städte auch mit Gedenktafeln an ihre nationalen Helden erinnerten, die in dieser historischen Schlacht teilgenommen hatten, wie etwa an den spanischen Dichter Miguel de Cervantes (1547–1616). Warum sollte dann Don Juan nicht auch Erwähnung finden?

Neben Hans Schaidinger begleiteten mich Karl Ritzke, der schon oftmals bei dem Blockseminar dabei gewesen war und mir durch seine Kenntnis des Neugriechischen beträchtlich half, sowie Heinrich Prößl, der Besitzer des Restaurants und der Brauerei Adlersberg. Wir hatten eine wunderbare Zeit und wurden vom Bürgermeister Konidas sehr herzlich empfangen und ebenso von Abt Spyridon und den Mönchen des Klosters Metamorphosis. Am Ende unserer kurzen Reise fragte ich den Oberbürgermeister wieder: „Sind Sie sicher, dass Sie nicht zur Eröffnung meines Symposions und dem anschließenden Empfang kommen wollen?" Seine Antwort war: „Warum schicken Sie mir nicht nochmals die Einladung?"

Ich tat es und er kam auch. Sein Fahrer sagte mir später, dass er den Oberbürgermeister selten so lange und gelöst bei einem Empfang gesehen hätte.

Am nächsten Tag begannen die Vorträge und am Abend fand ein Empfang im Garten unseres Hauses statt. Um das Symposion etwas kostengünstiger zu gestalten, waren wir in der zweiten Wochenhälfte Gäste des Missionswerks in Neuendettelsau. Wie erwähnt, hatte ich immer ausgezeichnete Verbindungen zu diesem Werk.

Ihr ehemaliger Direktor Horst Becker schrieb über mich in einem Grußwort: „Sie haben sich – soweit ich das aus der Ferne beurteilen kann – als echter ‚Doktor-Vater' erwiesen. Mit großer Hochachtung haben die jungen Leute bis hinein in ihre spätere dienstliche Tätigkeit von Ihnen gesprochen, der Sie sich auch um ganz persönliche, private und seelsorgerische Fragen bei ihren Studenten kümmerten. Drei Punkte: die Freude am Lehren, theologische Fundamente anzusprechen und zu vermitteln, spürte ich Ihnen immer ab. Während meiner Dienstzeit war ‚Schwarz–Regensburg' jederzeit eine gute Adresse."

Harald Raab, einer der Redakteure der Regensburger *Mittelbayerischen Zeitung*, verfasste am 5. August 1999 folgenden Artikel:

Kaderschmiede für Theologen-Elite
Wichtige Führungskräfte der jungen Kirchen Asiens studierten in Regensburg

Einer Universität geben nicht nur die großen Fächer mit spektakulären Forschungsergebnissen Profil. Arbeit von internationaler Bedeutung leisten auch von der Öffentlichkeit oft unbeachtete Lehrstühle. Ein Beispiel dafür ist der evangelische Theologe Professor Dr. Hans Schwarz. Zu seinem 60. Geburtstag versammelten sich alle seine ehemaligen Doktoranden. Sie kamen zu einem einwöchigen Seminar nach Regensburg aus Korea, den Philippinen, Hongkong, Indien, Myanmar (Burma), Australien, USA, Jamaika, Rumänien, Tschechien, Slowakei und Griechenland.

Viele, denen Professor Schwarz Doktorvater war, bekleiden jetzt wichtige Ämter in den kirchlichen Ausbildungssystemen ihrer Heimatländern und halten schon aus diesem Grund weiter engen Kontakt.

Professor Schwarz: „Eine wirksame Hilfe, die wir den jungen Kirchen Asiens und auch den Menschen in diesen Ländern geben können, ist die Ausbildung ihres kirchlich-wissenschaftlichen Nachwuchses."

Engagement über die traditionellen Aufgaben eines Hochschullehrers hinaus: Hans Schwarz hat es aus seiner 14-jährigen Tätigkeit als Professor in den USA mitgebracht. Mit Beziehungen zu den Philippinen hat es angefangen. Es hat sich in fernöstlichen Ländern, aber auch in Osteuropa längst herumgesprochen, dass man in Regensburg nicht nur eine solide theologische Ausbildung bekommt, sondern auch Betreuung und Förderung und dass so ein dauerndes Netz der Beziehungen geknüpft wird, das die Studienzeit überdauert.

Das große Problem des theologischen Nachwuchses aus den Entwicklungs- und Schwellenländern ist: Sie können ihren Studienaufenthalt in Deutschland nur in Ausnahmefällen selbst finanzieren. Auch kirchliche Institutionen, die sie schicken, können oft für die Kosten nicht aufkommen. So sieht es Professor Schwarz als eine wichtige Aufgabe, Gelder für diese Zwecke einzuwerben. Über 150.000 DM sind es in diesem Jahr. Er knüpft an diese Hilfen aber stets eine Bedingung: Die Unterstützten müssen in ihr Heimatland zurückkehren und dort für ihre Kirche arbeiten. Schwarz: „In Indien ist es inzwischen so, dass man dort fünf junge Leute ausbilden muss, damit einer bleibt und nicht zu viel besseren finanziellen und sozialen Bedingungen mit seiner qualifizierten Ausbildung ins Ausland geht."

„Die Situation der jungen Kirchen Asiens ist in jedem Land anders", urteilt Professor Schwarz aus reicher Erfahrung. Er selbst reist öfter in diese Länder und erhält persönliche Kontakte aufrecht. Während die Lage in Südkorea gut sein, gebe es im buddhistischen Burma für Christen erhebliche Probleme. Ausländische Pfarrer sind unerwünscht. Wer zum Theologiestudium nach Deutschland kommt, müsste vom hier gewährten Stipendium Steuern an sein Heimatland abführen.

Brücken der Verständigung und der Hilfe auch nach Osteuropa zu bauen: Professor Schwarz sieht auch darin eine wichtige Aufgabe. Diese Länder haben zwar eine große christliche Tradition. In der kommunistischen Ära wurden aber im Ausbildungsbereich alte Strukturen zerschlagen, so dass einiges an Entwicklungshilfe geleistet werden müsse.

Am Schluss sollte ich erwähnen, dass alle Vorträge auf diesem Symposion von meinem Assistenten David Ratke unter dem Titel *Theologie zu Beginn des 3. Jahrtausends im globalen Kontext – Rückblick und Perspektiven* (Frankfurt a. M. 2000) veröffentlicht wurden. Diese Veröffentlichung konnte dann von den Teilnehmern bei ihren Heimatinstitutionen vorgelegt werden, was ihnen zusätzliches Prestige für ihre wissenschaftliche Arbeit gab.

Wenn man 60 Jahre alt geworden ist, dann ist man sozusagen auf der Zielgeraden, denn der Ruhestand rückt immer näher. Ich hörte auch von vielen älteren Menschen, dass die Zeit immer schneller vergehe, je älter man wird. Persönlich hatte ich niemals dieses Gefühl, denn ich war mit so vielen Projekten befasst, dass ich immer froh war, wenn ein Termin erfolgreich verstrichen war.

Bald nach dem Symposion von 1999 planten wir schon das nächste Symposion, das 2004 stattfinden und mit meiner Verabschiedung vom Lehrstuhl zusammenfallen sollte. Ein Professor in Deutschland muss zwar am Ende des Semesters, in dem er 65 Jahre alt wird, in den Ruhestand gehen, denn von da an bekommt er seine Pension. Aber er kann immer noch weiter forschen und lehren, so viel und was er will, ohne dann aber dafür bezahlt zu werden. Man kann auch Dissertationen und andere wissenschaftliche Arbeiten betreuen und Examensprüfungen abhalten. Nur darf man nicht mehr bei Berufungsverhandlungen und anderen internen Sitzungen mitmachen.

Als sich mein 65. Geburtstag näherte, waren wir eifrig dabei, ein weiteres Symposion zu arrangieren, um einige Freunde einzuladen, mit denen ich zusammengearbeitet hatte, sowie alle meine ehemaligen Doktoranden. Das Generalthema für das Symposion spiegelte mein Hauptanliegen in der Theologie wieder: die *Bedeutung der Theologie für die Gesellschaft*. Drei Perspektiven sollten in den Vorträgen bearbeitet werden, die auch mit meinen Interessen übereinstimmten, Ethik und Gesellschaft, Ökumene und die Naturwissenschaften.

Da in den letzten fünf Jahren die Gruppe ehemaliger Doktoranden beträchtlich angewachsen war und ich ein paar Kollegen mehr einladen wollte, war die erste große Überlegung, wie wir das finanzieren konnten. Wie immer in meinem Leben, bettelte ich nicht für mich, sondern für andere, so dass sie nach Deutschland kommen und sich hier wenigstens eine Woche aufhalten konnten. Wie meine erstes Sekretärin, Bärbel Berger, einmal bemerkte und wie ihre Nachfolgerin, Hildegard Ferme, oft wiederholte: „Schwarz bekommt, was er will." Dies entsprach nicht ganz der Wahrheit. Aber im Rückblick war es auch nicht völlig falsch.

Beträchtliche Hilfe kam wieder von Ulrich Landskron und der *Evangelischen Wohltätigkeitsstiftung.* Als ich unsere bayerische Landeskirche um einen Zuschuss bat, um wenigstens den Druck des Vortragsbandes zu bezahlen, bekamen wir 1000 €, keine sehr große Summe, wenn man an die beträchtlichen Ausgaben für die Flugtickets denkt. Aber jeder Cent ist wichtig. Schließlich hielt der *DAAD* dieses Alumnen-Netzwerk für bedeutend genug, um es finanziell zu unterstützen. So bekam ich von dort das meiste Geld, das wir brauchten. Das Missionswerk der lutherischen Kirche in Bayern war auch hilfreich, indem es die ganze Gruppe für den zweiten Teil der Woche kostenlos in Neuendettelsau unterbrachte. Die Vielberth-Universitäts-Stiftung, die Forschungsprojekte in der Universität unterstützt, gab uns ebenfalls etwas Geld, so dass finanziell gesehen das Symposion auf sicheren Füßen stand.

Es war bemerkenswert, dass am Tag der Eröffnung des Symposions, der Band mit all den Vorworten und Vorträgen vom Verlag in Regensburg eintraf. Es war für meine damalige Assistentin Anna Madsen keine leichte Aufgabe gewesen, die Vorträge von den Teilnehmern rechtzeitig zu bekommen und dann druckfertig zu machen. Der Band wurde unter dem schon erwähnten Titel des Symposions, *Die Bedeutung der Theologie für die Gesellschaft* (Frankfurt a.M. 2004), veröffentlicht. Anna Madsen fügte auch eine Bibliographie meiner Veröffentlichungen bei, etwas, das David Ratke schon in dem Band von 1999 angefangen hatte.

Der neue Band enthielt 38 Vorträge und fünf Vorworte. Bis zum Schluss mussten wir Veränderungen am Programm vornehmen, denn plötzlich konnten einige Teilnehmer nicht kommen, mit denen wir gerechnet hatten, und deshalb wurden andere kurzfristig eingeladen. Aber praktisch alle Vorträge, die im Band abgedruckt waren, wurden persönlich vorgetragen.

Wieder fand das Symposion im Juni statt, um die Akklimatisation für Teilnehmer aus den tropischen Ländern zu erleichtern. Eine der schwierigsten Aufgaben, so seltsam es klingen mag, war genügend Stühle für die Eröffnung zusammenzubringen. Wir hatten keinen größeren Vortragssaal gewählt, sondern dachten, wie ich es bei Kollegen bei ähnlichen Anlässen gesehen hatte, dass der große Sitzungssaal des Philosophikums ausreichen würde. Am Schluss aber hatten wir weder Programme noch Stühle übrig und es gab nur noch Stehplätze. Nachdem die Gäste aus Übersee am Samstag und Sonntag angekommen waren, begann das Symposion offiziell am Montagnachmittag mit meiner Abschiedsvorlesung.

Mein Kollege Bernhard Hofmann von der Musikpädagogik unserer Fakultät hatte ein Ensemble versammelt, das für eine festliche Atmosphäre sorgte, indem es die Bachkantate „Der Herr denket an uns" (BWV 196) aufführte. Dann eröffnete der Rektor Alf Zimmer das Symposion auf Englisch wegen der vielen ausländischen Gäste. Da er stark erkältet war, verabschiedete er sich unmittelbar nach seinem Grußwort, um sich zu Hause auszukurieren. Zufällig war zu jener Zeit mein Kollege aus der evangelischen Theologie Martin Bröking-Bortfeldt Dekan, der im Namen der Fakultät alle willkommen hieß. Darauf folgte der Rektor Hermann Vorländer vom Missionswerk, der in seinem Grußwort betonte, dass Professor Schwarz es versteht, „lutherische Theologie verständlich darzulegen, zeitgemäß umzusetzen und in den weltweiten Horizont zu stellen."[23]

Der Nächste war mein langjähriger Freund und Kollege Zdenek Kucera von der hussitischen Fakultät in Prag, dem Juraj Bandy folgte, der Dekan der lutherischen theologischen Fakultät in Bratislava. Er erinnerte die Zuhörer, dass ich einer der ersten Professoren in der Theologie war, der erkannte, dass die theologischen Fakultäten und

---

23 Hermann Vorländer, „Grußwort", in Anna M. Madsen, Hrsg., *Glaube und Denken. Die Bedeutung der Theologie für die Gesellschaft*, 19.

Kirchen im früheren Ostblock Kontakte mit dem Westen brauchten, die ich auch herstellte. In derselben Weise brauchen wir jetzt im Westen die Fakultäten und Kirchen des Ostens. Fred Meuser, der frühere Präsidenten von *Trinity Seminary* in Columbus konnte nicht selbst kommen. Er hatte aber ein Grußwort geschickt, das von meiner Assistentin Anna Madsen verlesen und im Symposions-Band abgedruckt wurde. Ich hatte vor Fred Meuser immer große Hochachtung.

Nach all diesen Grußworten, die nicht ermüdend waren, da jedes anders war, konnte ich schließlich meine Abschiedsvorlesung halten, wie es der Brauch ist, wenn jemand in den Ruhestand geht. Zunächst gab ich eine Zusammenfassung dessen, was sich über die Jahre ereignet hatte, und dankte meinen Kollegen und der Verwaltung für die ausgezeichnete Zusammenarbeit. Es ist in der Tat bemerkenswert, und ich bin dafür immer dankbar, dass ich bis heute niemals ein Problem mit der Verwaltung hatte. Gewöhnlich fand ich sie unwahrscheinlich kooperativ, indem sie sich immer um das Wohl der Studenten kümmerten. Wenn ich Kollegen an anderen deutschen Universitäten davon erzählte, dann schüttelten sie nur ungläubig ihre Köpfe, dass eine Verwaltung so kooperativ und hilfreich sein konnte. Ich bemerkte eine ähnliche kooperative Resonanz bei meinen Kollegen.

Unser Rektor musste das bemerkt haben, denn als Landesbischof Friedrich von der lutherischen Kirche in Bayern unsere Universität aus Anlass des 60-jährigen Jubiläums der Studentengemeinde unsere Universität besuchte, sagte der Rektor zu ihm: „Ich kenne die meisten deutschen Universitäten sehr gut, aber nirgendwo ist die Theologie besser in die Universität integriert als hier in Regensburg."

In der Tat habe ich immer versucht, meinen Teil der Arbeit zu tun und auch etwas für die Universität beizutragen. Eines Tages sagte zum Beispiel unser Kanzler Hans-Hagen Zorger zu mir, als ich mich für Dr. Beckers-Kim, die Lektorin für Koreanisch einsetzte: „Warum nehmen Sie sich dieser Lektorin an? Das ist nicht einmal Ihr Gebiet." Meine Antwort war, dass niemand sonst es tun würde.

Natürlich wollten meine Kollegen, Freunde und Studenten nicht nur einen Bericht über meine Arbeit an der Universität hören, sondern meine Abschiedsvorlesung. Mit dem Thema dieser Vorlesung „Jerusalem und Athen gehören zusammen" nahm ich wieder das Anliegen meiner Antrittsvorlesung in Regensburg auf, die ich 1981 zum Thema „Die Stellung der Theologie innerhalb der Universität" hielt.[24] Ich war immer überzeugt, dass die Theologie innerhalb der Universität eine sehr wichtige Disziplin war, um dem gelehrten Unternehmen „Universität" Tiefe und Richtung zu geben. Als ich ein Exemplar meiner Antrittsvorlesung am Wolfhart Pannenberg schickte, stimmte er so sehr mit dem Inhalt meiner Ausführungen überein, dass er sich sowohl schriftlich als auch telefonisch bedankte. – Als ich Wolfhart Pannenberg ein paar Jahre vorher zu einem Gastvortrag nach Regensburg eingeladen hatte, sagte ich zu ihm: „Wenn ich etwas von Ihnen lese, weiß ich niemals, ob Sie oder ich das zuerst so formuliert haben." Unsere Gedankengänge waren einander sehr ähnlich.

Ich hatte unsere ganze Fakultät zur Abschiedsvorlesung eingeladen sowie die katholische Fakultät und einige andere Kollegen, den Regierungspräsidenten und seine Frau, ein Mitglied des Landtags, den Kirchendekan und den Oberbürgermeister von Regensburg. Während es fünf Jahre vorher bei Hans Schaidinger beträchtlicher Überredung bedurfte, damit er kam, war es 2004 für ihn selbstverständlich zu kommen, und er blieb auch lange beim anschließenden Empfang. Öffentliche Personen wie er haben oft einen sehr engen Terminplan. Er sagte mir einmal: „Als ich als Oberbürgermeister gewählt wurde, dachte ich, dass ich jetzt zu all den schönen Anlässen mit nachfolgendem Empfang eingeladen würde. Aber ich wusste nicht, dass ich sofort wieder gehen musste, sobald ich meine Rede beendet hatte, denn an demselben Abend musste ich noch zwei weitere Termine wahrnehmen. So kam ich spät und hungrig nach Hause, denn ich hatte keine Möglichkeit, mir etwas von dem köstlichen Essen zu nehmen, das überall für die Gäste angeboten wurde."

---

24 Hans Schwarz, „Die Stellung der Theologie innerhalb der Universität", in: *Kerygma und Dogma* 28 (1982). S. 167-178.

Aber alle Kollegen, Freunde, Verwandten und öffentliche Amtsträger, die eingeladen worden waren, kamen und auch eine beträchtliche Anzahl von Studenten. Wir hatten auch eine Ausstellung der Bücher arrangiert, die ich geschrieben hatte, da viele der Anwesenden sie wahrscheinlich niemals gesehen und noch weniger gelesen hatten. Es folgte ein schöner Empfang in einem Innenhof der Uni. Im Unterschied zu dem, was sich mit den Programmen und Stühlen ereignet hatte, hatten wir genügend zu essen und zu trinken und es wurde ein wunderbarer Abend mit guten Gesprächen.

Am nächsten Tag begannen dann die Vorträge vom Morgen bis zum späten Nachmittag. Mit ungefähr 40 Beitragenden beim Symposion war es schwierig, die öffentlichen Verkehrsmittel zu benutzen, um von den Hotelzimmern zur Universität zu kommen oder zu den anderen Veranstaltungsorten. Deshalb charterten wir einen Bus, um am Morgen vom Hotel zur Universität zu kommen und um zu unserem Haus zu gelangen, wo wir am Abend in unserem Garten einen Empfang vorbereitet hatten. Der Posaunenchor unserer Neupfarrkirche gab diesem Empfang eine festliche Note. Es hat sicher unseren Nachbarn nicht geschadet, die christlichen Lieder des Posaunenchors zu hören. Neben anderen Getränken hatten wir natürlich das schon zur Tradition gewordene Fass Bier, das ich dieses Mal selbst anzapfte. Aber ich stellte mich sehr dumm an und zapfte das Fass in der Mitte an. Erst als fast kein Bier mehr aus dem Fass lief, bemerkte ich meinen Fehler und musste das Fass noch einmal anzapfen, damit wir es leeren konnten.

Am Mittwoch machten wir eine Exkursion in den Untergrund von Regensburg, der für die Vortragenden ein unbekanntes Territorium war, obwohl sie hier studiert hatten und viele Male in der Stadt gewesen waren. Da Regensburg eine 2000 Jahre alte Stadt ist, gleicht ihre Topographie sehr dem eines archäologischen Hügels oder Tells in Palästina. Über die Jahrhunderte hinweg wurden neue Gebäude auf den Überresten alter Gebäude errichtet. Gleich neben der Neupfarrkirche kann man in die historischen Gewölbe hinabsteigen und die wunderbar restaurierten Keller mit ihren Tonnengewölben bestaunen, die von Häusern des ehemaligen jüdischen Ghettos stammen. Im 14. und 15. Jahrhundert hatte Regensburg eine beträchtliche jüdische Bevölkerung einschließlich einer weithin bekannten Talmudschule. Doch 1519 wurden die Juden aus Regensburg vertrieben und auf dem Gelände des ehemaligen Ghettos eine Wallfahrtskirche errichtet, die heutige Neupfarrkirche.

Der anderen Untergrund, den wir besuchten, lag unterhalb der Niedermünsterkirche, wo man bis in die römische Zeit hinabsteigen und die Überreste der römischen Kasernen besichtigen kann. Regensburg war der nördlichste Posten des Römischen Reiches entlang der Donau und der Sitz der dritten italienischen Legion. Am Abend wurde die Gruppe mit dem Bus nach Adlersberg zum Abendessen gefahren, wo der lutherische Regionalbischof Dr. Hans-Martin Weiß die Teilnehmer begrüßte. Wegen anderer Verpflichtungen konnte er erst jetzt zu uns stoßen.

Am Donnerstag wurde das ganze Symposion in das Missionswerk nach Neuendettelsau verlegt. Rektor Vorländer gab den Teilnehmenden eine gute Einführung in das, was heute Zusammenarbeit mit anderen Kirchen vorwiegend in Asien, aber auch in Lateinamerika und Afrika bedeutet.

Das Ziel der Mission ist nicht mehr, „arme Heiden" zu bekehren, sondern den Kirchen vor Ort zu helfen und auch Impulse von diesen Kirchen für die eigene Arbeit zu Hause in Bayern zu empfangen. Wir fuhren auch in das nahegelegene Heilsbronn, zu einem ehemaligen Zisterzienserkloster und jetzigem Zentrum für Religionspädagogik der lutherischen Kirche in Bayern. Es war sicher für die Teilnehmer interessant, diese mittelalterlichen Gebäude zu besuchen, deren Inneres immer noch intakt ist, einschließlich der wunderbar geschnitzten und bunt bemalten Decken. Aber meine Idee war es, den Teilnehmern zu zeigen, was Religionsunterricht an den öffentlichen Schulen in Deutschland bedeutet.

Was ist die Absicht der Kirche, wenn sie Religionsunterricht erteilen lässt und wie können Kirche und Staat zum gegenseitigen Nutzen zusammenarbeiten, obwohl sie voneinander getrennt sind? Da in den meisten Ländern, aus denen die Teilnehmer kamen, ob den

USA oder Südkorea, solch ein Religionsunterricht in öffentlichen Schulen unbekannt ist, war das für alle Beteiligten eine neue Erfahrung. Viele Fragen wurden gestellt und Antworten gegeben. Pfarrer Klaus Buhl, der Direktor des Zentrums, führte die Teilnehmer in die Arbeit des Zentrums ein, die nicht nur Erarbeiten von Lehrmaterialien für den Unterricht umfasst, sondern auch die Veranstaltung von weiterführenden Kursen für die Lehre.

Freitag und Samstag wurden dann wieder Vorträge gehalten und am Sonntagmorgen beschlossen wir das Symposion mit einem gemeinsamen Gottesdienstbesuch in der Kirche, in der Wilhelm Löhe (1808–1872), diese wichtige Gestalt der Inneren Mission, gepredigt hatte. Aus dem heruntergekommenen Dorf Neuendettelsau südlich von Nürnberg baute er ein Zentrum für kirchliche Tätigkeiten – einschließlich der zu seiner Zeit enstehenden weiblichen Diakonie.

Einer, der bei den Vorträgen in Neuendettelsau zugegen und schon vor fünf Jahren anwesend gewesen war, war Jerry Schmalenberger, der frühere Präsident des *Pacific Lutheran Seminary* in Berkeley. Da mein ehemaliger Assistent David Ratke an diesem Seminar seinen Abschluss gemacht hatte, war dies eine zweifache Heimkehr. Ich hatte jenen bemerkenswerten Mann schon einige Male am *Lutheran Theological Seminary* in Hongkong getroffen, an dem er regelmäßig im Ruhestand unterrichtete. Er hatte auch David einmal in Regensburg besucht, als dieser noch mit seiner Promotion beschäftigt war.

So erfreulich das Symposion auch war – ich hatte viel Freude daran und kann das mit Sicherheit von den anderen Teilnehmern auch sagen –, so holte uns doch die Wirklichkeit der Welt sehr schnell wieder ein. Als wir am Samstagabend zusammensaßen, um darüber nachzudenken, wie wir das Alumnen-Netzwerk stärken könnten, kam Rudolf Keller herein, der bei uns in Regensburg Professor für Kirchengeschichte ist, aber in der Nähe von Ansbach wohnt. Als ich ihn in unserer Gruppe willkommen hieß, sagte er: „Ich habe eine traurige Nachricht: William Coning ist bei einem Autounfall ums Leben gekommen."

Dienst an der einen Kirche

Wir waren alle wie versteinert und es herrschte Totenstille. William Coning war der Ehemann meiner Assistentin Anna Madsen. Sie war mit uns nach Neuendettelsau gekommen und fragte mich am Samstagmittag, ob sie nach Regensburg zurückfahren dürfte, da nichts Wichtiges mehr auf dem Programm stand. Ich ließ sie ziehen und sie sagte mir, sie hätte an diesem Tag noch nichts von ihrem Mann gehört. Auch war sie überrascht, dass er sie nicht vom Bahnhof in Regensburg abholte. Sie nahm also den Bus.

Als sie zu ihrer Wohnung kam, wurde sie von meinen Kollegen Bröking-Bortfeldt begrüßt, der auch Unfallseelsorger ist. Er musste ihr die tragische und schlimme Nachricht überbringen, dass ihr Mann getötet worden war, als er eine Straße überquerte, ohne auf den Verkehr zu achten. Während ihr Mann sofort tot war, lag ihr kleiner Sohn Karl jetzt mit schwersten Kopfverletzungen auf der Intensivstation der Universitätsklinik. Als wir diese Nachricht hörten, fuhr ich sofort mit dem Auto nach Regensburg zurück und nahm David Ratke und Russell Kleckley, zwei meiner ehemaligen Assistenten mit. Wir begaben uns unmittelbar zur Universitätsklinik. Dort trafen wir Anna, die wegen der unfassbaren Ereignisse noch unter Schock stand, während der kleine Karl um sein Leben kämpfte. Nachdem wir mit Anna am Bett ihres kleinen Sohnes gebetet hatten, fuhr Russell mit mir nach Neuendettelsau zurück, während David zusammen mit Hildegard Ferme versuchte Anna zu trösten.

Diese Tragödie erinnerte mich an den Besuch von Helmut Thielicke 1972 in Columbus. Als er für Pfarrer aus der Gegend Vorträge hielt, fanden zur gleichen Zeit in München die Olympischen Spiele statt. Inmitten der Feierlichkeiten in München nahmen arabische Terroristen israelische Teilnehmer als Geiseln und töteten einige davon. Als Helmut Thielicke gebeten wurde, etwas dazu zu sagen, antwortete er: „Die Menschen kommen zusammen, um zu feiern. Aber inmitten der Feiern erheben die Mächte des Bösen ihr schreckliches Haupt, denn sie hassen Feiern und Freude. Dies zeigt uns, dass wir immer noch in einer gebrochenen Welt leben, die sich nach Erlösung sehnt."

Wir leben nicht nur in einer Welt der Begrenztheit, sondern auch in einer, die noch ganz anders ist als die verheißene neue Welt, und alle Feiern sind nur vorübergehende Momente. Schmerz und Leid dagegen sind tägliche Erfahrungen.

Zur Zeit des Unfalls hatte Anna schon eine Stelle am *Augustana College* in Sioux Falls, Süd Dakota, im Religions-Department angeboten bekommen, und ihr Mann sollte eine Halbtagsstelle am College als Studentenpfarrer annehmen. Aber nun hatte sich alles geändert. Mit den schweren Kopfverletzungen von Karl war die Universitätsklinik der beste Ort für ihn. Unsere Universität verlängerte sofort den Vertrag mit Anna um ein halbes Jahr und *Augustana College* stimmte dankenswerterweise zu, auf Anna zu warten, bis sie dorthin umziehen konnte. Als ich wieder einmal Karl auf der Intensivstation besuchte, hörte ich einen Arzt sagen: „Nun sehen wir endlich Licht am Ende des Tunnels." Karls Leben war gerettet. Aber viele Jahre nach diesem tragischen Unfall, braucht er immer noch mehrere Male in der Woche Therapie.

Trotz des lähmenden Einflusses der Nachricht über den Unfall gingen die Überlegungen bezüglich zukünftiger Alumnen-Treffen weiter. Die Asiaten wählten Deuk-Chil Kwon als ihren Koordinator und die Amerikaner entschieden sich, auch über das traditionelle Alumnen-Mittagessen bei der Jahrestagung der *American Academy of Religion* hinaus, das ich jahrelang arrangiert und bezahlt hatte, enger mit den anderen Alumnen zusammenzuarbeiten.

Craig Nessan lud mich 2005 an das *Wartburg Theological Seminary* ein zur Gründung der *Internationalen Löhe Gesellschaft*. Ich sollte in diesem Zusammenhang einen Vortrag halten zum Thema „Löhe im Kontext des 19. Jahrhunderts"[25]. Löhe hatte die meisten seiner aktiven Jahre als Pfarrer in Neuendettelsau verbracht. Da es zu der Zeit an Pfarrern in Nordamerika mangelte, sandte er „Sendboten" nach Nordamerika aus, die sich dann als Pfarrer der Missouri-Synode anschlossen. Einmal gab es sogar mehr Pfarrer, die

---

25 Hans Schwarz, „Wilhelm Loehe in the Context of the Nineteenth Century", in: *Wilhelm Loehe and and His Legacy. Currents in Theology and Mission*, Bd. 33, No. 2 (April 2006). S. 93-104.

ursprünglich vom ihm kamen, als solche, die der Synode selbst entstammten. Wilhelm Löhe war auch die treibende Kraft zur Gründung von Orten wie Frankenmut in Michigan, sowie des *Wartburg Theological Seminary* und zum großen Teil auch der lutherischen Kirche der Missouri-Synode. Er sandte auch Missionare nach Australien und Papua-Neuguinea aus und deshalb ist die Bibliothek am lutherischen Seminar in Adelaide nach einem Verwandten Wilhelm Löhes als „Loehe Memorial Library" benannt. Darüber hinaus trug Löhe auch dazu bei, das kirchliche Leben in seiner eigenen lutherischen Kirche in Bayern neu zu beleben.

Als ich in Wartburg ankam, traf ich David Ratke, der einen Vortrag hielt. Das war eigentlich nicht überraschend, denn er hatte seine Dissertation bei mir über Wilhelm Löhe geschrieben.[26] Aber dort waren auch Russell Kleckley vom *Augsburg College* in Minneapolis und John T. Pless, jetzt Professor am *Concordia Seminary* in Fr. Wayne, Indiana, der mein Student am *Trinity Seminary* in Columbus gewesen war, zu Vorträgen versammelt. Das Resultat dieser Tagung war nicht nur die Gründung der *Internationalen Löhe Gesellschaft,* sondern die feste Absicht, alle drei Jahre einen internationalen Kongress über Löhe abzuhalten, der Interessenten von Amerika bis Australien mit einbezieht. Dies würde dann meinen Alumnen aus Australien erlauben, daran teilzunehmen.

Im Oktober 2006 trafen sich meine ehemaligen koreanischen Doktoranden in Yangyang, einem wunderbaren Ort an der Ostküste Südkoreas, um die *Asian Theological Society* zu gründen und um die erste Ausgabe ihrer Zeitschrift zu veröffentlichen. Sie enthielt alle Vorträge vom Symposion in Yangyang und einige andere von asiatischen und deutschen Alumnen. Ich war besonders froh, dass sich wirklich alle koreanischen Alumnen aus Regensburg versammelt hatten, obwohl zwei von ihnen niemals vorher zu den Symposien nach Deutschland gekommen waren. Es war auch sehr schön, dass ihre Frauen mitkamen, denn sie hatten viel Gemeinsames, das sie austauschen, und zukünftige Pläne, die sie schmieden wollten.

---

26 David Clifford Ratke, *Confession and Mission, Word and Sacrament. The Ecclesial Theology of Wilhelm Löhe* (St. Louis 2001), 234 S.

Heimkehr nach Regensburg

Die Gruppe entschied sich, dass sich im folgenden Jahr nur die Koreaner treffen würden, während sie für 2008 nach Geld suchen wollten, um auch die anderen asiatischen Alumnen zu einem größeren Symposion einladen zu können. Als ich von ihren Plänen hörte, dachte ich, dass sie bessere Chancen hätten, Geld in Korea aufzutreiben, wenn alle asiatischen Alumnen vorher nach Deutschland eingeladen worden wären. Als mich der Rektor der Universität Regensburg auf ein neues Alumnen-Programm des *DAAD* aufmerksam machte, stellte ich dort einen Antrag, um Geld für ein Symposion zu bekommen – und zu meiner Überraschung wurde der Antrag genehmigt.

So kamen im Juli 2008 alle Alumnen für eine Woche nach Regensburg, während gleichzeitig in Neuendettelsau die Tagung der *Internationalen Löhe Gesellschaft* abgehalten wurde, an der wir einige Tage teilnahmen. Die Vorträge der Alumnen wurden wieder gedruckt herausgegeben, dieses Mal von meiner letzten Assistentin Andrea König unter dem Titel *Christliche Existenz in einer überwiegend nicht-christlichen Umgebung: Situationsbeschreibung, Initiativen und Perspektiven für die Zukunft* (Frankfurt a.M. 2008). Der Titel gibt sachgemäß wieder, aus welchen Ländern die meisten Teilnehmer kamen. Ich war sehr froh, dass mein Nachfolger, Herr Kollege Matthias Heesch, auch einen Vortrag zu dem Symposion beisteuerte.

Das Jahr darauf stand dann mein 70. Geburtstag an. Ich bin froh, dass solch ein Ereignis nur einmal im Leben ist. Schon einen Tag vor meinem Geburtstag feierten wir im engsten Familienkreis, da unser Sohn Hans mit Familie wieder nach Cincinnati, Ohio, zurückkehren musste, um seine Arbeit aufzunehmen. Ende Januar feierte ich dann mit langjährigen Weggefährten aus Universität und Kirche. Als ich dazu meinen Nachfolger und Kollegen Matthias Heesch einlud, sagte er, er müsse jetzt wohl gestehen, dass genau ein Monat nach meinem Geburtstag eine akademische Feier für mich stattfinden würde.

Für meine eigene Feier mit den Weggefährten aus Universität und Kirche hatten wir den „Rennerhof" gewählt, ein sehr schönes, historisches Gebäude aus dem Mittelalter, das keiner der Teilnehmenden kannte. Alle waren im Nachhinein begeistert. Der Abend wurde ausgestaltet von acht Domspatzen und zu meiner Überraschung kam auch der Bläserchor aus Kareth dazu, weil dieser „zur Feier von Prof. Schwarz etwas beitragen" wollte, und Herr Kollege Wiegrebe hielt eine sehr schöne Rede in Hexametern. Dann kam im Februar die akademische Feier im Großen Sitzungssaal des Philosophikums. Ich hatte mehrmals gefragt, ob ich irgendetwas beisteuern könnte, aber stieß jedes Mal auf ein entschiedenes Nein. Eröffnet wurde der Abend durch den Rektor der Universität, dann hielt der Dekan eine Dankesrede, wobei ich einige Male rote Ohren bekam, und schließlich trug auch der Regionalbischof mit einer launigen, sehr fundierten und extrem positiven Würdigung zum Gelingen des Abends bei. Natürlich kamen auch lobende Worte vom geschäftsführenden Vorstand des Instituts, Matthias Heesch. Die Überraschung für mich war allerdings, dass man meinen Kollegen Kucera von der Hussitischen Fakultät in Prag zum Festvortrag eingeladen hatte. Dies war für mich der Höhepunkt, denn wir haben viele Jahre zusammengearbeitet. Auch für die musikalische Ausgestaltung des Abends war bestens gesorgt. Schließlich darf ich nicht das vorzügliche Büffet vergessen, bei dessen Zubereitung alle Mitarbeiter des Instituts nach Kräften mitgeholfen hatten. Selbst Adlersberger Bier aus dem Fass durfte nicht fehlen. Es wurde ein wunderbarer Abend, an den ich immer dankend zurückdenke. Irgendwie sind wir am Institut, und besonders am Lehrstuhl, eine verschworene Gemeinschaft. Schließlich gab es dann auf dem Adlersberg (wo denn sonst?), noch eine Feier für die Verwandten.

Den Abschluss bildete vom 30. Juli – 2. August eine „Internationale theologische Tagung. „Alumni-Treffen 2009 aus Anlass des 70. Geburtstages von Prof. Hans Schwarz" unter dem Thema *Doing Theology in a Global Era* (Theologie im globalen Zeitalter) an der *Luther University* in Korea. Den Eröffnungsgottesdienst der Tagung in der Kapelle der *Luther University* hielt ein koreanischer Pfarrer und die Predigt wurde von Pilgrim Lo aus Hongkong gehalten.

Anschließend kam die Begrüßung durch den Präsidenten der Lutherischen Kirche Koreas und den Rektor der *Luther University*. Danach musste ich den Eröffnungsvortrag halten. Wie bei Alumnen-Treffen üblich, steuerte jeder der Teilnehmenden einen Vortrag bei. So hatten wir insgesamt 14 Vorträge. Selbstverständlich waren die meisten Teilnehmenden aus Korea, aber auch Russell Briese aus Australien konnte mit dabei sein sowie Limuel Equiña von den Philippinen, Terry Dohm aus den USA und Thomas Kothmann aus Deutschland und, wie schon erwähnt, Pilgrim Lo aus Hongkong sowie meine Frau und ich. Nachdem auch einige Ehepartner dabei waren, wurden schon eifrig Pläne geschmiedet für das Alumnen-Treffen 2010 in Regensburg. Neben den gelungenen Vorträgen war ein Höhepunkt die Überreichung einer Festschrift durch Thomas Kothmann, die von ihm und Craig Nessan redaktionell überarbeitet und herausgegeben, in Regensburg angefertigt und durch Vermittlung von Hubert Watson in Indien gedruckt und in Korea überreicht werden konnte.[27]

Ich hatte zwar etwas von der Arbeit an dieser Festschrift mitbekommen, war aber doch erstaunt, wen ich alles in dieser Festschrift vorfand, und besonders über die regionalen Vorworte, die mir wiederum zeigten, dass meine Lebensarbeit nicht ganz ohne Frucht geblieben ist. Der zweite Höhepunkt für meine Frau und mich war das Geschenk der koreanischen Alumnen, ein zweitägiger Ausflug auf die subtropische Insel Jeju. Man hatte für uns ein wunderbares Zimmer gebucht mit Blick auf das Meer, und Cheol-Ryun Kim und seine Frau ließen es sich nicht nehmen, uns optimal zu betreuen. Für meine Frau und mich waren es unvergessliche, wenn auch leider sehr kurze Tage. Aber alles auf dieser Erde, wenn es schön gewesen ist, ist zu kurz.

Für 2010 hatte ich mich wieder für ausländische Alumnen um die Finanzierung einer Summer School beim *DAAD* beworben – man nennt so ein Symposium beim *DAAD* „Summer School" – und mein Antrag wurde wieder bewilligt.

---

27 *Doing Theology in a Global Context. A Festschrift for the Rev. Prof. Dr. Hans Schwarz*, hg. v. Craig L. Nessan und Thomas Kothmann (Bangalore, Indien 2009), 382 S.

So kamen für eine Woche etwa 30 Theologinnen und Theologen aus verschiedenen Ländern zusammen, meist Alumnen von mir, die Vorträge hielten zum Thema des Symposions: *Mission, Dialog und friedliche Koexistenz. Zusammenleben in einer multireligiösen und säkularen Gesellschaft.* Der entsprechende Symposions-Band wurde wieder von Andrea König kompetent betreut und bei Peter Lang in Frankfurt veröffentlicht. Eine unerwartete Überraschung hatte uns die Anyang Universität unter Cheol-Ryun Kim bereitet.

Wie erwähnt, halte ich seit vielen Jahren in der letzten Septemberwoche ein Blockseminar in Griechenland ab. Seit einigen Jahren beteiligen sich daran auch Studentinnen der Anyang Universität unter Leitung von Cheol-Ryun Kim und einigen Professorinnen. Diese kamen 2009 auf die Idee bei uns in Lappersdorf ein Hauskonzert abzuhalten. So wählten wir den Sonntag vor Beginn der Summer School für das Hauskonzert (eine Pianistin, ein Tenor, zwei Sopranistinnen und ein Alt). Sie veranstalteten ein ausgezeichnetes Konzert, zu dem wir etwa dreißig Personen einluden. Das Konzert machte es dann möglich, dass sie bei der Eröffnung des Symposions am Montag mitwirkten und bei der Ausgestaltung des Abschluss-Gottesdienstes am darauffolgenden Sonntag in der Neupfarrkirche.

Cheol-Ryun Kim fragte mich, wie lange sie im Gottesdienst singen konnten und ich sagte „dreißig Minuten". Wir fügten die einzelnen Stücke in den Ablauf des Gottesdienstes ein und nach jedem Stück applaudierten die Besucher des Gottesdienstes. Andrea König meinte, sie hätte bei jedem Stück Gänsehaut bekommen. Die inhaltliche Gestaltung des Gottesdienstes übernahmen elf Mitglieder der Summer School, wobei zum Beispiel die Epistel in sechs verschiedenen Sprachen gelesen wurde. Alle waren von der Summer School begeistert und so wurde beschlossen, sich nächstes Jahr im August wieder zu treffen, wobei der Wettbewerb zwischen Indien und Hongkong knapp zugunsten von Indien ausfiel.

Das große Ereignis von 2011 war also die Summer School in Indien vom 1.–7. August, die von Annie und Hubert Watson und Federic Anilkumar zum Thema „Ecojustice" vorzüglich organisiert wurde.

Schon vor dem Eröffnungsvortrag am *United Theological College* in Bangalore wurden alle Referierenden mit einem wunderschönen Blumenstrauß begrüßt. Nach dem von mir gehaltenen Eröffnungsvortrag und ausführlicher Diskussion ging es nach Mysore, wo wir den Botanischen Garten besichtigten sowie das herrliche Schloss des Maharadscha, das an Glanz und Größe die bayerischen Königsschlösser weit übertrifft. Vorher besichtigten wir in Bangalore noch eine weltweit agierende High-Tech-Firma, die uns schon wegen ihrer supermodernen Architektur eine Ahnung vom Indien der Zukunft gab. Auf dem Weg nach Mangalore besuchten wir schließlich noch ein tibetanisches Kloster, prunkvoll ausgestattet und mit riesigen Bildern des Dalai Lama geschmückt.

Am *Karnataka Theological College* in Mangalore, wo Annie, Hubert und Federic lehren, wurde die Tagung weitergeführt. Auch hier durfte eine ausführliche Eröffnungszeremonie nicht fehlen, bei der auch der Diözesanbischof der Kirche von Südindien mitwirkte. Jedes Referat konnte mit Hilfe einer Power-Point-Präsentation mitgelesen werden und wurde von einem indischen Kollegen moderiert. Während der Dauer der Tagung waren die Studierenden des Colleges aufmerksame Zuhörer. Einige indische Kollegen, die in Deutschland promoviert hatten, staunten, dass die Regensburger Alumnen solch eine Tagung veranstalten konnten. Bei ihnen gab es kaum oder nur unregelmäßige Kontakte mit ihrer Alma Mater. Leider war die Zahl der „Regensburger" etwas klein, was auch damit zusammenhing, dass unmittelbar vor der Tagung die *International Loehe Society* in Ft. Wayne, Indiana tagte, bei der Thomas Kothmann und Craig Nessan präsent sein mussten.

Am Abschlusstag durften die ausländischen Alumnen in einer der Kirchen in Mangalore predigen. Ich war erstaunt, dass in der Shanthi-Kathedrale, in der ich predigte, sogar ein großes Blasorchester den Gottesdienst mitgestaltete. Mit wurde gesagt, dass diese Blechbläser einmal im Monat im Gottesdienst mitwirken. Es war ein rundum gelungenes Treffen und gab Gelegenheit zu vielen Gesprächen. Die indischen Alumnen fanden sogar Quellen, um den Alumnen aus Burma und Indonesien die Reisekosten zu erstatten.

Die Vorträge wurden dann wiederum in einem Dokumentationsband veröffentlicht.[28]

Die Reise nach Indien erlaubte mir auch, zuerst an das New College in Dehradun zu gehen, wo Santosh als akademischer Dekan tätig ist, um dort Vorträge zu halten und zu predigen. Es war ein neues Erlebnis, bis zu den Ausläufern der Himalayas vorzudringen. Es gibt dort frische Luft und klares Wasser in den Bächen, fast wie im Paradies.

Danach ging es nach Kottayam, wo Wilson Varkey am *ICP Theological Seminary* lehrte, sowie an das *Faith Theological Seminary*, wo er studierte. An beiden Institutionen hielt ich Vorträge und predigte. Schließlich fuhr ich zusammen mit Wilson Varkey mit dem Nachtzug nach Bangalore, zur Eröffnung unserer Summer School.

Für 2012 hatte ich dann wieder einen Antrag beim *DAAD* gestellt für eine weitere Summer School für unsere Alumnen, die im Juli 2012 unter dem Thema *Regionale Aspekte der Globalisierung. Eine theologische Würdigung* in Regensburg stattfand. Der Dokumentationsband erschien wieder bei Peter Lang in Frankfurt und wurde von Thomas Kothmann und mir herausgegeben.

Nach der Eröffnung durch den Rektor hielt Dr. Traugott Farnbacher von Mission EineWelt in Neuendettelsau den Eröffnungsvortrag zum Thema „Theologische Erwägungen zur Mission im asiatischen Kontext". Daran reihten sich, über die nächsten Tage verteilt, insgesamt 25 Vorträge, die alle in einem Sonderband von *Glaube und Denken* rechtzeitig zu Beginn der Summer School vorlagen. Aus meiner Sicht war der Höhepunkt eine zweitätige Exkursion nach Wittenberg und Eisleben, jeweils mit höchst sachkundiger Führung. In der Marktkirche zu Wittenberg, in der Luther regelmäßig predigte, nahmen wir an dem englischsprachigen Gottesdienst teil und trugen die Lesungen in verschiedensten Sprachen vor – ein kleines Pfingsten. Insgesamt nahmen 23 ausländische Alumnen und Gäste an der Summer School teil.

---

28 Hubert M. Watson, Hrsg., *Eco Justice: Implications for Faith and Theology* (Balmatta, Mangalore, Indien 2011), 212 S.

Heimkehr nach Regensburg

Eigentlich sollte dies die letzte Summer School sein, die ich für meine ehemaligen Doktoranden organisierte. Jedoch bat mich Matthias Heesch, wieder einen Antrag für eine Summer School im Jahre 2014 zu stellen. Zu meiner Überraschung wurde der Antrag genehmigt, so dass im Juli 2014 wieder eine Veranstaltung dieser Art stattfindet.

So zeichnet sich ab, dass die Arbeit, die in Regensburg begonnen wurde, weitergeführt werden wird. Das Netzwerk der ehemaligen Doktoranden wird Früchte bringen, indem sie einander zu Zusammenarbeit und akademischer Produktivität anregen. Während meines Aufenthalts in Columbus war eines der Schlagwörter in der theologischen Ausbildung, dass der Pfarrer ein Befähiger sein sollte, der andere befähigt, geistlich seelsorgerlich tätig zu sein. In gewisser Weise, denke ich, findet das jetzt bei meinen ehemaligen Doktoranden statt. Sie kamen nach Regensburg und wurden genährt, um fest im Boden der Theologie verwurzelt zu werden. Dann kehrten sie in ihre Heimatregionen zurück und verkünden dort die Frohe Botschaft und lehren andere. Aber um befähigen zu können, muss man auch pflanzen, und um pflanzen zu können, muss man selbst fest genug verwurzelt sein.

Da ich aus einer Familie komme, die sich stets mit dem Pflanzen und Bewässern, dem Düngen und Kultivieren und schließlich mit dem Ernten befasst hat, ist dieses für mich etwas Natürliches gewesen. Wie ich anfangs erwähnte, wo immer wir lebten, in Columbus oder Regensburg, hatten wir einen Gemüsegarten und haben dort gepflanzt, aufgezogen und geerntet. Hildegard war immer eifrig dabei, die Ernteprodukte einzufrieren und Marmeladen und Säfte zuzubereiten, so dass wir fast Selbstversorger sind. Ich war immer erstaunt, wie wenig Land man braucht, um eine Familie ernähren. Aber jetzt sind die Büsche und Obstbäume so groß geworden, dass wir Gottes Güte auch mit anderen teilen können. Obwohl ich wenig Zeit für den Garten hatte, war es für mich immer wichtig gewesen, nahe bei der Natur zu sein. Dies gab mir auch ein Gefühl für Gottes Schöpfung. Ich habe dasselbe Gespür vom Anbauen, Wachsen und Ernten, wenn ich an die vielen Jahre meiner akademischen Tätigkeit denke. Manchmal hat es lange gedauert, aber irgendwann sah man die Früchte der Arbeit. Ich denke, das trifft auch in etwas anderer Weise auf meinen eigenen Körper zu.

Ich bin kein Gesundheitsfanatiker. Aber ich habe immer viel von mir selbst verlangt. Über die Jahre wurde mir immer mehr bewusst, dass es nicht nur wichtig ist, der Seele Nahrung zu geben, sondern auch dem Körper. Ich erkannte, dass der Körper nicht nur Nahrung, sondern auch Training braucht. Wie Martin Luther so schön in seiner Erklärung zum zweiten Artikel des apostolischen Glaubensbekenntnisses geschrieben hat: Gott hat mir so viel gegeben „aus lauter väterlicher, göttlicher Güte und Barmherzigkeit, ohn all mein Verdienst und Würdigkeit: für all das ich ihm zu danken und zu loben und zu dienen und gehorsam zu sein schuldig bin."

Auf den Körper Acht zu geben, ist für mich selbstverständlich geworden. Wie die meisten Menschen wissen, die mich etwas besser kennen, treibe ich täglich Sport im Fitness-Raum unseres Hauses. Bevor die Pflichten des Tages beginnen, verbringe ich dort ganz allein eine Stunde. Ich genieße diesen Luxus, völlig ungestört zu sein, die Nachrichten im Radio zu hören, über dieses und jenes nachzudenken und dabei meinen Körper, den mir Gott gegeben hat, fit zu halten. Wenn ich unterwegs bin und kein Fitness-Raum in der Nähe ist, jogge ich gewöhnlich eine Stunde.

Einmal wohnte ich während einer Vortragsreise in Korea im Haus meines ehemaligen Doktoranden Deuk-Chil Kwon. Als ich am Morgen zum Joggen aus dem Haus gehen wollte, versuchte er, mich dienstbewusst zu begleiten. Als ich ihn fragte, ob er vorher schon gejoggt hätte, war seine Antwort: „Nein." „Nun", sagte ich, „dann ist das Beste für Sie, wenn Sie nicht mitlaufen. Ohne Übung könnte solch eine Anstrengung leicht Ihrer Gesundheit schaden. Bleiben Sie lieber hier." Ich bemerkte, wie erleichtert er war.

Als ich ihn später wieder einmal besuchte, war Deuk-Chil Kwon von seinem eigenen Haus in ein Pfarrhaus umgezogen, da er neben seinen Pflichten an der Luther Universität auch eine Gemeinde versorgen musste. So wohnte ich bei ihm in seinem Pfarrhaus. Früh am Sonntagmorgen, bevor ich im Gottesdienst predigen sollte, verließ ich das Haus. In der Ferne sah ich eine bewaldete Hügelkette und war mir sicher, dass es dort einen schönen Pfad zum Joggen gab. Joggen war inzwischen zu einer weltweiten Leidenschaft geworden. Es gab dort in der Tat einen schönen Pfad zum Laufen. Als es an der Zeit war, wieder zu Kwons Haus zurückzukehren, lief ich zurück, aber irgendwie war es der falsche Weg. Ich joggte zur Hügelkette zurück und machte einen zweiten Versuch und einen dritten, aber ich konnte den richtigen Weg nicht mehr finden.

Glücklicherweise hatte Deuk-Chil Kwon mir seine Telefonnummer samt Adresse gegeben. Ich fragte einen Mann, der mit seinem Auto beschäftigt war, ob er die Adresse kannte, aber er kannte sie auch nicht. Stattdessen rief er Kwon an und nahm mich in seinem Auto bis zu einer Straßenkreuzung mit, wo ich ihn treffen sollte. Innerhalb kürzester Zeit kam Deuk-Chil Kwon und siehe da, das Pfarrhaus war nur eine Straße weit von dem Punkt entfernt, wo ich den Mann nach der Adresse gefragt hatte. Mit so vielen Kirchen, die einander alle ähnlich sahen, hatte ich einfach meinen Weg verloren. Ich fühlte mich so dumm.

Ich habe inzwischen gelernt, dass man überall verloren gehen kann, nicht nur in Korea. Aber mit festem Boden unter den Füßen und der Kenntnis der richtigen Richtung oder zumindest, wenn man anrufen kann, findet man immer nach Hause. Dies trifft nicht nur für diese kleine Begebenheit in Korea zu, sondern auch für das Leben insgesamt.

Bilder

aus dem Leben
von Hans Schwarz

Geburtshaus meiner Mutter in Weihersmühle bei Schwabach. Meine Mutter Babette Schwarz, geb. Götz, mit ihren Eltern und zwei älteren Geschwistern (frühes 20. Jahrhundert).

Konrad Schwarz, der Vater meines Vaters beim Abschied vom Militär (verstorben am 4. Juni 1916 bei der Schlacht um Verdun, Frankreich). ❯

❮ *Anna Schwarz (1883-1960), die Mutter meines Vaters anlässlich der Hochzeit mit Johann List (1890-1983).*

304

❮ Maria Götz, geb. Nachtrab, (1884-1961) und Johann Götz (1876-1953), die Eltern meiner Mutter.

Johann Schwarz, mein Vater auf Heimaturlaub mit meiner Mutter und mir in unserer Küche (1941).

Anlässlich meiner Konfirmation (1953). ❯

Meine Abiturklasse (1958) mit einigen unserer Lehrer.
Ich bin in der mittleren Reihe der 2. von links.

Lehrprobe während meines Aufenthalts im Nürnberger Predigerseminar,
bei der meine Kollegen zuhörten (1963/64).

❰ Karl Heim (1874-1958), mein theologischer Lehrer.

1960 in Göttingen: Hans Conzelmann (1915-1989) links und Friedrich Gogarten (1887-1967). ❱

❰ Diskussion mit Wolfhart Pannenberg in meinem Seminar zur Christologie (1976) während seines Besuchs am Seminar.

Helmut Thielicke (1908-1986) und seine Frau besuchen mit mir ein Studentenzimmer im Seminar, während eines Vortragsaufenthalts (1978).

Der jährliche Besuch bei Prof. Walter Künneth (1901-1997). Rechts: meine Frau Hildegard. ❯

Gründungsstein von 1832 (auf Deutsch), des Evangelical Lutheran Theological Seminary in Columbus, Ohio / USA, jetzt Trinity Lutheran Seminary, an dem ich meine Lehrtätigkeit begann.

Das Seminar heute. ›

26 Nobelpreisträger und sechs Theologen waren zu einer Tagung am Gustavus Adolphus College in St. Peter, Minnesota / USA, zu Vorträgen und Diskussionen eingeladen (1975).

Internationaler Kongress über das nizänisch-konstantinopolitanische Glaubensbekenntnis in der Halle der Bischöfe im Vatikan (1981).
In der 1. Reihe von l. nach r.: William Lazareth, Hans Schwarz, J. Robert Nelson.

Nach meinem Vortrag an der Dongkuk Universität in Seoul, Korea, im Jahr 1990 mit Prof. Hi-Young Cho, Dekan der Fakultät für Betriebswirtschaft.

❮ Jürgen Moltmann in meinem Arbeitszimmer vor seinem Vortrag an unserer Universität (1998).

Singen ist auf den Philippinen sehr beliebt – hier vor der Diskussion meines Vortrags am Baptist Convention Bible College in Bacolod (1993). ❯

Blockseminar in Indien, um die christlichen Kirchen vor Ort kennen zu lernen und deren soziales Engagement. Veranstaltet von mir mit katholischen und evangelischen Studierenden aus Regensburg (1994).

Gastvortrag (1996) bei meinem ehemaligen Doktoranden, Prof. Deuk-Chil Kwon, an der Luther Universität in Shingal, Korea.

Besuch im Rektorat der Uni Regensburg (1998). Von l. nach r.: Schwarz, Prorektor Rüdiger Schmitt, Präsident Song (Dongkuk Universität, Korea) und seine Gattin.

Im Kurfürstenzimmer des Alten Rathauses in Regensburg überreicht Abt Spyridon vom Kloster Metamorphosis in Griechenland, in dem unser jährliches Blockseminar stattfindet, dem Oberbürgermeister Hans Schaidinger eine Ikone (1998).

Gottesdienst anlässlich der Weltgebetswoche zur Einheit der Christen in der kath. Kirche zu Niedermünster in Regensburg (1999). Vertreten waren neun Konfessionen aus fünf Ländern. Fünf davon waren meine Doktoranden. Ich stehe ganz rechts. In der Mitte vorne: Metropolit Serafim der rumänisch orthodoxen Kirche.

Besuch von einer Gruppe Studierender des lutherischen Seminars in Hongkong bei uns zu Hause (2000).

Einzug in die St. Kliment Ohridski Universität in Sofia, Bulgarien, zu einer Tagung anlässlich Bayerischer Tage in Sofia (2000) mit dem damaligen Kultusminister Hans Zehetmeier (vorne rechts).

❰ *Diskussion nach einem Vortrag von mir am katholischen St. Joseph Seminar in Mangalore, Indien. Ein indischer Kollege will einem Kollegen mit Argumenten aus meinem Buch „The Search for God", das er in der Hand hält, zeigen, dass er Unrecht hat (1991).*

⟨ *Ausflug mit meinem früheren Doktoranden Prof. Dr. Pilgrim Lo in Hongkong während einer Vortragsreise (2005).*

Besuch bei dem Erzbischof von Athen und ganz Griechenland, Hieronymos Liapis, nach Abschluss unseres jährlichen Griechenlandseminars. Von l. nach r.: Prof. Dr. Dick, Adjutant des Erzbischofs, Erzbischof Hieronymos, Oberstudiendirektor Ritzke und ich (2008).

Wir feiern 2003 in unserem Garten vier neue Doktoren (von l. nach r.): Ho-Koang Jang (presbyterianisch, Korea), Anna Madsen (lutherisch, USA), Annie Watson (Kirche von Südindien, Indien), Terry Dohm (südliche Baptisten, USA). ⟩

Feier für einen neuen „Doktor" in unserem Garten. Im Hintergrund (stehend) meine langjährige Sekretärin, Frau Hildegard Ferme (2003).

Ehemalige Doktoranden von mir aus vier Kontinenten, die anlässlich meiner Verabschiedung bei einer Alumnen-Tagung zum Thema „Die Bedeutung der Theologie für die Gesellschaft" Vorträge hielten (2004).

Ehemalige Doktoranden von mir versammelten sich 2008 in der Universität Regensburg zu einem Symposium und hielten Vorträge zum Thema „Mission, Dialog und friedliche Koexistenz. Zusammenleben in einer multireligiösen und säkularen Gesellschaft".

Ehemalige Doktoranden von mir, als sie in Korea 2006 die Asian Theological Society gründeten (zusammen mit meiner Frau und mir). ›

In der Taufkirche Luthers St. Petri-Pauli in Eisleben versammelten sich ehemalige Doktoranden von mir aus fünf Kontinenten, die 2012 zu einem Symposium an die Universität Regensburg kamen.

317

❰ *Übereichung eines Ehrendoktors von der Rumänisch Orthodoxen Fakultät der Universität Oradea, Rumänien (2001).*

Offizielle Verabschiedung in den Ruhestand. 1. Reihe von l. nach r.:
Prof. Dr. Rüdiger Schmitt (Genetik) mit Frau, Frau Weidinger mit ihrem Mann, Regierungspräsident der Oberpfalz Dr. Wilhelm Weidinger sowie meine Frau und ich.

2006: Ehrenpromotion an der Reformierten Universität in Debrecen, Ungarn. Der Rektor der Universität, seine Magnifizenz Prof. Fazekas, überreicht die Urkunde. Daneben: mein Kollege aus der Systematik Prof. Gaal. ❱

2009 ehrte mich die Universität Regensburg mit einer Feier anlässlich meines 70. Geburtstags. Von l. nach r.: Dr. Wilhelm Weidinger (Regierungspräsident a.D.), Altbürgermeister Hans Todt (Lappersdorf), Prof. Dr. Konrad Baumgartner (kath. Fakultät) und ich.

Überreichung der Festschrift „Doing Theology in a Global Context" zu meinem 70. Geburtstag durch meinen früheren Doktoranden, Prof. Dr. Thomas Kothmann, während Prof. Lo aus Hongkong fotografiert, bei der Internationalen Theologischen Tagung, die von meinem früheren Doktoranden 2009 an der Luther Universität in Korea veranstaltet wurde.

Unsere Familie 2006 in Regensburg. 1. Reihe von l. nach r.: Enkelkinder Florian, Johannes und Hansi; 2. Reihe: Tochter Claudia, Sohn Hans mit Frau Lena; letzte Reihe: meine Frau Hildegard und ich, Jonathan mit seiner Frau Krista (Tochter) und Michael (Mann von Claudia).

Anzünden der Flamme zu Beginn des Symposiums 2011 meiner Alumnen am Karnataka Theological College in Mangalore, Indien. Von l. nach r.: Prof. Dr. Annie Watson, Rektor Dr. Hannibal Cabral, Bischof Furtado, Schwarz, Direktor Dr. Sadananda. ❯

❮ Freitagabend beim Dozentensport zusammen mit unserem Trainer (kniend) (2005).

Am Tag des Baumes 2011 wurde ich bei unserem Alumnentreffen in Mangalore gebeten, vor dem Seminar einen Baum zu pflanzen. Mein ehemaliger Doktorand, Prof. Hla Aung aus Myanmar hilft mir dabei.

Buchveröffentlichungen von Hans Schwarz

Monographien:

1. *Das Verständnis des Wunders bei Heim und Bultmann.* Stuttgart: Calwer Verlag, 1966. 227 S. (Arbeiten zur Theologie II. Reihe. Band VI)

2. *On the Way to the Future: A Christian View of Eschatology in the Light of Current Trends in Religion, Philosophy, and Science.* Minneapolis: Augsburg Publishing House, 1972. 256 S.

3. *On the Way to the Future: A Christian View of Eschatology in the Light of Current Trends in Religion, Philosophy, and Science.* 2. stark veränd. Aufl., Minneapolis: Augsburg Publishing House, 1979. 293 S.

4. *The Search for God: Christianity – Atheism – Secularism – World Religions.* Minneapolis: Augsburg Publishing House, 1975. 288 S.

5a. *Kurs: Gotteslehre.* Bd. 1: *Gott oder kein Gott?* 118 S.; Bd. 2: *Die Suche nach einer christlichen Grundlage.* 154 S.; Bd. 3: *Gottes Selbstoffenbarung in der jüdisch-christlichen Tradition.* 99 S. Göttingen: Vandenhoeck & Ruprecht, 1984. (veränd. u. erg. Übers. v. Nr. 4)

5b. *Kurs: Gotteslehre.* Bd. 1: *Gott oder kein Gott*; Bd. 2: *Die Suche nach einer letzten Grundlage.* Koreanische Übers. v. Joo-Hoon Choi. Seoul 2007. 353 S.

6. *Our Cosmic Journey: Christian Anthropology in the Light of Current Trends in the Sciences, Philosophy, and Theology.* Minneapolis: Augsburg Publishing House, 1977. 379 S.

7a. *Beyond the Gates of Death: A Biblical Examination of Evidence for Life After Death.* Minneapolis: Augsburg Publishing House, 1981. 135 S.

7b. *Wir werden weiterleben. Die Botschaft der Bibel von der Unsterblichkeit im Lichte moderner Grenzerfahrungen.*

Freiburg: Herder, 1984. 125 S.
(Übers. von Nr. 7a), Herderbücherei Nr. 1112.

8. *The Christian Church: Biblical Origin, Historical Transformation, and Potential for the Future.* Minneapolis: Augsburg Publishing House, 1982. 383 S.

9. *Kurs: Die christliche Kirche.* Bd. 1: *Die Entstehung der Kirche.* 135 S.; Bd. 2: *Die großen Veränderungen.* 140 S.; Bd. 3: *Die Verheißung für die Zukunft.* 131 S. Göttingen: Vandenhoeck & Ruprecht, 1986. (veränd. u. erg. Übers. v. Nr. 8)

10. *Zehn Zeichen am Wege. Die Zehn Gebote heute.* Mit einem Beitrag von W. Sturm. Freiburg: Herder, 1984. 127 S. (Herderbücherei Nr. 1101)

11. *Divine Communication: Word and Sacrament in Biblical, Historical, and Contemporary Perspective.* Philadelphia: Fortress, 1985. 162 S.

12a. *Verstehen wir das Glaubensbekenntnis noch? Der gemeinsame Glaube der Christen.* Nachwort von Heinrich Fries. Freiburg: Herder, 1986. 156 S. (Herderbücherei Nr. 1256)

12b. *What Christians Believe.* Philadelphia: Fortress Press, 1987. 110 S. (Übers. v. Nr. 12a)

13. *Responsible Faith: Christian Theology in the Light of 20th Century Questions.* Minneapolis: Augsburg Publishing House, 1986. 448 S.

14. *Christsein ist möglich. Was die Bergpredigt uns heute wirklich zu sagen hat.* Freiburg: Herder, 1987. 128 S. (Herderbücherei Nr. 1358)

15. *Die biblische Urgeschichte. Gottes Traum von Mensch und Welt.* Freiburg: Herder, 1989. 158 S. (Herderbücherei Nr. 1608)

16. *Glaubwürdig. Die christliche Botschaft auf dem Prüfstand.* Moers: Brendow, 1990. 127 S.

17. *Jenseits von Utopie und Resignation. Einführung in die christliche Eschatologie.* Wuppertal: Brockhaus, 1990. 309 S. (stark überarb. Übers. v. Nr. 3)

18. *Method and Context as Problems for Contemporary Theology: Doing Theology in an Alien World.* Toronto Studies in Theology, Bd. 58, Lewiston/Queenston/Lampeter: The Edwin Mellen Press, 1991. 236 S.

19a. *Das Geheimnis der sieben Sterne. Eine Deutung der Johannesoffenbarung.* Stuttgart: Quell Verlag, 1993. 154 S.

19b. *O mistério das sete estrelas. Uma interpretaçao do Apocalipse de João* (portug. Übers. v. Nr. 19a von Hans Alfred Trein). São Leopoldo: Sinodal, 1997. 123 S.

20a. *Im Fangnetz des Bösen. Sünde – Übel – Schuld.* Göttingen: Vandenhoeck & Ruprecht, 1993. 202 S.

20b. *Evil: A Historical and Theological Perspective* (erw. Übers. v. Mark W. Worthing v. Nr. 20a). Minneapolis: Fortress Press, 1994. 228 S.

21a. *Martin Luther. Einführung in Leben und Werk.* Stuttgart: Quell Verlag, 1995, 2. verb. Aufl. 1998. 232 S.

21b. *True Faith in the True God: An Introduction to Luther's Life and Thought* (übers. v. Mark W. Worthing v. Nr. 21a). Minneapolis: Augsburg, 1996. 158 S.

21c. *Martin Luther. Uvod do zivota a diela násho reformátora.* Bratislava: Tranoscius, 1999 (slowakische Übers. v. Nr. 21a von Ľudovít Hroboň). 177 S.

22. *Schöpfungsglaube im Horizont moderner Naturwissenschaft.* Neukirchen-Vluyn: Friedrich Bahn Verlag, 1996. 256 S.

23. *Christology.* Grand Rapids, MI (USA), Cambridge (UK): Eerdmans, 1998. 352 S.

24. *Womit der Glaube steht und fällt. Unverzichtbare Themen der Bibel.* Neukirchen-Vluyn: Aussaat Verlag, 1999. 154 S.

25. *Eschatology.* Grand Rapids, MI (USA), Cambridge (UK): Eerdmans, 2000. 431 S.

26. *Die christliche Hoffnung. Grundkurs Eschatologie.* Göttingen: Vandenhoeck & Ruprecht, 2002. 243 S.

27. *Creation.* Grand Rapids, MI (USA), Cambridge (UK): Eerdmans, 2002. 253 S. (stark veränderte Übers. v. Nr. 22)

28a. *Theology in a Global Context: The Last Two Hundred Years.* Grand Rapids, MI (USA), Cambridge (UK): Eerdmans, 2005. XVIII, 597 S.

28b. *Theologie im Globalen Kontext. Die letzten zweihundert Jahre.* Bad Liebenzell: Verlag Liebenzeller Mission, 2006 (veränderte Übers. von Hardy Sünderwald v. Nr. 28a). 799 S.

29. *The Theological Autobiography of Hans Schwarz. A Multi-Cultural and Multi-Denominational Ministry.* Vorwort: Craig Nessan, Lewiston, NY: The Edwin Mellen Press, 2009. 256 S.

30a. *Martin Luther. Einführung in Leben und Werk.* 3. überarbeitete und ergänzte Auflage, Neuendettelsau: Freimund-Verlag, 2010. 253 S.

30b. *Martin Luther. Vvedenie v zhizn' i trudy.* Moskau: Biblejsko-Bogoslovskij Institut sv. apostola Andreja, 2014 (russ. Übers. v. 30a von Anna Vanenkova). XII, 244 S.

31a. *Der christliche Glaube aus lutherischer Perspektive.* Erlangen: Martin-Luther-Verlag, 2010. 273 S.

31b. *The Christian Faith. A Creedal Account.* Grand Rapids, MI: Baker, 2014 (Übers. v. 31a). Ca. 300 S.

32. *The God Who Is. The Christian God in a Pluralistic World.* Eugene; OR: Cascade Books, 2010. 288 S.

33a. *400 Jahre Streit um die Wahrheit – Theologie und Naturwissenschaft.* Göttingen: Vandenhoeck & Ruprecht, 2012. 211 S.

33b. *Vying for Truth – Theology and the Natural Sciences. From the 17th Century to the Present* (Übers. von 33a). Göttingen: Vandenhoeck & Ruprecht, 2014. Ca. 230 S.

34. *The Human Being. A Theological Anthropology.* Grand Rapids, MI: Wm. B. Eerdmans, 2013. 402 S.

Herausgegebene Werke:

1. *Christsein in einer pluralistischen Gesellschaft. 25 Beiträge aus evangelischer Sicht.* Hg. v. Hans Schulze und Hans Schwarz. Hamburg: Friedrich Wittig Verlag, 1971. 416 S.

2-17. (Hg.), *Glaube und Denken. Jahrbuch der Karl-Heim-Gesellschaft.*
Bd. 1-7: Moers: Brendow, 1988-1994.
Bd. 8-15: Frankfurt am Main: Peter Lang, 1995-2002.
Bd. 19: Frankfurt am Main: Peter Lang, 2006.

18. *Fundamentalismus?* Hg. v. Hans Schwarz u. a. Neuendettelsau: Freimund-Verlag, 1990. 79 S.

19. *Papers of the Nineteenth-Century Theology Group.* AAR 2008 Annual Meeting Chicago, IL, ed. Hans Schwarz and Russell Kleckley. Eugene, Oregon: Wipf and Stock 2008. 138 S.

20. *Reformation und Reichsstadt. Protestantisches Leben in Regensburg.* Schriftenreihe der Universität Regensburg. Bd. 20. Regensburg: Universitätsverlag, 1994. 218 S.

22. *Sonderband 2012 Glaube und Denken: Regional Aspects of Globalization. A Theological Assessment / Regionale Aspekte der Globalisierung. Eine theologische Würdigung.* Hg. v. Hans Schwarz u. Thomas Kothmann. Frankfurt am Main: Peter Lang, 2012. 358 S.

23. *Diakonie und Philanthropie. Der Dienst der Kirche an der Welt.* Hg. v. Dumitru Megheşan u. Hans Schwarz. Regensburg: S. Roderer, 2014. 188 S.

AUS DEM FREIMUND-VERLAG

ERIKA GEIGER

Wilhelm Löhe

1808 – 1872
Leben – Werk – Wirkung

359 Seiten, gebunden,
17,80 Euro
ISBN 978-3-86540-244-8

Mit einem Geleitwort von Claus-Jürgen Roepke

Wer war Wilhelm Löhe? Darauf möchte Erika Geiger in allgemeinverständlicher Weise eine Antwort geben. Ihre Biographie zeichnet sich dadurch aus, dass die Quellen ausgiebig herangezogen wurden, Löhe also selber zu Wort kommt. Wer sich auf Löhe einlässt, muss damit rechnen, dass dieser auch manches in Frage stellt, was sich im 21. Jahrhundert als lutherisch verstehen will. Löhe vertrat geradezu revolutionäre Ideen und wollte allein im Wort Gottes die Quelle aller kirchlichen Arbeit sehen.

FREIMUND *Verlag*

Missionsstr. 3 ■ 91564 Neuendettelsau
Tel.: 09874 68934-0 ■ Fax 68934-99
E-Mail: kontakt@freimund-verlag.de

AUS DEM FREIMUND-VERLAG

HANS SCHWARZ

Martin Luther

Einführung in sein Leben und Werk

3. völlig neu bearbeitete Auflage

250 Seiten, kartoniert
17,80 Euro
ISBN 978-3-86540-066-6
(erschienen auch in russischer Sprache)

Die Gestalt des Reformators Martin Luther fasziniert wegen seines engagierten Wirkens und Denkens noch heute. Deshalb besteht an Darstellungen und Würdigungen seines Lebens kein Mangel. So ist es nicht verwunderlich, dass selbst Experten auf dem Gebiet der Lutherforschung es kaum noch wagen, eine Gesamtdarstellung der Lehre Luthers zu entwerfen.

Die nachfolgende Untersuchung will die Lebensarbeit anderer weder ersetzen noch korrigieren. Sie möchte vielmehr einen Einblick in das Leben und die Lehre Luthers geben. Hier bietet sie zunächst eine knappe Biographie Luthers, um mit den wichtigsten Stadien seines Lebensweges vertraut zu machen. Sodann führt sie zum Zentrum seiner Lehre.

Dem Autor geht es hier um die Mitte von Luthers Denken, um den Kern, der etwas spüren lässt von der Faszination, die von der Gestalt Luthers ausgeht, und auch von dem, worum es ihm letztlich selbst ging: die Wiedergewinnung eines lebendigen und tragfähigen Gottesglaubens.

FREIMUND *Verlag*

Missionsstr. 3 ■ 91564 Neuendettelsau
Tel.: 09874 68934-0 ■ Fax 68934-99
E-Mail: kontakt@freimund-verlag.de